权威·前沿·原创

皮书系列为
"十二五""十三五""十四五"时期国家重点出版物出版专项规划项目

BLUE BOOK

智 库 成 果 出 版 与 传 播 平 台

世界侨情蓝皮书

BLUE BOOK OF OVERSEAS CHINESE

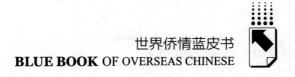

世界侨情报告（2023）

ANNUAL REPORT ON OVERSEAS CHINESE (2023)

组织编写／中国华侨华人研究所

主　编／张春旺　张秀明

副 主 编／胡修雷

社会科学文献出版社

SOCIAL SCIENCES ACADEMIC PRESS（CHINA）

图书在版编目（CIP）数据

世界侨情报告.2023／张春旺，张秀明主编；胡修
雷副主编.--北京：社会科学文献出版社，2023.12
（世界侨情蓝皮书）
ISBN 978-7-5228-2904-3

Ⅰ.①世… Ⅱ.①张… ②张… ③胡… Ⅲ.①华侨状
况-研究报告-世界-2023②华人-研究报告-世界-
2023 Ⅳ.①D634.3

中国国家版本馆 CIP 数据核字（2023）第 231537 号

世界侨情蓝皮书
世界侨情报告（2023）

主　　编／张春旺　张秀明
副 主 编／胡修雷

出 版 人／冀祥德
组稿编辑／张晓莉
责任编辑／叶　娟
责任印制／王京美

出　　版／社会科学文献出版社·国别区域分社（010）59367078
　　　　　地址：北京市北三环中路甲 29 号院华龙大厦　邮编：100029
　　　　　网址：www.ssap.com.cn
发　　行／社会科学文献出版社（010）59367028
印　　装／天津千鹤文化传播有限公司

规　　格／开　本：787mm×1092mm　1/16
　　　　　印　张：21.75　字　数：329 千字
版　　次／2023 年 12 月第 1 版　2023 年 12 月第 1 次印刷
书　　号／ISBN 978-7-5228-2904-3
定　　价／178.00 元

读者服务电话：4008918866

世界侨情蓝皮书编委会

主要编撰者简介

张春旺　中国华侨华人研究所所长、中国华侨历史学会副会长，清华大学华商研究中心特聘研究员，侨史、侨情研究专家。多年来参与中央领导侨联工作的讲话起草工作，是中办《关于加强和改进新形势下侨联工作的意见》代拟稿的主要执笔者，主持国家社科基金重大委托项目"习近平总书记关于侨务工作重要论述研究"、中办重大委托项目"国际移民问题研究"等课题。主持和组织编写《习近平关于侨务工作论述摘编》《华侨史概要》《中国华侨农场史》《中国侨联60年纵览》《世界侨情蓝皮书》等图书，发表论文十余篇。主持中国华侨华人智库研究工作，围绕党和国家工作大局、侨务工作大局撰写100余篇政策咨询报告。

张秀明　中国华侨华人研究所副所长、中国华侨历史学会副会长兼秘书长，《华侨华人历史研究》杂志主编。兼任清华大学华商研究中心学术委员、第十五届致公党中央党史研究与党务工作委员会委员，首都统一战线同心服务团专家。主要研究方向为中国侨务政策、国际移民比较、新移民与留学生等。近年来发表了《国际移民的最新发展及其特点——兼析国际移民与华侨华人的概念》《21世纪以来华侨华人与中国关系的新变化》《华侨华人相关概念的界定与辨析》《华侨华人参与"一带一路"建设的优势与路径》《21世纪以来海外华侨华人社会的变迁与特点探析》等论文。

胡修雷 中国华侨华人研究所学术交流研究部主任，主要研究方向为华侨华人与国际移民、侨乡治理、华侨华人认同等。主要成果有《从"印尼村"现象看华侨农场归难侨的文化再适应》《21 世纪初期海外中国新移民认同初探》《游神文化的传承与发展——以新山和潮汕地区为主的分析》等，参与撰写《华侨史概要》《中国侨联 50 年》等。

摘　要

2021~2022 年随着全球疫情趋于平稳，海外华侨华人逐步恢复了正常的生产生活，主要表现为线下开展活动增多、侨团密集换届、侨商焕发出新活力等。同时，疫情影响仍未完全消除，一些国家和地区的华侨华人新移民数量有所减少，种族歧视、制度性歧视等现象有抬头趋势。为更好地融入在地社会，华侨华人主动与当地政府和团体加强沟通，在社会公益、文化交流、参与选举、维护权益等方面主动作为，在推动侨社全面健康发展、促进中外沟通交流等方面贡献力量。

在前三部《世界侨情报告》的基础上，中国华侨华人研究所继续组织人员收集资料，集中力量撰写介绍海外侨情的报告。本书按照海外华侨华人分布区域和重点国家的地理空间划分，着重梳理分析 2021 年 1 月 1 日至 2022 年 12 月 31 日诸多国家和地区的华侨华人在拓展、融入、政策、生活等方面的大事要事，力争全面、系统、客观、真实地展现海外侨情两年来的发展概况、重大事件、热点问题、政策变化及有关统计数据资料，方便读者了解海外侨情最新发展趋势和变化特点。

随着疫情形势发展，最近两年多国调整防控政策，陆续开放边境，移民通道得以畅通。疫情防控常态化时期，华人经济艰难发展，部分华商和中资企业克服疫情带来的不利影响，同时借助中国"一带一路"倡议和中国经济稳定增长的带动效应，在当地社会转变思路，抢抓机遇，促进了当地经济发展。华商及中资企业也积极履行社会责任，赢得了当地认可。海外侨团继续举办形式多样的纪念或庆祝活动，配合使领馆推动"春苗行动"惠及华

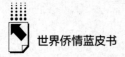
侨华人，继续推动华文教育发展，海外华校逐渐恢复线下教学，在团结服务侨胞、回馈当地社会、促进中外交流中继续发挥作用，对当地经济社会发展的贡献逐步得到肯定。但华侨华人也面临一些困难，需要华社团结协作，保持致力当地发展的信念。

海外华社是复杂多元的，其利益诉求各不相同，但都绕不开社区民众和当地政府。作为外来少数族裔（新加坡除外），现在的华侨华人已经走出唐人街，在不同领域展现聪明才智，获得了一定的公共话语权。但海外华侨华人的声音和力量仍很脆弱，国际风云和住在国局势稍有变动，华侨华人就有可能遭受到冲击。因此，对于华侨华人来说，遵守住在国的规章制度，充分展示华侨华人的社会责任感和中华文化的优良传统，是获取当地民众信任和政府支持的最有效途径。

海外华侨华人逐步从新冠疫情初期的慌乱中稳定下来，在经济、文化等方面加强与当地主流社会的互动与沟通，努力打造族裔新形象，特别是随着中国近年来经济快速发展和华侨华人经济力量的增长，海外华侨华人的慈善公益事业的对象和规模呈现新特征，慈善公益的对象由过去的华社内部扩展到当地弱势群体、政府机构等，由经济实力强大的东南亚华社发展到欧美、非洲等地的新兴侨社，疫情中华侨华人与住在国民众共渡难关的义举，是彰显社会责任、融入在地发展的需要，也是以人为本、乐于助人的中华传统文化的真实体现，有利于促进中外人民友好往来。

关键词： 侨情　华侨华人　侨团侨社　移民政策　留学生

目 录 ↖

Ⅰ 总报告

Ⅱ 区域篇

Ⅲ 国别篇

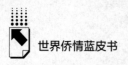
皮书数据库阅读 **使用指南**

总 报 告

B.1

2021~2022年世界侨情总况

胡修雷*

摘　要： 2021~2022年随着全球疫情趋于平稳，海外华侨华人逐步恢复了正常的生产生活，主要表现为线下开展活动增多、侨团密集换届、侨商焕发出新活力等。同时，疫情影响仍未完全消失，一些国家和地区的华侨华人新移民数量有所减少，种族歧视、制度性歧视等现象有抬头趋势。为更好融入在地社会，华侨华人主动与当地政府和团体加强沟通，在社会公益、文化交流、参与选举、维护权益等方面主动作为，为推动侨社全面健康发展、促进中外沟通交流等贡献力量。

关键词： 华侨华人　华社生活　移民政策　文化交流

---

* 胡修雷，中国华侨华人研究所学术交流研究部主任，主要研究方向为华侨华人与国际移民、侨乡治理、华侨华人认同等。

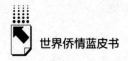

当今世界正经历百年未有之大变局，全球经济疲软、乌克兰冲突发生、跨国移民恢复缓慢，尤其是新冠疫情发生后各国采取的防控措施抑制了人口迁移。在 2022 年部分国家和地区经济复苏的背景下，一些国家出现劳工短缺，推动降低移民门槛，如西班牙政府修改移民法，允许更多行业从国外引入劳动力，允许移民获得居留和工作权利，给予留学生工作权利等。① 这些政策调整给饱受疫情困扰的华侨华人提供了新机遇。总体来看，受疫情影响多国经济萎靡不振，西欧、北美、南美等地的国家纷纷采取措施刺激经济，力促市场回暖，海外华侨华人生存发展面临新的机遇和挑战。

新冠疫情发生以来，居住在海外的华侨华人，高度自觉和自律，严格遵守当地抗疫防疫措施，避免被感染。同时，海外华侨华人、中资企业工作人员和出国留学人员踊跃捐赠防疫物资，与当地民众共克时艰。两年来，随着疫情对全球经济的影响日益显现以及人类对病毒威胁的逐步适应，不少国家相继调整了防疫政策，国际社会的人员往来和国际交流逐渐恢复正常。②当然，新冠病毒感染的风险仍旧很高，华侨华人在从高度紧张的防疫抗疫状态转向恢复正常生活的同时，仍需加强自身安全防范意识。

联合国相关机构对包括华侨华人在内的跨国迁移群体非常关注，除国际移民组织外，还有联合国人权事务高级专员办事处（OHCHR）负责移民的权利、联合国开发计划署（UNDP）负责移民的发展问题、国际劳工组织（ILO）负责劳工移民等，③ 迁移和侨民问题在全球公共事务中的重要性日益凸显，成为政治、经济事务之外社会关注度较高的领域。互联网时代，媒体关于移民的报道有时过于消极，④ 严重影响了普通民众乃至决策者的判断。本报

---

① 《西班牙正式开始大赦程序 学生、非法移民或从国外招聘劳工合法化》，〔西班牙〕《华新报》2022 年 8 月 16 日。
② 如到 2022 年年中，日本、加拿大等国普遍放开了旅游限制，不再要求核酸检测、隔离等防疫措施。
③ IOM, World Migration Report 2022, pp. 132–135.
④ IOM, World Migration Report 2022, p. 129.

告侧重分享有关华侨华人信息、统计数据及研究成果，旨在促进建设海外华侨华人信息交流与沟通的平台。

一 2021~2022年海外华侨华人数据、分布及特点

关于海外华侨华人的确切数字有不同版本，本报告中提及的华侨华人，指我国大陆和香港、澳门、台湾之外的所有旅居海外的中国人及其后代。① 最近的官方数据，是中国国务院侨办于2014年公布的，认为海外华侨华人为6000多万人，分布在世界198个国家和地区。② 根据我国台湾地区"侨委会"公布的数字，到2021年底海外华侨华人有4929万人。③ 国际移民组织在其发布的《2022年世界移民报告》中，认为2020年有2.81亿人生活在出生地以外的国家，其中来自中国的移民约有1073.23万人，是世界上第四大在外国出生的移民群体，仅次于来自印度、墨西哥和俄罗斯的移民。④ 改革开放以来，中国新移民以平均每年20万人的速度增长，中国移民主要集中在美国、加拿大、韩国、日本、意大利、澳大利亚和新加坡等地。⑤ 粗略来讲，国际移民组织等机构统计的主要是改革开放以来出国的中国新移民，国内相关机构的数字则包含了近现代以来出国定居的所有中国人及其后裔，因为法律意义上的华人以及有中国血统的华裔是构成东南亚等地华社的主体。

---

① 当然，由于族裔群体的共性特质，中国留学生和海外中资企业员工在部分论述中会有所涉及。
② 《国侨办主任：华人华侨有6000多万人 中国梦最能够凝聚共识》，http://lianghui.people.com.cn/2014npc/n/2014/0305/c376832-24539636.html，2022年8月12日访问；《"走进国侨办"新闻发布会举行 裘援平现场答问》，http://www.scio.gov.cn/m/ztk/dtzt/2014/32252/32261/32290/Document/1389952/1389952.htm，2022年8月12日访问。
③ 《海外华人人数》，https://www.ocac.gov.tw/OCAC/File/Attach/492837/File_314103.pdf，2022年8月12日访问。
④ IOM, World Migration Report 2022, pp. 23, 75.
⑤ United Nations Department of Economic and Social Affairs (UN DESA), International Migration Stock 2020, 2021, http://www.un.org/development/desa/pd/content/international - migrant - stock，2022年11月18日访问。

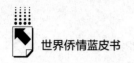
（一）华侨华人人数及分布

2020 年、2021 年是很多国家 10 年一次的人口数据普查年（也被称为世界人口普查年），有的国家采取人口登记制度，有的国家（如非洲一些国家）则进行人口评估。经过详细复杂的统计与汇总之后，最近两年间一些国家相继发布了人口数据，其中一些涉及华侨华人。由于华侨华人分布在世界上几乎所有国家和地区，且各国的统计标准和时间存在差异，对海外华侨华人的总数估计只能是相对的、动态的。简要汇总如下。

2021 年 5 月 19 日，美国公布 2020 年人口普查结果，显示华裔约有 427.2 万人（不含非法居留者和相当数量持有美国绿卡的华人）。在所有美国华人中，非在美国出生的华人（即华人移民）占 62%，在美国出生的华人占 38%。也就是说，在美国华裔中，六成以上是华人移民。① 在所有美国华侨华人中，75% 是美国公民。② 根据人口统计数据，2020 年 7 月至 2021 年 6 月，移居美国的国际移民只有 24.7 万人，与 2019 年 7 月至 2020 年 6 月相比，人数仅有一半。取得绿卡人数最多的五个国家为墨西哥、多米尼加、越南、菲律宾及中国。③

2022 年 10 月加拿大发布人口统计结果，华侨华人约 170 万，占总人口的 4.7%。④

2020 年马来西亚人口为 3245 万，其中华裔马来西亚公民占 23.2%。

2020 年日本总人口为 126140099 人，其中含外国人 2747137 人，中国人有 861775 人。2021 年，在日中国人有 77.10 万人。新冠疫情改变了华侨社会的生态结构，在日中国人锐减，史无前例。

---

① 皮尤研究中心，"Chinese in the U.S. Fact Sheet"，2021 年 4 月 29 日访问。
② 《百人会报告研究在美华人的历史与现状》，美国驻华大使馆微信公众号，2021 年 5 月 19 日。
③ 《美国移民锐减冲击养老院、建筑业》，〔美〕《世界日报》2022 年 4 月 8 日。
④ 加拿大统计局官网，http://www.statcan.gc.ca/，2022 年 10 月 10 日访问。

2021 年底，在韩中国人总数为 858747 人，占全部在韩外国人总数的 43%，在韩中国人总数与 2020 年相比减少了 6%。

2020 年 9 月 15 日印度尼西亚公布人口普查结果，显示全国总人口为 270203917 人，通常认为印尼华侨华人占总人口的 3%～5%，据此推算该国华侨华人为 811 万～1351 万。

2021 年 6 月 16 日新加坡公布人口普查结果，显示总人口为 545.4 万，其中华族占 75.9%。居民人口为 404 万，其中 352 万公民，52 万永久居民，居民人口中华族有 300.68 万。说英语的占 48.3%，说华语的占 29.9%，英语取代华语成为新加坡最常用的语言。

2021 年 6 月 28 日澳大利亚公布当年的人口普查数据，显示总人口为 25422788 人，华侨华人有 1390639 人，相比五年前增加了 176733 人。华人是澳大利亚的第五大族裔，占总人口的 5.47%。

此次多国大规模人口普查部分数据及华侨华人占比情况（截至 2021 年 12 月）见表 1。

表 1 部分国家华侨华人人数及占比（截至 2021 年 12 月）

国家	华侨华人总数	占该国总人口比例
新加坡	414 万人	75.9%
马来西亚	753 万人	23.2%
文莱	4.1 万人	9.59%
柬埔寨	约 100 万人	6%～7%
澳大利亚	139 万人	5.47%
新西兰	24.77 万人	4.8%
加拿大	170 万人	4.7%
印度尼西亚	811 万～1351 万人	3%～5%
巴拿马	15 万～20 万人	4%
缅甸	250 余万人	3%
菲律宾	约 200 万人	2%

续表

国家	华侨华人总数	占该国总人口比例
韩国	858747 人	1.66%
美国	550 万人	1.66%
法国	70 万人	1.03%
英国	70 万人	1%
爱尔兰	4 万~5 万人	1%
日本	77.1 万人	0.61%
意大利	30 多万人	0.51%
西班牙	19 万人	0.42%
瑞典	39227 人	0.38%
德国	20 多万人	0.24%
匈牙利	约 1.9 万人	0.20%
希腊	约 2 万人	0.19%
比利时	2 万多人	0.17%
巴西	30 多万人	0.14%

资料来源：根据联合国经济与社会事务部、经济合作与发展组织、相关国家统计局等公布数据制作，部分国家人口数据为估算。

梳理以上国家的华侨华人人口数据，结合相关研究机构及媒体报道，海外华侨华人有以下几方面特征。

1. 国际移民在中国人口总规模中占比极小，中国远不是移民国家

综合相关数据，2019 年中国的国际移民约 1030.9 万，仅占中国 14 亿人口总量的 0.7%，远低于国际移民人口占全球人口总量的比重（3.5%）。此外，中国的人口净流出规模并不大，2000~2019 年，中国的国际移民仅增加 522.9 万，而同期全球国际移民总量由 1.74 亿增长到 2.72 亿，增长了将近 1 亿人。2019 年，中国移民仅占全球移民总量的 3.8%。因此，中国的人口流出规模和数量很有限，移民人口比重也低于其他人口移民大国，远不是移民国家。具体情况见表 2。

表2　2000年、2019年中国和全球国际移民人口占总人口比重情况

	国际移民 （千人）		国际移民占 总人口比重 （%）		女性占移民 总人口比重 （%）		移民中各 年龄段比重 （%）*			移民平均 年龄 （岁）
	2000 年	2019 年	2000 年	2019 年	2000 年	2019 年	0~19 岁	20~64 岁	65岁 及以上	2019 年
全球	173588.4	271642.1	2.8	3.5	49.3	47.9	13.9	74.2	11.8	39.0
中国	5080.0	10309.0	0.4	0.7	50.0	38.6	23.1	68.0	8.8	35.3

* 因四舍五入，各百分数相加之和不为100%。

资料来源：联合国经济与社会事务部。

2.华侨华人在大部分国家占其人口总量的比重在3%以下

华侨华人虽然分布在世界上几乎所有的国家和地区，但人口数量在绝大多数国家占比极小（新加坡除外），对当地主流社会影响有限。目前，华侨华人人口占比超过5%的国家只有马来西亚、柬埔寨、文莱、澳大利亚等，在3%~5%之间的国家有新西兰、加拿大、印度尼西亚、巴拿马、缅甸等，大多数国家华侨华人人口占比都低于1%。人口数量和密度很小、分布区域不均衡是海外华侨华人人口构成的一个显著特点。

3.总体数量有所减少

由于疫情冲击，2021~2022年全球国际移民数量锐减，中国的海外移民数量也有所减少。比如截至2021年底，在日中国人比上一年减少8%，在韩中国人同比减少6%；在西班牙的中国人比上一年同期减少了5663人。[①] 疫情影响到了海外华侨华人的跨国流动，但对居住区域、职业等的影响有待进一步观察。

4.疫情期间中国留学生群体受影响大

2022年初，仍滞留境外的澳大利亚学生签证持有者人数多达14.7万，其中60%即超过8.6万人是来自中国的国际学生。[②] 新西兰移民局的数据显

[①] 见本报告B.4、B.8、B.9相关内容。

[②] 《2022年，大半留学生仍未返澳》，https：//posts.careerengine.us/p/623c0bbefcc3a03c5aa0 14a8，2022年8月24日访问。

示，2022 年 7 月 31 日在新西兰的 14639 名国际学生中，有 6039 名是中国人，占 41.3%。

据美国国际教育协会发布的报告，2022 年美国新入学的国际学生人数比 2021 年强劲反弹 80%，达到 261961 人，基本恢复到了疫情前的水平。在美国留学市场回暖的背景下，美国共有 290086 名中国留学生，与 2020/2021 年度的 317299 人相比，下降了 8.6%；比 2019/2020 年度的 372532 人下降了 22.1%。具体情况见表 3。最受中国留美学生欢迎的专业是数学与计算机科学（23.1%）、工程学（17.2%）、商科（14.6%）等，中国留美学生数量最多的州是加利福尼亚州、纽约州、马萨诸塞州。[①]

表 3 近年来中国留美学生数量统计

年度	人数（人）	增幅（%）
2021/2022	290086	-8.6
2020/2021	317299	-14.8
2019/2020	372532	0.8
2018/2019	369548	1.7
2017/2018	363341	3.6
2016/2017	350755	6.8
2015/2016	328547	8.1
2014/2015	304040	10.8
2013/2014	274439	16.5
2012/2013	235597	21.4

资料来源：Institute of International Education, *Open Doors International Students Data*, https：// opendoorsdata. org/，2022 年 11 月 19 日访问。

2021/2022 年度在留美的中国学生中，本科生共有 109492 名，占 37.7%，比上年度降低 12.8%；研究生有 123182 人，占 42.5%，比上年度增加 3.6%。这是自 2015 年以来，赴美研究生人数首次超过本科生。根据美

[①] Institute of International Education, *Open Doors International Students Data*, https：//opendoorsdata. org/，2022 年 11 月 19 日访问。

国科学与工程统计中心、美国国家人文基金会、美国国家卫生研究所共同发布的博士学生相关数据，过去十年美国共授予临时签证持有人177454个博士学位，其中来源国排名前三的中国、印度、韩国占一半以上；2020年共有6805名来自中国的学生获得博士学位。[①]

（二）华侨华人社团及其活动

华侨华人社团（简称侨团）是华侨华人在海外联络情谊、抱团谋生、维护华侨华人权益、传播中华文化的重要平台。据国务院侨办数据，2016年海外华侨华人社团数量达25000多个。[②] 从区域分布来看，亚洲侨团数量最多，菲律宾、印度尼西亚、马来西亚、泰国、新加坡等国在历史上和当代社会都是侨团聚集的地方，这些地方的老侨团组织架构完整，在当地侨社具有一定影响力；东亚、西亚、中亚等地的新侨团较多，注重商务、联谊等功能。侨团在当地侨社具有重要作用，比如为有困难的会员排忧解难，共同构建和谐侨社，推动华侨华人积极融入当地社会，促进中外文化交流与合作，等等。

受疫情影响，2021年大部分侨团暂停或取消了线下活动，改为举办线上疫情报告会或义诊活动。随着2022年一些国家疫情趋于平稳，防控措施减少，很多侨团也恢复了线下活动。如2022年5月加拿大滑铁卢地区华人联合会在滑铁卢公园举办的WCCA首届游春会，是疫情发生以来当地首次以华人社区为中心举办的大型线下多元文化活动。[③]

1. 拓展侨社内部联谊及传播中华文化

联谊联络与维护内部和谐是侨团的基本功能，侨团通过积极联络住在地、住在国及世界各地的会员、华商及企业，维护成员利益，实现互相帮助。新侨团在这方面尤其显著。欧美国家的新侨团很注重通过文体活动联络情谊、互通信息，如开展美食节，举办文艺和体育活动、趣味游戏和幸运抽

---

① Survey of Earned Doctorates, https：//ncses. nsf. gov/pubs/nsf22300/data-tables，2022年11月19日访问。

② 《目前海外华侨华人社团数量达2.5万多个》，《人民政协报》2016年5月18日。

③ 《WCCA首届游春会圆满结束》，"滑铁卢WCCA"微信公众号，2022年5月26日。

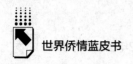

奖等。现在，很多侨团设有青年委员会和法律委员会，会集了一大批优秀的华裔新生代，他们积极参与侨界活动，利用专业优势帮扶弱势群体；开展公益普法讲座，为遭遇暴力和歧视的华人提供心理辅导和法律援助，帮助当事人维护合法权益。

根据中法两国政府签署的互设文化中心协议，2002 年 11 月巴黎中国文化中心在巴黎设立。20 年来，该中心成功打造了"汉语教学""欢乐春节""法国中国电影节""法国中国美食节"等文化品牌活动，成为中法文化交流与合作的重要平台和法国民众了解、分享中国文化的快乐园地。2021 年12 月 30 日，米兰侨界喜迎北京冬奥会暨米兰华埠迎新春灯笼"亮灯"仪式在米兰华人街举行，米兰侨界各侨团会长和米兰龙甲学校舞狮舞龙队以及新闻媒体代表等出席"亮灯"仪式。①

1977 年成立的马来西亚华人文化协会，是马来西亚全国性的文化组织团体，自成立以来就注重守护和传承马来西亚华人文化，并推广各民族文化精髓：一是研究、维护与发展华人文化，使其成为马来西亚国家文化的重要部分；二是促进各民族沟通与了解，作为华人文化与友族文化交融、沟通的重要桥梁，创造公平和谐辉煌的马来西亚文化；三是举办文化活动及出版与马来西亚文化有关的书籍。

2. 促进与住在国各方的协调沟通

侨团在促进侨社与住在国政府沟通协调过程中发挥着重要作用。疫情背景下，华侨华人顶住歧视和经济压力，通过侨团加强和当地主流社会的交流，有效减少了隔阂，增加了理解和信任。如法国亚洲餐饮联合总会与巴黎11 区主管商业的副区长、区议员座谈，就如何加强联系、建立合作共赢模式等方面的问题交换了意见。② 英国中华总商会是由在英华商共同发起成立

① 《喜迎北京冬奥会暨米兰华埠迎新春灯笼"亮灯"仪式隆重举行》，http：//www. oushinet. com/static/content/qj/qjnews/2022 - 01 - 08/929429340113219584. html，2022 年 11 月 19 日访问。

② 《法国亚洲餐饮联合总会代表与巴黎 11 政府官员座谈 探索建立共赢模式 促进地区经济发展》，http：//www. oushinet. com/static/content/qj/qjnews/2022 - 07 - 26/1001712882452537344. html，2022 年 11 月 16 日访问。

的以新侨为主的民间商会组织，其50多位主席团成员都是英国各地方商会的侨领和华商，商会通过举办许多大型活动，得到英国主流社会的肯定和关注，也提升了华侨华人的社会地位和声誉。[①]

巴塞罗那华人商会与警察局建立及时、长期有效沟通的机制，在同当地警察局的联系沟通过程中发挥了积极作用，商会及时帮助当地华人解决问题，包括华人社区的治安问题、疫苗护照正确使用的问题、节日期间华商注意盗窃的问题等。[②]

德国法兰克福华人参事会是当地有选举权的4473名华人的代表机构，负责就法兰克福华人关心的热点问题，收集相关建议和意见，定期整理，汇集成议案，在每月一次的外国人例会上提出，通过后递交市政府和议会。过去几年，华人参事会提出的将中文列入高中义务教育外文选修课、设立"法兰克福外裔杰出市民奖"等提案都被采纳，[③] 助力华人华侨融入主流社会，提高华人在当地的影响力。

3. 关注祖（籍）国发展和重大事件

2021年是辛亥革命110周年，海外华侨华人以多种形式举办纪念活动。[④] 海外华侨为辛亥革命做出了全方位的贡献，被孙中山称为"革命之母"，华侨支持辛亥革命，源于爱国救国的强烈意愿，这种意愿延续至今依然强烈，且表现形式呈现多样化。2021年也是中国共产党成立100周年，华侨华人对此关注颇多。2022年8月，美国国会众议长佩洛西窜访我国台湾，海外华侨华

---

① 《英国中华总商会主席张进隆：做中英经贸合作的"推进者"》，https：//www. chinanews. com. cn/hr/2022/07-21/9808569. shtml，2022年10月16日访问。

② 《巴塞罗那丽水总商会受邀拜访加泰Manresa警察总局》，http：//chinatown. ouhua. info/2021/1211/36684. html，2022年11月18日访问。

③ 《法兰克福外国人参事会选举开始：您的一票决定华人能否在此发声!》，〔德国〕《华商报》2021年2月1日。

④ 《里约侨界举行图片展 纪念辛亥革命110周年》，http：//www. dragonnewsru. com/static/content/news/glo_news/2021-10-08/896058500009308160. html，2022年11月18日访问；《中国驻美使领馆办纪念辛亥革命110周年座谈会》，http：//www. dragonnewsru. com/static/content/news/glo_news/2021-10-14/898241858923540480. html，2022年11月18日访问；《旅居加拿大辛亥革命参与者后人：期待民族复兴》，http：//www. dragonnewsru. com/static/content/news/glo_news/2021-10-11/897144480359395328. html，2022年11月18日访问。

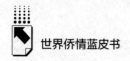
人和社团组织纷纷严厉谴责和强烈抗议，坚定支持中国国家主权和领土完整。① 2022年10月党的二十大召开，引发华侨华人热切关注。②

4. 声援救助旅乌华侨华人和留学生

2022年2月乌克兰冲突发生后，在乌华侨华人和中国留学生约2万人面临严峻生命和财产威胁。中国驻乌使馆积极协调当地同胞撤离。③ 2月28日，中国驻乌克兰大使馆开始第一批撤侨，先组织撤离年纪较小的中国留学生，再撤离其他华侨华人。波兰、德国、匈牙利、斯洛伐克、白俄罗斯等国侨团和华侨华人也积极伸出援手，出钱出力、协调资源，帮助在乌华侨华人和中国留学生撤退到安全地带。④ 2月27日，欧洲华侨华人社团联合会发布告知函，决定向入境周边国家包括波兰、白俄罗斯、罗马尼亚、匈牙利等地的旅乌侨胞及中国留学生提供免费专车接送及生活帮助，并公布了波兰、白俄罗斯等国的救援服务电话。⑤

二　华侨华人积极融入在地社会

身居海外的华侨华人在当地站稳脚跟后，一般都会在主动或被动中寻找与其他族裔建立联系、融入社会的途径。历史上有相当长一段时间，华侨被

---

① 《近60个侨界组织联合发表声明 旅欧华侨华人强烈谴责佩洛西窜访台湾》，http：//www. oushinet. com/static/content/qj/qjnews/2022－08－04/1004971129695379456. html，2022年10月16日访问。

② 《海外侨胞热议二十大——为繁荣富强的伟大祖国而自豪》，"泉州侨联"微信公众号，2022年10月16日，2022年11月2日访问；《海外侨胞热议中共二十大报告：共同致力中华民族伟大复兴》，http：//news. cri. cn/20221019/1791cdb7－511b－742a－bd51－5ddfbd70c808. html，2022年11月2日访问。

③ 《关于应对乌当前安全局势的提醒》，"中国驻乌克兰大使馆"微信公众号，2022年3月3日。

④ 《旅乌侨胞互助渡难关 海外华社积极伸援手》，http：//www. dragonnewsru. com/static/content/news/glo_news/2022-03-02/948663672182812672. html，2022年9月12日访问。

⑤ 《欧洲华社炮火之中勇助战乱同胞显真情》，《德国侨报》2022年3月25日；《欧洲华侨华人社团联合会向旅乌华侨华人伸出援手》，http：//www. theefoco. com；https：//content-static. cctvn ews. cctv. com/snow-book/index. html？item_id＝10759013450144431217，2022年10月2日访问。

视作很难融入在地社会的少数族裔。随着21世纪以来中国新移民群体规模的增长和经济实力的增强，越来越多的在地政府开始为历史上的排华、歧视华人行为道歉。① 华侨华人群体的自信心大为增强，他们渴望在新环境中获得更多的尊严与认可，这种想法推动其更多地参与在地社会的管理，进而提升社会地位和影响力。这种努力通常表现在以下几个方面。

（一）参选各类公职

华人参选各类公职是表达群体诉求、维护族裔和社区利益的重要途径。过去，华人参政议政的兴趣低，一门心思赚钱求生存，加上华人投票率太低，当地主流政界对华人关注度不够，大大影响了华人维护合法权益。其实，华人参政议政，是政治现实的需要，也是华人自立自强的表现。现今，海外华人参选大多关注"社区安全""种族歧视""市政服务和效率"等社会问题。② 事实上，近年来华人加大了参政议政的力度，这些努力是华人获取话语权、融入当地主流社会的必由之路。特别是随着海外华人人口数量和结构不断优化，如人口数量增长、受教育程度提高、从事专业工作比例增加、家庭或人均收入提升、经济地位提高等，华人的参政能力和水平不断提高，成功进入各级议会、当选政府官员的华人越来越多。总体来看，东南亚各国尤其是新、马、泰的华人参政已非常成熟；美国和加拿大华人积极参政，影响力显著上升；欧洲华人参政开始兴起，尤其是在英、法、德、意等国已蔚然成风；其他亚非拉发展中国家的华人参政也比以往有很大进步。③

---

① 最近两年的道歉如2021年5月墨西哥总统洛佩斯为发生在110年前针对华人的"托雷翁惨案"向中国以及墨西哥华人社区道歉；2022年2月美国旧金山市议会通过决议，对华人社区的"系统性和结构性歧视"以及针对性的暴力行为道歉；等等。参见《墨西哥总统为110年前针对华人的"托雷翁惨案"道歉》，https：//www.chinanews.com.cn/gj/2021/05-18/9479583.shtml，2022年11月5日访问；《旧金山市议会财委会通过"向中国移民道歉"提案》，〔美国〕《世界日报》2022年1月27日。

② 《万锦市第二选区市议员候选人孙志峰举行新闻发布会 公布参选纲领》，〔加拿大〕《加中时报》2022年7月20日。

③ 《万晓宏：海外华人如何告别"政治冷感"》，http：//www.chinanews.com.cn/gn/2021/12-09/9626068.shtml，2022年11月8日访问。

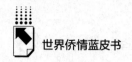

美国奉行精英意识，各族裔群体要想在政治上发声，通过选举及其造势是一种重要途径。2021年11月，美国波士顿市议员吴弭，以近62%的得票率当选该市200多年历史上的首位女性华裔市长，这是马萨诸塞州首府历史上第一位女市长、第一位华裔市长，也是美国东海岸第一位亚裔女性市长，① 吸引了美国众多主流媒体的关注。2022年7月，美国华人联合会（UCA）在华盛顿特区召开了美国华人联合会第三届大会暨第一届全国青年大会。来自全美各地的近300名华裔青年，就华人社区关心的中美关系对华人的影响、反对亚裔仇恨、控枪与堕胎法案等进行深入交流。

在华人聚居的加拿大安大略省，包括第一个报名参选多伦多市市长的华人候选人陆炳雄在内，② 在大多伦多地区有约40位华裔参选，分别角逐市长、区域议员和市议员等职位。③ 2022年10月，沈观健（Ken Sim）击败其他14名竞争对手，成功当选温哥华市市长，这是在华人先侨来到温哥华并缴纳"人头税"135年之后，温哥华选出的首位华人市长。此外，移民自我国香港的华裔余星友（Simon Yu）也成功当选乔治王子城市长，成为该市第一位华裔市长。④

2021年是德国五年一届的大选之年，6月杨明当选黑森州外国人参事会参议员，他作为华人代表再次进入德国联邦州级参政议政机构。在意大利，2021年9月浙籍华人林益凡参选罗马市政府议员。华侨华人餐饮业协会秘书长黄素平女士竞选米兰市第八区区议员，同时她也是米兰市市长朱塞佩·萨拉竞选团队中唯一的华人。

法国2021年6月举行大区选举，大区的职能重点在交通、教育和职业

① 《36岁哈佛华裔女性当选波士顿市长，打破200年白人男性统治》，https：//www.thepaper.cn/newsDetail_forward.15292373，2022年10月21日访问。
② 《多伦多市市长候选人陆炳雄先生筹款晚宴近600人到场支持》，http：//www.hotspotnews.ca/portal.php？mod=view&aid=2157，2022年10月23日访问。
③ 《逐鹿大多区，约40华裔角逐市长和议员职位》，http：//news.cgctv.com/2022/10/24/，2022年10月2日访问。
④ 《创造历史！两位华裔同日当选加拿大市长 沈观健成温哥华建市136年来首位华裔市长》，https：//ca.fx168news.com/canada/2210/6213212.shtml，2022年11月17日访问。

培训等方面，尽管华人此次投票意愿不高，① 但仍有多位华人参选。法国华侨华人非常关注社会治安问题，7月，法国前总理与美丽城商会代表座谈，鼓励华人参政议政。10月，法华社团在巴黎举办"议政"圆桌论坛，鼓励华人尤其年轻华人积极参政议政。同时，多位参选人被补选进入地方政府机构。巴黎19区议员王立杰再次担任19区副区长，候补议员曾永革正式补选为11区议员，候补议员何林涛正式补选为欧拜赫维利埃市市议员，等等。

参政是华侨华人在当地社会地位提升的重要标志，是融入当地社会的关键一步。通过参加竞选，凝聚华人力量，提高华人地位，让当地政府听到华人的声音，了解华人的需要。同时，通过选举也可以唤醒身边的华人，带动大家积极投票，了解政府的运作，了解公民投票权和选举权的责任，树立华人负责任的新形象。

（二）参与慈善公益

受中华民族传统文化影响，华侨华人特别是华商形成了达则兼济天下的胸襟和担当，在努力奋斗发展自己事业的同时，也愿意尽己所能地回馈社会和民众。尤其是在新冠疫情发生后，华侨华人积极参与当地社会公益活动，关注弱势群体，热心文化教育事业，得到当地政府和民众的认可。

奉献爱心是华侨华人与当地社区交往的催化剂。关注弱势群体不仅体现了华侨华人的责任担当，也是社会稳定发展的必要条件。世界泉州青年联谊会印尼分会自新冠疫情发生以来，发动会员捐款并迅速从中国采购35万只医用口罩及其他防疫和爱心物资，支援印度尼西亚国家警察总署、当地政府、孤儿院等。② 2022年中秋节期间，以中巴慈善基金总会为代表的巴西15家侨团联合举办了"欢度中秋"走进巴西贫困社区慈善捐赠活动，各界爱心人士和志愿者1000多人参加活动。活动以"扶贫济困、共建和谐社

---

① 《旅法华人谈2021法国大区选举》，〔法国〕《欧洲时报》2021年6月30日。
② 《印尼泉州籍新侨社团到孤儿院送温暖献爱心》，http://www.dragonnewsru.com/static/content/news/glo_news/2021-11-30/915205417268031488.html，2022年9月25日访问。

会"为主题,旨在定点扶助,回馈巴西社会。① 疫情期间,加拿大安省中华总会馆动员会员及亲友,捐赠许多医疗物资给孟尝会等多家耆老护理院及其他团体,并获得安省省长及国会议员、省议员的表扬和感谢。会馆也积极开展社区服务工作,帮助耆老及其家庭获得更好的照顾;并一如既往地承办各种节庆典礼活动。②

助力"第二故乡"抗疫,华侨华人彰显社会担当。疫情发生以来,华侨华人与当地民众共同抗疫,显示出大爱与担当。韩国华侨华人联合总会在疫情期间筹集价值 500 万元人民币的物资捐赠给韩国,获得韩国民众一致好评。③ 博茨瓦纳发生疫情后,华人慈善基金会首先在侨界发起捐款捐物的倡议,经过各华侨华人社团和中资机构的努力,截至 2021 年 9 月已募集了价值超过 100 万美元的现金和防疫物资,捐赠给博茨瓦纳总统事务部、新冠防治基金会、卫生部、国防军、学校及个人。④ 意大利米兰华侨华人向当地市政府、医院、警察局、红十字会等捐赠医用口罩 650 万个、手套 3 万双、防护服 5000 套、消毒液 2 吨。2021 年 9 月,意大利米兰市政府举行抗击疫情爱心人士表彰大会,居住在米兰的华侨华人因帮助当地医疗系统筹措抗疫物资而受到特别表彰。这一例证显示了当地社会对华侨华人的肯定。

疫情导致许多慈善机构的筹款收入受影响,因此一些华人会馆希望通过线上的端午节晚会,呼吁公众给医院捐款,传承关怀互助的精神,也表达对前线医护人员的支持和敬意。新加坡宗乡会馆联合总会、晋江会馆等推出线上过节活动,通过各种活动筹集善款,为弱势群体传递温暖。⑤

---

① 见本报告 B.7 部分相关内容。
② 《安省中华总会馆庆祝 75 周年晚宴》,https://easyca.ca/archives/309827,2022 年 11 月 3 日访问。
③ 《48 国山东旅外侨胞"云上"恳亲 畅叙桑梓之情》,http://www.dragonnewsru.com/static/content/news/glo_news/2021-12-29/925791630983049216.html,2022 年 11 月 6 日访问。
④ 《扶危济困显担当 华侨华人与住在国民众一起抗疫》,http://www.dragonnewsru.com/static/content/news/glo_news/2021-10-05/894942739123548161.html,2022 年 11 月 6 日访问。
⑤ 《"云上端午"嘉年华 让公众"云游"屈原故乡》,https://www.zaobao.com/news/singapore/story20210524-1148901,2022 年 11 月 3 日访问。

（三）反抗种族歧视

疫情期间，多国出现仇视亚裔现象以及连续发生针对亚裔的暴力行为，引发华侨华人和当地民众抗议。最近两年，包括华裔在内的亚裔群体面临的种族歧视风险未见消减，亚裔遭受谩骂、袭击、殴打、枪杀的事件不断发生，而亚裔女性和老人更容易成为受攻击的目标。2022年恰逢美国政府设立"亚太裔传统月"30周年，但美国亚裔遭受的歧视并未减少。美国民权组织"停止仇恨亚太裔"（Stop AAPI Hate）发布的调查报告显示，从2020年3月至2021年3月，美国针对亚太裔的仇恨犯罪案件数量达6603件，同比激增54%。在2020年3月19日至2021年12月31日，全美针对亚太裔的仇恨事件为10905起。歧视案件大多发生在加州、纽约、华盛顿、得州和伊利诺伊州等地。① 据哥伦比亚大学高琴教授及其同事针对纽约华裔居民的调研，华裔纽约人在新冠疫情中经历了高频率和不同形式的种族歧视。一半以上的受访者在日常生活中至少经历过一种形式的歧视。其中大多数人将这种经历归因于自己的肤色或血统，而其中有三成受访者指出，在疫情期间佩戴口罩也是受到歧视的原因。②

加拿大维多利亚大学调查了874名第一代和第二代华裔，发现三分之二的人在疫情期间有过不被尊重的经历，且两代华裔比例大致相同，表明语言能力、专业或收入水平并不会减少歧视的发生。有三分之一受访者遭受过人身威胁或恐吓，超过四分之一的受访者受到过人身攻击，只有十分之一的受访者向警方报案或投书社交媒体。③ 2021年4月，在德国法兰克福有上百户华人家庭聚集的Rieberg附近出现了明显的种族主义涂鸦，该事件得到快速解决，体现了旅德华人深知如何合理合法地维护自己的利益；同时，提醒了

---

① 《不到两年，全美针对亚太裔的仇恨事件破万起》，https://www.uschinapress.com/static/content/SZ/2022-03-10/951509699260723200.html，2022年10月2日访问。

② 《中外学者线上探讨美国反亚裔歧视运动及影响》，http://www.xinhuanet.com/world/2021-06/01/c_1127516822.htm，2022年10月2日访问。

③ 《亚裔或成加拿大鄙视链顶端族裔!》，"多伦多生活"微信公众号，2022年7月9日。

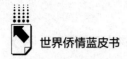
所有人面对歧视时，要正确地把恐惧和愤怒转化为行动。① 2021 年 11 月，所罗门群岛首都霍尼亚拉发生暴力游行示威，所罗门群岛议会和华人商铺遭袭，当地多家华商店铺蒙受严重财产损失。②

有歧视就有反抗。2021 年 12 月，有近千人参加在美国芝加哥中国城举办的"沉默游行"，他们高举"犯罪就是犯罪""停止仇恨亚裔"的标语牌，以此表达他们对于中国城日益严重的暴力犯罪活动的抗议和愤慨。ABC、CBS 和 WGN 等主要电视台对此进行了报道。把中国城自 2020 年发生的枪杀案以及最近枪杀案、劫车案、偷窃案激增等问题通过主流媒体传播出去，让大家知道华人对中国城的糟糕治安的强烈不满，给政府执法立法部门施加压力以改善治安，同时也有助于提高民众的安全防范意识。③ 华人应对和改变歧视环境的重要途径之一就是要增强华人的文化自信，"在西方社会，如果你选择沉默，则代表你同意我的观点或没有意见，华人隐忍的性格让美国社会认为这是一种软弱的表现。华人应打破固有的印象，敢于发声"。④

华人的反抗取得了一定成效。2022 年"亚太裔传统月"期间，美国总统亚太裔顾问委员会共同主席、美国贸易代表戴琪表示，当前美国亚太裔群体在日常生活中经历着偏见与歧视。加拿大总理特鲁多在庆祝"亚裔传统月"设立 20 周年的活动时指出，过去两年针对亚裔群体的不包容与种族主义回潮仍然值得担忧，未来将强硬反击一切形式的仇恨事件。⑤

2012 年，美国在国家层面以立法形式向曾经排斥和歧视华人的做法道

① 《法兰克福惊现反华标语，当地华人协调德国友人快速清除》，〔德国〕《华商报》2021 年 4 月 13 日。

② 《所罗门群岛发生暴力示威 当地华商：人心惶惶》，http：//www. dragonnewsru. com/static/content/news/glo_news/2021-11-26/913816574857981952. html，2022 年 11 月 9 日访问。

③ 《芝加哥中国城举行"沉默游行"表达对治安关切》，http：//www. dragonnewsru. com/static/content/news/glo_news/2021-12-29/925756294651326464. html，2022 年 11 月 9 日访问。

④ 《洛杉矶华埠大屠杀 150 年 侨领：对华人歧视情绪仍存在》，http：//www. chinanews. com. cn/hr/2021/12-29/9640332. shtml，2022 年 10 月 30 日访问。

⑤ 《美加"亚裔月"呼吁反歧视》，http：//www. dragonnewsru. com/static/content/news/glo_news/2022-05-30/980787543811698688. html，2022 年 11 月 8 日访问；《加拿大政府承诺与亚裔社区继续合作反对种族主义》，https：//www. chinanews. com. cn/gj/2021/06-01/9489945. shtml，2022 年 11 月 8 日访问。

歉，但在地方层面道歉姗姗来迟。2021年4月美国国会参议院以94∶1的压倒性表决结果，通过了旨在解决针对亚裔仇恨犯罪的"新冠仇恨犯罪法案"，体现了美国社会反对歧视亚裔的主流共识。2021～2022年，美国加利福尼亚州安条克市、圣何塞市、洛杉矶市、旧金山市等正式向华人移民道歉。① 在旧金山道歉决议出台之际，旧金山警察局报告称，亚太裔报告的仇恨犯罪事件在2021年激增了567%。旧金山华人社区历史悠久，在旧金山的约90万居民中，超过三分之一是亚太裔，其中华裔占最大比例。

为早年的排华行为做出道歉，既显示出当地政府和民众勇于反思过去，更反映了近年来中国的发展大幅提高了华人的社会地位。但是歧视华人现象短期内难以消除。面对歧视问题，华人需要团结、联合起来，共同改善所处环境。比如可以用自身行动帮助化解针对华人的仇恨和歧视；主动增进华人和其他族群的交流；借助媒体平台讲述种族问题历史，总结其他族裔维护自身合法权益的经验；组织华人社团开展活动，唤起民众的情感记忆等；敦促立法机构监督司法机构执行法案规定；向执法机构拨出专项资金，打击仇恨亚裔犯罪行为；在媒体平台上大力宣传平权法案、华人为当地做出的贡献；等等。美国百人会（Committee of 100）也发出倡议，称针对亚裔的仇恨与暴力行径绝对不能容忍，美国社会各界需团结一致，共同采取行动终结对亚裔的仇恨。②

华侨华人应努力打破族裔障碍，通过展示华裔独特的魅力更好地融入在地，展现自身价值与贡献。2022年6月，17岁的荷兰华裔模特雪莉·艾宾（Xueli Abbing）被联合国教科文组织任命为反对歧视和反种族主义的大使。③ 2021年底，洋娃娃生产公司美国女孩（American Girl）首度推出

---

① 《美国加州圣何塞市为历史上的排华罪行道歉》，https：//www.chinanews.com.cn/gj/2021/09-30/9577598.shtml，2022年11月8日访问。

② 《美国百人会倡议各界团结一致 共同行动终结对亚裔仇恨》，http://www.dragonnewsru.com/static/content/news/glo_news/2021-04-26/859388717284982786.html，2022年11月9日访问。

③ 《荷兰华裔模特被任命为联合国反种族主义大使》，https：//hollandone.com/? p=17696，2022年11月16日访问。

亚裔娃娃"谭可琳"（Corrine Tan），作为 2022 年度最佳女娃娃的代表。[1] 在反亚裔情绪高涨的当下，以中华文化作为身世背景的洋娃娃，无疑增加了亚裔在美国主流社会的存在感和认可度。2021 年 11 月巴拿马政府宣布，从 2022 年起将中国农历新年定为巴拿马全国性节日，并将春节庆祝活动融入巴拿马的国际旅游推介计划。据不完全统计，目前已有包括美国、加拿大、苏里南等在内的近 20 个国家和地区，将春节定为全国或部分城市的法定节日。这是华侨华人反抗歧视、融入在地社会的积极回馈。

三 促进中外文化交流与传播

文化多元化已成为世界近年来的发展趋势。文化是世界性的、全人类共通的，文化沟通可以加强不同族裔、不同群体间的共鸣和理解。中华文化源远流长，文化传播离不开语言和文字，关注和掌握中文的人越多，华侨华人在当地的融入和社会地位也会相应提高。随着近年来中国经济的不断发展，中文的国际应用和国际影响力日益提升，中华文化在海外传播具有广阔的舞台和前景。除了传统的东南亚使用华语国家外，北美正在形成有特色的新华语，欧洲也有望形成华语的新变体。[2] 近年来年度汉字评选活动在欧美兴起的"破圈"现象与当地华人社会地位提升密切相关。总的来看，凭借扎根于深处的族裔情感和中华文化基因，海外华侨华人在助推住在国与中国的文化交流中空间广阔、大有可为。

（一）年度汉字评选和华文媒体提升中华文化影响力

中文是全世界华侨华人的母语，是华侨华人存续、发展的文化根基。一方面，华侨华人离祖（籍）国愈远，他们对中国的地理、历史和文化的了解也就愈抽象。在全球化加速的现代社会，如何能让他们更好地认识和认同

---

① 《亚裔"美国女孩"第一次登年度娃娃》，〔美国〕《世界日报》2022 年 1 月 1 日。
② 《李宇明：年终盘点，为什么选择汉字"承上启下"？》，http://www.chinanews.com.cn/hr/2022/01-06/9645692.shtml，2022 年 11 月 18 日访问。

中华优秀传统文化，是维系华裔身份的重要前提。另一方面，一些当地民众对中国文化最初的了解常常来自语言、饮食和文化等。华侨华人身上天然携带的这些中华文化符号，能使很多从没到过中国的当地居民，通过品尝美味、与中餐馆老板交流而被博大精深的中国文化吸引，对中国产生好感。海外的年度汉字评选活动，不仅是住在国的文化活动，也有华侨华人的积极参与，很多地方甚至就是以华侨华人为主体开展的。年度汉字所表达的社会认知和心理情绪，体现出中华文化与当地生活的有机融合，是用汉字这种形式表达的当地社会意识。

自 20 世纪 90 年代以来，年度汉字评选成为中国、日本、韩国、马来西亚和新加坡等地区举办的一项固定活动，是对即将过去一年的总结，更是对新一年的期许。2021 年，日本的年度汉字为"金"，马来西亚和新加坡的年度汉字为"盼"，美国为"涨"，法国为"熬"，等等。日本的年度汉字"金"是对东京奥运会的总结，也是给日本一个金牌，同时表达对疫情后经济复苏的期望。美国"Good Characters"网站公布 2021 年的年度汉字为"涨"，是因为美国正在经历 1990 年以来最大的通货膨胀，商品价格上涨，同时还在经历供应链危机；此外，"涨"字也代表对于 2022 年经济上涨的祝福。①

年度汉字的传播热潮离不开华文媒体的推动。网站平台仍是世界华文传媒发展新媒体业务的基础性平台。除非洲外，各地区华文媒体网站平台的布局比例均高于 85%。微信是全球华文媒体最重要的社交媒体工具，也是唯一一个在世界华文媒体布局比例超过 50% 的社交媒体平台，在连接世界华人社群的过程中发挥了重要作用。② 新加坡《联合早报》、美国"老中地方新闻-老中网"、马来西亚《星洲日报》位列 2021 年上半年世界华文传媒新媒体影响力海外地区总榜前三。

---

① 《多国公布年度汉字 华侨华人：总结这一年，寄语新一年》，http：//oversea.stnn.cc/ymsj/2021/1224/943359.shtml，2022 年 10 月 2 日访问。
② 《2021 年上半年世界华文传媒新媒体影响力榜发布》，https：//www.chinanews.com.cn/gn/2021/08-18/9546045.shtml，2022 年 10 月 8 日访问。

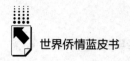

当然，华文媒体整合力度也很大。受各种因素影响，这两年一些华文报刊和媒体停办，如加拿大仅存的全国性中文收费日报《星岛日报》与《明报》。为将资源集中到新媒体平台发展，以便更贴合民众未来生活需要，2021 年 8 月已有 44 年历史的加拿大《星岛日报》停止印刷。未来，华文媒体应当持续拓展内容呈现方式，探索完善全媒体传播矩阵，布局行业新赛道。

出于各种原因，在一些偏远和落后地区，人们获取信息的方式比较单一，他们对中国并不了解。华侨华人凭借语言优势和对当地受众特点的了解，用当地人听得懂的方式，向他们讲述一个真实、发展的中国，展示中华文化，使他们逐步认识和了解中国。此外，一些国家华文媒体的数量比较少，使中华文化在华裔新生代群体中延续和传播出现困境。对此，一些华裔青年用更年轻化的叙事方式讲述中华文化，吸引更多年轻的海外受众参与互动，增进民间友谊和相互了解。比如意大利华人小伙尼古拉（Nicola Jiang）在社交媒体拥有百万粉丝，作为一个短视频美食博主，他带着粉丝在中国大江南北"边走边吃"，用比喻和"埋梗"向海外介绍中国美食，让更多外国网友了解真正的中国。①

（二）海外中文学习人数增加，助推华文教育发展

海外年度汉字评选活动的背后，折射的是中文语言产业的兴起。在"一带一路"沿线很多国家的就业市场上，懂中文或是掌握中文和当地语言的双语者能够获得更多的就业机会以及更高的收入。因此，许多国家中文需求大增，如俄罗斯 2022 年的中文人才需求量增加 55%。② 作为海外华侨华人社会的"留根工程""希望工程"，以中文为基础的海外华文教育一直受

---

① 《意大利华人小伙：讲述中国美食里的烟火气》，http：//www. oushinet. com/static/content/qj/qjnews/2022-07-01/992433184904196096. html，2022 年 11 月 2 日访问。

② 《俄罗斯 2022 年的汉语人才需求量增加 55%》，http：//www. cankaoxiaoxi. com/world/20221124/2496451. shtml，2022 年 11 月 24 日访问。

到中国政府及有关部门的重视和支持，也得到国外很多政府和学校的关注和支持。近年来，海外华校加大了同祖（籍）国教育资源的合作，通过联合办学①、开设网络云课堂②、师资培训和派遣③、组团参访④、引进中文书籍⑤等方式，丰富了华文学校的课堂内容和教学手段，再加上孔子学院⑥、各地中国文化中心举办中文培训班⑦等，吸引了更多的人前来学习中文。

英国学习中文的注册学生超过13万人，全英有近20万中文学习者。⑧英国"汉语桥"俱乐部通过举办"汉语桥"全英大区赛，为全英近20万中文学习者搭建沟通交流的平台，以及切磋中文学习和了解中华文化的机会。法国华裔互助会自1982年开办中文学习班，是巴黎华人聚居的13区最早开

---

① 《156所海外华文学校和江苏百余所学校云牵手》，http：//www. dragonnewsru.com/static/content/news/glo_news/2021－10－25/902213332214624256.html，2022年11月2日访问；《2022年海外华文教师线上研习班海口开班》，http：//www. dragonnewsru.com/static/content/news/glo_news/2022-06-07/983716092000481280.html，2022年11月2日访问。

② 《开罗中国文化中心启动第49期汉语培训课程》，http：//www. dragonnewsru.com/static/content/news/glo_news/2021-10-19/900065080413401088，2022年11月2日访问.html；《大洋洲华裔青少年参加线上"中华文化大乐园"》，http：//www. dragonnewsru.com/static/content/news/glo_news/2021-10-21/900776921858977792.html，2022年11月2日访问。

③ 《菲律宾华教中心"造血计划"培养数百名华语教师》，《福建侨报》2021年10月8日；《海外华文教师线上研习班落幕169位教师参加》，http：//dw.chinanews.com/chinanews/content.jsp? id=ft9577913&language=cht，2022年11月7日访问；《新西兰、斐济学生线上学中国功夫、舞蹈和国画》，http：//www. dragonnewsru.com/static/content/news/glo_news/2021－10－12/897506908322541568.html，2022年11月7日访问。

④ 《17国杰出华裔青年访谈：期待感受醇厚中原文化》，http：//www. dragonnewsru.com/static/content/news/glo_news/2021-10-25/902212733851021312.html，2022年11月7日访问。

⑤ 《驻文莱大使于红出席使馆向斯市社团捐赠华星书屋仪式》，http：//new.fmprc.gov.cn/zwbd_673032/jghd_673046/202206/t20220609_10700930.shtml，2022年11月7日访问；《国侨办第五批华星书屋万余册书籍抵菲 六所华校受惠》，http：//www. chinaqw.com/hwjy/2021/06－08/298280.shtml，2022年11月7日访问。

⑥ 《布鲁塞尔孔子学院开放日：当地民众体验京剧文化》，http：//world.people.com.cn/n1/2021/1008/c1002-32247090.html，2022年11月8日访问。

⑦ 《马耳他中国文化中心举办新学年汉语培训开班仪式》，http：//world.people.com.cn/n1/2021/1006/c1002-32246141.html，2022年11月8日访问。

⑧ 《郑泽光大使出席"汉语桥"揭牌仪式》，http：//www. oushinet.com/static/content/qj/qjnews/2022-07-08/995003078749335552.html，2022年11月9日访问。

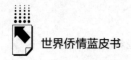
始举办中文教育的协会。① 近几年，俄罗斯学习中文的人数每年增长 10%～15%。② 加拿大统计局数据显示，2021 年有超过 50 万人在家里经常使用中文，除官方语言外，中文成为加拿大华人在家中使用人数最多的语言。③ 巴西圣保罗已有 20 多所华文学校，学段覆盖幼儿园到高中。

随着中文国际影响力的提升，中文在国际交往中的作用日益凸显。截至 2021 年底，联合国有 10 个下属专门机构将中文作为官方语言，有 180 多个国家和地区开展中文教育，76 个国家将中文纳入国民教育体系，外国正在学习中文的人数超 2500 万，累计学习和使用中文人数近 2 亿。④ "十三五"期间，全球参加中文水平考试（HSK）、中小学中文考试（YCT）等的人数达 4000 万人次。2000 年始创的世界华人学生作文大赛，由中国侨联、全国台联、《人民日报》（海外版）、《快乐作文》共同主办，至 2022 年已成功举办 22 届，参赛学生覆盖 100 多个国家和地区，参赛人数累计达数千万人次。⑤

当然，海外华文教育也存在一些问题，海外华校的办学理念和模式仍有很大的探索空间。如马来西亚沙捞越华小学生人数近年来有所减少，从三年前的 6.1 万人降至 2022 年的 5.9 万余人，其中华裔学生比例也由 69%降至64%。海外华文学校大多数是私立中文学校，难以享受到国家财政补助，经常面临教育经费和师资短缺等问题。因此，要进一步提高海外华校教师的中文教学水平，培养更多的适应形势发展的中文人才。

具体来说，有以下几点。一是需要对海外华文教育的具体实施情况和社会需求深入和广泛调查，统筹协调，在经费、师资、教材、教学体系等方面为海外华文教育提供选择，满足不同需求。二是开发推广线上中文教学课程

---

① 《法国华裔互助会"重教育人"成绩斐然》，http：//www. oushinet. com/static/content/qj/qjnews/2022-07-11/996280652766912512. html，2022 年 11 月 24 日访问。

② 《俄专家：俄大学生学习汉语人数每年增长 10%～15%》，《参考消息》2022 年 6 月 17 日。

③ https：//twitter. com/hashtag/2021Census？src=hashtag_click.

④ 《外国正在学习中文人数超 2500 万》，《中国青年报》2022 年 6 月 28 日。

⑤ 《第二十二届世界华人学生作文大赛颁奖典礼在北京举行》，http：//www. chinanews. com. cn/hr/2022/09-29/9863314. shtml，2022 年 11 月 24 日访问。

体系、平板电脑（手机）客户端应用程序，教师可以在国内开展对外网络教学。三是许多国家对既懂中文又具备专业技能的复合型人才需求大增，应大力推广"中文+职业教育"的国际中文教育新模式。四是通过国内组织夏令营、冬令营等活动，把孩子们带入中文听说环境。

很多华文学校不仅教授中文，还开设中国民族舞蹈、中国绘画、中国武术等艺术课程。这已成为当地华侨华人子女和住在国学生学习中文、了解中国的重要渠道，对促进中外人文交流和民心相通具有重要意义。因此，新时代的海外华文教育，应当继续发挥"留根工程"的作用，依托深耕本土的独特优势，因势调整转型，为构建人类命运共同体、推动民心相通做出应有的贡献。

（三）文化互动增进华社与当地民众的理解互信

随着中外在贸易、基础设施建设、文化、教育、医疗等方面的交流合作越来越密切，近年来很多国家的民众开始由对中国经济发展感兴趣转向对学习中国文化感兴趣，甚至一些人想到中国学习生活。在此影响下，华侨华人与当地民众的文化互动明显增多。虽然存在种族歧视，但总体而言，大部分住在国政府和民众对华侨华人是包容的。华侨华人在融入在地过程中，通过举办唐人街春节表演庆祝活动、策划并举办华侨华人春晚、创办中国故事图文展、通过线上线下活动相结合举办文化乐园①、讲述中国时尚文化②、举办夏令营③、拍摄过年短视频传播中国"年文化"等方式，推动中华文化实现传播方式的全覆盖。

2021年2月7日，由中欧跨文化作家协会主办，荷兰彩虹艺术交流中

---

① 《欧时2022 "中华文化大乐园"圆满收官》，http://www.oushinet.com/static/content/qj/qjnews/2022-08-02/1004253084563808256.html，2022年11月21日访问。

② 《菲律宾·中国福建（泉州）电视周启动 展播一个月》，http://www.dragonnewsru.com/static/content/news/glo_news/2021-10-21/900776516013928448.html，2022年11月24日访问。

③ 《全面体验中国文化 促进中国武术繁荣 法国举办中国武术夏令营》，http://www.oushinet.com/static/content/qj/qjnews/2022-08-02/1004058666309398528.html，2022年11月24日访问。

心和西班牙利比里亚诗社协办的第七届中国诗歌春晚第五届欧洲会场落幕。前四届分别在德国的杜塞尔多夫、奥地利的维也纳、荷兰的鹿特丹、捷克的布拉格举行。第五届则开启了云端会场，两个月内共收到了来自19个国家（其中欧洲16个国家）74位诗人的共100首诗歌作品。此次云端诗歌朗诵均采用音频和视频方式，通过高科技多媒体手段展现了中国文化的力量。①2022年8月，欧洲龙吟诗社举办诗歌朗诵会，来自欧洲乃至全球近百人的ZOOM会场上，各国华语诗人作家及嘉宾，共同见证和享受了一场中国诗歌文化的盛宴。多年来欧洲龙吟诗社坚持诗歌创作，出版《龙吟》杂志，在《欧洲时报》上开辟"龙吟诗页"，积极开展诗歌交流。②

2021年5月，为实现大多伦多中华文化中心的设施升级，加拿大联邦政府宣布将对大多伦多中华文化中心资助逾280万加元，同时，安大略省政府将资助逾230万加元，大多伦多中华文化中心承担逾180万加元，共同改造这家于1998年启用、由当地华人运营的非营利机构，③以促进加拿大多元文化交流。2022年7月，在加拿大"石油城"卡尔加里迎来年度盛事牛仔节之际，50余个华人社团在当地唐人街的中华文化中心联合举办"牛仔节·中国情"大型文艺演出活动。④这一活动体现了华侨华人对祖（籍）国和第二故乡的感情，促进这一活动文化交流和社区团结，也推动了年轻一代华人更多地参与当地社会服务等工作。华人目前约占卡尔加里总人口的10%；卡尔加里大学的学生中，近25%是华人。华人在当地社会经济中是很重要的组成部分，也对加拿大的发展有着较大贡献。2022年9月初，由加拿大华人文化艺术团体联谊会（加华艺联CACPA）主办的第三届多伦多龙

---

① 《以诗情抗疫情：欧洲中国诗歌春晚在云端成功落幕》，〔德国〕《华商报》2021年2月22日。

② 《欧洲龙吟诗社举行立秋诗歌朗诵会》，http：//www. oushinet. com/static/content/qj/qjnews/2022-08-09/1006784959727542272.html，2022年11月24日访问。

③ 《加联邦及省级政府斥资推动大多伦多中华文化中心设施升级》，https：//www.chinanews. com. cn/gj/2021/05-27/9486581. shtml，2022年11月4日访问。

④ 《加拿大卡尔加里华人社团举办"牛仔节·中国情"演出》，http：//www. chinaqw.com/hqhr/hd2011/2022/07-11/55586. shtml，2022年11月28日访问。

文化节于市政厅前的内森·菲利普斯广场举行，这是一场加拿大华人举办的有史以来规模最大，面向主流社会多族裔人群，展现中国文化的集视觉、听觉、味觉、体验、游玩于一体的多方位大型文化活动，获得观众和当地政府的肯定，龙文化节在丰富加拿大多元文化的同时，也为加拿大各族裔民众及文化提供了一个深度交流与展现的平台。

为帮助当地华裔青少年学习中华文化，日本中国留学生交流会举办了在日中国留学生与华侨子女的交流活动，助推华文学校的建设，帮助华文学校挑选教材。① 这不仅促进了中华文化的交流和发展，还增强了年轻一代华人的文化认同，更好地了解和认识中国。在一些华人相对集中的海外地区，甚至出现了本地"寻根"新模式。2022 年暑假，全美中文学校协会组织北美华裔历史"寻根之旅"，带领华裔青少年考察早期华裔踏足之地，追寻早期中国移民的故事。②

国内许多机构和组织也以文化交流为切入点，建立各种文化活动品牌和平台，吸引华裔青少年了解中华文化的魅力。亲情中华、中华文化大乐园③等活动是国内相关部门推出的文化交流活动，旨在让海外华裔青少年增加对中华文化的了解和认识，让更多热爱中华文化的海外华裔青少年能够感受到中华文化魅力，了解现代中国发展，当好中华文化的传播者。2021 年 6 月成立的浙江省温州市鹿城区瓯智侨青少年海外传播中心，是为海外华裔青少年群体专门打造的集文化联谊、交流、学习等于一体的综合文化交流项目，通过云端共学、线下互动等方式，开启中华文化学习之旅。

2021 年 7 月，"泉州：宋元中国的世界海洋商贸中心"项目被列入《世界遗产名录》，不仅引发海外泉州籍华侨华人的关注，更使得人们思考出洋谋生的华侨与祖籍地之间如何更有效地建立联系这一议题，在促进文化交流

---

① 《华裔青年张逸：发挥青年人所长 传播中华文化》，http：//www. dragonnewsru. com/static/c nent/news/glo_news/2021-12-07/917751389529452544.html，2022 年 11 月 24 日访问。

② 《华侨华人的文化基因：是共同纽带亦是独特记忆》，http：//www. chinanews. com. cn/hr/ 2022/10-12/9871571. shtml，2022 年 11 月 24 日访问。

③ 《400 余名华裔青少年云端学习交流：文化为桥 跨越山海》，https：//www. chinanews. com. cn/hr/shipin/cns-d/2022/07-12/news931823. shtml，2022 年 11 月 24 日访问。

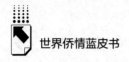

的同时丰富充实人们的精神世界。泉州持续优化营商环境，尤其是国际化、规范化、法治化被放在突出地位，这种与国际接轨的做法令人深受鼓舞。

（四）华侨华人关注支持奥运盛会

2020年东京奥运会和2022年北京冬奥会的相继举办，吸引海外华侨华人广泛关注和积极参与。体育是人类不同群体交流和融合的催化剂，奥运会展示了中国人热情好客、源远流长的中华文化，海外华人群体是中华文化的名片，住在地民众把对中华文化的兴趣自然而然地转向关注华侨华人的衣食住行等生活点滴，为加深了解提供了难得契机。

2021年，东京奥运会举办，华侨华人积极参与圣火传递、投身志愿服务活动，支持奥运。近200名在日华侨华人和留学生志愿者参与服务东京奥运会，弘扬了奥林匹克精神。[1] 东京奥运会上，一批华裔运动员出现在各国代表团中。如代表卢森堡再次参加奥运会的58岁乒乓球老将倪夏莲、奥地利华人乒乓球运动员刘佳、英国跳水运动员伊登·程、法国羽毛球运动员齐雪霏等，他们的出现不仅代表着各自国家队，也是中外文化交流的体现。

2022年北京冬奥会的申办和顺利举行，在海外华人社区掀起民族自豪感的同时，也吸引了在地社会对中国和华人群体的关注。[2] 冬奥会期间，各地华侨华人予以关注并大力声援，以不同方式表达海外赤子的心情。华侨华人通过各式各样的活动，表达对北京冬奥会的支持；还通过在社交媒体上发布祝福视频、踊跃报名参加冬奥志愿服务等形式，表达对北京冬奥会的殷切期盼。德国最南部的博登湖德中协会有着近200个中国人家庭，借助地利之便举办各种冰雪活动，加强中德之间文化、科技和体育方面的交流，助力北京冬奥会。[3] 赛场上，匈牙利华裔运动员刘少昂、刘少林，美国华裔运动员

① 《年终特稿：2021在日华人十大新闻》，〔日本〕《中文导报》2021年12月29日。
② 《加拿大华侨华人及中国外交官庆祝冬奥百日倒计时》，http://www.dragonnewsru.com/static/content/news/glo_news/2021-10-29/903679726663905280.html，2022年11月25日访问。
③ 《博登湖地区华侨华人共盼冰雪之约 助力2022北京冬奥会》，〔德国〕《华商报》2022年2月5日。

陈巍等都取得了不错的成绩。他们在赛场内外展现出华裔运动员的风采与风度，成为沟通中外的运动大使。在海外华侨华人当中掀起了一股冰雪运动的新时尚。①

27名在京高校华裔留学生担任2022年北京冬奥会华侨华人志愿者，他们来自美国、英国、日本、巴西、马来西亚等14个国家，冬奥会期间在"鸟巢""冰立方""冰丝带"等9个北京冬奥会场馆提供志愿服务。②

（五）华人文艺和影视作品宣介中华文化

在新冠疫情蔓延背景下，很多华侨华人失业，精神压力增大，需要文学来提升精神力量、慰藉心灵，消除疫情带来的负面影响。

马来西亚华社2021年推出了几本有关普通华人生活和奋斗的新书。如记录马来西亚华人前辈妇女奋斗历史的新书《平凡女性 镌刻生命》，讲述了20世纪30年代出生的20位华人女性在马来西亚拼搏生活的真实故事，故事主角多为彭亨百乐人民。③ 2021年12月，《斯里兰卡华侨华人口述史》在斯里兰卡首都科伦坡首售，该书是第一本全景介绍在斯华侨华人情况的专著。④ 由加拿大华人移民口述历史中心策划出版的记录加国华人移民口述历史的新书《选择》（海洋省卷），2022年5月在多伦多公开发行。作为一家非营利机构，加拿大华人移民口述历史中心2019年10月启动华人移民口述历史采集项目。该项目团队目前已在加拿大东部海洋省份以及人口大省安大略省、魁北克省完成对97人的访谈工作。项目团队还以网络视频方式呈现对受访者的采访内容。

---

① 《北京冬奥会掀起华侨华人冰雪运动新时尚》，http://www. oushinet. com/static/content/qj/qjnews/2022-02-19/944612498928447488. html，2022年11月24日访问。

② 《北京冬奥会华侨华人赛会志愿者：服务北京冬奥，感受魅力中国》，《人民日报》（海外版）2022年2月25日。

③ 《马来西亚华人母亲节说母亲故事：创造生命 传承家风》，http://www. dragonnewsru. com/static/content/news/glo_news/2021-05-10/859388717247234049. html，2022年11月14日访问。

④ 《〈斯里兰卡华侨华人口述史〉等两本新书发布会在斯举行》，http://www. workercn. cn/34067/202112/25/211225155657313. shtml，2022年9月24日访问。

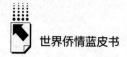

近年来，在英国以查思亚洲（ACA）为主的一些出版社致力于将更多当代的中国文学作品引入海外市场。贾平凹、张炜、冯骥才的作品纷纷在伦敦以英语出版。目前，查思亚洲以每年约 20 本的速度出版中国文学作品。当然，在英语世界当中，中国文学的展示还只能说刚起步。①

英国伦敦华语电影节、澳大利亚金考拉华语电影节、温哥华国际华语电影节是海外比较有影响力的三个国际华语电影节。2021 年第九届温哥华国际华语电影节有近 1900 部华语电影报名，入围各个单元参赛作品共 148 部。该届电影节的参赛影片基本上是中小成本、以华人生活为表现内容、注重文化表达的故事片，这也是温哥华国际华语电影节的特色。②

2021 年 12 月，马来西亚华人文化协会颁发第九届文化奖。该奖项被视为中华文化在马来西亚薪火传承、不断创新发展的重要象征。马来西亚著名女作家戴小华首次获得马华文学奖。旅日华人作家李琴峰获第 165 届"芥川文学奖"。

近两年，印度尼西亚、南非、智利、意大利、美国等地的华侨华人，在侨团侨商和当地政府的支持下，通过改造重建、修建牌楼、增添中国文化元素等方式，推动唐人街焕发出新活力。唐人街逐渐发展成各族裔聚集互动、多元文化交融的地方。③

四 华商遭遇重创，转型困难

在世界经济增长放缓、国际政局不稳定等背景下，海外华商的生存发展存在较大不确定性。疫情期间，海外华商经营面临诸多挑战和困难，如客流减少、收入减少、成本上升以及市场残酷的优胜劣汰法则等困境。尤其是海

---

① 《苏童新书伦敦发布：探讨中国文学在英现状》，http：//www.oushinet.com/static/content/qj/qjnews/2022-07-22/1000064790334681088.html，2022 年 10 月 24 日访问。
② 《第九届温哥华华语电影节获奖者》，https：//www.vcff.org/page20.html#top，2022 年 11 月 4 日访问。
③ 《多国唐人街改造升级 焕发新光彩》，http：//www.chinanews.com.cn/hr/2022/10-02/9865780.shtml，2022 年 11 月 24 日访问。

外移民相对数量减少，对餐饮、建筑、养老等劳动密集型行业冲击较大。[①] 一些国家政局、经济形势不稳，经常停电停水、缺油及物价飞涨，当地华侨华人的生活和生意受影响非常大。许多做小生意的华侨华人被迫离开，留下的大多从事工程、餐饮等行业。[②] 在遭受疫情和经济不景气的冲击下，多重危机威胁着华侨华人的生存发展，如何更好拓展华商事业，实现华商事业转型升级，值得深入探讨。

（一）华商多个行业遭受重创，旅游业和中餐业首当其冲

疫情发生初期，由于大多数国家实施了限制出入境和防控措施，对包括华商在内的移民群体造成了较大影响。联合国世界旅游组织的数据显示，2021年全球国际游客总人次比2019年减少70%~75%，与2020年的情况大致相同。受疫情影响，2021年全球旅游业已损失超过2万亿美元，成为受挫最严重的行业之一。[③] 中国近年来的出国旅游和消费市场庞大，中国游客的锐减对海外中餐业和旅游业产生较大冲击。此外，餐饮业从业者与旅游业从业者承受着疫情和通胀的双重夹击，面临客流量波动大、民众就餐方式改变、物价和人工成本上涨、供应链断裂等一系列困难。由于成本上涨，产品价格自然水涨船高，与此同时，消费者的购买力下降，商品流动性大大降低。加上人民币汇率下滑，华商做生意的风险进一步被放大。

在华侨华人比较集中的贸易和小商品市场领域，华商面临的困难也不小。在塞尔维亚，90%的华侨华人都是做贸易、餐饮或超市生意的。过去，每年12月的生意是最火的，单月营业额往往相当于平时三四个月的营业额

---

① 《美国移民锐减冲击养老院、建筑业》，〔美国〕《世界日报》2022年4月8日。

② 《"破产"、抗议、总统逃离：风暴下的斯里兰卡华人》，https：//www.bjnews.com.cn/detail/165788570214070.html，2022年11月12日访问；《身在斯里兰卡的中国人：最缺的是油品，每天停电8~12小时》，https：//www.thepaper.cn/newsDetail_forward_19053520，2022年11月12日访问。

③ 《旅游业遭受历史性危机 今年预计因疫情损失2万亿》，https：//m.gmw.cn/baijia/2021-11/30/1302700209.html。

总和。但在疫情冲击下，当地华商店铺门可罗雀成为令人无奈的常态。① 阿根廷的华侨华人 80% 来自中国福建，主要从事零售、餐饮和进出口三大传统行业。疫情导致阿根廷通货膨胀率居高不下，阿根廷货币比索不断贬值，民众购买力降低，华商店铺的营业额下降。疫情期间，阿根廷的华人超市甚至经历了两波关店潮。② 面对如此残酷的经济大环境，华人商家只能在各种不确定中艰难求生。

此外，2021 年全球供应链出现严重问题，物流运费高，办公效率低，加上隔离政策的反反复复，引发了用工荒等问题，华商生意更加困难。接连不断的封锁、闭关致使商品和运输成本上涨，美国"一元店"等低价消费品市场受到欢迎，③ 市场需求萎缩导致华商经营雪上加霜。疫情让经常外出的群体面临压力，一些华商经营的加油站、房地产开发等业务都停止了。进入 2022 年后，海外唐人街在复工和停业间不断反复，大多仍面临客源减少、经营成本上升、亟待转型等难题，短时间内经营状况难以恢复到疫情前的水平。④

（二）疫情倒逼华商转型自救

新冠疫情的阴影还未散去，市场疲软、供应瓶颈、成本上涨等问题又接踵而至，华商面对的困难仍然不少。面对多重危机，海外华商展现出经营灵活、百折不挠、勇于探索的精神，积极谋求转型自救。

一是开发"互联网+旅游"新产品或者干脆改行。疫情改变了很多人的工作和生活方式，不少旅行社配有自己的导游，因为缺乏外国游客而无法运营，

---

① 《"一单点尽中国城"……欧洲华商危中寻机闯寒冬》，中国新闻社官方账号"华舆"，2021年2月6日。
② 见本报告 B.7 部分相关内容。
③ 《美国"一元店"涨价 华人消费者热情不减》，http：//www. dragonnewsru.com/static/content/news/glo_news/2021-12-07/917756952648757248. html，2022年11月24日访问。
④ 《多国唐人街经营活动"重启"恢复"元气"尚需时日》，http：//www. dragonnewsru.com/static/content/news/glo_news/2021-06-25/859388717075267584. html，2022年11月18日访问。

一些旅行社开始转变经营方向，积极开展线上旅游。如莫斯科的旅行社将展会地接业务转为线上，同时受中医理论启发，开发"健康旅游"概念。当然，也有很多旅行社和从业人员转行。有的开展不动产业务，有的转向了物流。旅行巴士公司要养司机，又要维护大巴车，负担很重。不少大巴公司倒闭，小车公司基本都在惨淡经营。另外一部分个人导游，有的投入废品回收业，有的送快递，有的送餐饮外卖，或转行开中华料理店。

二是改变中餐馆经营思路。两年多的疫情影响了餐馆的生意。禁足、隔离等措施导致餐馆客流量大幅减少，餐饮业受到很大冲击，很多餐馆因疫情而倒闭。疫情进入第三年后情况有所好转。2022年4月瑞典解除疫情管控，当地吃饭的人开始多了起来，订餐、包餐、大型聚会的人也越来越多。① 受疫情影响，2022年荷兰待售餐饮企业的数量与过去两年相比，至少增加了四分之一，大多数餐饮公司因为财务问题而停工。② 到2022年8月，瑞典中餐馆的客流量已完全恢复到疫情前水平，西班牙中餐馆的客流量和上座率也都恢复到以前的80%。③

中餐从业者积极调整经营理念和模式，求新求变，不断发掘新的发展机遇，比如增加外送和提供外带食物的服务、开发多元化的食物、避免食物浪费等。疫情发生后，由于管控措施增多，很多公司的员工都居家上班，针对企业的送餐业务就消失了，相反，个人客户的送餐业务激增。为此运营模式也必须及时转变。海外中餐馆尝试分餐制、打包外卖、私人订制等经营方式，效果良好。为及时了解市场变化和需求，很多华侨华人还建立了微信群，互通信息，互相帮衬。随着各国政府全面解除疫情控制，中餐馆呈现数量减少、质量提升、集团化发展的特点。但是海外中餐业发展仍面临成本增

---

① 《瑞典疫情解除后华人餐饮后续》，http://cmeds.se/bohrb/portal.php? mod = view&aid = 13464，2022年11月24日访问。

② 《你敢买餐馆吗？经营遭遇种种困难，荷兰餐饮公司待售数量大增》，https://hollandone.com/? p = 18718，2022年11月2日访问。

③ 《海外中餐业复苏 业者求新求变》，https://www.chinanews.com.cn/hr/2022/08-02/9817926.shtml，2022年11月13日访问。

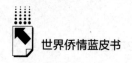
加、营收下降、人手短缺等问题，生存压力仍然存在。① 面对困难，中餐从业者探索自救方式，积极应对挑战。

三是压缩支出，优化投资。华商为应对通胀和成本上涨，谨慎优化投资，减少所有不必要的支出。很多华人工厂、超市和餐饮业存在人手短缺、原材料成本上升等困难，意大利中餐最缺的就是人手，有的中餐馆打出招聘大厨的广告，每个月工资 2800 欧元还是招不到人。② 为压缩成本、扩大影响力，意大利纺织小镇普拉托的 5000 多家华人服装企业，大多都实现了向线上转型。从事手工业的一些华商根据市场需求压缩产量，对部分热销产品采取调价策略。

疫情期间，海外唐人街的经营活动受到严重冲击，面临客源减少、经营成本上升等难题。随着疫情逐步缓解，华人餐饮、零售等与人们生活密切相关的行业最先快速复苏，旅游、生产加工等行业则相对迟缓。多地唐人街通过转变经营思路、加强防疫措施、举办传统文化活动等方式寻找出路。在伦敦，华人艺术家在唐人街演奏二胡、打太极拳、演唱民歌、表演长扇舞、展示茶道和捏糖人技艺等，借助中国传统文化活动吸引华埠居民和当地民众，也为唐人街商家带来商机和活力。③ 新移民也都带头走出唐人街，跨越传统中餐业，横向发展经济，努力融入所在国主流社会。

（三）疫情防控常态化时期华商应变局、谋发展

自救是应急所需，海外华商从疫情中稳定下来之后，也应当从长考虑一些发展大计。随着"一带一路"建设的推进和中国经济供给侧结构改革的

---

① 《海外中餐业复苏 业者求新求变》，https：//www.chinanews.com.cn/hr/2022/08-02/9817926.shtml，2022 年 11 月 9 日访问。

② 《海外中餐业复苏 业者求新求变》，https：//www.chinanews.com.cn/hr/2022/08-02/9817926.shtml，2022 年 11 月 9 日访问。

③ 《破解疫情困境 多国唐人街转变思路寻生机》，http：//www.dragonnewsru.com/static/content/news/glo_news/2021-11-11/908380474840592384.html，2022 年 11 月 10 日访问。

深入，中国的商品、商业模式等对华商的经营能力和底层逻辑带来较大冲击。[①] 一方面，中国经济的韧性和可持续发展潜力为世界经济注入活力与信心。[②] 另一方面，华侨华人可以借助背靠祖（籍）国大市场优势，发掘住在国互补的科技、技术和资源优势，尽快完成自身企业的升级换代，实现优势互补、互利共赢。

一是依托"一带一路"重新布局产业。华商在各国面临的环境不同，市场需求和产业重点自然不同，要结合中国的双循环新发展格局，发挥华侨华人双向联通作用，主动拓展中外合作产业领域。比如随着《区域全面经济伙伴关系协定》（RCEP）的实施，跨境电子商务开始兴起，涉及基础电商采集上架、采购、海内外仓储到商品履单服务，乃至电商精细化运营及孵化等，因此华商在考虑转型时，除了关注传统行业外，还要多关注数字科技等新兴领域，积极参与加强区域产业链、供应链稳定和互联互通，创造更多商机。

传统商贸领域也存在不少新的商机。由于中医药标准难以统一，药材的认证、管理混乱，日本和韩国引进了很多中医药成果，现在日本占据全世界10%的中成药份额，中国所占份额却不到3%。[③] 虽然中医药在许多国家的认证情况不同，但市场的存在客观上也为华商提供了更多选择。塞内加尔第一批中国商人从20世纪90年代中期开始在当地落户，经过几十年经营，中国商品已成为当地人采买不可或缺的重要组成部分。从2000年开始，达喀尔市中心戴高乐大街两旁及周边地区陆续入驻了近300家中国商店，成了远近闻名的"中国街"。据不完全统计，目前塞内加尔有2000多名中国贸易商人，创造了近2万个工作岗位。华商把一些国内好的产品、先进的企业管

---

① 《新冠肺炎疫情对欧洲华商产生深层次影响——访欧洲华商联合会会长、欧洲华商商学院执行院长戴小璋先生》，"张梅对话世界"微信公众号，2022年10月1日。

② 《华商：中国式现代化将为世界经济注入活力》，http：//www.chinanews.com.cn/hr/2022/10-20/9876860.shtml，2022年11月8日访问。

③ 《冯汝洁：进博会对世界医药行业具有全新意义》，http：//www.dragonnewsru.com/static/content/news/glo_news/2021-11-11/908302556961583104.html，2022年11月10日访问。

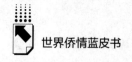
理经验带到非洲去，为中非交流做了许多实实在在的事。①

随着越来越多的中资企业进入国际化进程中，海外华人商圈正悄然发生变化，传承中国文化、家族企业的新生代华商，打开了未来经济发展的另一扇门。唐人街是华裔移民的根基，代表了华裔先辈在当地的创业和奋斗史，它见证了华人的勤奋、努力、乐观和隐忍的精神，也见证了华裔在海外遭遇歧视并不断争取自己权利的历史。现在，唐人街上的华二代商家正通过各种努力吸引游客回归，他们学习能力很强，深度融入主流社会，有着更明显的优势。目前，在科技、金融和平台经济等领域都能看到很多新生代华商，②客观上为华商布局新产业提供了契机。

二是创新合作推动产业优化升级。疫情期间，很多华商注重运用新技术转型升级，多行业线下线上相融合拓展新业务。2012 年美国约有 52.4 万家华侨华人拥有的企业，占美国亚裔企业总数的 27.6%。③虽然美国的华人企业数量不少，但高科技企业非常少，主要为餐饮、商贸等小微企业，市场影响力不大。如今新侨的学历普遍更高一些，他们对新兴经济更感兴趣，在促进中外交流方面有更好的资源和优势。④2021 年 4 月，金砖国家华侨华人创新合作项目举行签约仪式，共有 12 个项目签约，签约投资总额 48.3 亿元人民币，项目涉及生物医药、产业金融、信息技术等领域。⑤华侨华人逐渐适应了疫情的影响后，许多人在原有基础上开拓了新业务，弥补了短板，为今后的业务发展、企业转型升级做了规划。⑥

传统产业优化升级的空间也很大。餐饮业是海外华侨华人从事的重要行

①《华裔青年李宁：以侨架桥 将中塞友好的接力棒传下去》，《潇湘晨报》2022 年 1 月 5 日。

②《新生代华商带来新生机 专家建议华商企业重视产业创新》，http://economy.caijing.com.cn/20220919/4890174.shtml，2022 年 11 月 14 日访问。

③ Asian-Owned Businesses Nearing Two Million, https://archive.mbda.gov/news/news-and-announcements/2016/08/asian-owned-businesses-nearing-two-million.html，2022 年 10 月 24 日访问。

④《在皖侨青：练"内功"谋发展 扬优势促开放》，http://www.dragonnewsru.com/static/content/news/glo_news/2021-06-28/859388717045907457.html，2022 年 11 月 26 日访问。

⑤《金砖国家华侨华人创新合作对接会举行》，《厦门日报》2021 年 4 月 22 日。

⑥《非洲多国疫情反复 华侨华人：放宽心态从容应对》，http://www.dragonnewsru.com/static/content/news/glo_news/2021-06-21/859388717108822020.html，2022 年 11 月 24 日访问。

业，国际餐饮市场日新月异，华二代已经长大，他们可以在父母打下的事业基础上运用自己的语言与技能优势，更好地发展家族事业。这就需要他们了解世界最新的饮食文化与管理技能，不断与国际餐饮从业者交流，提高中餐业在海外发展的品牌知名度。比如在海外做中餐需要不停地对菜品进行创新，针对不同顾客的反馈进行创新改良，以适应更多人的口味。目前，重创之后的海外餐饮业面临劳工、技术及管理人员短缺，房租及工人工资负担重等问题，因此要与国内外优秀餐饮企业进行全方位交流与合作，升级现有中餐经营模式，加入一些新的元素，吸收西餐文化中的流程化、标准化生产的运营模式。伦敦唐人街和奥地利维也纳的中餐馆就开通扫码点餐和线上支付功能，引进自动炒菜机器人和送餐机器人。未来，海外中餐业应该在借鉴、吸收、创新的基础上，打造一批中餐品牌，让更多顾客品尝到创意中餐，提升中餐在海外的形象。

三是结合中华传统文化打造新产品。华商与中华传统文化相结合，发展前景广阔。随着中国影响力的提升，当地民众对中国文化有强烈的好奇心，但了解途径很少，除了逢年过节侨团和使领馆主导的节庆活动外，平时生活中很难接触到中国文化及文化产品。中国文化体验店是一种积极的尝试，[①]既开拓了商机，探索出商业新模式，又将中国文化带进外国普通民众的日常生活，使他们在亲身体验中增进对中华传统文化的了解。

五　华社生活在波折中逐步恢复

新冠疫情对华侨华人的生命、财产、事业和学业发展等产生很大影响。疫情发生初期，华侨华人防疫、抗疫成效明显，感染率很低，但长期在家上班，"感觉世界变得很小"，很多华侨华人希望重新相聚于现实世界。2021年，随着疫情感染范围扩大、病毒变异等影响，一些国家和地区的华侨华人

---

① 《中国移民在加拿大设店推广中国造纸术和活字印刷》，〔加拿大〕《星岛日报》2022 年 8 月 1 日。

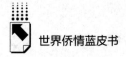

感染人数增加，危重症情况不时出现。① 因此，当 2021 年五六月间欧美多个国家陆续解封时，华侨华人的心态是谨慎的、期待的。②

经历过一番阵痛之后，一些华侨华人选择了离开，但更多的人选择了留下并逐步恢复正常生活。2022 年，由于欧美一些国家的通胀仍在 40 年来的高位徘徊，给当地华侨华人带来不小的影响。此外，疫情反复导致各国入境政策不断调整，许多留学生的求学之路充满变数，入境时间摇摆不定，学业受到影响。③

（一）关心在地社区公共事务

华侨华人在海外打拼，社会地位、生活环境各不相同，但他们各尽所能，努力实现对社会和环境的正向影响。在社会地位和收入等方面，不同国家的华人群体存在很大差异，和当地主要族群相比也不尽相同，但华侨华人在住在国工作生活，仍然秉承融入在地、服务社区的理念，尽可能多地关注、参与社会生活和公共事务，增加和当地不同社会群体的交流，努力打造华侨华人的良好形象。

除了疫情期间积极捐款捐物支持当地民众和政府抗疫外，华侨华人关注社区公共事务主要体现在救助弱势困难群体、推动不同族群之间文化交流和促进互信等方面。2021 年 11 月，世界泉州青年联谊会印尼分会部分理事，代表该会到印度尼西亚万丹省唐格朗南区一家孤儿院送温暖献爱心，向孩子们捐赠了近百份装有文具、牛奶、拖鞋、睡衣、白树油、速食面、牙刷、牙膏、口罩等实用物资的爱心包。④ 此类活动更多地体现出华侨华人参与当地

① 《浙江台州侨联搭线远程会诊 中外专家携手救治海外侨商》，https：//www. chinanews. com. cn/hr/2021/06-07/9494334. shtml，2022 年 11 月 21 日访问。
② 《欧洲多国陆续"解封"华侨华人谨慎中盼回归正常生活》，https：//www. chinanews. com. cn/hr/2021/05-23/9483800. shtml，2022 年 11 月 23 日访问。
③ 《计划赶不上变化 中国学生赴日留学之路一波三折》，http：//www. dragonnewsru. com/ static/content/news/glo_news/2021-12-09/918493574839283712. html，2022 年 11 月 27 日访问。
④ 《印尼泉州籍新侨社团到孤儿院送温暖献爱心》，http：//www. dragonnewsru. com/static/ content/news/glo_ news/2021-11-30/915205417268031488. html，2023 年 1 月 17 日访问。

社区公共事务、关爱社会弱势群体、履行社会责任的社会担当，向社会传播了正能量。在中华传统文化中，春节是刻在华侨华人骨子里的文化基因，①春节期间，他们大多仍会张罗年夜饭、贴对联、挂红灯笼等形式庆祝新春，也给当地人民带来节日的欢乐。这种润物细无声的社会公共产品，将多元背景、不同身份的群体吸引进来，往往能够使其对世界产生不同层面的认知，进而在生活中更有利于增进不同族裔群体的理解和宽容。

华侨华人先辈很早就重视生老病死问题，创办有各种义山、善所、公墓、中华医院等，至今在海外保存有许多华侨公墓。时过境迁，现在海外华侨华人在养老方面面临许多新的问题。为此，需要从日常生活、饮食习惯、疗养康复和人文关怀等方面入手，改善那些入住养老护理院的华人华侨的生活状况。目前，对海外华侨华人来说，"以房养老""储蓄养老""回国养老"三大养老方式是多数人正在面临的抉择。②

（二）海外华社急难防护体系的建立

近年来，随着旅游、经商、务工、留学、移民等出国人数的不断增多，在国外遇到急难或者需要协助的情况随之增多。尤其是疫情期间华人社区安全形势比较严峻，社区安全问题很复杂，政府、警方、社区人士也曾尝试了一些办法，比如举办安全讲座、警民互动、邻里守望等，起到了一定作用，但整体效果有限。

海外华侨华人素来热心为同乡提供帮助，并成立相应的团体提供保障服务。目前，海外华社的急难防护措施主要体现在以下方面。一是外交部和驻外使领馆提供的领事保护救助服务；二是当地侨团与政府相关部门如警察局等建立的沟通协调机制，如南非的华人警民合作中心等；三是一些中资、侨资公司主导建立的联防联控保护机制等。在国内，相关部门也进行了一些有

---

① 《异国他乡的年夜饭 中国味里团圆更思乡》，http：//www. dragonnewsru. com/static/content/news/glo_ news/2022-02-03/938740102396784640. html，2022 年 10 月 17 日访问。
② 《德国老人达到 1714 万人！如何破解在德华人养老的"痛点"？》，〔德国〕《华商报》2022年 6 月 2 日。

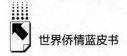

益的探索。如国务院侨办 2014 年开始设立，到 2022 年已有 33 个国家和地区共 46 家的华助中心①，致力于整合力量，增加为侨服务的力度和方式。当然，急难救助的宗旨"帮扶、关爱、融入"，不仅仅是帮助遇困华侨华人，更重要的是帮助他们更好地融入当地社会。

此外，2020 年 3 月中国政府协调驻外使领馆陆续在多国推出"春苗行动"，帮助海外华侨华人接种国产或外国疫苗，② 接种对象涵盖中资机构人员、留学生、华侨等群体。截至 2021 年 7 月初，分布在 160 多个国家的 170 万海外中国公民已通过"春苗行动"接种疫苗。③

（三）国内为侨服务措施的升级与完善

安全、便利、实际，成为最近几年国内惠侨政策的关键词，多方面解决华侨华人的难点问题。如通过互联网运用远程视频方式办理护照等证件，大大方便了旅外华侨。中国相关机构在法国、德国、美国、新加坡、马来西亚等国的 65 个驻外使领馆、94 家国内公证机构试点实施远程视频服务，④ 大大方便了受疫情影响长期居住在海外无法回国的中国公民。

一些地方特别是重点侨乡创新为侨服务理念和举措。如福建泉州创办的南洋华裔族群寻根谒祖综合服务平台；浙江瑞安警侨在线正式上线；温州"全球通"等新增多个欧洲服务中心；多个使领馆还启用了"中国领事"App，为侨胞成功办理了领取养老金资格认证、房产买卖、申办银行业务、继承、法院诉讼等事宜。得益于大数据、云平台等网络通信技术的快速发展，为侨服务的能力和水平得到质的提升。

---

① 《2022 全球华助中心信息大全 全球华助中心地址和联系方式大全》，https：//www. liuxue86.com/k，2022 年 10 月 17 日访问。
② 《白俄罗斯为中国留学生新增三家疫苗接种定点医院》，中国驻白俄罗斯大使馆微信公众号，2021 年 6 月 1 日。
③ 《"春苗行动"，外交为民的生动实践》，《人民日报》2021 年 7 月 13 日。
④ 《中国驻法兰克福总领馆开展跨国远程视频公证试点》，http：//www. dragonnewsru.com/static/content/news/glo_news/2021-04-29/859388717276594176. html，2022 年 10 月 17 日访问；《海外远程视频公证服务助侨胞解决急难愁盼问题》，https：//www. chinanews. com. cn/hr/2022/07-11/9800756. shtml，2022 年 10 月 17 日访问。

疫情期间为保障侨胞出行安全，汕头市提供免费疫苗，为华侨华人返回所在国提供医疗保障；健康服务平台"惠侨通"在福州揭牌，旅居海外的侨胞可在线问诊；而居住在华的侨胞则可凭护照在海南省进行网上预约诊疗。疫情期间一些侨胞海外就业遇阻，浙江青田出台了30条补助扶持政策，惠及创业、养老、子女教育等方面。丽水市还成立了新机构，提供"一站全办、全程代办"的保姆式免费服务。

总体来看，近年来国内涉侨机构和团体为侨服务的理念和措施比以往有了很大提升，在网上服务、公益捐赠、人文关怀等方面帮助解决了一些实际困难和问题，大大便利了华侨华人在海外的生活，但在政策宣传、扩大受惠群体等方面尚需进一步努力。

小　结

2021~2022年，海外华侨华人从疫情最困难阶段逐步恢复过来，但是华社的发展仍然面临许多不确定性因素。华侨华人遭遇种族歧视、华商经济恢复与转型、华人融入在地社会等问题依然存在。经历疫情的锤炼与考验之后，华侨华人走向世界的步伐不会停止。我们欣喜地看到，最近两年海外华社呈现以下几个方面的特征。

一是关注在地的爱心善举明显增多。过去人们印象中更多的是华侨华人对祖（籍）国和家乡的公益捐赠，随着中国近年来经济快速发展和富裕阶层的壮大，海外华侨华人的慈善公益和善举的规模、对象范围明显扩大了，公益捐赠的对象由过去的华社内部扩展到当地弱势群体、政府机构等，由经济实力强大的东南亚华社发展到欧美、非洲等地的新兴华社。疫情中华侨华人与在地民众共渡难关的义举，是彰显社会责任、融入在地发展的需要，也是中华传统文化中以人为本、乐于助人精神的真实体现，有利于促进中外人民友好交往。

二是华商经济在中国企业走向世界过程中的作用有待进一步探索。众所周知，华商资本在中国改革开放进程中发挥了重要作用，但随着中

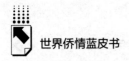

国跃升为世界第二大经济体，中国国内企业开始走出国门，与海外华商资本共同寻找市场，这其中有合作也有竞争。伴随着"一带一路"倡议走出国门的企业，有大型国企也有民营企业，传统华商经济中有跨国大企业也有很多中小微型企业，他们都有各自的资源和优势。如何加强这些不同经济主体的合作，是海外华商未来持续发展壮大的影响因素之一。

三是华社需悉心维护与在地民众和政府的关系。海外华社是复杂多元的，其利益诉求各不相同，但他们都绕不开周围民众和在地政府。华侨华人已经走出唐人街，在不同领域展现聪明才智，获得了一定的公共话语权，但海外华侨华人的声音和力量仍很脆弱，国际风云和住在国局势稍有变动，华侨华人就有可能首先遭受到冲击。因此，对于身处海外的华侨华人来说，遵守住在国规章制度，充分展示华侨华人的社会责任感和中华文化的优良传统，是获取当地民众信任和政府支持的最有效途径。

区 域 篇

B.2

2021~2022年东南亚侨情分析

游 洲*

摘 要： 2021~2022年东南亚正常的移民和入境举措虽受到新冠疫情的严重影响，但以泰国、菲律宾、柬埔寨为代表的东南亚国家仍主动实施吸引外籍人才的招商引流政策。东盟成员国在RECP的推动下，与中国双边经贸、医疗与人文交流互动频繁，不仅东南亚华侨华人受惠显著，而且赋予东南亚华商、中资企业发展新机遇。疫情在东南亚的大流行导致部分华侨华人不得不进行行业转型，折射出华侨华人在面对困境时所具有的化危为机、灵活创新等优良品质。疫情期间，东南亚各国华裔商会、侨社积极履行抗疫责任、勇于担当社会义务、促进中华文化传承，展示了东南亚华侨华人的良好形象。疫情亦催生了华文教育的新发展，数字高科技将逐步引领东南亚中文学习潮流。

---

* 游洲，厦门大学南洋研究院博士研究生，研究方向为东南亚史。

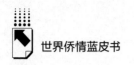
关键词： RECP　中老铁路　友好城市　"春苗行动"　孔子学院

2022 年 11 月 11 日，东盟原则上接纳东帝汶为第 11 个成员国，授予东帝汶观察员地位并允许其参与所有东盟会议。至此，东南亚所有 11 个国家均成为东盟成员国，此举对于东南亚区域共同体发展而言具有里程碑意义。据统计，目前东南亚人口总数约为 6.7 亿，其中华侨华人占 6%～7%，有4000 余万，是海外华侨华人数量分布最为广阔的地域，亦是华侨华人与祖（籍）国联系最为紧密、频繁的区域。2021 年是中国-东盟建立对话关系 30周年，双方自建立合作关系以来，发展成就巨大，已成为区域合作发展的典范。东南亚华侨华人与时俱进，与祖（籍）国共命运同发展，在推动中国-东盟命运共同体发展的历史进程中起着独特的作用。尤其是在疫情期间，东南亚地区的公共卫生、失业和经济衰退、华文教育等社会焦点始终是东南亚华侨华人最为关注的议题。

一　东南亚移民新趋势

新冠疫情发生后，东南亚几乎所有国家的移民项目和出入境均受到严重影响。随着疫情防控形势趋缓和医疗技术的完善，部分东南亚国家根据疫情态势实行动态的移民政策调整，其中旨在吸引外来精英的移民政策亮点纷呈。

（一）区域内正常移民和流动受疫情影响

2021～2022 年，东南亚各国为控制疫情传播、确保本国公共卫生安全，均制定了严格的移民政策和流动措施，对该区域内外的正常移民和流动产生了较大影响。东南亚各国几乎无一例外地采取了限制旅行、禁止自由流动、关闭国界或边境、严格执行隔离政策、实施宵禁管制乃至临时性封国等一系列防止输入性疫情的抗疫措施。① 2021 年 1 月 1~28 日因疫情形势严峻，印度尼西亚总统佐科批准执行禁止外籍人士入境临时防疫政策，禁止搭乘直飞或中转商业航班的外籍人士进入印尼。② 2021 年 4 月 13 日，马来西亚移民局宣布持社交探访签证外籍人士须在 4 月 21 日前离开马来西亚，否则将被采取行动。③ 2021 年 9 月 17 日，马来西亚国家安全理事会指示移民局重新探讨"我的跨境准证"（My Travel Pass）的申请类别，着重说明需通过"我的跨境准证"提出申请的七大类别和无须通过"我的跨境准证"提出申请的四大类别。④

就移民东南亚申请手续而言，向大使馆或移民局咨询是否可办理、办理所需时间、何时能入境都是未知数。究其缘由，疫情背景之下的国家资源配置首先倾向于确保本国公共卫生安全，这严重影响了移民申请审批的行政效率。2022 年 6 月 13 日，新加坡移民与关卡局发文告宣称，从 6 月 13 日起，新加坡民众不能直接到移民与关卡局大厦要求加速办理护照申请或查询申请状况。这是由于新加坡政府每天平均签发超过 5000 本护照，数量是疫情前的近三倍，工作量激增导致人手不够。⑤ 即使被批准入境，也需要特别提供核酸证明、新冠疫苗接种证明、接受新冠抗体血清检测、办理健康通行证或执行隔离政策等附加手续。⑥ 老挝万象市新冠防控专委会 2021 年 6 月 7 日发布第 917 号通知，从 6 月 7 日至 19 日，所有人员须申请旅行许可证才可进出万象市，其中，在万象的外国人及进入万象的外国人，必须持有 5 份

---

① *World Migration Report 2022*, International Organization for Migration, 2021, pp. 91-93.

② 《印尼延长禁止外籍人士入境期限 批准使用中国新冠疫苗》, http://www.chinaqw.com/hqhr/2021/01-11/282549.shtml, 2023 年 2 月 8 日访问。

③ 《持社交探访签证外籍人士须在 4 月 21 日前离开马来西亚》, http://www.chinaqw.com/hqhr/2021/04-13/292549.shtml, 2023 年 2 月 8 日访问。

④ 《马来西亚移民局将重新探讨跨境准证申请类别》, http://www.chinaqw.com/hqhr/2021/09-17/308272.shtml, 2023 年 2 月 8 日访问。

⑤ 《新加坡：民众不可到移民局大厦查询或要求加速办理护照申请》, http://www.chinaqw.com/huazhu/2022/06-13/332173.shtml, 2023 年 2 月 9 日访问。

⑥ 《或办理健康通行证》, http://www.chinaqw.com/hqhr/2021/02-04/285249.shtml, 2023 年 2 月 9 日访问；《菲律宾检疫局：入境人员需在线办理健康通行证》, http://www.chinaqw.com/hqhr/2021/08-31/306444.shtml, 2023 年 2 月 9 日访问。

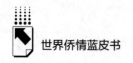

相关文件。① 2021 年 6 月 22 日，泰国疫情管理中心发布公告称，7 月 1 日起搭机、搭船返国公民须自付 14 天隔离期的住宿费用。

东南亚华侨华人的正常移民和流动受到住在国和移民对象国疫情政策的部分影响。如菲律宾在 2021 年相继发布一批移民法令，这些法令的内容随着新冠疫情的变化而实行动态调整。2021 年 2 月 4 日，菲众议院通过拟议中的《新菲律宾护照法》，"为将被撤走的菲律宾人、外侨、尚未入籍的菲律宾人的配偶及其家属、永久居住在菲律宾的外籍人士签发旅行证件证书"。② 3 月 5 日，移民局要求在菲已故外侨应由亲属交回外侨身份卡，以便应对疫情期间的健康监测管理。③ 2021 年 8 月 23 日，菲律宾《商报》报道，菲律宾移民局即将在各口岸安装自动旅行控制系统，并连接到外侨登记身份证数据库，旨在将外侨的个人信息纳入移民局的边境管制信息系统。④

另外，疫情也为东南亚部分国家统计和管理人口数据提供了一定的切入点和有利条件，以有力应对疫情和刑事犯罪。例如，缅甸移民部门制定为期18 个月的"花园便民项目"（2021 年 5 月 3 日至 2022 年 11 月 3 日），为各个省邦 16 岁及以上的居民核发身份证件。截至 2022 年 7 月，已向仰光省内居民核发 70 余万张身份证，缅甸全国已有 9 个省邦及地区提前完成了"花园便民项目"。缅甸移民部门发布公告，从 2022 年 4 月 1 日起，旅行和住宿需要出示身份证接受公民身份检查，不再接受街区证明书。⑤

---

① 《老挝资讯网：外国人进出老挝万象须具备 5 份文件》，http：//www.chinaqw.com/hqhr/2021/06-08/298298.shtml，2023 年 2 月 8 日访问。

② 《菲律宾众院二读通过新护照法 老年人等可享优惠政策》，http：//www.chinaqw.com/hqhr/2021/02-04/285203.shtml，2023 年 2 月 9 日访问。

③ 《菲律宾移民局：已故外侨亲友应交回逝者身份卡》，http：//www.chinaqw.com/hqhr/2021/03-05/288273.shtml，2023 年 2 月 9 日访问。

④ 《菲律宾移民局将启用自动旅行控制系统》，http：//www.chinaqw.com/hqhr/2021/03-23/290217.shtml，2023 年 2 月 8 日访问。

⑤ 《缅甸移民局：已向仰光省内居民核发 70 余万张身份证》，http：//www.chinaqw.com/hqhr/2022/07-15/335283，2023 年 2 月 9 日访问.shtml；《缅甸移民和人口部：4 月起出行不再接受身份证以外证件》，http：//www.chinaqw.com/huazhu/2022/03-07/323939.shtml，2023 年 2 月 9 日访问。

在国家层面强调合法移民的同时，偷渡现象仍屡禁不止。① 在中国与东南亚国家双边合作的关系基础上，中国多地政府相继发布非必要不得前往东南亚等部分国家的公告，并极力劝返非法滞留在东南亚的中国公民。② 有数据显示，中国公安部历时一年（2020年12月5日至2021年12月4日）在全国范围内部署开展集中打击妨害国（边）境管理犯罪专项斗争以来，查获非法出入境人员4.7万余人，是上一年同期的3.4倍。③ 这从侧面表明，在正常移民或入境东南亚的常规渠道被封堵之后，铤而走险的各种偷渡现象显著上升，疫情加剧了非正常移民现象的发生。

（二）主动吸引移民的引资引智政策

随着疫苗接种覆盖率的上升和疫情管控的逐步向好，部分国家分阶段放宽对移民的管制，逐步取消入境限制，以减缓疫情带来的不利影响。泰国在2021~2022年发布了三个有关旨在吸引外国人在泰投资定居的新举措：一是2021年9月15日泰国内阁批准为四类目标群体提供10年长期居留签证，此四类群体为"全球富有公民""外籍富有退休人员""外籍远程工作人员""高技能专业人士"；④ 二是2022年7月12日泰国内阁审议并批准内政部关于外籍人士在泰定居数量公告的草案，规定允许每年某个国家不超过100人在泰国境内定居，无国籍人士每年不超过50人；⑤ 三是2022年9月29日泰国内阁批准为外籍投资者、高

---

① 《揭秘缅北"杀猪盘"：诈骗集团把业务员当货物一样卖》，http://www.chinaqw.com/hqhr/2021/11-30/315156.shtml，2023年2月8日访问。

② 《滞留缅北山西运城籍人员如不报备投案 户口将作"下落不明"冻结》，http://www.chinaqw.com/hqhr/2021/06-22/299621.shtml，2023年2月8日访问。

③ 《国家移民管理局：全国一年来查获偷渡人员4.7万余人》，http://www.chinaqw.com/yw/2022/01-12/319375.shtml，2023年2月10日访问。

④ 《泰国通过吸引外资刺激经济计划 提供10年长期居留签证》，http://www.chinaqw.com/hqhr/2021/09-15/308001.shtml，2023年2月8日访问。

⑤ 《泰国批准外籍人士在泰定居数量公告 冀吸引更多投资》，http://www.chinaqw.com/hqhr/2022/07-13/335031.shtml，2023年2月8日访问。

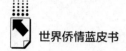

技能专业人士等 18 个目标群体提供"智慧签证",该签证的受惠目标行业从原有的 13 个增加到 18 个,并享有免申请工作许可证、每年报到 1 次(原为每 90 天报到 1 次)、无出入境次数限制、配偶及合法子女有权在泰国居留和工作等特权。①

菲律宾也发布了类似的法律法规。菲律宾移民局于 2021 年 8 月 20 日表示,目前身处菲律宾境外,但即将赴菲就业的外籍人员将被允许提前申请工作签证。② 菲律宾政府 2022 年 3 月 4 日发布了菲律宾共和国 11647 法案,即《外国投资法》修正案,允许符合条件的非菲律宾国民在菲律宾经商或投资企业,最高可持有 100% 的股权,并放宽了可投资范围;允许在中小型企业中,外国投资者拥有 100% 的所有权(股权);允许外籍专业人员和专家获得工作签证,在不受特别法律限制的行业就职;等等。③ 菲律宾总统杜特尔特在 2022 年 3 月 21 日签署《公共服务法》,正式放宽对关键行业的外国投资限制,允许外国人对该国的公共服务部门拥有高达 100% 的所有权,包括电信、铁路、高速公路、机场和航运部门等。此举有望使菲律宾成为"有吸引力的投资目的地"。④ 2021 年 10 月 3 日,柬埔寨官方宣布将缩短已接种疫苗入境投资商的隔离时间,以提振国家经济,使投资市场更为活跃。⑤ 这些国家实施了相对开放积极的招商引资政策,以尽快恢复受疫情冲击的经济和民生。对华侨华人而言,这也意味着迎来了经济转型的机会。

① 《泰国批准扩大申办"智慧签证"目标行业》,http://www. chinaqw.com/hqhr/2022/09-29/341661. shtml,2023 年 2 月 8 日访问。
② 《菲律宾移民局:计划赴菲工作的外国人将可提前申请工作签证》,http://www.chinaqw.com/hqhr/2021/08-20/305328. shtml,2023 年 2 月 9 日访问。
③ 《杜特尔特签署菲〈外国投资法〉修正案 放宽外国投资限制》,http://www.chinaqw.com/hqhr/2022/03-05/323853. shtml,2023 年 2 月 9 日访问。
④ 《菲律宾连修两法案开放外商投资 望成"有吸引力的投资目的地"》,http://www.chinaqw.com/huazhu/2022/03-23/325311. shtml,2023 年 2 月 9 日访问。
⑤ 《柬埔寨将缩短入境投资商隔离期》,http://www. chinaqw.com/hqhr/2021/10-03/309704. shtml,2023 年 2 月 9 日访问。

二 双边经贸、医疗合作与人文交流

（一）RCEP 推动华商、中资企业新发展

《区域全面经济伙伴关系协定》（RCEP）于 2022 年 1 月 1 日正式生效。RCEP 有 15 个成员国，总人口将近 23 亿，GDP 超过 26 万亿美元，出口总额超过 5.5 万亿美元。这三项指标都占到全球总量的 30% 左右，RCEP 成员国市场发展潜力巨大。RCEP 涵盖货物贸易、服务贸易、投资、知识产权、电子商务等众多领域的开放安排，其中关税减让、产业链、供应链是海外华商关注的重点内容。该自由贸易区内成员国印度尼西亚、马来西亚、菲律宾、泰国、新加坡、文莱、柬埔寨、老挝、缅甸、越南 10 个东盟国家具有众多的华商企业。部分华商代表纷纷表示，"关税降低及海关程序优化能有效降低企业的成本"；"这将鼓励生产商扩大贸易版图，也有助于区域形成更紧密的产业链、供应链，增强协调效应"；"有助于企业更好地融入多边贸易体制、享受区域贸易优惠，华商迎来了新的发展机遇"。[①]

中资企业继续着力东南亚市场，中资企业出海到东南亚市场渐成趋势。中资的新能源汽车、跨境电商、劳动密集型产业转型成为当地新的行业标杆。2022 年 9 月 9 日，2022 中国汽车企业"走出去"论坛——东南亚专场在第二届 RCEP 国际合作论坛上召开。RCEP 的生效进一步为中资企业开拓东南亚市场提供了新的合作契机。近年来，东南亚地区汽车市场发展迅速，是全球汽车销量增长最快的地区之一，在此背景下，长城、吉利、奇瑞、上汽等中资新能源汽车企业纷纷进入市场。泰国汽车协会数据显示，中资品牌汽车已经约占泰国纯电动汽车总销量的 90% 以上。东盟各国也与时俱进，

---

① 《海外华商看好 RCEP 发展机遇》，http://www.gov.cn/xinwen/2022-01/12/content_5667723.htm，2023 年 2 月 10 日访问。

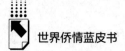

出台了一系列新能源汽车发展配套措施和战略规划，为中资企业开拓当地市场、找到更好的符合当地的发展模式创造了有利条件，进一步为中资企业深度地参与国际竞争提供了发展契机。

在新冠疫情的刺激和影响下，近两年更多的东南亚消费者从传统的线下消费转变为到网络电商平台购物。疫情已经在一定程度上塑造了东南亚消费者新的消费行为和消费模式，并加速了这种转型速度。东南亚数字支付领域和消费行为面临巨大的转变，该区域已成为世界上增长最快的电子商务市场之一。2022 年淡马锡、谷歌、贝恩联合发布的《2021 年东南亚数字经济报告》显示，2025 年东南亚的互联网经济规模预计可超过 3600 亿美元，并且有望到 2030 年达到 1 万亿美元的规模。① 这对中资和东南亚华人跨境电商而言，可谓迎来了一个业务拓展和国际化发展的春天，而由此带动的跨境金融机构、物流企业等配套业务也有充足的发展空间。目前具有中资背景的东南亚著名跨境电商平台有四家。①成立于 2012 年的 Lazada（来赞达）被称为东南亚的亚马逊，是阿里巴巴东南亚旗舰电商平台。②总部位于新加坡的 Shopee（虾皮购物）成立于 2015 年，是新加坡 Garena 旗下的子公司。③越南本土四大通用零售电商之一的 Tiki 成立于 2010 年，被认为是唯一一个有实力在越南市场与巨头 Shopee 和 Lazada 竞争的本土平台。④2022 年 4 月 25 日，TikTok（抖音）宣布正式上线泰国、越南、马来西亚、菲律宾东南亚四国的 TikTok Shop 跨境电商业务。厦门鲸骑科技有限公司作为专业的东南亚跨境电商服务公司，主要服务于 Lazada 和 Shopee 两大东南亚主流购物网站，助其快速打开东南亚市场。②

随着中国经济快速发展以及各类产业转型升级，中资企业开始向东南亚地区进行产业转移。疫情发生以来，东南亚国家的出口订单大增，中国部分产业链向东南亚转移。相关研究报告显示，近年来中国主要向越南转移中低

① 《研究报告称东南亚电商物流市场发展潜力大》，https：//www.spb.gov.cn/gjyzj/c200007/202209/6897940147844db6ae38d2b0322b5f6c.shtml，2023 年 2 月 9 日访问。

② 《鲸骑跨境》，http：//www.jqi7.com/portal/page/index.html？id＝10，2023 年 2 月 10 日访问。

端电子设备制造、纺织鞋服、木材及家居类等产业，向泰国转移汽车制造业、下游电子终端产品组装业、数字高新技术产业等，向缅甸转移服装制造业、汽车半成品套件组装业等。① 在订单向东南亚转移过程中，华商多有承接，国内大量纺织服装企业如天虹纺织、百隆东方、鲁泰纺织等早已布局东南亚。虽然国内的纺织服装、家居建材等行业的产业链近年一直在向东南亚转移，然而突如其来的疫情暂缓了这一进程，不过随着2022年疫情的消退，此类行业转移进程重启。②

（二）中老泰跨境铁路彰显命运共同体样板

2021年中老铁路的开通对促进区域经贸往来效果明显，也折射出"一带一路"框架下中国与东盟国家的合作不断深化。截至2022年12月2日，中老铁路开通运营满一年。这条连接中国和老挝的"黄金线路"，累计发送旅客850万人次、货物1120万吨。中老铁路的开通，激发了中国沿线省区市与老挝等东盟国家的合作潜力，带动了沿线区域的经济增长。例如，国内25个省（区、市）先后开行了中老铁路的跨境货物列车，已经覆盖老挝、泰国、缅甸、马来西亚、柬埔寨、越南、新加坡等共建"一带一路"国家和地区。③ 另外，中老铁路对在老挝从事贸易的华侨华人意义重大。以往从中国国内运输商品到老挝，主要有两种运输方式：一种是从国内经过海运到泰国，再通过公路运到老挝，缺点是时间长，不确定因素多；另一种是公路运输，直接穿过中老边境，缺点是路况太差、运费高而且事故多。这两种方式导致货损率很高。中老铁路开通运营，铁路运输的优势得到了充分体现，同时也为老挝华侨华人与周边国家华侨华人提供更

① 《似曾相识：全球产业链向东南亚转移情况分析报告》，https：//baijiahao.baidu.com/s？id=1749843080529072308&wfr=spider&for=pc，2023年2月10日访问。

② 《纺织服装订单转向东南亚背后：国内一件T恤的制造成本约为东南亚数倍》，https：//baijiahao.baidu.com/s？id=1732308480452922078&wfr=spider&for=pc，2023年2月9日访问。

③ 《中老铁路为构建命运共同体打造样板》，https：//baijiahao.baidu.com/s？id=1752239222446614396&wfr=spider&for=pc，2023年2月10日访问。

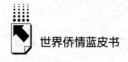
多合作机会。①

成功运行的中老铁路作为泛亚铁路的先行样板，对于打造中国-东盟命运共同体起到了重要的示范和带动作用。中老铁路开通后，泰国方面对于推动中泰铁路和老泰连接线建设持积极态度。② "中老铁路开通近一年来运输货物 1000 多万吨，其中很多是中泰之间的货物。加快推进中泰铁路建设、同中老铁路连接，形成贯穿中南半岛的铁路大动脉，将为畅通中泰人流物流、促进经贸发展、实现共同繁荣发挥重要作用。"③ 2022 年 10 月 6 日，泰国副总理阿努廷到老挝访问，率领政府代表团及媒体 120 人体验了中老铁路，给予高度评价，并希望能够加强与中方合作。④ 中老泰全程铁路运输往返班列于 2023 年 2 月 7 日正式开通。

（三）中医药抗疫、疫苗开发合作与"春苗行动"

中国政府时刻关注受疫情影响的海外华侨华人，在东南亚具体表现为推动中医药落地抗疫防疫、鼓励中国相关公司与东盟国家进行新冠疫苗开发合作、实行"春苗行动"等一系列措施，保障东南亚华侨华人的生命健康安全。

中国国家卫健委在 2022 年 9 月 23 日举行新闻发布会称，中医药已传播至 196 个国家和地区，中国与 40 余个外国政府、地区主管机构和国际组织签订了专门的中医药合作协议，开展了 30 个较高质量的中医药海外中心建设工作等。⑤ 疫情期间，中医药在泰国、菲律宾、印度尼西亚、新加坡、老挝、柬埔寨等东盟国家陆续获批上市，成为进入国际抗疫前线的有效药物，

---

① 《旅居老挝华侨华人：见证客货齐旺，抢抓崭新机遇》，http：//www. chinaqw.com/hqhr/ 2022/12-14/346910. shtml，2023 年 2 月 11 日访问。
② 《通讯：泰国盼搭乘中老铁路"机遇快车"》，http：//www. chinaqw.com/hqhr/2021/12- 05/315721. shtml，2023 年 2 月 11 日访问。
③ 《期待中泰铁路早日建成通车 助力区域互联互通》，http：//www. scio. gov. cn/31773/ 35507/35513/35521/Document/1733446/1733446. htm，2023 年 2 月 11 日访问。
④ 《中老泰铁路助力东南亚经济腾飞》，http：//iot. china. com. cn/content/2023-02-02/content_ 42246883. html，2023 年 2 月 10 日访问。
⑤ 《国家卫健委举行新闻发布会 中医药已传播至 196 个国家和地区》，http：//www. gov. cn/ xinwen/2022-09/24/content_5711645. htm，2023 年 2 月 11 日访问。

正在海外获得越来越多的认可。①

"春苗行动"是中国政府为应对新冠疫情、保障海外侨胞生命健康安全所实施的一次海外大规模新冠疫苗接种计划。其中，共有10个东盟国家先后参加了"春苗行动"，如表1所示。在中国驻上述各国使馆的积极宣传和推动之下，东南亚华侨华人、中国留学生、中资企业人员等参与了疫苗接种，获得东南亚华侨华人的好评。

表1　东南亚国家参与"春苗行动"一览

国家	时间
柬埔寨	2021年4月
老挝	2021年4月
缅甸	2021年5月
泰国	2021年5月
文莱	2021年5月
马来西亚	2021年6月
东帝汶	2021年6月
菲律宾	2021年6月
越南	2021年7月
印度尼西亚	2021年7月

（四）友好城市建设再上新台阶

2021~2022年，中国与东南亚共缔结7对友好城市，分别为中国云南省昆明市与老挝琅勃拉（2021年9月）、中国云南省大理州与柬埔寨暹粒市（2021年11月）、中国福建省漳州市与菲律宾巴丹省巴朗牙市（2022年6月）、中国福建省宁德市和菲律宾内湖省比尼扬市（2022年6月）、中国贵州省贵阳市与菲律宾帕拉纳克市（2022年6月）、中国云南省昆明市五华区与越南老街省沙巴市（2022年8月）、中国云南省玉溪市元江县与老挝万荣县（2022年11月）。疫情期间友好城市缔结数量的进一步增长有效地促进

---

① 《中医药为中国-东盟合作注入新力量》，http://sy.cnhubei.com/content/2022-07/12/content_14898636.html，2023年2月10日访问。

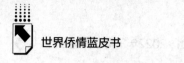
了双方之间的人文交流，为东南亚华侨华人与中国、东南亚国家与中国之间的人文交流，创造了新的动力和增长点。

三 华侨华人社团活动

（一）积极履行社会责任

疫情期间，东南亚各国华侨华人积极抗疫、互助互帮，积极履行社会责任。如菲律宾华社救灾基金向菲海岸警卫队赠送防疫物资、马来西亚华人公会志工团为医院抗疫前线人员赠送盒饭、柬埔寨中国商会代表团向柬埔寨王家军捐赠抗疫物资、柬埔寨浙江总商会向加江培英学校捐赠防疫物资等。[①]

东南亚华侨华人社团和商会组织支援住在国抗疫，亦有东南亚华人公会、同乡会、商会踊跃担当社会义务，为减缓自然灾情和提升当地民众生活水平贡献力量。如马来西亚华人公会在淡马鲁及文德甲各区启动洪水赈灾工作、新加坡晋江会馆为医护和弱势群体捐款、柬埔寨浙江同乡会向社会福利院赠送物资、泰国温州商会给华侨妇女养老院捐赠物资、印度尼西亚三宝垄闽南公会为受疫情影响的民众分发食品包、马来西亚华社为柔佛灾民派送救援物资等。[②]

---

① 《菲律宾华社救灾基金向菲海岸警卫队赠送防疫物资》，http：//www. chinaqw. com/hqhr/2021/03-09/288652. shtml；《马华志工团办活动 为医院抗疫前线人员赠送5000份盒饭》，http：//www. chinaqw. com/hqhr/2021/06-17/299084. shtml；《柬埔寨中国商会代表团向柬王家军捐赠抗疫物资》，http：//www. chinaqw. com/hqhr/2022/01-20/320144. shtml；《柬埔寨浙江总商会向加江培英学校捐赠防疫物资》，http：//www. chinaqw. com/hspc/2022/01-18/319989. shtml，2023年2月14日访问。

② 《马来西亚华人公会淡马鲁区会启动洪灾赈灾工作》，http：//www. chinaqw. com/hqhr/2021/01-08/282236. shtml；《疫情下过端午节 新加坡华人社团花式在线庆祝》，https：//baijiahao. baidu. com/s？id=1701875350573115557&wfr=spider&for=pc；《印尼三宝垄闽南公会为受疫情影响民众分发食品包》，http：//www. chinaqw. com/hqhr/2021/09-17/308252. shtml；《泰国温州商会为华侨妇女养老院捐赠物资》，http：//www. chinaqw. com/hqhr/2021/10-08/309940. shtml；《柬埔寨浙江同乡会向柬埔寨社会福利院赠送物资》，http：//www. chinaqw. com/hqhr/2021/12-24/317706. shtml；《马来西亚柔佛州部分地区发生水灾 华社为灾民派送物资》，http：//www. chinaqw. com/hqhr/2021/01-05/281765. shtml，2023年2月13日访问。

2021年12月24日，中国驻菲大使对菲华社救灾基金协助采购分发"雷伊"赈灾物资所做出的努力表示感谢。菲华社救灾基金由11家主要华人社团联合成立，多年来致力于赈灾济困，为菲律宾社会发展稳定和民生保障发挥了积极作用。①

此外，疫情严重时刻，东南亚华侨华人高度重视防疫、抗疫，并严格遵守防疫规定，在华人传统节日如春节、清明节时不群聚、积极接种疫苗。②2021年12月15日，菲华各界联合会联合菲律宾华侨善举总会暨所属中华崇仁总医院，正式启动为华社侨胞免费接种新冠疫苗及加强针行动。关键时刻，华侨华人积极响应政府加强疫苗接种的呼吁，推动中菲抗疫合作，为抗疫防疫做出新贡献。③

（二）促进中华文化传承

东南亚华侨华人文化传承活动一度明显受到疫情管控的不利影响，如泰国曼谷唐人街在疫情严重时刻连续在2021~2022年被禁止举办春节庆祝活动，马来西亚华人2021年清明节祭祀活动受到限制，过去两年马来西亚的中秋月饼市场萎缩明显，等等。④随着2022年疫情逐渐消退，东南亚华社因应变化积极促进中华文化传承。2022年，马来西亚华人社团等纷纷复办中秋赏月会。⑤2021~2022年，东南亚华侨华人为促进中华文化传承、中国-东盟文化交流所举办的部分活动，具体见表2。

---

① 《中国驻菲大使感谢菲华社救灾基金协助采购分发"雷伊"赈灾物资》，http：//www. chinaqw. com/qwxs/2021/12-24/317680. shtml，2023年2月14日访问。

② 《亚洲多国疫情反弹 华侨华人：严格防疫很必要 互帮互助克难关》，http：//www. chinaqw. com/hqhr/2021/05-15/295935. shtml，2023年2月13日访问。

③ 《菲律宾侨团推动为侨胞免费接种新冠疫苗加强针行动》，http：//www. chinaqw. com/hqhr/2021/12-16/316826. shtml，2023年2月14日访问。

④ 《受疫情影响 泰国曼谷唐人街连续两年停办春节官方庆祝活动》，https：//baijiahao. baidu. com/s？id=1722402215861072198&wfr=spider&for=pc；《马来西亚民众清明祭扫 严格执行防疫标准作业程序》，https：//baijiahao. baidu. com/s？id=1695551981481924845&wfr=spider&for=pc，2023年2月13日访问。

⑤ 《疫情放缓华团中秋活动复办 马来西亚月饼销量提升》，http：//www. chinaqw. com/hqhr/2022/09-06/339906. shtml，2023年2月14日访问。

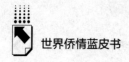

表 2　东南亚华侨华人传承中华文化开展的活动（2021~2022）

2021 年 1 月	马来西亚华人博物馆被纳入"吉隆坡文化列车"计划
2021 年 2 月	泰国举国欢度首次增列为法定假日的春节
2021 年 4 月	中国驻菲大使馆联合菲律宾华侨善举总会举行缅怀菲华抗日英烈活动
2021 年 9 月	马来西亚成立伍连德教育协会，与中国合力弘扬伍连德精神
2022 年 2 月	老挝举办欢乐春节暨中老文化旅游推广周活动
2022 年 5 月	马来西亚举办"端午文化艺术节"活动，弘扬中华传统文化
2022 年 5 月	菲律宾宿务省 17 世纪华人古屋入选菲"重要文化遗产"
2022 年 6 月	马来西亚陈嘉庚基金董事扩容
2022 年 6 月	菲华商联总会举办菲律宾独立 124 周年暨第 21 个"中菲友谊日"庆祝活动
2022 年 8 月	"第五届马中文化艺术论坛"在马六甲举行
2022 年 8 月	中马皮影文化营在吉隆坡开幕
2022 年 8 月	柬埔寨柬华理事总会计划设立华人历史文物馆
2022 年 8 月	新加坡华族文化中心成立研究小组，研究本土华族文化
2022 年 9 月	印华写作者协会积极推动"花好月圆"中秋文化交流活动走进印尼
2022 年 10 月	马来西亚华人文化协会主办华人新村国际乡村文化论坛
2022 年 12 月	马来社群三亚后裔首度举行大聚会

资料来源：笔者根据相关网站资料整理。

　　另有新生代的东南亚侨领助力发展华文教育事业。2022 年 5 月 31 日，柬埔寨安徽总商会和柬埔寨辽宁总商会在西港港华学校举行"爱心助学"捐赠仪式。港华学校是目前西港发展最好、影响力最大的华校，为西港培养了大量中文人才。新移民加入华校建设队伍有助于发展柬华文教育事业，为传播中华传统文化贡献力量。[1]

---

[1] 《柬埔寨华社为西港港华学校"爱心助学"》，http://www.chinaqw.com/hspc/2022/06-01/331198.shtml，2023 年 2 月 15 日访问。

四　华文教育与新媒体互动

（一）孔子学院新动态

　　截至 2022 年 12 月，东南亚孔子学院（课堂）总计 58 所，[①] 详见表 3。从数量上来说，由于近年来受美西方国家的污名化影响，东南亚部分国家的孔子学院（课堂）有所关停，比高峰时期的 60 余所略有减少。近两年新建的孔子学院仅有 1 所，即 2021 年 6 月南京工业职业技术大学与柬华理事总会共建的柬华理工大学孔子学院，该院是全球第一所实施"中文+职业教育"的特色孔子学院，致力于培养"中文+专业技能"、拥有中柬两国认可的学历学位专业本科证书的本土人才。[②] 另有泰国部分孔子学院携手中国职业院校，将优质职业教育资源与经验推介到泰国，[③] 助力泰国职业教育进一步发展，也为中国职业教育国际化奠定基础。值得注意的是，2021 年 7 月与广西民族大学共建的老挝国立大学孔子学院，成为全球第一家开设中文师范本科专业、颁发本科学历学位证书的孔院。[④] 2022 年，缅甸福庆语言与电脑学校孔子课堂尝试开设了多期"中文+"项目，如中文+玉石市场职员，中文+机场职员，中文+电脑，中文+旅游、酒店，等等。这表明孔子学院新赋予的中文职业化教育功能在东南亚开始了成功尝试。

[①]　孔子学院官网，http：//www. ci. cn/#/site/GlobalConfucius/，2023 年 2 月 15 日访问。

[②]　《柬埔寨柬华理工大学孔子学院揭牌》，https：//www. yidaiyilu. gov. cn/xwzx/hwxw/291780. htm，2023 年 2 月 15 日访问。

[③]　《泰国普吉孔院开展"中文+职业教育"培训》，https：//baijiahao. baidu. com/s？id＝1731158032933389284&wfr＝spider&for＝pc；《泰国孔敬大学孔子学院举办"中文+职业技能"教育中国双高职业院校宣讲培训会》，https：//baijiahao. baidu. com/s？id＝1737931852654191879&wfr＝spider&for＝pc，2023 年 2 月 15 日访问。

[④]　《东南亚孔院 绽放创新魅力》，http：//gx. wenming. cn/zbgx/202207/t20220722_6433906. htm，2023 年 2 月 15 日访问。

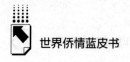

表3　东南亚国家孔子学院（课堂）分布情况

国家	名称
新加坡（3所）	南洋理工大学孔子学院、新加坡丝路孔子课堂、科思达孔子课堂
马来西亚（6所）	马来亚大学孔子学院、世纪大学孔子学院、沙巴大学孔子学院、彭亨大学孔子学院、砂拉越科技大学孔子学院、马六甲培风中学孔子课堂
泰国（27所）	农业大学孔子学院、清迈大学孔子学院、皇太后大学孔子学院、勿洞市孔子学院、玛哈沙拉坎大学孔子学院、宋卡王子大学孔子学院、宋卡王子大学普吉孔子学院、孔敬大学孔子学院、川登喜大学素攀孔子学院、朱拉隆功大学孔子学院、曼松德昭帕亚皇家师范大学孔子学院、东方大学孔子学院、易三仓大学孔子学院、海上丝路孔子学院、华侨崇圣大学中医孔子学院、海上丝路·帕那空皇家大学孔子学院、岱密中学孔子课堂、易三仓商业学院孔子课堂、普吉中学孔子课堂、玫瑰园中学孔子课堂、吉拉达学校孔子课堂、醒民学校孔子课堂、合艾国光中学孔子课堂、芭堤雅明满学校孔子课堂、南邦嘎拉娅尼学校孔子课堂、暖武里河王中学孔子课堂、罗勇中学孔子课堂
菲律宾（5所）	雅典耀大学孔子学院、布拉卡国立大学孔子学院、红溪礼示大学孔子学院、菲律宾大学孔子学院、达沃雅典耀大学孔子学院
印度尼西亚（8所）	阿拉扎大学孔子学院、玛琅国立大学孔子学院、玛拉拿达基督教大学孔子学院、哈山努丁大学孔子学院、丹戎布拉大学孔子学院、泗水国立大学孔子学院、三一一大学孔子学院、乌达雅纳大学旅游孔子学院
越南（1所）	河内大学孔子学院
老挝（2所）	老挝国立大学孔子学院、苏发努冯大学孔子学院
柬埔寨（3所）	柬埔寨皇家科学院孔子学院、国立马德望大学孔子学院、柬华理工大学孔子学院
缅甸（3所）	福庆语言与电脑学校孔子课堂、福星语言与电脑学苑孔子课堂、东方语言与商业中心孔子课堂
东帝汶（1所）	东帝汶商学院孔子课堂

资料来源：笔者根据孔子学院网站资料整理。

（二）数字高科技助力华文教育事业

疫情加速了东南亚教育数字化进程，促使传统线下教育向线上教育科技的转变。疫情严重时期，东南亚各国学校都实施了停课措施，学生只能在家远程线上学习。借助线上教育工具或者转向线上辅导，成为东南亚学生和家长的主要选择。相比传统线下教育，教育数字化更强调技术化和数字化，将计算机硬件、软件以及教育理论和实践结合起来促进学习。教育数字化的发展潜能在疫情期间进一步被放大。2021年东南亚互联网经济报告显示，东南亚在2021年新增4000万互联网用户，网民总数达到4.4亿，东南亚互联网渗透率达到75%。与此同时，东南亚的网速也得到了很大提升。但是东南亚每个国家的教育体系不一样，不是所有模式都可以直接进行"复制和粘贴"。① 线下中文教学机构无论是从数量还是质量上，都无法满足各国学生的中文学习需求。疫情之下，依托数字互联网的线上教育平台可以有效解决这一痛点。中文网络教育平台可根据在前期调研对象国教育对象群体特征的基础上，融合不同国家的语言风俗文化，随时设计有针对性的教育课程体系和教学方法。这样不仅可以有效缓解目前中文师资不足的问题，而且为来自不同时空的中文教育受众提供了一个随时随地学习的教育空间，并不断革新教学手段。

例如，受疫情影响，均由广西民族大学合作共建的泰国玛哈沙拉坎大学孔子学院与老挝国立大学孔子学院创新教学方式，2021年将教学活动从线下搬到了线上，联合在线培训了来自两国的中文教师及中文专业、中文教育专业学生共计300多人。② 2022年8月21日，缅甸本土中文教师培训结业典礼暨线上教学竞赛颁奖仪式举行，来自缅甸多所中文教育机构的58位本土骨干中文教师参加了线上教学竞赛。③ 2022年10月，华侨大学专门为菲律宾华文教育量身定制的智能教育机器人，内含菲律宾华语1~12册课本的教学内容，设有语言学习应用模块和人机互动功能模块等，以科技力量助力海外华文教育发展。④ 2022年11月17日至18日，泰国暹罗大学承办的第四届中国-东盟民办高等教育发展与合作论坛暨第二届"中国-东盟民

---

① 《东南亚教育科技市场启示录》，https://www.163.com/dy/article/H3JBANMC0536N2AA.html，2023年2月15日访问。

② 《教育交流促民心相通》，https://baijiahao.baidu.com/s?id=1720521633104642665&wfr=spider&for=pc，2023年2月15日访问。

③ 《2022年缅甸本土中文教师培训结业典礼落幕》，http://www.chinaqw.com/hwjy/2022/08-23/338730.shtml，2023年2月15日访问。

④ 《首批"华文教育机器人"赴菲律宾 福建助推海外华教发展》，http://www.chinaqw.com/hwjy/2022/12-23/347603.shtml，2023年2月15日访问。

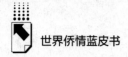

办大学联盟"年会在泰国曼谷举行。会议聚焦后疫情时代因应高等教育数字化转型的机遇与挑战，关注"数字化背景下教育与研究的创新发展模式""高质量在线教育的关键影响因素及在线平台的可持续协作"等议题。①

（三）中文学习热度不减

随着中国的快速发展，东南亚继续保持中文学习热度，其中华社仍是重要的助力者、传承者。2022 年 6 月，柬埔寨福建会馆民生学校幼儿园举行了"学中文，背儿歌"比赛，目的在于激发孩子们学习中文的兴趣，体验学中文的快乐。② 2022 年 9 月，马来西亚中华大会堂总会（华总）在华总大厦举办首届文创嘉年华，重在吸引年轻人参与中华手工艺的传承与创新，既发挥年轻人的文化创意，也为马来西亚经济复苏贡献力量。③ 由马来西亚留华同学会承办的"文化中国·第八届海外华裔青少年中华文化大赛"在2022 年 10 月正式启动，以提高青少年学习中文和中华文化的兴趣，是该留华同学会的品牌活动之一。

此外，中国教育机构和东南亚华侨华校积极为当地的中文教学提供支持和便利。2022 年 1 月 6 日，广西-东盟华文教育交流会在南宁召开，会上宣布成立广西-东盟华教联盟，旨在提高区域华文教育教学质量，培养更多服务中国-东盟经贸发展的通用型人才，目前已吸引 129 所学校和华文教育机构加入。④ 5 月 12 日，广西华侨学校承办的首届中国-东盟"中文+职业技能"高质量发展论坛在南宁召开，旨在进一步发挥学校的侨源地缘优势，在中国-东盟职业教育联盟框架内加强合作交流、信息共享、

---

① 《共谋产教融合创新合作，塑造数字化高等教育可持续未来》，https：//new. qq. com/rain/a/20221124A02NMI00，2023 年 2 月 15 日访问。

② 《柬埔寨福建会馆民生学校幼儿园举行"学中文，背儿歌"比赛》，http：//www. chinaqw.com/hwjy/2022/06-13/332181. shtml，2023 年 2 月 16 日访问。

③ 《马来西亚华总办首届文创嘉年华》，http：//www. chinaqw.com/hqhr/2022/09-04/339738. shtml，2023 年 2 月 16 日访问。

④ 《2022 年广西-东盟华文教育交流会召开 推动区域教育合作提质增效》，https：//learning. sohu.com/a/626520070_121106875，2023 年 2 月 16 日访问。

技能培训等。① 5 月 18 日，首批柬埔寨西哈努克省政府职员中文培训班在西港港华学校开班，西港港华学校为当地省政府职员免费提供中文培训服务。2022 年 11 月 9 日，《中华人民共和国教育部与柬埔寨教育、青年和体育部关于合作开展柬埔寨中学中文教育合作项目的谅解备忘录》签署，标志着中文被正式纳入柬埔寨国民教育体系。②

小 结

2021~2022 年新冠疫情肆虐时期，东南亚华侨华人的生产、生活遭受严重影响，中国与这一地区国家的经贸、人员往来也受到严重阻碍。虽然如此，这一时期中国与东南亚国家的关系仍有重大进展。2021 年，中国与东盟建立对话关系 30 周年之际，双方宣布建立"全面战略伙伴关系"。2022 年 1 月 1 日，东盟发起并以东盟国家为主体成员的《区域全面经济伙伴关系协定》正式生效，同时中国-东盟自贸区 3.0 版建设即将启动。疫情发生前，中国和东南亚的城市之间每周有 5000 次以上的航班，东盟国家是中国最大海外旅游目的地和客源地。2022 年 12 月，中国优化新冠疫情防控政策后，中国与东南亚国家的航线、出入境口岸迅速恢复开放，春节档期东南亚出境游火爆，加速提振东南亚经济复苏。目前，中国将东盟作为周边外交优先方向和高质量共建"一带一路"重点地区。中国与东南亚国家的双边交流往来，将为东南亚华侨华人创造更多的发展机遇。

---

① 《首届中国-东盟"中文+职业技能"高质量发展论坛在南宁举行》，https：//baijiahao. baidu. com/
s？id=1732618184096774024&wfr=spider&for=pc，2023 年 2 月 16 日访问。
② 《中文纳入柬埔寨国民教育体系》，https：//baijiahao. baidu. com/s？id=1749803799482 257043&wfr=spider&for=pc，2023 年 2 月 16 日访问。

B.3
2021~2022年南亚侨情分析

孙慧羽*

摘　要： 2021~2022年，由于疫情和当地局势变化，南亚华侨华人经受了多重考验，人口数量呈逐渐减少趋势。目前，南亚地区的华侨华人主要是在当地做生意的商人和部分中资企业外派员工。虽然南亚华侨华人数量不多，但他们团结一致、互帮互助，具有高度凝聚力，当地侨团也充分发挥团结、保护住在国华侨华人的作用，体现了中华民族热情互助的传统美德。此外，南亚地区的华侨华人还积极援助住在国的困难地区和民众，取得了良好成效。这不仅体现了中华民族大爱无疆的风范，也为在国际上树立中国良好形象、促进中外民心相通做出了重要贡献。

关键词： 南亚　华侨华人　华人社会　经济危机

南亚包括7个国家，即尼泊尔、不丹、印度、巴基斯坦、孟加拉国、斯里兰卡和马尔代夫。南亚是世界上人口最稠密的地区之一，但该地区华侨华人数量较少，社会融入程度较深。近年来，由于新冠疫情和当地局势的变化，华侨华人数量呈逐渐减少趋势。目前，南亚地区的华侨华人主要是在当地做生意的商人和部分中资企业外派员工。

---

* 孙慧羽，历史学博士，中国华侨华人研究所助理研究员，主要研究方向为华侨华人史。

一 部分住在国社会局势不稳

（一）斯里兰卡华侨华人深受经济危机影响

受疫情影响，以旅游业为支柱产业的斯里兰卡陷入严重经济危机，出现高通胀、粮食短缺、油气供给不足、货币急速贬值等情况。2022 年 6 月，斯里兰卡通胀率达到创纪录的 54.6%，食品通胀率更是高达 80.1%。世界粮食计划署统计，在该国约 2200 万人口中，超过 620 万人面临食品短缺困难，约 61% 的家庭不得不减少食品消费。3 月 4 日之后，斯里兰卡卢比兑美元汇率一路暴跌，截至 7 月 13 日已跌去 82%。斯里兰卡社会持续动荡，4 月、5 月、7 月，斯里兰卡民众多次举行游行示威活动。在不利的外部环境中，斯里兰卡的华侨华人积极互帮互助，努力携手渡过难关。斯里兰卡华侨华人联合会和科伦坡华助中心经常在微信群里发布相关提醒，为有困难的侨胞尽量提供帮助。

对于生产经营者来说，缺油少气断电引发的连锁反应已经在各行各业显现。当地华侨华人的工商业经营基本停滞，能源短缺导致工厂无法正常生产；燃料不足导致渔民无法出海，海产贸易难以维系；外汇匮乏导致本地客户无法使用美元进口产品，进出口贸易受到打击；大部分华人旅行社、餐厅关门歇业，仍在营业的餐厅也收益不佳，客流量不到从前的一半。重压之下，很多华侨华人选择回国，工程、餐饮等行业的部分从业人员主动选择或不得不继续坚守。

仍留在斯里兰卡的华侨华人大多对前景持观望态度，但总体上还算乐观、怀有期待，已经离开斯里兰卡的人也希望有机会回去工作、经商。他们相信，目前的情况是暂时的，在国际援助到来之后，斯里兰卡经济情况有望在半年至一年左右有所好转。正如斯里兰卡华侨华人联合会副会长樊金跃所说的那样，危机中蕴新机，未来一切都会好起来。①

---

① 根据新闻报道及对华侨华人的访谈整理。参见《斯里兰卡华商亲历：首都居民（转下页注）

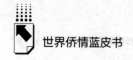

（二）巴基斯坦华侨华人面临治安不稳

中巴两国关系长期友好，中国人亲切地称巴基斯坦为"巴铁"，巴基斯坦民众也对中国人热忱相待，两国人民实现了民心相通。然而，近年来受周边形势波及，个别极端组织在巴基斯坦制造了多起恐怖袭击。根据巴基斯坦年度安全报告，2021年巴基斯坦境内一共发生了403起恐怖袭击，其中4起是自杀式袭击，造成853人死亡，伤者多达2000人。[①] 这些袭击事件不仅扰乱了巴基斯坦的社会治安环境，也对当地华侨华人的人身安全和生产生活造成影响。

在极端分子制造的暴恐事件中，中资企业工作人员和中方机构人员也受到伤害。巴基斯坦官方对此十分重视，专门安排了安保人员保障中方人员的人身安全。在卡拉奇东部的古利斯坦·卓哈儿（Gulistan e Johar）居民区附近，曾发生抢劫钱包、手机等财物的治安事件。卡拉奇南部港口附近的富人区治安较好，华人和他们雇用的工作人员很少出门，因此生活未受明显影响。[②]

此前，由于巴基斯坦疫情严重，已有大批中国公民回国，当地华侨华人开设的个体商业流失大量客户，很多商户、企业退出了巴基斯坦市场。由于巴基斯坦的治安环境不稳定，在巴中国人流失速度加剧，在巴中资企业的经营更为困难。[③] 即使在治安状况较好的伊斯兰堡，也出现中国人数量锐减的情况。当前赴巴的中国人大都是工程项目的工作人员，且很多中资企业出于

（接上页注①）烧柴做饭，供电局找不到纸打印电费单》，http：//www. jwview.com/jingwei/html/07-13/493192.shtml，2022年8月9日访问；《斯里兰卡侨胞讲述生活现状：生意陷入停滞、缺油已成常态》，http：//www. chinanews.com.cn/hr/2022/07-14/9803655.shtml，2022年8月9日访问；《在一个"破产"的国家生活：斯里兰卡，迷雾中等待的华人》，https：//www. thepaper.cn/newsDetail_forward_19078077，2022年8月9日访问；等等。

① *Pakistan Security Report 2021*，PAK Institute For Peace Studies（PIPS），2022.

② 《师友回忆巴基斯坦遇难汉语教师，当地华人称出门要带持枪保镖》，https：//baijiahao. baidu.com/s？id=1731344718309357575&wfr=spider&for=pc，2022年8月1日访问。

③ 《阿富汗形势严峻，巴基斯坦中国企业深受影响，未来该何去何从？》，https：//mp. weixin. qq.com/s/Hz2RjpIM0B0Vn20_Le_gjQ，2022年8月1日访问。

防疫和安全考虑，严格管制人员外出。当地中餐馆等与中国人相关的行业受到明显冲击，较难提升中国人赴巴基斯坦的吸引力。[①]

二　华侨华人团结互助，众志成城

（一）华侨华人积极助力"春苗行动"

南亚地区新冠疫情发生以来，当地华侨华人严格遵守各项防疫举措，克服困难，发扬团结友爱精神，积极自助互助，投身于住在国的抗疫斗争，体现了中华儿女的优秀传统美德、家国情怀和责任担当。华侨华人社团充分发挥会员数量多、与当地华侨华人联络广等优势，不仅经常在当地华人圈进行防疫宣传、为华侨华人发送防疫提醒，还协助使领馆为当地中国同胞发放防疫包、健康包等物资。2021年，中国启动为海外中国公民接种新冠疫苗的"春苗行动"，南亚地区多个国家的侨胞受惠，各国华侨华人社团、中资企业在"春苗行动"中做出了贡献，许多华侨华人踊跃担任志愿者，为当地中国同胞的防疫安全保驾护航。

2021年2月7日，巴基斯坦成为首批启动"春苗行动"的国家之一，9658名中国同胞进行了疫苗接种，实现在巴中国公民全覆盖。全巴中资企业协会承担了疫苗接种的具体组织实施工作。此次行动在伊斯兰堡、卡拉奇、拉合尔和瓜达尔设有4个接种点，协会的各地区分会积极行动，全力保障"春苗行动"在当地稳妥、有序、高效地开展。例如，伊斯兰堡分会成立专门团队负责当地疫苗接种的协调落实，还安排了华人医生进行线上答疑，指导接种疫苗前的注意事项、饮食禁忌和流程等；卡拉奇分会不仅组织了志愿者团队在接种现场参与秩序维护等工作，还协调医疗小组前往偏远的塔尔煤田、中冶山达克铜矿等地区进行现场接种。[②]

---

① 《华人之声丨伊斯兰堡的五年》，https://mp.weixin.qq.com/s/XIMB0xSDAr1hTwATkrHoBw，2022年8月1日访问。

② 《"春苗行动"，外交为民的生动实践》，《人民日报》2021年7月13日。

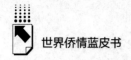

2021 年 4 月 5 日，"春苗行动"在斯里兰卡启动。此次行动在中方人员最为集中的科伦坡、康提、普特拉姆和汉班托塔设立 4 个接种点，2469 名中国同胞接种疫苗。斯里兰卡华侨华人联合会、斯里兰卡华助中心以及中资企业都积极参与活动：华为技术斯里兰卡有限责任公司专门为"春苗行动"开发了"斯里兰卡中国公民国产新冠疫苗登记与接种服务小程序"，方便上传接种疫苗编号等其他各类的接种疫苗扫描文件；科伦坡接种点就设在中国港湾公司的一个营区，企业接到任务后在一周内便完成了从设计、筹划、改造、运营到正式投入使用的全过程；斯里兰卡华助中心在接种前耐心地拨通了几百个报名同胞的电话，逐个确认相关信息。此外，中国志愿者团队在现场承担了为接种人群引领路线、解答疑问、讲解流程的工作。①

2021 年 4 月 15 日，"春苗行动"在尼泊尔首都加德满都的尼武警医院启动，约 800 名中国同胞进行接种。尼泊尔华侨华人协会、博卡拉华侨华人协会、尼泊尔中资企业协会和中国援尼医疗队承担了联络、咨询和现场服务等工作，协助在尼中国同胞接种新冠疫苗。尼泊尔华侨华人协会还制作了"尼泊尔华侨华人感恩来自祖国的关爱！"等横幅挂在现场，表达尼泊尔华侨华人对"春苗行动"的由衷感谢。②尼泊尔华侨华人协会工作人员和来自各领域的志愿者在现场维持秩序，解答并处理接种人员的各种疑杂问题，为一些特殊人员提供必要的服务。中国（河北）第十三批援尼医疗队在留观区设置了医疗咨询服务台，为接种疫苗的中国公民释疑解惑。③

2021 年 5 月 29 日，"春苗行动"在孟加拉国启动，8 个大区累计有 2600 余名中国公民接种新冠疫苗。在孟卫生部门大力支持和配合下，中国驻孟使馆和在孟中资企业协会、孟华侨华人联合会三方通力合作，来自两个协会及其会员单位的数十名志愿者分赴各接种点，为接种人员提供暖心周到

① 《通讯："我为有幸接种祖国疫苗感到自豪"——记"春苗行动"在斯里兰卡正式启动》，http://m.xinhuanet.com/2021-04/08/c_1127308777.htm，2022 年 7 月 13 日访问。
② 《"春苗行动"在尼泊尔启动》，https://www.chinanews.com.cn/gj/2021/04-16/9456203.shtml，2022 年 7 月 13 日访问。
③ 《爱不落下，在异国他乡感受那份大爱》，https://mp.weixin.qq.com/s/opWol0p4zIbLL_g9po7JhA，2022 年 7 月 13 日访问。

的服务。在博里萨尔地区，由于报名接种的人员所在地分散，中国电建海投巴瑞萨发电公司的志愿者逐一电话通知到位，告知登记事宜和接种注意事项，并为每个单位指定了一名联系人，建立了"博里萨尔大区'春苗行动'通知群"。接种当天，志愿者从凌晨起就开始进行环境消杀、布置接种现场、设计接种流程等准备工作，并在接种过程中负责对接种人员逐一登记、发放号码、指导填写表格、引导接种疫苗和留观。此外，志愿者还与未接种人员保持实时联系，确定他们到现场的时间，随时做好相应准备。[①]

（二）华侨华人热心援助困难侨胞

团结友爱、互帮互助是中华民族的传统美德，当侨胞遇到困难时，南亚地区的华侨华人都会积极伸出援手，体现了浓厚的袍泽之情。

疫情期间，由于国际航班经常停飞，很多到南亚短期经商或旅游的中国公民被迫滞留当地。各国华侨华人社团不仅及时发布航班信息、推送防疫注意事项等，还帮助有困难的侨胞解决生活保障问题，妥善处理各种突发事件。例如，尼泊尔华侨华人协会成员多次为有困难的滞留在尼中国公民免费提供食宿，并冒着被感染的危险多次配合使馆协助滞留人员乘机撤离回国。[②]

携手并进、共担风雨，是南亚华侨华人的一贯传统，涌现出许多感人事迹。在尼泊尔，部分华侨华人不幸感染新冠病毒，尼泊尔华侨华人协会及时安排人员协助患病同胞到医院接受治疗，热心的会员单位还向协会捐赠了6台医用制氧机。有侨胞患病后无力支付医药费，尼泊尔华侨华人协会为其组织了内部募捐活动，筹措到了医疗费用和出院后的生活费。[③] 在孟加拉国，

---

① 《通讯：感谢祖国"春苗行动"为在孟加拉国中国公民健康护航》，http://www.xinhuanet.com/2021-07/14/c_1127654455.htm，2022年7月18日访问。

② 《爱不落下，在异国他乡感受那份大爱》，https://mp.weixin.qq.com/s/opWol0p4zIbLL_g9po7JhA，2022年7月3日访问；《爱心接力，助力贫困患者平安返乡》，https://mp.weixin.qq.com/s/NEp_EQdLHR-Wa-nY1W3D6w，2022年7月3日访问。

③ 《尼泊尔华侨华人协会向感染新冠病毒同胞送爱心》，https://www.chinanews.com.cn/hr/2021/07-16/9521255.shtml，2022年7月3日访问。

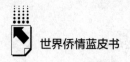

一位侨胞在机械操作过程中右手小拇指不幸被截断，辗转数家医院未能得到有效救治。孟加拉国华联会接到求助信息后，第一时间联系到专业的骨科医生，并连夜安排了断指再植手术。①

（三）巴基斯坦成立华侨华人法律援助中心

2021年11月1日，"巴基斯坦华侨华人法律援助中心"在拉合尔成立，该中心为公益组织，旨在为旁遮普省符合援助条件的华侨华人提供诉讼和非诉讼、法律咨询、法律知识普及等公益性质的法律服务。中奥律师事务所负责该中心运营，其总部位于拉合尔，并在伊斯兰堡设有分部，是巴基斯坦首家且目前唯一的中资律所。该中心负责人熟悉巴基斯坦当地语言文化和法律体系，已协助驻拉合尔总领馆解决多起涉华侨华人法律纠纷，有力维护了相关人员合法权益。法律援助中心的成立与启用，是为了帮助有困难的华侨华人解决他们打官司难的窘境，并处理华侨华人法律问题，维护华侨华人合法权益。②

三 慈善义行展现良好中国形象

（一）尼泊尔华侨华人援助贫困地区

中尼两国人民的友谊和交往并不局限于政府层面，尼泊尔华侨华人为促进中尼两国人民民心相通、树立中国良好的国际形象做出了不懈努力。尼泊尔的纳加阔特地区是喜马拉雅山脉的旅游观景胜地，但因山高林密，交通闭塞、资源贫乏。该社区共辖四个自然村，平均海拔2000米以上，常住人口17700人。常年生活在大山里的居民因交通闭塞，看病就医极为不便，尼泊

---

① 《极速救援 守护同胞 我会收到在孟同胞致谢锦旗》，https：//mp.weixin.qq.com/s/bLDekRl_Jmb-xGySdq3ZcA，2022年7月12日访问。
② 《巴基斯坦成立华侨华人法律援助中心》，http：//world.people.com.cn/n1/2021/1102/c1002-32271761.html，2022年7月12日访问。

尔华侨华人社团和中国援尼医疗队向他们伸出了援手。

2015 年尼泊尔发生大地震，许多建筑倒塌，缺少重建资金，纳加阔特社区中心医院就是其中之一。这所医院是非营利性机构，为当地居民提供免费医疗服务。由于当地许多患者家庭条件困难，到加德满都看病不仅路途遥远，交通也不便利，因此，该医院的重建对当地居民至关重要。2021 年 9 月，尼泊尔华侨华人协会联合爱心人士方玲、刘天婵，出资援建了纳加阔特社区中心医院。医院建成后，不仅方便了当地居民就医，也能够服务来此旅游的外籍人士。[①]

纳加阔特社区中心医院是方圆数十公里唯一的一个医疗点，但设施简陋，仅有一名医生和一名护士。山区降雨充沛，气候潮湿，许多村民患上了不同程度的风湿病等疾病。受经济制约，当地贫困村民根本无力支付医疗费用，大多数村民甚至从未做过体检。2022 年 5 月，在尼泊尔华侨华人协会的协调下，驻扎在奇特旺 B. P. 柯伊拉腊纪念肿瘤医院的中国（河北）第十三批援尼医疗队受邀前往纳加阔特社区中心医院，为当地贫困山区群众进行免费的健康医疗服务，赢得了良好的口碑和声誉。[②]

（二）巴基斯坦华侨华人援助受灾民众

2022 年，巴基斯坦遭遇自 1961 年有记录以来降水最多的一个季风雨季，自 6 月中旬起，季风性暴雨导致该国约三分之一国土被淹没。截至 9 月，已造成 1000 余人死亡，超过 3300 万人受灾。生活在巴基斯坦的华侨华人自发地伸出援手，全巴中资企业协会向巴总理抗洪赈灾基金捐款 1500 万卢比；[③] 在巴中国留学生组织"中巴青年交流小组"，多次开展救灾行动，

---

① 《援建纳加阔特社区中心医院今日启动》，https：//mp. weixin. qq. com/s/4BW-oANVLer6LezX_3psuA，2022 年 7 月 12 日访问。
② 《援尼医疗队送医帮困进山村》，https：//mp. weixin. qq. com/s/LDveTOWdCB7nxaqDnAR3KA，2022 年 7 月 12 日访问。
③ 《农融大使出席全巴中资企业协会向巴总理抗洪赈灾基金捐赠仪式》，http：//pk. china-embassy. gov. cn/zbgx/202208/t20220826_10754443. htm，2022 年 9 月 10 日访问。

前往灾区向受灾家庭发放物资；① 巴基斯坦拉合尔华侨华人联合会积极向灾区捐款捐物；② 拉合尔华商会向受灾地区捐赠救灾物资。③ 在巴中企也迅速参与救灾，在巴基斯坦苏吉吉纳里，中国能建葛洲坝集团工程师们对当地居民出行必经的桥梁实施了加固；巴基斯坦南部信德省苏库尔受到洪水侵袭，中国建筑股份有限公司立即组织团队前往灾区，支持救援物资运输工作。④

在救援的过程中，中巴青年交流小组的表现令人注目。自 2022 年 8 月 26 日起，中巴青年交流小组的志愿者开始进入巴基斯坦灾区发放物资。他们用募捐来的资金在城市地区采买救灾物资，随后再将物资装车运往偏远的受灾地区，部分地区还需要利用船只进行运输。为了更好地开展救灾工作，志愿者长期驻扎在受灾地区，并从 8 月 30 日开始，每天为 1000 人免费提供食物。中巴青年交流小组志愿者分为三个梯队，根据所在地受灾情况差异，提供最急需的救灾物资：第一梯队前往受灾严重的木尔坦地区，主要发放食物；第二梯队前往道路受损严重的俾路支省，为受灾民众分发帐篷、食物等生活物资；第三梯队前往巴基斯坦西北部，主要发放米、面、豆子、糖等食物。⑤ 据统计，在此次巴基斯坦洪灾救援行动中，中巴青年交流小组共计采购发放粮食包 10015 份、生活包 600 份、帐篷 2370 顶、婴儿奶粉 432 罐，供餐 73000 余人次，累计援助家庭 1 万余户，受益人数约 15 万。⑥

① 《洪灾下，巴基斯坦华侨华人的举动太暖了！》，http：//www. chinaqw. com/hqhr/2022/09-06/339886. shtml，2022 年 9 月 10 日访问。

② 《中国积极支援巴基斯坦抗击洪灾》，《人民日报》2022 年 8 月 31 日。

③ 《驻拉合尔总领事赵世人出席拉合尔华商会捐赠救灾物资发运仪式》，http：//www1. fmprc. gov. cn/web/zwbd_673032/jghd_673046/202209/t20220901_10759243. shtml，2022 年 9 月 10 日访问。

④ 《中国积极支援巴基斯坦抗击洪灾》，《人民日报》2022 年 8 月 31 日。

⑤ 《洪灾下，巴基斯坦华侨华人的举动太暖了！》，http：//www. chinaqw. com/hqhr/2022/09-06/339886. shtml，2022 年 9 月 10 日访问。

⑥ 《巴基斯坦洪灾百日：中国志愿团队继续行动，疾病与交通成救援的最大阻碍》，https：//www. dzwww. com/xinwen/guojixinwen/202210/t20221010_10922249. htm，2022 年 10 月 10 日访问。

四 华文教育在曲折中发展

华文教育是华侨华人传承中华语言文字和传统文化的重要途径。南亚地区的华文教育始于 20 世纪，1918 年英属印度在加尔各答大学开设了中文班，随后巴基斯坦、孟加拉国、斯里兰卡和尼泊尔也陆续开始进行中文教学。马尔代夫正规的中文教学起步较晚，至 2012 年才建立了孔子学院。不丹尚未与中国建交，暂未开展正规的中文教学。总的来看，南亚地区的华文教育基础较为薄弱，起步较为滞后，发展较为缓慢，但也取得了一些成绩。

（一）官方态度影响公立学校华文教育发展

中小学是南亚华文教育的重要学段，而公立学校开设中文课程与否，标志着华文教育是否进入了当地国民教育体系，对华文教育的发展具有重要意义。目前，在南亚中小学中文教学领域，仅斯里兰卡以公立学校为支柱，孟加拉国公立私立学校均衡发展，其他国家则以私立学校为主。除了私立学校普遍在教学资源及设施等方面占有优势以外，南亚各国对华文教育的态度存在差异，国家是否制定实施中文相关的官方支持政策，是该国公立学校能否开展中文教学的关键。

斯里兰卡的官方支持政策出台较早，该国教育部在 1970 年规定考生可选择中文作为高考外语科目。2010 年斯里兰卡教育部牵头制定了《斯里兰卡高中中文课程教学大纲》，2011 年又正式将中文纳入公立学校教学课程体系，[①] 有力推动了斯里兰卡公立学校开展中文教学的进程。尼泊尔从 2022 年起把中文作为选修语言列入学校 9 年级至 12 年级课程，[②] 对该国公立学校开设中文教学起到了促进作用。而巴基斯坦仅有信德省政府在 2013 年将中文列入 6 年级以上学生的必修课程，印度教育部则在《国家教育政策 2020》中回避提

---

① 黄洁：《斯里兰卡汉语教学机构现状调查》，《国际中文教育（中英文）》2022 年第 1 期。
② 《尼泊尔第二所孔子学院揭牌》，http://www.news.cn/culture/20220817/4c40b22a38de43d886ecc2d729e225b3/c.html，2022 年 9 月 20 日访问。

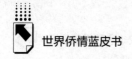
及中文教育,① 制约了这些国家的公立学校开设中文课程的进程。

官方支持政策对公立学校开展中文教学的促进作用,在尼泊尔得到了明显体现。截至 2019 年,尼泊尔开设中文课程的中小学共 66 所,均为私立学校,且大多将中文课程作为兴趣课,不计学分。② 2022 年,尼泊尔教育和科技部部长德文德拉·保德尔表示,该国将开始把中文作为选修语言列入学校 9 年级至 12 年级课程。③ 同年 3 月,特里布文大学孔子学院就先后与两所公立中学签署协议,开展中文教学合作。3 月 11 日,特里布文大学孔子学院与公立杜巴中学举办教学点签约仪式,这是该孔子学院的首个下属中文教学点,标志着特里布文大学孔子学院中文教学正式进入当地国民教育体系。④ 3 月 21 日,特里布文大学孔子学院又与公立巴鲁达中学签署了中文教学合作协议。巴鲁达中学计划于 2023 年起在 9 年级开设中文选修课程,至 2026 年将在 9 年级至高中阶段开设 4 个中文课程。⑤ 由此可见,国家政策是推动华文教育在南亚地区发展的重要保障。

(二)高校中文教育呈现"两低"格局

目前,除华文教育较不发达的不丹和马尔代夫之外,尼泊尔、印度、巴基斯坦、孟加拉国和斯里兰卡等国均有部分高校已经开设中文专业课程和中文选修课。截至 2022 年 10 月,开设中文专业的南亚地区高等院校共计有 15 所(见表 1)。

---

① Krishana A., What Are Confucius Institutes, and Why Are They under the Scanner in India? https://www.thehindu.com/news/national/the-hindu-explains-what-are-confucius-institutes-and-why-are-they-under-the-scanner-in-india/article32306693.ece, accessed: 2022-09-25.

② 毕和(Bikesh Bajracharya):《尼泊尔语言政策与中文教育现状研究》,硕士学位论文,四川师范大学,2019。

③ 《尼泊尔第二所孔子学院揭牌》,http://www.news.cn/culture/20220817/4c40b22a38de43d886ecc2d729e225b3/c.html,2022 年 9 月 20 日访问。

④ 《我校特里布文大学孔子学院签约首个汉语教学点》,http://www.ecit.edu.cn/87/fa/c152a100346/page.htm,2022 年 9 月 20 日访问。

⑤ 《"汉语热"结缘尼泊尔:特里布万大学孔子学院与公立巴鲁达中学合作汉语教学》,http://world.people.com.cn/n1/2022/0322/c1002-32380755.html,2022 年 9 月 20 日访问。

表1 南亚地区开设中文专业的高校

国家	高校名称	培养层次
印度	尼赫鲁大学	本科+硕士+博士
	印度国际大学	
	贝拿勒斯印度大学	本科+硕士
	杜恩大学	
	锡金大学	本科
	古吉拉特中央大学	
	贾罕德中央大学	
	孟买大学	
	曼加拉姆大学	
	圣雄甘地国际印地语大学	
巴基斯坦	国立现代语言大学	本科+硕士
孟加拉国	达卡大学	本科
斯里兰卡	凯拉尼亚大学	本科
	萨巴拉格慕瓦大学	
尼泊尔	加德满都大学	本科

资料来源：参见刘丹丹《南亚中文教育发展现状、问题与策略》，《云南师范大学学报（对外汉语教学与研究版）》2022年第2期。

总体而言，南亚地区的中文教育发展呈现"两低"格局。一是比例低。印度、巴基斯坦、孟加拉国、斯里兰卡、尼泊尔五国共有高校1049所，但开设中文专业的高校仅占1.6%。二是人才培养层次偏低。南亚地区开设中文专业的高校中，60%仅能培养本科人才，40%可以提供研究生教育，但都在印度和巴基斯坦两个国家。仅印度的尼赫鲁大学和印度国际大学2所高校可培养中文专业博士，约占南亚地区开设中文专业高校数量的13%。[1]

（三）孔子学院数量出现负增长

孔子学院（课堂）在南亚地区华文教育界占据支柱地位，在中文教

---

① 刘丹丹：《南亚中文教育发展现状、问题与策略》，《云南师范大学学报（对外汉语教学与研究版）》2022年第2期。

学、师资培训、举办文化活动等方面发挥了举足轻重的作用。南亚地区的孔子学院自 2005 年起正式启动，但由于南亚地区的华侨华人数量较少，该地区的孔子学院建设速度较为缓慢，截至 2020 年，年均增幅不足 2 所。近年来，在国际政治因素影响下，孔子学院的发展受到制约。截至 2022 年 10 月，南亚地区孔子学院及孔子课堂较前期在数量上出现了负增长（见表 2）。

表 2 南亚国家孔子学院（课堂）分布情况

国家	孔子学院数量	孔子课堂数量	共计
印度	2	1	3
巴基斯坦	5	2	7
孟加拉国	2	1	3
斯里兰卡	2	2	4
尼泊尔	2	2	4
马尔代夫	1	0	1
共计	14	8	22

资料来源：据 2022 年 10 月孔子学院网站（www.ci.cn/）公布数据统计。马尔代夫维拉学院汉语中心（孔子学院）于 2022 年 9 月 28 日正式揭牌，网站尚未显示。

2022 年，南亚地区有两所孔子学院举行了正式揭牌仪式。2022 年 8 月，尼泊尔特里布文大学孔子学院正式揭牌，由中国东华理工大学、青海民族大学与尼泊尔特里布文大学联合建设，这是尼泊尔开办的第二所孔子学院。[1] 9 月，由中国长安大学、湖南大众传媒职业技术学院与马尔代夫维拉学院合建的马尔代夫维拉学院汉语中心（孔子学院）正式揭牌。[2] 这是马尔代夫的第一所汉语中心（孔子学院），也是中国高职院校首次参与

---

[1] 《尼泊尔第二所孔子学院揭牌》，http：//www.news.cn/culture/20220817/4c40b22a38de43 d886ecc2d729e225b3/c.html，2022 年 9 月 20 日访问。

[2] 《我校共建的马尔代夫首家汉语中心揭牌仪式举行》，https：//www.chd.edu.cn/2022/0930/ c391a223687/page.htm，2022 年 10 月 4 日访问。

孔子学院建设。需要提及的是,这两所孔子学院虽然是在 2022 年举行揭牌仪式,但签约及获批时间较早,因此在揭牌仪式前已经实现了正常运行。

随着中印经贸、人文交流日益密切,印度对中文教学的需求也随之增长。长期以来,印度的华文教育在南亚地区处于领先地位,两国在孔子学院项目上的合作也已经开展十余年,孔子学院在推动印度华文教育发展、促进中印文化交流等方面取得的成绩也得到了印度社会的普遍认可。截至 2020 年,中国与印度合作建立了 4 所孔子学院、3 个孔子课堂。同年,受到国际政治局势变化干扰,印度教育部决定审查该国所有孔子学院和孔子课堂,以及印高等教育机构与中国高校及机构签署的 54 份校际合作谅解备忘录,①孔子学院在印度的发展受阻。截至 2022 年 10 月,印度仅存 2 所孔子学院、1 个孔子课堂。

小　结

2021~2022 年对南亚地区的华侨华人而言是一段不平静的时期。新冠疫情流行造成全球经济下滑、国际往来受阻,以旅游业为支柱的斯里兰卡、尼泊尔、马尔代夫等国受到严重打击,斯里兰卡爆发经济危机、国家破产,对当地华侨华人的生产生活都造成不利影响;中印两国关系变化,阻碍两国进行顺畅的经济和文化交流;巴基斯坦社会治安不稳定,当地华侨华人对前景担忧。综合来看,过去两年间,南亚地区的华侨华人经受了多重严峻考验。

尽管如此,南亚地区的华侨华人依然保持积极乐观的心态,在困难中坚持不断前行。虽然该地区华侨华人数量不多,但他们团结一致、互帮互助,具有高度凝聚力,各地的华侨华人社团也充分发挥团结、互助

---

① 《印度决定审查孔子学院 驻印度使馆发言人回应》,https://www.chinanews.com.cn/hr/2020/08-04/9255995.shtml,2022 年 9 月 25 日访问。

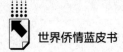

作用，体现了中华民族热情互助的传统美德，彰显携手共进的手足情怀。此外，南亚地区的华侨华人还积极援助住在国的困难民众，尤其是在巴基斯坦的洪灾救援中发挥了重要作用，取得了很好的成效。这不仅体现了中华民族大爱无疆的风范，也为在国际上树立中国良好形象、促进中外民心相通做出了重要贡献。

B.4
2021~2022年欧洲侨情分析

胡修雷*

摘　要： 2021~2022年，欧洲华侨华人逐步从新冠疫情初期的慌乱中稳定下来，在经济、文化等方面加强与当地主流社会的互动与沟通，争取在地社会的理解与认可，努力消除种族歧视带来的不利影响。同时借助中国"一带一路"倡议和中国经济稳定增长的带动效应，欧洲华侨华人在欧洲社会重觅商机、打造少数族裔新形象，为加快融入住在国、传承和弘扬中华文化、推动中欧双边关系稳定健康发展发挥积极作用。

关键词： 华侨华人　侨团侨社　中欧关系　少数族裔

从2021年初欧洲议会暂停"中欧投资协定"到2022年初爆发的乌克兰冲突，欧洲政局变化导致出现通货膨胀、能源危机、乌克兰难民危机等不稳定因素。欧洲华侨华人在诸多不利因素影响下逐步适应了与新冠疫情共存，日常生活和工作开始回归正常模式。受疫情防控和边境管控措施影响，2021~2022年欧洲多国华侨华人的流动和数量有所减少。如2021年上半年西班牙的中国移民减少了1.7%，2021年中国移民减少了5663人，在西班牙外来移民群体中降幅居第二位。[①] 到2022年6月底，在西华侨华人减少

---

* 胡修雷，中国华侨华人研究所学术交流研究部主任，主要研究方向为华侨华人与国际移民、侨乡治理、华侨华人认同等。

① 《西班牙人口再度负增长，华人移民也在减少》，http://www.52hrtt.com/za/n/w/info/G16 50613050795，2022年4月22日访问。

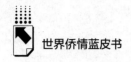
了5058人。① 机遇与挑战并存,中欧经贸稳定增长为在欧华侨华人提供了新契机。面对当前的社会疲态,欧洲华商主动转型谋求发展。华侨华人在多领域守正创新,不断取得新突破。各国侨团在活动中彰显团结与活力,在种族歧视面前积极发声,在东京奥运会和北京冬奥会期间展现侨社风采,不断展现欧洲华侨华人的韧性与活力。

欧洲各国或多或少存在非法移民现象,如英国有100万至150万名非法移民,法国有60万至70万名非法移民,② 欧洲民众对外来移民的偏见一直存在。作为欧洲很多国家的主要移民群体之一,华侨华人在各领域开展商业活动,对当地经济发展做出贡献,树立了勤劳踏实、遵纪守法的形象。当然,近年来欧洲的经济形势并不乐观,不少华商同样面临经营问题,但欧洲华商抱团取暖求发展,积极融入中国开放互促的国内国际双循环新发展格局,借助两个市场、两种资源,在中欧经贸往来中艰难谋得一席之地。随着欧洲华侨华人整体实力不断提升,当地主流社会对华侨华人群体的认知也将更加立体全面。

一　欧洲华侨华人逐步回归正常生活

由于疫情的持续和严重威胁,2021年欧洲国家普遍要求全民接种疫苗。华侨华人总体上倾向接种新冠疫苗,在中国驻外使领馆的推动和协调下,华侨华人积极参与"青苗计划"和住在国的疫苗接种安排,疫苗接种率较高。进入2022年后,欧洲各国疫情管控措施趋缓,华侨华人逐渐恢复正常的工作和生活。2022年2月,英国宣布解除英格兰地区所有现行防疫限制措施,从4月1日起不再为民众提供免费检测,③ 英国成为第一个宣布完全撤销政府防疫限制措施的西方国家。此后,其他欧洲国家也放松了疫情管控措施,纷纷转向接种疫苗和治疗相结合的方式来控制疫情。

---

① 西班牙国家统计局官网,Instituto Nacional de Estadistica(INE),2022年7月15日访问。
② 《法国去年移民人数猛增》,〔法国〕《费加罗报》2022年1月21日。
③ 《英国首相宣布　解除所有防疫限制措施》,《华商时报》2022年2月25日。

在经历过一段适应期后，2022年五六月间，欧洲各国陆续启动第二阶段"解封"，开放了部分餐饮、生活、文化和体育场所。华侨华人虽然期待逐步回归正常生活，但对开门营业和出游大多持谨慎态度。[①] 法国议会宣布从8月1日起结束针对新冠疫情的包括健康通行证等在内的卫生紧急措施。随着疫情管控措施逐步解除，从事餐饮、贸易等行业的华侨华人开始恢复正常经营活动。到2022年8月，意大利米兰中餐馆客流量已完全恢复到疫情前水平，西班牙中餐馆的客流量和上座率都恢复到以前的80%。[②] 总的来看，解封后，欧洲中餐馆呈现数量减少、质量提升、集团化发展等特点。

对于在欧洲从事跨国贸易的华商来说，由于物流、企业人力支出等占比极高，如2022年从中国出发到意大利的海运费用每标箱基本在10000欧元左右，货物运输成本相比往年大幅提高。同时，由于战争、封锁和制裁，欧洲通货膨胀加剧，许多原材料和货品价格攀升，2022年6月欧元区能源价格上涨了42%，其中食品、酒类和烟草价格上涨了8.9%，[③] 这些因素叠加导致华侨华人生活成本增加，欧洲华侨华人与留学生的生活受到不同程度影响，生活费用开支明显增多，其中油费、电费、燃气费等支出涨幅最大。受影响最大的是餐饮业从业者与旅游业从业者，他们承受着疫情和通胀的双重夹击。特别是乌克兰冲突发生后，由于物价上涨和能源危机，一些中餐厅在疫情后复业不久就开始为生存努力，因为大米和鸡肉等基本材料的价格增加了20%~30%，电力和天然气的成本也翻倍。[④] 因此，欧洲华侨华人在回归正常生活的过程中面临新的压力。

---

① 《欧洲多国陆续"解封" 华侨华人谨慎中盼回归正常生活》，http：//www. dragonnewsru. com/static/content/news/glo_news/2021-05-24/859388717209485312. html，2022年11月15日访问。

② 《海外中餐业复苏 业者求新求变》，http：//www. chinanews. com. cn/hr/2022/08-02/9817926. shtml，2022年11月10日访问。

③ 《爱尔兰6月份的通胀率创40年新高，达到9.6%》，https：//cj. sina. com. cn/articles/view/5210978931/136993a7300100yf1c，2022年10月15日访问。

④ 《因成本上涨，奥地利中餐厅或面临闭店潮》，〔法国〕《欧洲时报》中东欧版2022年8月31日。

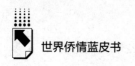
二 中欧投资和经贸稳步增长，带动华商创业

2021 年，中国对欧洲的直接投资从 2020 年的 79 亿欧元增加到 106 亿欧元，增长了 34%。其中，中国在德国、法国、荷兰和英国的投资占比较大，尤其是在汽车和信息通信技术领域的绿地投资，在这四个国家的投资加起来占到投资总数的 70%。此外，2021 年中国在欧洲的风险投资增加了一倍多，达到了 12 亿欧元的创纪录水平，主要集中在英国和德国，并且集中在电子商务、金融科技、游戏、人工智能和机器人等少数几个行业。[①]

2021 年是中欧班列开通运行十周年。虽然运价与海运相当，但时间比海运少一半多，因此中欧班列的市场需求旺盛。11 月 23 日，义乌至马德里"侨商号"中欧班列首发，列车上载有德国、波兰、西班牙等国侨商购买的各类货品。[②] 截至 2021 年 10 月底，中欧班列已开通 73 条运行线路，通达欧洲 23 个国家的 175 个城市，运输货品达 5 万余种。疫情下的中欧班列开行数量和货物运量不断刷新纪录。数据显示，2021 年 1~11 月，中欧班列累计开行 13817 列，运送 133.2 万标箱，同比分别增长 23%、30%。截至 11 月底，中欧班列累计运送防疫物资 1343 万件 10.3 万吨。[③] 2021 年中国与欧盟进出口总额达 8281 亿美元，同比增长 27.5%，创历史新高。[④]

借助中欧之间不断增强的经济联系，欧洲华侨华人展现出了强大的创业动力。据法国《回声报》（Les Echos）报道，在巴黎北郊塞纳-圣德尼省（Seine-Saint-Denis）的华商主要从事批发业务，这个华人社区保持着强烈的创业精神。这是一个规模很大的华人社区，主要聚集在奥拜维利耶（Auber-

---

① 《2021 外国企业在德国投资数量增长，中企投资数量位居第三》，《德国侨报》2022 年 5 月 7 日。

② 《义乌中欧班列"侨商号"首发 奔赴西班牙马德里》，http://www.dragonnewsru.com/static/content/news/glo_news/2021-11-24/913004653682503681.html，2022 年 9 月 15 日访问。

③ 《"一带一路"上的轨道交通 2021 加速"向前"》，http://www.workercn.cn/34067/202112/27/211227022155677.shtml，2022 年 8 月 15 日访问。

④ 《逆势上扬！2021 年中国与欧盟进出口总额创历史新高》，《城市金融报》2022 年 4 月 8 日。

villiers）的"法国亚洲商城"（Cifa）商圈，华人在奥拜维利耶管理着大约2000家商户，它们大多是微型企业。[①] 欧洲国家整体经济发展水平较高，社会制度完善，华侨华人要想站稳脚跟并有所发展，除了勤劳勇敢，还必须善于发现机会，在各种制度约束和竞争中谋求生存与发展，强大的创业动力是他们前进的力量源泉。

三　欧洲多国侨团向旅乌华侨华人和中国
留学生等伸出援手

2022年爆发的乌克兰冲突导致在乌20000多名华侨华人和中国留学生的生命财产遭受严重威胁。危急形势之下，欧洲侨团特别是临近乌克兰边境的侨团纷纷伸出援手，出钱出力帮助转移和安置在乌侨胞。[②] 乌克兰冲突发生后，波兰、匈牙利、斯洛伐克、罗马尼亚、白俄罗斯等国的侨团迅速发布公告、公布救援电话、招募志愿者，并成立救援旅乌同胞服务部、边境救援服务部等，侨社热心人士踊跃参与。许多华侨华人通过各种途径献出自己的爱心，为协助解决在乌克兰华人同胞生活困难雪中送炭。[③] 全欧洲侨团也纷纷响应，为乌克兰华人同胞撤退到波兰、匈牙利、罗马尼亚等国提供免费交通及生活帮助。据不完全统计，自2月24日冲突爆发到3月3日，有超过3000名在乌华侨华人安全转移到乌克兰周边国家，这离不开海外华侨华人团结同心、守望相助。[④] 从某种程度上讲，乌克兰撤侨行动是一次欧洲华侨

---

① 《法媒：奥拜维利耶的华人拥有"强大的创业动力"》，〔法国〕《欧洲时报》2022年7月27日。

② 《欧华联会向乌华侨华人及留学生提供援助》，《德国侨报》2022年2月28日；《旅斯华人齐动员，滞留苏梅的旅乌中国留学生平安入斯得到妥善安置》，http://ptyy.52hrtt.com/eg/n/w/info/D1646117547071，2022年9月13日访问；《心存大爱 守望相助丨罗马尼亚青田同乡会援乌撤侨工作总结》，"罗马尼亚青田同乡会"微信公众号，2022年3月27日；等等。

③ 《各界侨胞纷纷为救援旅乌同胞活动捐款捐物：爱心如滚雪球般传递》，"波兰浙江商会"微信众公号，2022年3月6日；《心手相连，守望相助！温籍侨团全力援助旅乌同胞及留学生》，http://news.66wz.com/system/2022/03/06/105445873.shtml，2022年10月15日访问。

④ 《海外侨团收留旅乌同胞：爱心如滚雪球般传递》，https://m.chinanews.com/wap/detail/chs/zw/9692427.shtml，2022年11月1日访问。

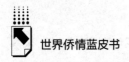
华人的动员令，展现了侨界大爱无疆的无私情怀。

2021年9月19日，西班牙加那利群岛西南部老昆布雷（Cumbre Vieja）自然公园发生火山喷发，火势足足持续了89天，导致成千上万人流离失所，1642处建筑被摧毁。大约1.5万名华人居住在西班牙的加那利群岛，在拉帕尔马岛火山喷发后，加那利群岛七家华人侨团迅速成立了灾区物资捐赠指挥中心，西班牙侨界联盟也开展了筹款募捐活动，10月11日，旅西华人社团和个人为灾区捐助款项45249欧元、口罩31500只，获得了当地媒体及网民的一致好评。[1]

"米兰网上方舱医院"是华侨华人联合抗疫的一个缩影。疫情期间，该医院克服困难，坚持为被感染侨胞寄送药物。截至2020年7月，上网登记的有9562个家庭，线下登记1660个家庭，邮寄费达10万欧元。然而，由于疫情持续时间长，网上方舱医院的经济压力不断增大。为维持网上方舱医院，侨社各方纷纷伸出援手，如2022年7月，意大利里米尼华侨华人妇女联谊总会为"米兰网上方舱医院"捐款5000欧元。[2] 两年多来，网上方舱医院积极筹集善款，[3] 通过各方多次主动联系国内制药厂和有关部门，争取到抗疫物资，使"米兰网上方舱医院"能够保持充足的资源，体现了各相关侨团和社会爱心人士的大力支持和帮助。

四 欧洲侨界获得在地认可并积极关注祖（籍）国重大活动

2021~2022年，欧洲华侨华人尤其是专家学者在众多领域取得成果，为当地社会发展做出了贡献，得到了表彰和认可。2021年1月，法国外

---

① 《"以爱之名 赴险赈灾"加那利群岛侨界联盟以善行赴使命 支援La Palma灾区》，http：// xby. 52hrtt. com/cn/n/w/info/D1632798883177，2022年10月18日访问。
② 《里米尼华侨华人妇女联谊总会向"网上方舱"捐助5000欧元》，〔意大利〕《欧洲华人报》2022年7月14日。
③ 《侨界纷纷为米兰"华人网上方舱医院"捐款助力!》，〔意大利〕《欧洲华人报》2022年1月15日。

籍兵团退伍华人协会会长徐大玉接受了由法国外籍兵团第一骑兵团团长颁发的法国外籍兵团第一骑兵团百年纪念奖章，这也是对华人士兵贡献的肯定。5月，"吴氏策划"董事长吴嘉童荣获奥地利共和国授予的"奥地利科学和艺术荣誉十字勋章"，这是对其在中奥文化交流领域的付出致敬。9月，匈牙利华人学者、翻译家李震荣获"匈牙利文化骑士"称号，并获颁证书和勋章。10月，为感谢华人华企对法国抗击疫情和公益事业的鼎力支持，法国著名公益组织"马耳他骑士军团"向华社爱心人士颁发了公益证书。法国华人贸易促进会执行会长林相伟获得全球公益联盟银质奖章。2022年8月，奥地利维也纳市政府向华人代表王健博士颁发"维也纳市金质勋章"，以表彰他近30年来在中奥文化、音乐艺术、音乐教育等领域的贡献。

华侨华人在他乡站稳脚跟后，也始终牵挂和关注祖（籍）国的发展，在重大事件、重要纪念活动中都活跃着他们的身影。2021年是辛亥革命110周年，也是建党100周年，欧洲华侨华人为振兴中华接续奋斗，通过举办书画展、座谈会、重访"勤工俭学"故地等多种方式，纪念这些影响中华民族历史进程的事件。2021年6月，由中国驻法国大使馆、巴黎大区工商会和法国中国工商会联合主办的"建党百年中法企业交流会"，在法国巴黎大区工商会总部举行。10月，英国华侨华人纪念辛亥革命110周年音乐会在英国皇家音乐学院演奏厅举行。10月，德国侨界近30名代表参加线上视频座谈会，纪念辛亥革命110周年。此外，2022年北京冬奥会①、党的二十大②等也吸引了欧洲华侨华人的广泛关注和热烈讨论。

---

① 《中匈混血北京冬奥冠军刘少昂凯旋归来》，http://www.oushinet.com/static/content/qj/qjnews/2022-02-22/945638414462889984.html，2022年10月11日访问；《米兰侨界同步庆祝北京冬奥会隆重开幕》，http://www.oushinet.com/static/content/qj/qjnews/2022-02-11/941733360831967232.html，2022年10月13日访问；等等。

② 《法国华侨华人热议中共二十大报告》，http://www.oushinet.com/static/content/qj/qjnews/2022-10-16/1031360604591493120.html，2022年10月20日访问；《迎接"二十大"，旅居俄罗斯的华侨华人有话说》，《俄罗斯龙报》2022年10月17日；等等。

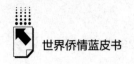

五　欧洲华侨华人尤其是华裔青年奋力反对种族歧视

新冠疫情发生以来，欧洲各地发生多起针对华侨华人的暴力事件，如多名亚裔被德国当地人泼消毒水；法国报纸抹黑新疆，当地华人因疫情背锅；剑桥大学中国留学生被围殴；等等。一些国家针对华商的犯罪活动频发，特别是烧毁华商仓库的现象屡有发生。此外，各种隐性无形的歧视更是让华侨华人防不胜防。法国国家人口研究所认为疫情"把仇亚的种族歧视推向新层面"。疫情催化的反亚裔情绪在海外蔓延，欧洲华侨华人在提高防范意识的同时，呼吁严惩歧视行为，捍卫正当权益。

困境中的华人通过参政积极发声。2021 年 3 月，法国华人律师协会等华人社团召开线上和线下会议，共同反对针对亚裔的仇恨和歧视等不法行为。[①] 7 月，由"停止亚裔仇恨"（Stop Asian Hate UK）组织的反歧视集会在英国伦敦、伯明翰和纽卡斯尔三城举办，得到了当地华人的热烈响应。10 月，英国举办"停止亚裔仇恨：种族主义和新冷战的兴起"在线论坛，积极推动举办国际反种族歧视论坛。

在反对歧视亚裔的活动中，年轻华裔表现尤为积极。2021 年 9 月，法国华裔青年协会举行推介会，积极倡导反对歧视华裔亚裔的行为，让法国民众更加近距离地了解华人族群，推动各族裔之间的交流与合作。[②] 2022 年 8 月，首届西法华侨华人青年交流论坛在西班牙巴塞罗那召开，来自西班牙、法国的 70 多位青年人共同探讨当前年轻人的创业和就业经历，以及如何维护族群利益、争取正当合法权益、融入当地社会等。[③]

欧洲侨团也做了不少教育引导和发展新生代的工作，比如开设华文学

---

① 《种族歧视难消，侨胞呼吁严惩暴力》，http://www. oushinet. com/static/content/qj/qjnews/2021-12-29/925726122124390400. html，2022 年 10 月 15 日访问。

② 综合〔法国〕《欧洲时报》等相关报道。

③ 《"扬起风帆，破浪而行"——庆祝首届西法华侨华人青年交流论坛圆满举办》，http://xby. 52hrtt. com/es/n/w/info/A1661309689483，2022 年 10 月 30 日访问。

校，让孩子们学习中文和中国文化，培养他们的文化认同感和自豪感；很多侨团内设有青年委员会或青年小组，鼓励和吸收华裔新生代成为后备力量。一些侨团为欧洲侨社的青年一代搭建平台，培养年轻侨领互相联谊并发挥他们的语言和年龄优势，逐渐让他们成为侨社今后发展的中坚力量。但在实际运作中，能发挥华裔新生代作用的机会很少。因此，如何让年轻华人在社会事务中发挥积极作用，提高他们的兴趣，增加对他们的吸引力是亟须破解的难题。

六 欧洲华侨华人文体生活丰富多彩

欧洲多数国家社会发展程度较高，民众福利制度完善，业余生活丰富，为华侨华人开展文体活动提供了环境和保障。除了借助传统节日，如春节、元宵节、中秋节等的节庆活动展示丰富多彩的中华文化元素，[①] 近年来，欧洲华侨华人立足华社实际，拓展文体活动内容和形式，组织开展了一系列各具特色的娱乐、赛事活动，广泛吸纳各阶层华侨华人参与，推动了侨社内部的沟通交流，促进了欧洲侨社的和谐、团结与健康发展。

出于疫情原因停赛三年的"米兰欧华杯"欧洲华人乒乓球友谊赛，2022 年 6 月在米兰再燃战火。来自德国、奥地利、西班牙等欧洲国家以及米兰、罗马、佛罗伦萨等意大利各地的 80 多名华侨华人捉对厮杀。[②] 6 月，蔚来-巴伐利亚杯华人足球锦标赛在慕尼黑举办，来自全德 12 支华人足球队参赛。经过两天激战，慕尼黑华联队荣获冠军。6 月，旅比华人专业人士协会（ACPB）在布鲁塞尔沃吕沃（Woluwe）体育中心举办 ACPB 2022 体育日活动，设立了羽毛球和乒乓球多个比赛项目，吸引了 40 多位协会会员

---

① 《做月饼、穿汉服、品茶艺……"中秋节"在欧洲绽放中华传统文化魅力》，http://www.oushinet.com/static/content/qj/qjnews/2022-09-12/1018890571156164608.html，2022 年 10月 30 日访问。

② 《2022"米兰欧华杯"欧洲华人乒乓球友谊赛圆满落幕》，〔意大利〕《欧洲华人报》2022年 6 月 28 日。

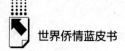

及家属参加。① 7月，由欧洲华人乒羽协会主办的首届欧洲华人乒乓球公开赛在奥地利首都维也纳举行，来自奥地利、匈牙利、意大利、西班牙、荷兰等国的50名选手参赛。比赛分为专业和业余两个组别。经过激烈角逐，来自奥地利的陈奥夺得专业组单打冠军，荷兰选手常进获得业余组单打冠军。

2022年5月1日国际劳动节，旅比华人专业人士协会理事会组织的"踏春一日游"活动在比利时林堡省霍格肯彭（Hoge Kempen）国家公园举行，吸引新老会员及其亲属朋友共50余人参加。② 2022年6月，来自法国的30多位侨领以及德国、西班牙、比利时的6位侨领参加了为期一周的阿尔卑斯山徒步探险之旅。此次活动是旅法侨界首次组织的大规模团建活动，为构建和谐侨社、深入法国社会迈出了成功的一步。③ 8月，暑去秋来之际，爱尔兰福建总商会组织会员来到鲍尔斯考特（Powerscourt）国家公园，开展了以"感恩家庭、放飞心情、凝心聚力"为主题的团建活动。④

2022年7月，2022年"文化中国·水立方杯"中文歌曲大赛意大利米兰赛区决赛在米兰举行，共有30名歌手入围。自2015年米兰首次承办"文化中国·水立方杯"中文歌曲大赛的赛事以来，各年龄段报名参赛人员累计已经接近1000人次，培养了一大批中国文化在海外传播的中坚力量。⑤ 9月，英国华声艺术团2022年中秋慈善户外活动在伦敦戈尔德斯希尔公园（Goldens Hill Park）举行，举行了集体圆舞、长笛独奏、葫芦丝演奏等精彩

---

① 《ACPB 2022体育日活动圆满落幕》，旅比华人专业人士协会官网，https：//acpb.be/，2022年10月30日访问。
② 《ACPB成功组织"踏春一日游"活动》，旅比华人专业人士协会官网，https：//acpb.be/，2022年10月3日访问。
③ 《构建和谐侨社 引领华界新风 30位侨领阿尔卑斯山共迎"挑战"》，http：//www.oushinet.com/static/content/qj/qjnews/2022-07-07/994832320416718848.html，2022年11月28日访问。
④ 《爱尔兰福建总商会团建活动成功举办》，"爱尔兰都柏林华助中心"微信公众号，2022年8月23日。
⑤ 《2022年"文化中国·水立方杯"米兰赛区决赛圆满收官》，http：//www.52hrtt.com/lvus/n/w/info/D1658818849055，2022年10月27日访问。

表演，以及踢毽、顶碗、颠乒乓球、企鹅漫步、足球对攻射门等多个体育项目友谊赛，并将所募集的善款全部捐赠给慈善机构。①

小　结

在经历过阵痛之后，欧洲华侨华人已经逐步从新冠疫情中恢复过来，但不利因素并未消失，多种新老问题叠加，欧洲华侨华人未来的道路并非坦途。纵观几百年海外华人移民史，华侨华人总能在逆境中孕育新的希望，欧洲华侨华人也将总结抗疫经验，摸索新的生存之道。

对于餐饮业遇到的人才短缺问题与发展瓶颈，欧洲华社提出了以传承中华文化为积淀，谋求新发展的思路、理念和举措。海外中餐组织、中餐企业，坚定文化自信，加强技能人才的培训，推进海外中餐的标准化、本土化建设，提升中餐的经营品质和美誉度，树立科学、健康、营养、美味的中餐形象。通过举办彰显中国餐饮品牌的系列活动，进一步扩大品牌影响力，拉近与当地民众的距离，助力中餐国际化发展。

针对华裔的华文教育体系化问题，欧洲华社与时俱进，不断进行新探索。早期华侨华人在欧洲大多从事贸易行业，华社与家庭内普遍使用中文交流，华二代能够在接近母语的环境中习得中文。但若缺少体系化华文教育，随着华二代步入校园与社会，家庭语言环境的影响逐渐减弱。在欧洲华社的努力下，现在许多欧洲国家都建立了华校，如比利时欧华汉语语言学校和安特卫普中文学校、德国华达中文学校、葡萄牙里斯本中文学校和意大利中意国际学校等。学生在学校潜移默化中受到中华传统文化的熏陶，增强了他们的文化认同感和自豪感。这是一种积极的尝试，但尚需继续探索。

---

① 《英国华声艺术团中秋慈善户外活动举行》，http：//www. oushinet. com/static/content/qj/qjnews/2022-09-09/1017799622065786880. html，2022 年 10 月 28 日访问。

B.5
2021~2022年非洲侨情分析

李章鹏*

摘　要： 2021~2022年，中非合作向多层次、宽领域方向前进的趋势日益
凸显，并呈现一些新的态势。在非中资企业抓住有利时机，在数
字经济、生物技术、科技教育和研究等方面，与有关国家政府或
企业开展合作，进行产业布局，在发展自身的同时，推动有关国
家的技术、经济发展。在非华侨华人正经历从"走向非洲"到
"落户非洲"，再到"扎根非洲"的转变。中非文化交流多方位、
多层次展开，双向交流的特性相对明显。

关键词： 非洲　华侨华人　中非合作　文化交流

2021~2022年非洲侨情并无太大的变化，但也呈现出一些新的迹
象。中非合作的融资过程和机制发生变化，非洲金融机构和次区域金融
机构在中非合作中的地位和作用不断增强。中非合作更注重双向交流，
越来越多的非洲特色商品走进中国市场。华侨私营企业在中非合作中发
挥了独特的作用，这种作用逐渐显现出来，在非中企悄然推动非洲新经
济，尤其是数字经济的发展。在非华侨华人逐渐扎根非洲，正经历从
"走向非洲"到"落户非洲"，再到"扎根非洲"的转变。这些新的迹
象，有的反映的是一种长期趋势，有的是否为新的长期趋势尚须进一步
观察。

---

* 李章鹏，博士，韩山师范学院研究员，长期从事华侨史、中国近现代史研究。

一　中非合作在转变中继续发展

经过多年实践，中非合作呈现向多层次、宽领域方向前进的趋势。2021~2022年这种趋势日益凸显。截至2022年，中国已连续12年居非洲第一大贸易伙伴国的地位，连续多年对非洲经济增长贡献率超过20%。[①] 非中贸易额占非洲整体外贸总额的比重连年上升。[②] 中国持续增加对非洲国家的援助，包括提供抗疫物资和疫苗援助、派遣医疗队和援建医疗设施、建设农业技术示范中心、设立奖学金支持优秀青年赴华学习等。中国支持非洲国家提升自主维稳维和能力，为非洲国家发展营造安全环境。[③] 卫生、健康领域合作和基础设施的融资与承建，是2021~2022年中非合作表现最为突出的两个领域。其中，卫生、健康领域的合作，与应对新冠疫情密切相关；中非在基础设施建设方面的合作，已持续多年，2021~2022年又取得了新的成绩。

（一）中非合作抗疫持续深入

新冠疫情发生后，中国就一直尽己所能向非洲提供帮助。2021~2022年，中国继续支持非洲抗疫。2021年12月，在中非合作论坛第八届部长级会议上，习近平主席在主旨讲话中宣布中国将再向非洲提供10亿剂疫苗，其中6亿剂为无偿援助，4亿剂以中方企业与有关非洲国家联合生产等方式提供。[④] 由于全球范围疫苗分配严重不公，中国交付的疫苗是许多非洲国家获得的第一批疫苗。2021~2022年，中国加大支持非洲抗疫的力度，促进疫

---

① 《中非合作在团结抗疫中迎来光明未来》，https：//oversea. huanqiu. com/article/41WktkpwAp8，2022年11月15日访问。

② 《相信非中合作将迎来新的繁荣》，《人民日报》（海外版）2021年12月6日。

③ 《非中关系已成为国际关系的典范》，https：//m. huanqiu. com/article/46MHyLPvwTv，2022年11月16日访问。

④ 《苏丹各界积极评价中非合作论坛第八届部长级会议》，http：//world. people. com. cn/n1/2021/1203/c1002-32298591. html，2022年11月15日访问。

苗公平合理分配，努力帮助非盟实现 2022 年有 60% 的非洲人口接种新冠疫苗的目标，对非洲经济社会恢复和发展起到重要推动作用。对于中国慷慨捐助疫苗，津巴布韦总统姆南加古瓦认为，这是"隧道尽头的光芒"；埃塞俄比亚外交部国务部长伯图坎指出，是中国朋友为非洲送来"及时雨"；赤道几内亚副总统曼格宣称，"只有中国把我们放在心上，伸出援手"；纳米比亚总统根哥布表示，纳方将铭记中方的慷慨义举。①

中国还帮助非洲国家实现疫苗本土化生产。2021 年 5 月，埃及从中国采购的首批科兴疫苗原液运抵开罗，开始灌装生产。9 月，中国和阿尔及利亚合作的克尔来福新冠疫苗在康斯坦丁正式投入生产。② 中国还与摩洛哥签订了疫苗合作生产协议。③ 针对西方国家对中国抗疫和疫苗有效性的质疑和污名化宣传，非洲各界给予中国有力的支持。④ 此外，中国继续向非洲国家派遣医疗队，并与有关国家签订新的医疗卫生领域合作协议。⑤

（二）中非基础设施建设合作再谱新章

自中非合作论坛成立以来，中非双方在非洲合作建设了 1 万多千米铁路、近 10 万千米公路、近千座桥梁、近百个港口和输变电线路 6.6 万千米、电力装机容量 1.2 亿千瓦、通信骨干网 15 万千米，以及大量医院、学校、网络服务覆盖近 7 亿用户终端。⑥ 包括公路、铁路、港口和数字基础设施建

---

① 《中国疫苗为非洲送来"及时雨"》，《经济日报》2021 年 4 月 10 日。

② 迈克尔·伊西祖勒恩：《"一带一路"助力非洲经济发展、民众健康》，《中国日报》2021 年 11 月 24 日。

③ 《非中关系已成为国际关系的典范》，https：//m. huanqiu. com/article/46MHyLPvwTv，2022 年 11 月 18 日访问。

④ 《科特迪瓦前卫生部长：不应将新冠病毒溯源工作政治化》，https：//oversea. huanqiu. com/article/44iB7Hwzna9，2022 年 11 月 17 日访问；《非洲各界反对病毒溯源政治化》，https：//oversea. huanqiu. com/article/44bZeV56xES，2022 年 11 月 17 日访问。

⑤ 《中国和坦桑尼亚签署向坦派遣医疗队议定书》，《非洲华侨周报》2021 年 9 月 11 日；《郭晓梅大使与马公共卫生部长签署妇幼健康合作项目协议》，http：//mg. mofcom. gov. cn/article/jmxw/202207/20220703336299. shtml，2022 年 11 月 17 日访问。

⑥ 《在非华侨华人新年谈中非合作未来》，《人民日报》（海外版）2022 年 1 月 14 日；《中非共建"一带一路"合作取得新进展》，http：//fec. mofcom. gov. cn/article/fwydyl/zgzx/202209/20220903344824. shtml，2022 年 11 月 17 日访问。

设在内的"一带一路"项目持续开展,已经改变了非洲面貌,改善了非洲普通百姓的生活。①

2021~2022年,中非双方继续推进基础设施建设方面的合作。2021年4月,中国交通建设集团承建的肯尼亚拉穆岛海港基本建成。② 6月,由中国土木工程集团有限公司承建的西非地区首条现代化双线标准轨铁路尼日利亚拉格斯—伊巴丹铁路(拉伊铁路)开通商业运营。③ 2022年4月,由中国港湾工程有限责任公司承建的科特迪瓦阿比让港口扩建项目荣获2021年中国建设工程鲁班奖(境外工程),该奖项为国内建筑行业工程质量最高荣誉。阿比让港口扩建项目于2015年11月开工,2020年4月竣工,项目的建成大大提升了港口吞吐量,巩固和加强了阿比让港在非洲大西洋沿岸枢纽港的地位。④

2022年3月,由中国土木工程集团有限公司承建的尼日利亚拉各斯国际机场新航站楼正式启用,机场年旅客吞吐能力达到约2000万人次。⑤ 5月,全长约27千米的内罗毕快速路开始试运营。这是肯尼亚第一条采用公私合营模式修建的高等级公路。7月,肯尼亚第二大城市蒙巴萨新油码头正式运营。新油码头拥有可双面靠泊的4个泊位,最大可停靠17万吨级油船。⑥ 位于埃及苏伊士省红海之滨、由中国企业承建的埃克萨迪亚500千伏变电站项目也已初具规模。该项目全部采用中国技术,一些项目采用的设备还实现了在埃本土生产。⑦

---

① 《非盟委员会前副主席:"一带一路"倡议符合非盟〈2063年议程〉发展方向》,http://www.xinhuanet.com/2021-12/19/c_1128178831.htm,2022年11月18日访问。

② 《中国希望通过非洲港口网络重塑古丝绸之路》,《南华早报》2021年4月18日。

③ 《中企承建西非首条现代化双线铁路开通 中非"一带一路"合作大有可为前景广阔》,http://fec.mofcom.gov.cn/article/fwydyl/zgzx/202106/20210603111124.shtml,2022年11月17日访问。

④ 《科特迪瓦阿比让港口扩建项目荣获2021境外鲁班奖》,http://ci.mofcom.gov.cn/article/jmxw/202204/20220403305602.shtml,2022年11月17日访问。

⑤ 《中尼共建拉各斯地标性项目》,《人民日报》2022年3月30日。

⑥ 《中肯务实合作成果丰硕》,《人民日报》2022年7月20日。

⑦ 《中企为埃及电力稳定发展贡献力量 埃及工人:我学习了来自中国的专业技术》,https://m.huanqiu.com/article/481xtPhPwJ5,2022年11月18日访问。

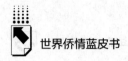

此外，已建成、正在建设、即将开工的中非重要合作项目有赤道几内亚首都马拉博国际机场新航站楼①、加纳塔马利立交桥②，塞内加尔方久尼大桥③，坦桑尼亚的中央线标轨铁路④、桑给巴尔立交桥⑤、新瓦米大桥⑥、首都环城路项目⑦，以及安哥拉的罗安达新国际机场⑧、罗安达城市综合开发项目⑨，等等。

中非合作是多层次、多领域的，所取得的成绩也是多方面的。除了上述两点，其他方面也取得了不小成绩。在农业生产、农业技术方面，中国的菌草技术能够切实帮助中非人民应对食物短缺问题;⑩ 中国节水耐旱稻在博茨瓦纳种植试验成功，对博保障粮食安全具有十分重要的意义。⑪ 在民生保障方面，2022 年 4 月，由中国电建承建的安哥拉库内内河取水抗旱项目投入使用，彻底改变了当地长期遭受旱灾的命运，并为农业开发创造条件。⑫ 截至 2021 年 11 月，中国已在博茨瓦纳东南部村庄莫帕尼、西北部城市马翁、中东部城市塞罗韦援建了三所小学，正在博东北部村庄卡尊古拉援建第四所

① 《赤道几内亚总统奥比昂出席中企承建的马拉博国际机场新航站楼启用仪式》，http：//gq. mofcom. gov. cn/article/gzdt/202205/20220503315151. shtml，2022 年 11 月 18 日访问。
② 《中企承建的加纳塔马利立交桥竣工》，http：//www. chinaqw. com/hqhr/2022/03－30/325914. shtml，2022 年 11 月 19 日访问。
③ 《萨勒总统与肖晗大使共同出席方久尼大桥通车仪式》，http：//senegal. mofcom. gov. cn/article/c/202203/20220303300722. shtml，2022 年 11 月 19 日访问。
④ 《由中国土木承建的中央线标轨铁路开工，东非迎来重要出海通道》，《非洲华侨周报》2021 年 6 月 17 日。
⑤ 《再立新功！在坦中企将承建桑吉巴尔第一座立交桥!》，《非洲华侨周报》2022 年 8 月 13 日。
⑥ 《中企承建的坦桑尼亚新瓦米大桥完成合龙》，http：//www. chinaqw. com/hqhr/2022/04－22/327821. shtml，2022 年 11 月 18 日访问。
⑦ 《首都环城路项目正式奠基，在坦央企迎来大项目》，《非洲华侨周报》2022 年 2 月 11 日。
⑧ 《总统为中方承建新机场点赞》，《非洲华侨周报》2022 年 4 月 11 日。
⑨ 《中企获得罗安达 Marginal da Corimba 城市综合开发项目》，《非洲华侨周报》2021 年 11 月 5 日。
⑩ 《中非总统：感谢中国政府和人民为中非各领域发展提供重要帮助》，https：//oversea. huanqiu. com/article/42poPrJsqEk，2022 年 11 月 20 日访问。
⑪ 《博茨瓦纳 | 中国旱稻试种喜收获 总统亲临收割》，《非洲华侨周报》2022 年 7 月 1 日。
⑫ 《洛伦索总统为中国电建承建重点民生项目剪彩》，《非洲华侨周报》2022 年 4 月 7 日。

小学,中国援建小学的举措有效缓解了当地学校紧缺的情况。① 在体育设施方面,2022年7月,中国公司承建的阿尔及利亚奥兰综合体育中心成功举办了第十九届地中海运动会,这是该中心落成后举办的首场赛事。② 在维护非洲和平安全方面,中国也发挥了独特而积极的作用,③ 中国不偏不倚的立场获得了有关国家的欢迎。长期以来,中国政府和人民为非洲各领域发展提供了重要帮助,而今非洲的经济社会转型发展依然离不开中国的支持,离不开中非在各领域的合作。

(三)中非合作的新特点

2021~2022年,新冠疫情对非洲经济、社会,对中非合作均产生不利影响。针对中非合作,西方一些国家和相关媒体,捏造事实,妖魔化中国和中国与非洲间的合作;有关国家纷纷出台方案或行动计划,声称欲与非洲各国开展合作,意图拉拢非洲国家,达到平衡、对冲中国在非洲的影响之目的。与此同时,俄罗斯、印度等国也加大在非洲存在的力度。这是中非合作新近出现的外部环境方面的变化,也是今后继续推进中非合作时,理应予以关注和研究的。

近年来中非合作呈现一些态势,其中有的态势可能具有长期性,影响较为深远。

1. 中非合作运行机制逐渐发生变化

几年前,中国政府对非洲的财政承诺达到600亿美元,而这一两年则减少至400亿美元,所宣布的项目数量也减少了,在气候、环境、卫生、人文交流和基础设施等领域的合作范围缩小了。④ 乍一看,中国对非洲的支援减少了,中非合作的规模缩小了。实则不然,事实是中非合作的融资过程和机

---

① 《中国援建学校让博茨瓦纳乡村儿童享受快乐学习》,《非洲华侨周报》2022年11月25日。
② 《提高了阿尔及利亚体育基础设施水平》,《人民日报》2022年7月28日。
③ 《中国派非洲之角事务特使出访,"北京将成为颇有吸引力的调停方"》,《环球时报》2022年3月23日。
④ 《GIS:中非贸易,转变而不是退缩》,《环球时报》2022年3月17日。

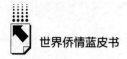
制发生变化。过去,中国对非洲的支持(包括项目和资金上的支持)主要是通过政府间的合作来实现的。自 2013 年起,中国有意地增加非洲金融机构在中非合作中的作用,近两年非洲金融机构和次区域金融机构在中非合作中的地位和作用不断增强。

2. 中非合作更注重双向交流

中国早已成为非洲最大的贸易伙伴国,但中非贸易间非洲国家存在大量的贸易逆差,为了改变这种局面,在 2021 年 11 月举行的中非合作论坛第八届部长级会议上,中国宣布为非洲农产品出口到中国建立"绿色通道",对 33 个最不发达国家 97% 的应税产品实施免关税进口,并承诺未来 3 年内将非洲产品的进口额增加到 3000 亿美元。2021 年中非双边贸易额同比上升 35%,达 2540 亿美元,其中非洲从中国的进口额创 2015 年以来的新高,达 1480 亿美元,对中国的出口额也创下 1060 亿美元的新纪录。[①] 中国增加了对非洲农产品、制成品和服务的进口,同时向非洲出口更多的科技产品,越来越多的非洲特色商品(如肯尼亚的鲜食牛油果、南非的红酒、塞内加尔的花生、埃塞俄比亚的咖啡等)走进中国市场。[②] 不仅如此,中国还注重推动非洲有关国家经济发展的转型升级,打造中非合作高质量发展新模式。

3. 强调法律、制度上协作的重要性

2022 年 3 月,安哥拉正式批准《安哥拉共和国和中华人民共和国对所得消除双重征税和防止逃避税的协定》,协定生效。该协定于 2018 年 10 月在北京签署,2019 年 6 月安哥拉国民议会决议批准。该协定将使两国跨境纳税人免予双重征税,对于进一步推动两国间经济合作与资本、技术、人员往来具有积极作用。[③] 2022 年 5 月,中国和埃塞俄比亚签署《投资促进谅解

---

① 《英智库报告:尽管西方正试图加强与非洲关系,但它们很难追上中国》,《环球时报》2022 年 8 月 5 日。
② 《中非共建"一带一路"合作取得新进展》,http://fec.mofcom.gov.cn/article/fwydyl/zgzx/202209/20220903344824.shtml,2022 年 11 月 20 日访问。
③ 《安哥拉总统批准中安两国政府避免双重征税协定生效》,http://ao.mofcom.gov.cn/article/sqfb/202204/20220403301615.shtml,2022 年 11 月 20 日访问。

备忘录》，对促进双方投资合作做出了制度安排。①

4. 华侨私营企业在中非合作中的独特作用逐渐凸显

中非合作的持续扩大和深入，以及中非国家间良好的国家关系，为在非中国人创业和私人企业发展创造了良好的环境和机遇。同时，在非华人和侨资企业以侨为桥，在中非合作中发挥着独特作用。2021年9月，经过近七年的艰苦谈判，投资总额达1.14亿美元的东非商贸物流中心筹备工作取得重大进展。位于坦桑尼亚达累斯萨拉姆的东非商贸物流中心，由上海凌航实业集团投资建设，建成后相关服务将辐射坦桑尼亚全国乃至整个东非地区。② 2022年3月，由坦桑尼亚联合建设国际有限公司主导开发并运营的中坦国家工业园正式启动，园区占地约1000公顷，所有工业地块都有独立产权，已有15家中资企业与工业园签约。③

二 在非中企悄然推动非洲新经济发展

新技术革命在全球方兴未艾。非洲许多国家虽然经济基础薄弱，但也希望抓住技术革命的机遇，推动本国技术发展和经济、社会的转型升级。如乌干达制定"2040年愿景"，提出发展和建设"数字乌干达"的战略目标。中资企业抓住有利时机，与有关国家政府或企业开展合作，在发展自身的同时，推动有关国家的技术、经济发展。具体地说，主要体现在如下三个方面。

一是数字经济方面。相对于前几年，这两年越来越多的非洲国家意识到5G技术的重要性，开始制定本国5G建设的目标、计划。中国科技公司不仅为这些国家提供5G设备，帮助这些国家设计实施方案，并推动产品制

---

① 《中埃签署〈投资促进谅解备忘录〉等合作文件》，http://et.mofcom.gov.cn/article/jmxw/202205/20220503313446.shtml，2022年11月20日访问。

② 《东非商贸物流中心即将修建 中国企业再立新功》，《非洲华侨周报》2021年9月20日。

③ 《风正时济扬帆起 击鼓催征开新局——中坦国家工业园项目正式启动》，《非洲华侨周报》2022年4月2日。

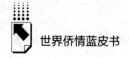
造、交通、电力、教育、人工智能等领域的数字化转型，而且与相关国家共同培养科技创新和数字人才。

近两年，数字金融服务成为一些非洲国家发展迅速的经济领域。2020年初，中国金融科技公司 PalmPay 在尼日利亚正式运营，主要开展移动支付业务。目前，尼日利亚 95% 以上的线下餐饮和零售交易通过现金完成，移动支付市场前景广阔，PalmPay 已成为非洲用户规模增长最快的移动支付应用产品之一，月交易额超过 1 亿美元。2021 年初至 2022 年，PalmPay 一直名列非洲手机应用程序财经类下载量首位，也是安装量最大的手机支付应用产品。① 华为为 19 个非洲国家的移动支付公司提供应用技术，支付宝为名为"VodaPay"的南非超级 App 提供支持，北京昆仑万维公司在尼日利亚创办支付企业 OPay，美团则参与 OPay 的 B 轮融资。②

电商在非洲已有一定程度的发展，由中国投资者创办的电商平台 Kilimall，已成为东非地区最大的电商平台。随着非洲智能手机普及率逐步提高，移动支付环境日益成熟，中非电商跨境合作必将迎来良好机遇。2022 年 4 月，第四届双品网购节暨非洲好物网购节在湖南、浙江、四川、海南同步举行。此次网购节活动采取"平台推广+线上直播"的形式，通过抖音、快手、淘宝、天猫等各大电商平台，将直播间开到非洲原产地，中非主播直播连麦推广非洲特色产品。这是一次中非跨境电商合作的有益探索。③

二是生物技术方面。持续近三年的新冠疫情，对世界各国社会、经济的危害毋庸多言。这凸显了包括疫苗研发、生产在内的生物技术产业的重要性。非洲部分国家也乘机提出发展生物技术的设想。2021 年 6 月，毛里求斯拨出 10 亿毛里求斯卢比（约合 2500 万美元）设立生物技

---

① 《中非企业加强移动支付合作》，《人民日报》2021 年 11 月 16 日。

② 杰文斯·尼亚比亚格：《中国企业悄然推动非洲金融科技革命》，崔晓冬译，《南华早报》2021 年 8 月 8 日。

③ 《中非"好物网购节"的三重意义》，http://www.chinaqw.com/hmpc/2022/05-10/329221.shtml，2022 年 11 月 21 日访问。

术研究所，打算与世界知名制药和生物技术公司合作，在毛里求斯生产新冠疫苗和其他医药产品等。① 华裔亿万富翁黄馨祥博士先后与南非和博茨瓦纳政府达成协议，准备合作生产新冠疫苗和癌症疫苗等生物制剂。②

三是科技教育和研究方面。2022 年 7 月，华为与莫桑比克科技和高等教育部签署创新和能力建设合作谅解备忘录。华为将在未来三年内支持莫政府加快数字包容、数字主权，共建 ICT 学院，为莫经济向数字化转型储备人才。③ 7 月，深圳迈瑞医疗公司与哈桑一世大学签署战略合作协议，在非设立首个生物医疗培训中心，将中国医疗设备技术与高校教学相结合，为哈桑一世大学学生提供实践锻炼及创新发明环境。④

部分国内高校与非洲高校、科研院所也加强了合作。2021 年 9 月，南京工业大学与非洲科学院联合举办"南京工业大学与非洲高校视频交流暨中非技术转移对接会"，来自南非、肯尼亚、乌干达、加纳、埃塞俄比亚、赞比亚的 10 所大学代表共 20 余人参加会议。⑤ 2022 年 7 月，"赞比亚 ZCAS 大学-中国湖北工业大学联合科技创业创新中心"在赞比亚 ZCAS 大学成立。该创新中心的设立是响应习近平主席在中非合作论坛第八届部长级会议上提出未来三年中非合作"九项工程"的具体举措，两校将在科技创新、中非青年创新创业人才联合培养、中非科技成果转化与技术转移服务、中非中小企业市场互拓以及职业教育等领域加强合作。⑥

---

① 《毛里求斯发布制药和生物技术产业发展意向》，http://mu.mofcom.gov.cn/article/sqfb/202106/20210603162514.shtml，2022 年 11 月 21 日访问。

② 《将投资疫苗产业》，《非洲华侨周报》2021 年 12 月 23 日。

③ 《王贺军大使出席华为与莫桑比克科技和高等教育部数字领域合作谅解备忘录签约仪式》，http://mz.mofcom.gov.cn/article/zyhd/202207/20220703333348.shtml，2022 年 11 月 20 日访问。

④ 《深圳迈瑞医疗公司与哈桑一世大学战略合作协议签署仪式顺利举办》，http://ma.mofcom.gov.cn/article/zzjg/xhdt/202207/20220703336790.shtml，2022 年 11 月 20 日访问。

⑤ 《驻南非使馆科技处沈龙公参出席"南京工业大学与非洲高校视频交流暨中非技术转移对接会"》，《非洲华侨周报》2021 年 9 月 20 日。

⑥ 《国内高校首个在非联合科技创业创新中心成立》，《非洲华侨周报》2022 年 8 月 2 日。

三 在非华侨华人逐渐扎根非洲

以往，在非华侨华人走向非洲，只是寻求更好的生存和发展机会，"落叶归根"的思想非常强烈。近年来，这种思想有所改变，在非华侨华人正经历从"走向非洲"到"落户非洲"，再到"扎根非洲"的转变。2021年1月，张晓梅当选南非首位华裔国会议员，标志着南非华人在政治上融入当地社会的努力获得认可，也说明南非华人政治地位有了提升。

根据中非民间商会的研究，2020年末中资企业对非直接投资存量不低于560亿美元，其中民营企业投资规模占比约为70%，近百家重点民营企业对非洲"再投资"比例约为30%。① 中资企业在一些非洲国家建立了较为完整的产业链，比如在苏丹和乍得建立了完整的石油产业链。一些企业注重在地化，如安哥拉中国城不仅雇用大量当地员工，容纳本地商贩，促进了社会就业，而且其销售的塑料制品和各个品牌的家具家居产品均由安哥拉本地制造，带动了当地制造业发展。

许多在非华侨华人和中资企业在发展自身的同时，也较为重视履行企业社会责任，力争融入当地社会。疫情期间，华侨华人除了自助、互助外，与住在国的人民同甘共苦，有钱出钱，有力出力，捐款捐物，为非洲各国抗疫做出应有的贡献，赢得了非洲各国政府和人民的广泛赞誉。

2021~2022年，在履行社会责任方面，非洲华侨华人、中资企业出现了一些新的迹象，或者原来的做法得以强化。这主要表现在以下几个方面。

（一）中国在非企业社会责任联盟成立

2018年9月，中国国家主席习近平在中非合作论坛北京峰会开幕式主旨讲话中宣布"支持成立中国在非企业社会责任联盟"。2021年7月，联盟第一次理事会召开，审议通过《中国在非企业社会责任联盟章程》《内设机

---

① 《中国企业投资非洲报告——市场力量与民营角色》，中非民间商会编印，2021，第5页。

构管理办法》《中国在非企业社会责任联盟行为守则》等文件，选举产生联盟常务理事会、主席单位、副主席单位、秘书长、副秘书长，埃塞俄比亚中国商会当选主席单位，联盟正式成立。① 联盟旨在增强中国在非企业的社会责任意识，提升社会责任治理能力，防范社会责任风险，培育优秀实践案例，加强宣传和信息传播，树立中资企业良好品牌形象。目前，联盟由企业会员和团体会员组成，已有近1700家商会、协会和企业申请加入联盟。

（二）中资企业日渐注重本地职工职能培训，参与当地职业教育

2021年12月，中非（南）职业教育合作联盟年会在江苏常州召开。目前中非双方已有超过140家企业、院校、智库等机构加入联盟，参与中非职业教育合作。"鲁班工坊"是近几年兴起的中外职教合作的新舞台，专注为有关国家培训高技能人才。2021年4月埃塞俄比亚鲁班工坊成立，12月摩洛哥鲁班工坊揭牌。2022年2月马达加斯加鲁班工坊落成。自2019年3月非洲首家"鲁班工坊"落地吉布提，中国已在非洲10个国家设立了12所"鲁班工坊"。鲁班工坊的设立，不仅满足了中资企业在非洲的人力资源需求，也为非洲本土培养了大量技术性人才，对提升非洲职业教育水平，推进非洲工业化建设和减贫事业大有裨益。为此，尼日利亚《西非华声报》发文呼吁在非洲设立更多的鲁班工坊。② 此外，华为与南非44所职业院校共建ICT学院，中兴公司则在埃塞俄比亚建立培训中心。

（三）中资企业逐渐注重吸纳当地人才，并提供较为优厚的待遇

2022年4月，由南非-中国经贸协会举办的2022年中资企业招聘大会在约翰内斯堡举行，南非各高校和职业技术院校学生以及中外媒体记者近1300人参加，招聘会通过多个视频平台同步直播，观看人次近5万。未来三年，百余家在南中资企业承诺将为南非提供2万个直接就业岗位。据不完

---

① 《中国在非企业社会责任联盟成立！》，《非洲华侨周报》2021年7月22日。
② 《尼日利亚媒体：非洲期待更多"鲁班工坊"落地》，https://oversea.huanqiu.com/article/46Ajs9eXdk5，2022年11月22日访问。

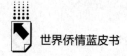
全统计，截至2021年底，中国累计在南投资总额超250亿美元，在南中资企业为当地创造逾40万个就业岗位。①

2022年5月17日，由苏伊士运河大学孔子学院和埃及中国商会联合举办的"中国企业进校园"招聘会在苏伊士运河大学举行。此次招聘会共有25家在埃中资企业为埃及应届毕业生提供300多个就业岗位，吸引了五六千人次的埃及学生参加。②中资公司的福利待遇和工作环境成为吸引埃及学生的重要原因。

（四）在非华侨华人助力非洲全日制国民教育

2021年3月，由一带一路国际公司投资的通达瓦拉国际学校在安哥拉罗安达维也纳市落成，这是安哥拉首家由华人投资建设的全日制国际学校。该校拥有多功能球场、实验室、游泳池、图书馆、文化交流中心和25个教室，小学和初高中教学段齐备，可以同时容纳2000名不同年龄段的学生。③9月，该校宣布接收30名孤儿免费就读，这30名儿童均来自当地教会和社会收容中心。④

四　中非文化交流多方位、多层次展开

（一）中文热在非洲不断升温

近年来，非洲人学习中文已渐成为一种潮流。这应得益于非洲各国孔子学院的创立及其坚持不懈地推动中文教育。自2005年12月非洲第一所孔子学院在肯尼亚内罗毕大学创立后，至2020年7月，非洲已有46

---

①《2022年中资企业招聘大会在南非成功举行》，《非洲华侨周报》2022年4月15日。

②《中企助力埃及青年就业 埃及青年：对中国企业的印象很好》，https://oversea.huanqiu.com/article/484SFQowHDO，2022年11月25日访问。

③《中安文化传播的使者，两国民间友好的桥梁，安哥拉首家华人国际学校隆重落成》，《非洲华侨周报》2021年3月10日。

④《华人国际学校免费接受30名当地孤儿就读》，《非洲华侨周报》2021年9月13日。

个国家设立孔子学院61所、孔子课堂48个。仅南非就有6所孔子学院和3个孔子课堂。孔子学院和孔子课堂为非洲人学习中文提供了场所和便利条件。

2010年，联合国将每年谷雨这一天定为"国际中文日"，以纪念中国汉字始祖仓颉。2022年4月20日是第13个"国际中文日"。在此前后，一些非洲国家举办不同形式的庆祝活动。当日，"中文：共筑美好未来"系列庆祝活动在尼日利亚举行，100余人参加庆祝活动。① 22日，纳米比亚也举行了"中文：共筑美好未来"主题活动，中纳各界人士、学生代表等300余人参加活动。② 埃及、非盟也都举办了庆祝活动。有些国家还设立了自己国家的中文日。2021年8月30日，苏丹喀土穆大学举办"中国文化日"活动。③ 9月17日，南非中文日庆典暨南非中文教学成果展演在线上举行，南非学生用中文节目汇报演出。④

在非洲，目前已有16个国家将中文纳入国民教育体系，30余所大学设立中文专业或中文师范专业。⑤ 2022年，埃及有10所中学将中文作为第二外语选修课。⑥

中文热之所以能在非洲大陆兴起，可从供给端和需求端两方面来观察。

供给端方面的原因，主要表现在三方面。一是相关组织、力量持续不断地推进，中文教育已涵盖从小学到研究生所有学习阶段。2022年3月，塞拉利昂弗里敦市举办"小小汉语"课程项目小学推广启动仪式，将首次在

---

① 《尼日利亚举办2022"国际中文日"活动》，https：//oversea.huanqiu.com/article/47jkXvN4fRL，2022年11月21日访问。

② 《"中文：共筑美好未来"主题活动在纳米比亚举行》，http：//www.chinaqw.com/hwjy/2022/04-24/328005.shtml，2022年11月23日访问。

③ 《苏丹喀土穆大学举办"中国文化日"活动》，http：//www.chinaqw.com/hwjy/2021/09-01/306522.shtml，2022年11月23日访问。

④ 《南非学生用精彩节目庆祝南非中文日》，http：//www.chinaqw.com/hwjy/2021/09-18/308443.shtml，2022年11月21日访问。

⑤ 《促进中非友好 非洲国际中文教育联盟成立》，《人民日报》（海外版）2021年12月16日。

⑥ 《埃及教育部：2022年将在10所中学开设汉语选修课》，http：//www.chinaqw.com/hwjy/2021/05-20/296513.shtml，2022年11月25日访问。

塞拉利昂的 5 所小学开设中文课程。① 2021 年 6 月，喀麦隆马鲁阿大学举行中文师范专业硕士学位论文答辩，五名答辩委员中有四名非洲籍博士，皆毕业于中国浙江师范大学。南非孔子学院也获准开办硕士项目。中国援南苏丹医疗队还在朱巴教学医院举办医学中文培训班。二是重视本地中文师资的培养。2021 年 1 月，中国华文教育基金会"名师讲堂"华文教师远程培训肯尼亚爱德曼中文学校开课仪式如期举行。7 月，由浙江师范大学承办的 2021 年非洲国家公派中文教师岗中线上培训顺利举行，来自非洲 38 个国家的 200 余名国际中文教师参加了培训。② 三是采取多种形式展示中文教育成果，如举办"汉语桥"中文比赛、"水立方杯"中文歌曲大赛、全球华语朗诵大赛、中文专业大学生配音大赛等，以进一步推广中文教育。

就需求端而言，中非文化交流和中非合作的持续深入，需要大量懂中文的当地人作为沟通桥梁，而大量非洲学生、民众习得中文，则成为进一步推动中非合作交流的重要力量。在津巴布韦，中资企业对会说中文的当地人需求很大，一名懂中文的当地翻译月薪超过 500 美元，比公职人员的平均月收入高出一倍多。掌握中文是一项技能，通过学习中文可增加工作竞争优势。

（二）中华各种传统文化在非洲得到传播

2022 年 3 月，中国-津巴布韦中医针灸中心装修竣工，中国驻津巴布韦使馆商务参赞与津巴布韦卫生部传统医药司司长商定中医针灸中心培训津巴布韦中医针灸人才的方案。③ 中国医疗队、援非抗疫医疗队在开展医疗援助的同时，也传播了中医文化和针灸技艺，让中医"圈粉无数"。

2022 年 2 月 6 日，"贺冬奥 庆新春"庆祝晚会在南非比勒陀利亚时代广场宴会厅举行。3 月 19 日，开普敦狂欢节开幕，富有中国年节特色的舞

---

① 《塞大孔院出席"小小汉语"课程项目小学推广启动仪式》，《非洲华侨周报》2022 年 3 月 4 日。
② 《非洲国家公派中文教师岗中培训云端举行》，《人民日报》（海外版）2021 年 7 月 30 日。
③ 《中津双方共商中医针灸中心正式运营事宜》，http：//zimbabwe. mofcom. gov. cn/article/ jmxw/202204/20220403304002. shtml，2022 年 11 月 25 日访问。

龙舞狮表演，获得观众欢呼和喝彩。

2022 年 5 月，开罗中国文化中心第二届中华美食厨艺大赛落幕。此次大赛采用"云竞赛"方式举办，共有 65 名选手的烹饪视频作品入围，埃及参赛者伊斯拉·穆斯塔法和哈瑟巴·瓦尔·阿扎姆罗分别获得"果味缤纷虾球""炸春卷"菜品烹饪一等奖，另有 22 名选手分别获得二等奖、三等奖和鼓励奖。①

2022 年 3 月，卢旺达武术节活动在基加利体育馆举办，来自全卢 30 余家武术俱乐部的代表展示了武术套路、枪术、刀术、棍术、螳螂拳、南拳、猴拳、醉拳等。卢旺达武术协会现有 31 个俱乐部，会员约 4000 人。② 中国功夫在坦桑尼亚也很受欢迎。

2022 年 1 月 31 日，"2022 魅力坦桑尼亚·多彩贵州新年民族音乐会"在线上举行，海内外近百万人在线观看，坦桑尼亚亦有超 5 万人通过媒体、社交平台观赏。③

（三）中非文艺双向交流日益密切

改革开放以来，中非文艺交流进入发展阶段，互访演出、培训合作、民间交流等活动相继开展。这个阶段，中非文艺交流取得了一定成效。埃及苏伊士运河大学语言学院院长拉比希教授 1991 年到北京大学中文系攻读博士学位，研究老舍的《茶馆》，从而走上了与中国戏剧研究、传播结缘之路。2004 年，电视连续剧《香樟树》在中国首播。2010 年，受有关方面委托，拉比希教授将《香樟树》从中文翻译成阿拉伯文。《香樟树》在埃及播出后深受埃及观众欢迎。④《我们亲爱的家乡》由中国作曲家晓河作曲，几内亚

---

① 《开罗中国文化中心第二届中华美食厨艺大赛圆满落幕》，https：//oversea. huanqiu. com/article/47sweAiLfpq，2022 年 11 月 25 日访问。
② 《卢旺达举办武术节》，http：//www.chinaqw.com/zhwh/2022/03-21/325032.shtml，2022 年 11 月 25 日访问。
③ 《"2022 魅力坦桑尼亚·多彩贵州新年民族音乐会"吸引近百万人线上观看》，http：//www. chinaqw.com/zhwh/2022/03-04/323760.shtml，2022 年 11 月 27 日访问。
④ 《埃及学者：〈茶馆〉带我走进中国戏剧世界》，《人民日报》（海外版）2021 年 12 月 22 日。

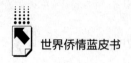
比绍自 1974 年独立以后，就将其作为国歌。这一直是中几文艺交流的象征。1996 年之前，佛得角也曾采用该曲作为国歌。

进入新时代，中非文艺交流进入繁荣阶段，借助孔子学院、文化节等平台，双方交流合作的领域不断拓宽，内容形式不断丰富，中非文艺交流呈现进一步深入的迹象。

在中国，大学生业余时间选修非洲音乐、非洲舞蹈成为一种时尚。舞者蒋可钰曾经是喀麦隆国家舞团重建者之一。她和她的喀麦隆丈夫阿蓓西蒙在北京昌平郊区带领村民跳舞，让现代舞走进普通村民的生活。① 在非洲，无论是孔子学院的教师，还是大学留学生，大都会传授给他们的非洲朋友一些中国音乐知识。现在很多南非大学生都会唱中国歌曲；在埃塞俄比亚，当地民众表演中国歌舞则成为一大亮点。

2021 年 5 月，尼日利亚举办"中国文化进校园"歌舞大赛，来自尼首都区 12 个学校约 200 名中学生参加了大赛，比赛分为中国舞蹈、中文歌曲和尼日利亚传统舞蹈三部分。经过中尼双方多年努力，目前该活动已经成为在当地具有一定影响力的文化品牌。②

2021 年 10 月 14 日，"中国与非洲"影像作品大赛颁奖仪式同时在北京、约翰内斯堡、达喀尔举办，津巴布韦选手杨靖（Michael Mubaiwa）的《非洲小伙子与古琴结缘》和援非医生黄世勇的《守护》分别获得视频组和图片组特等奖。③ 大赛共征集有效作品 2500 余件，其中非洲选手参赛作品超过 60%。

（四）逐渐寻求以非洲声音讲好中国故事

北京四达时代通讯网络技术有限公司创立于 1988 年，是国家认定的高

---

① 《跨国夫妇教北京村民跳非洲舞 从乡间跳进剧场》，https：//oversea. huanqiu. com/article/49D2V9H6xRk，2022 年 11 月 27 日访问。
② 《尼日利亚成功举办"中国文化进校园"歌舞大赛》，http：//www. chinaqw. com/hwjy/2021/05-19/296383. shtml，2022 年 11 月 27 日访问。
③ 《2021"中国与非洲"影像作品大赛用镜头记录中非友谊》，http：//www. chinaqw. com/zhwh/2021/10-15/310593. shtml，2022 年 11 月 28 日访问。

新技术企业和国家文化出口重点企业，也是国内广电行业唯一获得国家对外承包工程经营资质的民营企业。四达时代致力于将中国影视剧译制成非洲本地语言，通过自己的传媒平台，引入非洲千家万户。《西游记》《欢乐颂》《花千骨》《三生三世十里桃花》《琅琊榜》《芝麻胡同》《三十而已》《舌尖上的中国》《熊出没》等中国影视作品在非洲广受欢迎。给这些影视剧配音的，是一群来自非洲的配音演员，他们用纯正的非洲当地语言，把中国故事传播到非洲。①

小　结

2021~2022年，非洲部分国家的社会治安问题仍然严重困扰华侨华人和华资企业，针对华人的案件层出不穷；新冠疫情严重影响华侨华人的生活和事业发展，中国政府十分关心侨胞的生命健康，在非各国实施"春苗行动"，为侨胞免费注射疫苗；一些华侨社团在非洲相关国家成立；中国在非的形象有了进一步提升。

新冠疫情、乌克兰冲突对世界政治、经济格局将产生长远的影响，而以美国为首的西方国家已在非洲开展地缘政治、经济的竞争。这些对中非合作、对在非中资企业的影响值得深入探究。

---

① 《非洲配音演员：用非洲声音讲好中国故事》，《人民日报》（海外版）2021年11月26日。

B.6
2021~2022年中美洲侨情分析

蒋莉苹*

摘 要： 近年来，中美洲华侨华人的贡献获得了当地政府的高度认可，并赢得住在国尊重，华侨华人充分融入了当地社会。中美洲各国在促进华侨华人融入当地社会方面也给予了不少帮助。华商及中资企业扩大在中美洲的商业影响力，积极创新商业模式，分享创业经验，服务当地社会发展，促进了当地经济及就业，也积极履行社会责任，赢得了当地认可。中美洲华侨华人在多领域取得了可喜成绩，中华文化得到民众的喜爱并逐步融入当地多元文化。但华侨华人也面临一些困难，需要华社团结协作，更好地致力当地发展。

关键词： 中美洲 华侨华人 多元文化 融入在地

一 侨情概况

中美洲华侨华人总量不多，且分布不均衡。尼加拉瓜华人数量不到2000人，[①] 巴拿马有15万至20万名华人，约占巴拿马总人口的4%。[②] 巴拿

---

* 蒋莉苹，博士，中国华侨华人研究所助理研究员，主要研究方向为华侨华人、国际移民法、涉外投资仲裁等。

① 《中美洲及加勒比地区侨情"口述报告"来了》，http://www.br-cn.com/static/content/news/qs_news/2022-08-15/1008824376050716672.html，2022年10月13日访问。

② 《巴拿马中国友好协会主席：华人社区已融入巴拿马社会》，http://www.br-cn.com/static/content/news/nm_news/2021-06-15/887315441930731521.html，2022年10月13日访问。

马中国城是中美洲最大的华埠。中美洲华人多活跃在零售业、农业、建筑业等行业，① 现今很多华人在巴拿马政商界居于高位，许多新一代中国移民成为法律、医药、建筑等领域的知名人士。②

中国与中美洲各国贸易往来频繁，中国是巴拿马运河的第二大用户，2021 年通过运河运输了 6455.3 万公吨的货物，占当年运河货物通过总量的22.1%。③ 巴拿马对华出口持续增长，2021 年巴拿马对华出口额达 10.729亿美元，中国自 2019 年以来一直保持巴拿马第一大贸易伙伴地位。④ 中国近年来一直是墨西哥在全球的第二大贸易伙伴、第二大进口来源国、第三大出口目的地以及亚太地区最重要的贸易伙伴。2007 年中国和哥斯达黎加建交后，双边贸易额持续增加，中国成为哥斯达黎加第二大贸易伙伴，哥斯达黎加也成为中国在中美洲重要的贸易伙伴。

在各国政府及华侨华人的推动下，中国与中美洲各国交往持续健康发展。2021 年 2 月，墨西哥国家移民局推出入境卡中文线上申办服务，为到墨西哥从事非营利活动的中国公民提供便利。⑤ 2022 年 4 月，哥斯达黎加当选总统罗德里戈·查韦斯主张为中国公民提供更加灵活的签证政策，以吸引中国人到哥斯达黎加旅行和投资。⑥

二　住在国高度认可华侨华人贡献

华侨华人为中美洲各国发展做出了重要贡献。1854 年，第一批 705 名

---

① 《巴拿马城前市长回顾华工艰辛历程 称赞华人坚韧品质》，http：//www. br-cn. com/static/content/news/nm_news/2022-04-15/964560244691054592. html，2022 年 10 月 13 日访问。

② 〔秘〕欧亨尼奥·陈-罗德里格斯：《美洲华人简史》，翁秒玮译，新世界出版社，2021，第 181 页。

③ 《巴拿马华人举行宴会 庆祝巴中建交 5 周年》，〔巴拿马〕《世纪报》2022 年 6 月 13 日。

④ 《巴拿马去年出口额大增 108% 中国仍是最大出口目的地》，http：//www. br-cn. com/static/content/news/nm_news/2022-02-12/942060274981416960. html，2022 年 10 月 13 日访问。

⑤ 《墨西哥国家移民局推出入境卡中文线上申办服务》，https：//www. chinaqw. com/hqly/2021/02-19/286471. shtml，2022 年 10 月 17 日访问。

⑥ 《哥斯达黎加当选总统：主张为中国公民提供更加灵活的签证政策》，http：//www. br-cn. com/static/content/news/nm_news/2022-04-06/961315137577693184. html，2022 年 10 月 16 日访问。

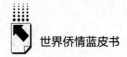
华工来到巴拿马，参与修建了连接巴拿马太平洋沿岸与大西洋沿岸的跨洋铁路。20世纪初，华人参与了美国主导的巴拿马运河的修建。① 华人的贡献逐渐得到了中美洲各国政府的高度认可。2004年，巴拿马国民大会将每年的3月30日确定为巴拿马华人日。2021年的华人日当天，巴拿马总统劳伦蒂诺·科尔蒂索在个人推特上肯定了华人多年来的贡献，他表示华人社区以高尚团结的精神推动了巴拿马的经济发展。② 2021年3月，巴拿马社会发展部部长玛丽亚·伊内斯·卡斯蒂略在就任中华民族委员会主席时强调了华人社区的贡献，并表示巴拿马政府将从文化领域继续支持华人。③ 2022年4月，巴拿马首都巴拿马城前市长威廉·A. 科切斯在巴拿马主流媒体《星报》发表文章，强调华人为巴拿马发展做出的贡献，并称赞了华人坚韧不拔的品质。④ 2022年6月中巴建交五周年之际，巴拿马驻华大使甘林在接受华媒《南美侨报》采访时表示，巴拿马华人发挥了重要的桥梁作用，是巴拿马社会的重要参与者，华人丰富了巴拿马多民族及多元文化特征。⑤

为消除种族歧视，中美洲华侨华人团结协作，通过不断努力赢得了当地社会的尊重。2021年5月，墨西哥总统洛佩斯在北部科阿韦拉州托雷翁市，为发生在110年前针对华人的"托雷翁惨案"向中国以及墨西哥华人社区道歉。⑥ 2021年12月，哥斯达黎加华人社区组织募捐活动，共筹集2625万科朗，其中1625万科朗捐赠给在埃雷迪亚省一家超市抢劫案中被杀害的警

① 〔秘〕欧亨尼奥·陈-罗德里格斯：《美洲华人简史》，翁秒玮译，新世界出版社，2021，第179页。
② 《巴拿马庆贺华人日 总统点赞华人社区贡献》，http：//www. br-cn. com/static/content/news/nm_news/2021-03-31/887315441255448577.html，2022年10月14日访问。
③ 《巴拿马社会发展部长就任中华民族委员会主席 肯定华人贡献》，http：//www. br-cn. com/static/content/news/nm_news/2021-03-30/887315441238671360. html，2022年10月15日访问。
④ 《巴拿马城前市长回顾华工艰辛历程 称赞华人坚韧品质》，http：//www. br-cn. com/static/content/news/nm_news/2022-04-15/964560244691054592. html，2022年10月15日访问。
⑤ 《巴拿马驻华大使甘林：华人是推动两国友好关系的先锋》，https：//www. chinanews. com. cn/hr/2022/06-15/9780799. shtml，2022年10月14日访问。
⑥ 《墨西哥总统为110年前针对华人的"托雷翁惨案"道歉》，https：//www. chinanews. com. cn/gj/2021/05-18/9479583. shtml，2022年10月13日访问。

察查瓦里亚的家人，1000万科朗用以支持当地社区公共事业发展。① 华人切姬·陈因在网络上分享中国美食做法而受到哥斯达黎加网民的关注，她通过网络让哥斯达黎加网民了解到了中国文化，并勇于回应网民对中国文化的偏见，同时也通过网络向华侨华人展现了哥斯达黎加的包容性。②

中美洲各国在促进华侨华人融入当地社会方面也给予了不少帮助。2022年6月，针对发生的多起华人杂货店被抢劫案件，巴拿马公共安全部长访问了巴拿马省和西巴拿马省的华人社区，并表示将加大针对华人商家暴力犯罪的打击力度。2021年，巴拿马公共安全部与华人社区合作建立了快速预警系统，华人社区的代表与公共安全部长及国家警察局长开展了约5个月的合作，为建立快速预警系统提供了支持。③ 2022年6月，西巴拿马省检方加强了与华人社区之间的合作，检方将对案件调查技术及受害者应对策略进行调整，通过与受害者证人保护和照顾部门开展合作，西巴拿马省检方在打击针对华人的犯罪时，行动将更直接、更有效。④ 2022年2月，哥斯达黎加立法大会人权委员会通过第22.171号法案，将种族歧视等行为认定为仇恨犯罪，最高将被判处35年监禁，⑤ 该法案为华侨华人更好地融入当地社会提供了保障。

三 中华文化充分融入当地社会

中美洲华人多是通过教育和文化活动融入当地社会的。从2022年春节

---

① 《哥斯达黎加华人社区向遇害警察家属和同事捐款》，https：//www.chinaqw.com/hqhr/2022/01-04/318621.shtml，2022年10月18日访问。

② 《哥斯达黎加华裔"vlogger"：与其制造偏见，不如拥抱差异》，https：//www.chinaqw.com/hqhr/2021/10-16/310720.shtml，2022年10月18日访问。

③ 《巴拿马公共安全部长访华人社区：将加强打击针对华人商店犯罪案件》，http：//www.br-cn.com/static/content/news/nm_news/2022-06-06/983427235250057216.html，2022年10月15日访问。

④ 《保障华社安全 西巴拿马省检方举行多部门会议》，https：//www.chinanews.com.cn/hr/2022/06-25/9788534.shtml，2022年10月15日访问。

⑤ 《哥斯达黎加通过新法案：仇恨犯罪最高可判35年监禁》，https：//www.chinaqw.com/hqhr/2022/02-18/322529.shtml，2022年10月18日访问。

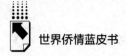

起，巴拿马政府将中国农历新年定为全国性节日，并将春节庆祝活动融入巴拿马国际旅游推介计划。① 这离不开华侨华人的努力，2006 年春节，巴拿马华商总会在巴拿马举办了首届"巴拿马春晚"，截至 2022 年已连续举办了 16 届。通过与当地政府联合举办，春晚成功融入当地普通民众的生活中，吸引巴拿马民众接触、了解中华文化。在巴拿马政府及中国驻巴大使的支持下，2022 年举行了"欢乐春节"系列活动。② 2021 年 9 月，巴拿马城唐人街翻新工程启动，以提升巴拿马城的旅游吸引力。③ 巴拿马中国友好协会主席安妮·陈表示，巴拿马华人的生活方式已基本失去了"中国式"的特点，这正是华人社区充分融入巴拿马社会的最好证明。④

中文、书画等中华文化得到中美洲民众及华侨华人的欢迎，华文教育在中美洲也得到了较好的发展。2022 年 8 月，2022 年"汉语桥"全球外国人汉语大会——书画展（墨西哥赛区）举行颁奖大会，这是首次在墨西哥举办的书画展，颁奖典礼在脸书实时直播，吸引了不少墨西哥民众观看。⑤ 2021~2022 年，第 14 届和第 15 届"汉语桥"世界中学生中文比赛墨西哥赛区决赛在墨西哥城举办，分别由尤卡坦自治大学孔子学院和墨西哥城孔子学院承办；2022 年 5 月，墨西哥城孔子学院承办了第二届"汉语桥"世界小学生中文秀墨西哥赛区决赛，墨西哥小学生在比赛中展示了歌舞、书画、戏曲、舞狮等中华文化。2021 年 9 月，中国驻巴拿马大使馆与巴拿马大学孔子学院、巴拿马国际文化学校、巴拿马牛津学校共同成功举办了巴拿马首届"汉语桥"小学生比赛；2021 年 6 月，巴拿马国家人类发展职业培训学

① 《巴拿马将春节定为全国性节日：让拉美华人像在中国那样过年》，http：//www. hinews. cn/news/system/2021/11/13/032648747. shtml，2022 年 10 月 13 日访问。
② 《欢乐过春节 巴拿马举办"中国贺岁电影节"》，http：//www. br-cn. com/static/content/news/nm_news/2022-02-22/945742163772583936. html，2022 年 10 月 13 日访问。
③ 《提升旅游吸引力 巴拿马城唐人街将翻新》，http：//epms. br-cn. com/static/content/news/nm_news/2021-09-13/887315442685706244. html，2022 年 10 月 10 日访问。
④ 《巴拿马中国友好协会主席：华人社区已融入巴拿马社会》，http：//www. br-cn. com/static/content/news/nm_news/2021-06-15/887315441930731521. html，2022 年 10 月 13 日访问。
⑤ 《2022 年"汉语桥"全球外国人汉语大会——书画展墨西哥赛区颁奖》，http：//world. people. com. cn/n1/2022/0814/c1002-32502110. html，2022 年 10 月 13 日访问。

院同巴拿马大学孔子学院开展合作，向民众提供中文普通话课程。[①]"汉语桥"为喜爱中华文化的中美洲学生提供了施展的平台，中美洲学生学习中文的热情也得到了进一步的提升。2022年4月，汉考国际公布了2021年度优秀考点名单，在全球1275个考点中，墨西哥奇瓦瓦自治大学孔子学院考点的组织工作再获肯定，成为全球66个年度优秀考点之一，连续第二年获此殊荣。[②]

为迎接2022年北京冬奥会，中美洲各国在中小学举办了各类庆祝活动。2022年1月，第八届"我想象中的中国"儿童绘画比赛颁奖仪式暨作品展开幕式在墨西哥城举行，比赛以"2022年北京冬奥会"为主题，面向墨西哥城27所公立小学和艺术工作坊6~12岁学生，共有12幅获奖作品在墨西哥国立世界多元文化博物馆持续展出4个月，得到了墨西哥民众的喜爱和赞美。[③] 2022年2月，由墨西哥奇瓦瓦自治大学孔子学院、墨西哥托雷翁市汉语文化中心学校和OPPO广东移动通信有限公司墨西哥分公司合作举办的"一起走向未来"北京冬奥主题在线中文演讲比赛，通过脸书进行实时直播，现场观众达到了726人，[④] 此次主题比赛加深了中美洲学生对中文的热爱以及对北京冬奥会和中国的向往。

随着华侨华人融入当地生活，中餐也影响了中美洲的饮食文化。广式早茶已成为巴拿马人每周必吃的美食，节假日聚餐时，巴拿马人也会优先选择粤式餐厅；越来越多的中企来到巴拿马投资，巴拿马城的中餐也不再局限于

---

① 《支持旅游贸易疫情后复苏 巴拿马向民众提供汉语课程》，https://www.chinaqw.com/hwjy/2021/06-10/298531.shtml，2022年10月13日访问。

② 《墨西哥奇瓦瓦自治大学孔子学院 连续两年获全球中文优秀考点称号》，http://www.mexicohuawentimes.com/static/content/MXGXW/2022-04-22/967099147750608896.html，2022年10月13日访问。

③ 《墨西哥"我想象中的中国"儿童绘画比赛献礼北京冬奥会》，http://www.news.cn/world/2022-01/28/c_1128311363.htm，2022年10月14日访问。

④ 《墨西哥奇瓦瓦自治大学孔子学院"一起走向未来"冬奥主题演讲比赛圆满结束》，http://world.people.com.cn/n1/2022/0301/c1002-32362297.html，2022年10月14日访问。

粤式美食，中国各地的特色美食也逐渐被引入巴拿马。① 中医药也正走入中美洲。2022 年 7 月，巴拿马国家药剂师协会主席向巴拿马驻华大使甘林致函，称有意与中国开展草药知识交流与合作。②

中华文化在中美洲的电影及艺术中也有了体现，在 2022 年戛纳电影节上，巴拿马首部国际水准的皮克斯风 3D 动画片《招财猫》举行全球首映，招财猫就是取材于巴拿马华人社区文化。③ 2021 年 9 月，巴拿马伊卡洛电影节展映了中国导演钟裕制作的动画短片《狮子学狮》，该片将中国功夫和广东"醒狮文化"完美融合。④ 2021 年 9 月，为庆祝哥斯达黎加独立 200 周年，中国驻哥斯达黎加大使馆和中国中央芭蕾舞团合作，为哥斯达黎加民众带来"中国芭蕾盛宴"电视展播，这是中哥建交以来，中国文化专场演出首次在哥斯达黎加多家主流电视媒体播放。⑤

四　华商及中资企业服务当地社会发展

巴拿马是拉丁美洲最有创业活力的国家之一，对华商和中资企业来说，巴拿马是理想的投资地，华为高管将巴拿马定位为"中美洲中心"。⑥巴拿马经济发展很大程度上依赖外国直接投资，巴拿马政府也一直致力于

---

① 《巴拿马城为何拥有拉美最好的中式茶点?》，http：//www. chinaqw. com/hqhr/2022/08-13/337888. shtml，2022 年 10 月 14 日访问。

② 《巴拿马药剂师协会：有意与中国开展草药知识交流及合作》，http：//www. br-cn. com/static/content/news/nm_news/2022-07-26/1001542154826690560. html，2022 年 10 月 13 日访问。

③ 《巴拿马 3D 动画短片〈招财猫〉戛纳电影节首映 灵感取自华人社区文化》，http：//www. br-cn. com/static/content/news/nm_news/2022-05-25/979081859848089600. html，2022 年 10月 13 日访问。

④ 《2021 巴拿马伊卡洛电影节将展映中国动画短片 呈现岭南"醒狮文化"》，http：//www. br-cn. com/static/content/news/nm_news/2021-09-28/904302824987295747. htm，2022 年 10月 13 日访问。

⑤ 《"中国芭蕾盛宴"庆祝哥斯达黎加独立 200 周年》，http：//www. news. cn/world/2021-09/12/c_1127853379. htm，2022 年 10 月 18 日访问。

⑥ 《华为高管：巴拿马是理想投资地》，http：//www. br-cn. com/static/content/news/nm_news/2022-09-20/1021847466846326784. html，2022 年 10 月 13 日访问。

提升投资吸引力，2020年9月巴拿马出台《为制造业提供服务的跨国企业特别管理办法》，跨国企业可以享受税务等优惠政策，为中企在巴拿马扩大业务规模提供了支持。① 2022年3月，巴拿马农工商会举办第38届巴拿马国际贸易博览会，中国港湾、中国建筑、中远海运、华为、海康威视、天力公司等十几家中企参展，中资企业共参加了34届，②中企为展会带来了数字能源等高科技产品，推动了中巴贸易持续健康发展。巴拿马华商通过中国进出口商品交易会（广交会）将中国的日用品、文具、服装等商品销售到巴拿马，也将巴拿马的铜、铝等有色金属带回中国。巴拿马华商深耕中巴贸易，对接中巴市场差异需求，赢得了两地市场的认可。③ 中国商品在华商及中企的推动下，不断走进中美洲市场。中国制造的摩托车成为墨西哥民众的主要选择，2021年中国向墨西哥出口的燃油摩托车约142.1万辆，出口额约7.34亿美元。④

中企在中美洲的投资，促进了中美洲经济发展和当地就业。中企在中美洲发展势头较好，参与了多项重要工程建设。目前在巴拿马中国企业商会注册的中资公司约50家，许多已经在巴拿马建立了区域中心，涵盖贸易、金融、基础设施建设、物流、房地产等多个领域，为巴拿马创造了1500多个就业机会。⑤ 2022年5月，中国铁建第十六局等8家公司及联营体有意承接哥斯达黎加首都圣何塞大都会区电动列车交通系统建设工程，工程连接哥斯达黎加15个县市，能从整体上推动哥斯达黎加经济复苏。⑥ 2021年4月，

---

① 《近15年共178家企业在巴拿马建区域总部 中企数量位列第二》，http://www.br-cn.com/static/content/news/nm_news/2022-05-17/976179548482056192.html，2022年10月13日访问。
② 《巴拿马国际贸易博览会中国馆开馆》，http://world.hebnews.cn/2022-03/25/content_8755904.htm，2022年10月13日访问。
③ 《巴拿马华商黄伟文：我在广交会赚到第一桶金》，《人民日报》（海外版）2021年10月29日。
④ 《通讯：中国摩托走俏墨西哥市场》，http://www.news.cn/world/2022-08/18/c_1128925159.htm，2022年10月13日访问。
⑤ 《巴拿马中国友好协会主席：华人社区已融入巴拿马社会》，http://www.br-cn.com/static/content/news/nm_news/2021-06-15/887315441930731521.html，2022年10月13日访问。
⑥ 《多家中企有意承建哥斯达黎加首都大都会区电动列车交通系统工程》，http://www.br-cn.com/static/content/news/nm_news/2022-05-20/977264236424474624.html，2022年10月18日访问。

哥斯达黎加铁路局向中国中车四方公司购置的新列车投入运营，新列车的排放比哥斯达黎加目前的列车减少了约90%。①其他私营中企在哥斯达黎加的业务也有了新的拓展，抖音海外版在拉美地区的首次赞助电竞花落哥斯达黎加，滴滴外卖平台助推哥斯达黎加中小微餐饮企业发展，小米、华为等在哥斯达黎加开设多家门店。华为在墨西哥已开展业务20余年，参与建设了数据与通信基础设施，为该国电信行业的创新做出了贡献，同时，也为墨西哥市场带来新技术，协助墨西哥企业进行数字化转型。②2022年7月，由中车制造的墨西哥首都地铁一号线改造项目首列地铁车辆"云下线"启动，将推动墨西哥城轨道交通现代化。③

中资企业也积极履行社会责任，服务中美洲各国当地发展。2021年12月，华为与巴拿马的教育企业埃克苏萨公司（EXSUSA）签署合作协议，开展培训活动，为巴拿马培养通信技术人才贡献力量；④华为公司通过"华为巴拿马国家信息与通信技术人才培养计划"和巴拿马科技大学合作，建立了该校的信息与通信技术学院，2021年11月，华为公司协助巴拿马高级专业技术学院成立信息与通信技术学院，巴拿马高级专业技术学院还和华为公司签署了一项合作协议，为信息与通信技术人才培养计划提供支持。⑤中资企业积极履行承诺，为中美洲培养青年技术人才发挥力量。2022年9月，华为在哥斯达黎加启动"未来种子"计划，目标是为女性提供数字技能及专业

---

① 《中企交付哥斯达黎加新列车投入运行 排放比现有列车低九成》，http：//www. br-cn. com/static/content/news/nm_news/2021-04-28/887315441553244164. html，2022年10月17日访问。

② 《在墨20年：华为与墨西哥共同成长》，http：//www. mexicohuawentimes. com/static/content/MXGXW/2021-12-22/923362883658985472. html，2022年10月17日访问。

③ 《中企助力墨西哥首都地铁现代化改造》，http：//www. xinhuanet. com/world/2022-07/19/c_1128845973. htm，2022年10月17日访问。

④ 《华为同巴拿马教育企业签署协议 推动培养技术人才》，http：//www. br-cn. com/static/content/news/nm_news/2021-12-28/925420297208082432. html，2022年10月14日访问。

⑤ 《新一所信息通讯技术学院揭幕 华为助巴拿马培养青年技术人才》，http：//www. br-cn. com/static/content/news/nm_news/2021-11-12/908753994003132416. html，2022年10月14日访问。

技能培训机会，促使女性融入技术变革浪潮中。① 2022 年 7 月，华为与哥斯达黎加芬德波斯大学（FUNDEPOS）合作设立奖学金项目，将培养数百名技术人才，加强哥斯达黎加的人才建设。② 2022 年 1 月，华为与哥斯达黎加科技与电信部签署谅解备忘录，双方计划通过各类培训活动推进数字扫盲进程，提升年轻人、社会弱势群体、农村地区居民、妇女等的就业竞争力。③ 2021 年 8 月，华为通过哥斯达黎加政府提出的"未来足迹"重新造林计划，在洛斯奇莱斯市种植了 1000 株树木，并将一个旧垃圾填埋场改造成了一片森林，哥斯达黎加国家森林融资基金向华为公司授予了"企业足迹"证书。④

华商在中美洲也积极创新商业模式，分享创业经验。2022 年 3 月，墨西哥首家华人自持大型进出口商业中心开盘，华商、墨西哥本地优秀企业或是期待到墨西哥及拉美拓展市场的中资企业，都能在该商业中心享受到更优质、安全的营商环境和得到良性发展，成为产业链互补的新型贸易业态的参与者。⑤ 2022 年 8 月，一家专门为墨西哥华人批发商和买家打造的 B2B 批发跨境电商平台墨优速汇上线，平台汇聚了墨西哥最优质的商品和华人批发商资源，无缝连接从进驻、建店，到交易、仓储、支付、发货、物流和交付整个流程，意在打造成为拉美最大的、以华人批发商为核心的"一站式" B2B 跨境电商平台。⑥ 2022 年 9 月，哥斯达黎加经济、工业和贸易部评选出全国"商品售价最便宜的超市"，这是一家名叫超级优惠（Súper Ofertas）

① 《华为哥斯达黎加"未来种子"计划启动 鼓励女性参与技术变革》，http://www. br-cn.com/ static/content/news/nm_news/2022-09-09/1017837731939749888.html，2022 年 10 月 15 日访问。

② 《华为与哥斯达黎加 FUNDEPOS 大学共同设立奖学金项目》，http://www. br-cn. com/static/ content/news/nm_news/2022-07-20/999392946795458560.html，2022 年 10 月 15 日访问。

③ 《华为助力哥斯达黎加数字扫盲》，http://www. br-cn. com/static/content/news/nm_news/2022-01-19/933382500695552000.html，2022 年 10 月 15 日访问。

④ 《种树 1000 棵 华为参与哥斯达黎加政府重新造林计划》，http://www. br-cn. com/static/ content/news/nm_news/2021-08-13/887315442471796739.html，2022 年 10 月 14 日访问。

⑤ 《华人首家自持大型进出口商业中心 3 月 3 日盛大开盘》，http://www. mexicohuawentimes. com/static/content/MXGXW/2022-02-23/946103121950674944.html，2022 年 10 月 14 日访问。

⑥ 《墨优速汇：墨西哥华人批发跨境电商平台》，http://www. mexicohuawentimes.com/static/ content/MXGXW/2022-08-17/1009485598085484544.html，2022 年 10 月 13 日访问。

的华人超市，该超市的生活必需品价格最低，店主是一名叫艾丽莎·吴的华人，她以顾客为本，在采购策略上寻找批发折扣。① 2021 年 9 月，华裔女企业家卡洛琳娜·程接受哥斯达黎加《民族报》专访，分享了她在美容行业的创业故事，她的工作室致力于让女性获得疗愈和成长。②

华商在中美洲能持续健康发展，不断扩大商业影响力，离不开华商、华社、侨团等华侨华人群体的共同努力，也离不开华商坚定的维权信念。2022年 4 月，墨西哥华商蟠龙国际物流有限公司在历时 5 个月的法律维权后，终于将被查封的货物运回公司仓库，③ 开创了墨西哥华商维权的先河，是在中美洲华商群体的胜利。

五　各界华侨华人取得可喜成绩

华侨华人在中美洲各国取得了可喜的成绩，得到了主流社会的认可。2022 年 3 月 30 日巴拿马华人日当天，巴拿马国民大会向陈中强、郑美真、胡利奥·姚·比利亚拉斯三位杰出华裔公民授予"胡斯托·阿罗塞梅纳博士奖章"，表彰他们在推动文化交流、国际关系、商业与专业发展，以及加强巴拿马与中国友好关系方面做出的贡献。④ 2022 年 7 月，福布斯中美洲分公司发布了中美洲"2022 年 100 位最具影响力女性"榜单，巴拿马华裔 IT 企业家陈敏（Min Chen，音译）上榜。⑤ 2022 年 2 月，巴拿马科隆省商业、

---

① 《哥斯达黎加"最便宜超市"华人店主分享经营经验》，https：//www.chinanews.com.cn/hr/2022/09-27/9861683.shtml，2022 年 10 月 14 日访问。

② 《哥斯达黎加华裔创业故事：致力于让女性获得疗愈和成长》，http：//www.br-cn.com/static/content/news/nm_news/2021-09-09/887315442664734721.html，2022 年 10 月 17 日访问。

③ 《墨西哥华商维权完胜！》，http：//www.mexicohuawentimes.com/static/content/MXGXW/2022-04-20/966491543215149056.html，2022 年 10 月 17 日访问。

④ 《庆祝"华人日"巴拿马国民大会向三位杰出华裔公民授予奖章》，http：//www.br-cn.com/static/content/news/nm_news/2022-04-01/959549232451563520.html，2022 年 10 月 15 日访问。

⑤ 《中美洲"百位最具影响力女性"巴拿马华裔 IT 企业家上榜》，http：//www.br-cn.com/static/content/news/nm_news/2022-04-01/959549232451563520.html，2022 年 10 月 15 日访问。

工业和农业商会选举华裔青年迈克尔·陈为 2022 年至 2024 年董事会主席，该商会有 110 年历史，是巴拿马最古老的商会，迈克尔·陈则是科隆省商业、工业和农业商会史上最年轻的董事会主席。[①] 2021 年 11 月，第十三届拉丁美洲天文学和宇航学奥林匹克竞赛获奖名单公布，三名巴拿马学生获得铜牌，其中一名学生是华裔。[②] 2021 年 10 月，哥斯达黎加立法大会投票通过了授予当地华人艺术家伊西德罗·康·黄荣誉公民身份的提案，被评为荣誉公民后，康·黄将与美国前总统富兰克林·罗斯福、美国前总统约翰·肯尼迪、教皇圣·若望·保禄二世、哥斯达黎加宇航员富兰克林·张等人并列。[③]

小　结

在中美洲，华侨华人较好地融入了当地社会，获得了中美洲各国政府和主流社会的认可。一方面，这得益于华侨华人群体的团结合作、致力当地发展的信念。2021 年 9 月，哥斯达黎加华人社区与伊比利亚美洲商学院共同举办了一场线上培训会，以帮助哥斯达黎加企业熟悉中国供应链，同时以快速且稳妥的方式从中国进口原材料或制成品。[④] 另一方面，其与华商及中企积极履行社会责任的担当也密不可分。2021 年 9 月，华为在哥斯达黎加、巴拿马、洪都拉斯和委内瑞拉启动"2021 未来种子"计划，前三国均是中美洲国家，该计划向 77 名大学生提供信息通信技术课程、中国文化课程等一系列培训课程，旨在培养这些国家的信息通信技术人才，并推动当地新技

---

① 《华裔青年成巴拿马"最古老"商会史上"最年轻"董事会主席》，http://www.br-cn.com/static/content/news/nm_news/2022-02-24/946468617137303552.html，2022 年 10 月 15 日访问。

② 《巴拿马华裔学生获拉丁美洲天文学和宇航学奥林匹克竞赛铜牌》，http://www.chinaqw.com/hqhr/2021/11-19/314190.shtml，2022 年 10 月 15 日访问。

③ 《哥斯达黎加华裔艺术家获荣誉公民身份 与罗斯福、肯尼迪等人并列》，http://www.br-cn.com/static/content/news/nm_news/2021-10-15/904302825079570440.html，2022 年 10 月 16 日访问。

④ 《哥斯达黎加将组织商业培训 助企业从中国进口》，http://www.br-cn.com/static/content/news/nm_news/2021-09-28/904302824987295748.html，2022 年 10 月 17 日访问。

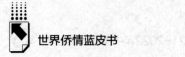
术发展。①

　　但华侨华人在中美洲各国仍面临不少困难，如优质华文学校及教师较少、在疫情中受到一些歧视、华商维权困难等。对此，本文提出以下三点建议。一是建议相关部门恢复教师派遣工作，帮助解决华文教师流动性大、人才短缺等问题；二是建议华商合法经营、深耕人脉，通过正规法律程序勇于维权；三是建议华侨华人团结协作，参与当地社会公益事业，当遭遇歧视时，积极寻求当地政府帮助。

---

① 《华为在哥斯达黎加等拉美四国启动"2021未来种子"计划》，http://www.br-cn.com/static/content/news/nm_news/2021-09-15/904302824861466625.html，2022年10月17日访问。

2021~2022年南美洲侨情分析

密素敏*

摘　要： 2021~2022年，中国与南美洲各国关系持续深化。中国与秘鲁、阿根廷、圭亚那分别迎来建交50周年，阿根廷加入"一带一路"倡议，中国与尼加拉瓜恢复大使级外交关系，中国与南美洲各国关系保持良好发展态势。随着疫情发展，南美洲各国调整防控政策，陆续开放边境，移民通道得以畅通。受疫情冲击，华人经济艰难发展，部分华商克服疫情带来的不利影响，抓住机遇，转变思路，中餐业推出线上和线下外卖服务，或者借助微信朋友圈开展商品营销和线上销售。海外侨团继续举办形式多样的纪念或庆祝活动，配合使领馆推动"春苗行动"，惠及南美洲华侨华人，继续推动华文教育发展，在团结服务侨胞、回馈当地社会、促进中外交流中继续发挥作用。

关键词： 中国移民　华人社团　华人经济

　　早在19世纪就有中国移民远涉重洋踏上南美大陆，此后200多年，特别是中国改革开放以后，中国移民赴南美洲的人数不断增加，主要集中在巴西、阿根廷、秘鲁、智利、委内瑞拉等国家。近年来，华侨华人在当地经商、投资，开餐馆、办学校，或从事旅游业、法律行业等，在各行各业崭露头角。然而，就绝对数量而言，华侨华人仍然属于少数族裔，在南美洲各国

---

　　* 密素敏，博士，中国华侨华人研究所信息综合研究部主任、副研究员，主要研究方向为华侨华人、国际移民等。

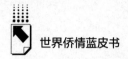

占总人口的比例较小。南美洲国家大多是文化多元、民族交融紧密的地区，血统成分复杂，因此，尽管 2021~2022 年巴西、秘鲁等国都开展了全国人口普查，但并未公布华侨华人的确切人数。

一　中拉友好合作惠及南美侨胞

20 世纪 70 年代以来，中国陆续与南美洲多个国家建立外交关系，长期保持着经贸往来和人文交流。经过数十年的发展，中国已成为巴西、智利、乌拉圭、阿根廷、秘鲁的第一大贸易伙伴以及拉美地区第二大出口市场，拉美成为中国海外投资的第二大目的地。[①] 2021 年 12 月，中华人民共和国同尼加拉瓜共和国签署《中华人民共和国和尼加拉瓜共和国关于恢复外交关系的联合公报》，决定自公报签署之日起相互承认并恢复大使级外交关系。

秘鲁是第二个同中国建交的南美洲国家，2021 年是中国和秘鲁建交 50 周年。中国连续第六年成为秘鲁最重要的贸易伙伴，是其主要的投资来源国。在中阿建交 50 周年之际，阿根廷总统阿尔贝托·费尔南德斯受邀于 2022 年 2 月出席北京冬奥会开幕式并访华。其间，两国签署一系列合作文件，其中包括中阿共建"一带一路"合作备忘录，阿根廷成为第 21 个加入"一带一路"倡议的拉美国家。

新冠疫情发生后，中国给予南美国家大力支援，包括支援抗疫物资和提供疫苗。泛美卫生组织 2021 年 10 月 1 日的数据显示，在智利和厄瓜多尔，中国疫苗占两国已接种疫苗比例分别达 65% 和 60%；在玻利维亚、乌拉圭等国的已接种疫苗中，中国疫苗占比均过半。[②] 自 2021 年 9 月以来，哥伦比亚、委内瑞拉、阿根廷、萨尔瓦多、玻利维亚、秘鲁等国也陆续收到中国

---

① 王翠文、李倩、姚紫兰：《历史记忆与当代互动：拉丁美洲的中国形象探源》，《中央社会主义学院学报》2022 年第 4 期。

② 《特稿：中国疫苗，拉美抗疫的利器》，https://www.chinanews.com.cn/gn/2021/10-08/9581536.shtml，2023 年 2 月 3 日访问。

多款疫苗，中国疫苗成为拉美抗疫中的"助战军"。为援助巴西抗疫，2021年5月，中国与巴西共同开展了中国巴西国际传统医药抗疫合作系列研讨会活动，共举办了4场专题研讨，100多名中医药专家聚焦两国中医药医疗前景，深入探讨传统医药合作。

接种疫苗是预防控制新冠病毒传染的有效措施。2021年3月，中国政府宣布推出"春苗行动"计划，积极协助和争取为海外同胞接种国产或外国疫苗。中国驻厄瓜多尔使领馆于2021年6月19日启动"春苗行动"，为5000多名在厄瓜多尔中国公民免费接种第一剂国产新冠疫苗。在当地政府支持配合下，7月18日，厄瓜多尔全国6个中国公民专属接种点同步完成第二剂接种工作。2022年1月，中国驻厄使领馆再次与厄瓜多尔有关部门沟通协调，组织在厄中国公民集中接种科兴新冠病毒灭活疫苗加强针，为此前参加"春苗行动"完成两剂科兴疫苗接种的在厄中国公民接种加强针。

"春苗行动"计划在阿根廷也得到了有效开展，当地华侨华人及时接种了来自中国的新冠疫苗。2021年8月，在中国驻阿根廷使馆的积极推动下，经阿根廷侨团积极组织，并与当地政府和卫生部门协调，在疫苗极其短缺的情况下，为400多名旅阿侨胞接种了第二针中国疫苗。同年11月，又有150余名华侨华人在阿根廷侨团组织推进的"春苗行动"中，接种了新冠疫苗。到2021年底，随着"春苗行动"持续推进，阿根廷绝大部分华侨华人已接种新冠疫苗。

二 南美洲的中国形象与中国移民

中国国家实力的强大与经济科技的快速发展使中国的国际影响力迅速提升，同时，中国与南美洲国家合作关系的跨越式发展使很多国家加深了对中国的认知，而作为少数族裔的华侨华人也因此得到更多关注。由于语言、种族、文化差异明显以及地理位置相隔万里，南美洲国家对中国的了解十分有限，普通民众主要通过华侨华人群体获取对中国的了解，可以说，华侨华人所表现出来的行为方式、思维习惯、民族性格、价值观念、文化传统塑造了

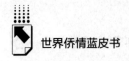
当地人对中国、中国移民以及中国文化的认知，而这种认知带有一定的局限性，且与中国的国际影响力和中国参与拉美事务的力度有关系。

2020年以来，中国在抗击新冠疫情方面取得了重大成果，而中国对南美洲国家抗击疫情的大力援助使当地主流媒体日益关注中国，并从国家自身利益出发，塑造了对中国的不同认知。有学者通过分析秘鲁、智利两国主流媒体对中国经济影响力、中国的科技成就、中国文化等的报道，认为两国分别对中国形成了不同的认知结构，即对华友好且认同度高的"秘鲁模式"、对华友好且务实的"智利模式"。①

巴西华侨华人长期致力于开展慈善捐赠活动，积极融入并回馈当地社会，对巴西经济社会所做出的贡献，特别是与当地民众携手抗击疫情过程中所展现出的大爱精神，树立了华侨华人的良好形象，一定程度上改善了当地人对中国的认知。"疫情刚发生时，部分当地民众对新冠病毒起源问题存在一定误会，现在几乎听不到巴西民众对中国的歧视，过去的误会消除了，现在大家对华侨华人更加信赖了。"②

近年来，中国与阿根廷双边关系的发展以及中方在医疗用品和疫苗供给方面发挥的作用，使得中国越来越多地出现在了阿根廷的公众舆论当中。为庆祝中阿建交50周年，了解阿根廷人如何看待中国、中国移民以及中阿关系的发展，2021年11月，阿根廷圣马丁国立大学高级社会研究跨学科学院联合拉丁美洲中国研究学会、中拉教科文中心和对外经济贸易大学共同策划并开展了"阿根廷人如何看待中国"的问卷调查。该调查共收集问卷1400余份，最终形成《阿根廷人如何看待中国?》的调查报告，并于2022年2月17日举行了线上发布会。调查显示，受访者中55%的人对中国持有正面印象，54%的人认为华人对阿根廷做出了积极贡献，更有63%的人认为阿根

① 王翠文、李倩、姚紫兰：《历史记忆与当代互动：拉丁美洲的中国形象探源》，《中央社会主义学院学报》2022年第4期。
② 刘之湄：《"打疫苗，捐粮食" 巴西侨界寒冬为民众送温暖》，《人民日报》（海外版）2021年7月19日。

廷应该学习中国的经济社会发展经验。[①]

通过调研可以看出，尽管对中国的了解程度有限，与阿根廷华人之间也并无密切的社会联系，但大多数受访者对作为世界大国和阿根廷贸易伙伴的中国以及身在阿根廷的中国移民持有积极评价，并且表示支持扩大并深化中阿两国之间的经济、政治、社会及文化关系的各项活动。调研组认为，中国移民的行为实践与阿根廷民众同该移民群体的关系是在阿根廷塑造中国印象与形象的关键因素。[②]

关于对中国移民的看法，受访者中大约有一半的人认为中国移民是勤劳的、聪明的、有组织的，还有一部分受访者认为中国移民是封闭的。可见，总体上中国移民在阿根廷展现了中国人的传统美德，树立了良好形象，但作为少数族裔，中国移民与阿根廷社会的交往还存在一定的隔阂。那么，受访者都在哪些场合下同中国移民产生联系？调查显示，受访者与中国移民产生联系的方式有日常工作、娱乐休闲、教育培训、商业合作等，但对于60%的受访者而言，"中国超市"是其与中国移民产生联系的主要地点。

可见，阿根廷华侨华人群体通过经营超市、从事贸易等实现了自身的发展，但与主流社会的互动仍然有限，与当地民众的交往交流更多地存在于经济活动中，是消费者与商家之间的交流，这种交流具有随机性、短暂性的特点，由此导致当地民众虽然对中国移民持有积极评价，但难以与华侨华人群体开展更深入的合作与互动。

三　维护侨胞权益，推动侨社发展

随着南美各国华侨华人社会的发展，为加强团结、服务侨胞，各国侨社相继成立了自己的侨团组织，有的历经数十年发展成为会员众多、实力雄

---

① 《调查显示：多数阿根廷人认为应该学习中国经济社会发展经验》，http://world.people.com.cn/n1/2022/0217/c1002-32354346.html，2023年2月13日访问。

② 《〈阿根廷人如何看待中国〉民调数据（中文版）》，"中拉智讯"微信公众号，2022年2月18日。

厚、影响广泛的综合性社团。此外，还成立了很多同乡性质的地缘性社团、同行性质的业缘性社团以及联谊性质的社团。新冠疫情发生以来，各侨团在支援祖（籍）国和住在国抗疫方面发挥了重要作用。2022 年，巴西华人协会、南美洲闽南同乡联谊总会、巴西冀鲁同乡总会、巴西青年联合会、巴西青田同乡总会等社团以线上线下相结合的方式完成换届，选出新一届领导班子，促进了各侨团的持续发展。

疫情期间，各侨团以服务侨胞、促进侨社和谐为宗旨，为当地侨胞免费提供法律咨询、医疗服务，筹措发放防疫药品，组织侨胞注射疫苗，推动解决侨胞国际汇款难题，支持华人参政，推动华文教育发展，为促进侨社发展发挥了重要作用。

（一）协助解决侨胞账户冻结等问题

自 2021 年起，由于疫情影响、美国制裁以及委内瑞拉实施外汇管制，旅委华侨华人只能通过人民币实现向国内汇款及进行贸易结算等，人民币是唯一的生意往来结算方式。但频繁的资金往来引起国内金融监管机构的注意，很多旅委华侨华人的国内银行账户被冻结，① 而受疫情影响又无法回国办理账户解冻事宜。为此，委内瑞拉侨团积极与中国驻委内瑞拉大使馆协调，通过大使馆向国内有关部门反映上述情况，推动解决旅委华侨华人银行账户被冻结的问题。此外，还组织侨胞服务日活动，面对面为侨胞办实事，如免费为侨胞办理开户手续、为侨胞体检、注射新冠疫苗、办理驾驶证、免费提供心理咨询等。

（二）惠侨利侨，为侨胞提供医疗和咨询服务

由于语言交流障碍，加之当地医疗资源有限，阿根廷侨胞在当地就医往往存在困难。为解决这个问题，当地侨团经常组织专家开展义诊活动，免费

---

① 《紧急！旅委侨胞请填写银行账户被冻结信息》，https：//www.brasilcn.com/article/article_70773.html，2023 年 2 月 3 日访问。

为侨胞提供医疗咨询与服务，同时向当地华侨华人普及健康知识。2022年8月，阿根廷华人义工协会在阿根廷首都组织专家义诊活动，邀请当地著名的华人医生为侨胞看诊，答疑解惑，并在用药指导、常见病的治疗和预防方面进行健康知识普及。[1]巴西累西腓政府为感谢华侨华人长期以来为当地社会所做的贡献，开展了为中国侨胞专场接种疫苗行动，累西腓华侨华人协会积极沟通协助，两次组织当地侨胞接种新冠病毒疫苗，以及麻疹和甲型、乙型流感疫苗。[2]为帮助巴西侨胞更好地了解巴西法律、适应当地的商业环境，巴西闽商联合会发挥协会的平台作用，于2022年5月组织举办巴西劳工法讲座，邀请当地律师讲解有关华侨华人用工的主要问题。[3]

（三）积极参政，支持华人参选州议员

华侨华人对当地经济社会的贡献越来越得到巴西社会的认可，但大多数华侨华人以经商为主，从政者较少。为切实维护华侨华人基本权益，为华社发展提供良好的环境，华社也在积极寻求自己的政治代言人，支持华裔威廉巫当选巴西联邦国会众议员。2022年，华人医生李立民博士主动竞选圣保罗州议员，得到圣保罗华社的大力支持，被视为圣保罗侨界的一大盛事。在7月举办的圣保罗州选举联合峰会上，在各侨团侨领带领下，近200名华侨华人到现场支持李立民竞选州议员。[4]

（四）继续推动华文教育发展

海外华文教育是华侨华人传承和弘扬中华文化、保持民族特性的基

---

[1] 《医疗义诊暖侨心：阿根廷侨界举办专家医生为侨义诊活动》，https://www.argchina.com/html/show-37360.html，2023年2月4日访问。

[2] 《驻累西腓总领馆携手累西腓市政府及华侨华人协会再次为当地侨胞接种疫苗》，http://www.br-cn.com/static/content/news/qs_news/2022-07-04/993609598534045696.html，2023年2月6日访问。

[3] 《巴西闽商联合会组织劳工法讲座》，http://www.br-cn.com/static/content/news/qs_news/2022-05-30/980951273166229504.html，2023年2月3日访问。

[4] 《圣保罗侨社积极参加州选举峰会 支持李立民博士竞选州议员》，http://www.br-cn.com/static/content/news/qs_news/2022-08-01/1003762096963997696.html，2022年10月21日访问。

础，被视为海外华人社会的"希望工程"和"留根工程"。华文教育在南美各国的发展程度不一。目前，巴西华侨华人主要聚居地圣保罗已有 20 多所华文学校，学段覆盖幼儿园到高中阶段。阿根廷全国只有 7 所教授中文的学校。① 中国人移民委内瑞拉已经有 100 多年的历史，委内瑞拉华人社团非常重视华裔子女的民族文化传承教育。委内瑞拉华侨华人联合总会披露的资料显示，该国各会馆、商会或侨团已成立了 8 所较具规模的中文学校。②

疫情发生后，由于南美国家实施严厉的防控措施，中文学校的线下教学被迫停止，严重影响了正常的教学秩序。为保证华人子女继续学习中国语言和文化，巴西华文学校努力克服疫情造成的困难，采取线上教学的方式坚持办学。同时，学校开展各项华文教育活动，包括推送学生参加第三届全球华语朗诵大赛、第六届翰园杯国际青少年书画大赛等。此外，巴西华文学校还积极组织学生参与由中国侨联以及各地侨联举办的"学习中华文化"网上夏令营等活动，为热爱学习中文的华裔青少年提供了良好机会。③

四　弘扬中国传统文化，积极参与中外文化交流

围绕中国与南美国家建交周年纪念和住在国重大节庆日，南美华侨华人积极参与配合中国驻当地使领馆举办的庆祝活动，讲好中国故事，主动宣传弘扬中华美食、中医药、武术等优秀传统文化，树立华侨华人良好形象，增进当地人对中国的理解和亲近感，为促进中国与当地友好交往、开展文明交流发挥了重要作用。

① 《2022 年阿根廷华文教育基金会定制培训开课仪式顺利举行》，https：//www.clef.org.cn/ds/22099efbfc.html，2023 年 2 月 3 日访问。

② 《Aragua 华联会中文学校复课开学啦》，"委内瑞拉华侨华人联合总会"微信公众号，2022 年 4 月 9 日。

③ 《林凯轩：巴西华文教育如何助力中巴人文交流?》，https：//www.chinanews.com.cn/gj/2022/08-29/9839660.shtml，2022 年 10 月 16 日访问。

（一）举办中国重大节日庆祝活动

2021 年 6 月，圣保罗华星艺术团主办祝贺中国共产党建党 100 周年"献给建党百年"云端专题活动；巴西北京文化交流协会和坎皮纳斯大学孔子学院联合举办以"百年峥嵘 世纪风华"为主题的文艺作品征集活动。10月，巴西里约侨界举行纪念辛亥革命 110 周年座谈会暨图片展，以 20 余张新老照片展示辛亥革命珍贵历史镜头以及后人发扬民族精神、投入祖国建设等活动。在 2022 年中秋节期间，以中巴慈善基金总会为代表的巴西 15 家侨团联合举办了"欢度中秋"走进巴西贫困社区慈善捐赠活动，各侨团代表、华侨华人代表、志愿者、爱心人士、巴西民众 1000 多人参加活动。活动以"扶贫济困、共建和谐社会"为主题，旨在定点扶助，回馈巴西社会，[①] 受到巴西民众的欢迎。

（二）庆祝"中国移民日"，华人对巴西社会的贡献获得肯定

早在 1992 年，圣保罗州议会就率先将 10 月 7 日定为州"中国移民日"；2007~2020 年，圣保罗市、坎皮纳斯市、累西腓市都曾设立"中国移民日"。2018 年巴西将每年的 8 月 15 日定为全国性的"中国移民日"，体现了巴西各界对华侨华人拼搏奉献的认可。2021 年 8 月，为庆祝中巴建交 47 周年和"中国移民日"，中国驻巴西使领馆和巴西侨界通过线上线下相结合的方式举办了系列纪念活动，例如，主办"和衷共济，携手并进"侨界座谈会暨帕拉伊巴华人总会成立大会、庆祝"中国移民日"活动暨中国移民摄影展，举办"中国移民巴西友谊与繁荣的故事"图片展、中国舞蹈表演、中国传统舞龙舞狮表演以及象征中巴友谊长存的足球友谊赛，等等。

---

① 《圣保罗侨团举办"欢度中秋"走进巴西贫困社区慈善捐赠活动》，http://www.br-cn.com/static/content/news/qs_news/2022-09-10/1018081182346792960.html，2023 年 2 月 3 日访问。

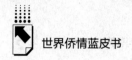

（三）阿根廷侨界积极赞助"文化中国·水立方杯"中文歌曲大赛阿根廷赛事

"文化中国·水立方杯"中文歌曲大赛自 2011 年以来，已连续举办 12 届，成为海外侨胞抒发情感、增进团结的重要平台，有上千家海外侨团、华文媒体、华文学校、中资机构通过组织办赛、赞助经费、提供场地和媒体宣传等形式参与海外赛事。2022 年大赛以"一起唱·创未来"为主题，阿根廷赛事由阿根廷华助中心指导，阿根廷华人企业家协会、阿根廷中国足球协会、阿根廷阿中投资贸易促进会、阿根廷华人进出口商会、阿根廷温州同乡会等侨团纷纷出资赞助。①

五　历经考验，华人经济在疫情中谋生存

疫情给海外侨胞的生存发展带来了严峻挑战，除了跨境流动受到限制，对于已经融入当地并选择留在居住地的华侨华人来说，如何在疫情中谋生存、求发展，成为首先需要考虑和解决的问题。住在国政府禁止人员聚集、公共场所限制人流、禁止堂食等疫情防控措施直接影响了餐饮、超市等服务性行业的正常运营，特别是住在国多次实行全国紧急状态导致部分华人商家关店歇业。

在阿根廷，华人超市一直是华侨华人经济的支柱，2020 年以来受新冠疫情冲击，民众消费能力下降，华人超市销量显著减少，许多华人超市被迫关店。据报道，2020 年 6 月至 2021 年 6 月，有约 200 家华人超市彻底关门，且平均销量较疫情前下降了 20%。② 受需求降低及通胀导致的供货减少影

---

① 《阿根廷侨界积极赞助水立方中文歌曲大赛阿根廷赛事》，https：//www.argchina.com/league/show-1291.html，2022 年 10 月 26 日访问。

② 《阿根廷华人超市受疫情冲击：约 200 家关门，销量降 20%》，http：//www.chinaqw.com/hqhr/2021/06-11/298594.shtml，2022 年 10 月 26 日访问。

响，阿根廷许多华人超市开始撤出首都市中心，向内陆迁移。①

长时间持续的疫情给布宜诺斯艾利斯市的中国城商铺经营活动带来了巨大影响，疫情下经济低迷，加之餐饮堂食受限、商铺营业时间缩短，这些都对中国城商铺的复苏产生不利影响。华商通过强化疫情防控、改变经营模式、增加宣传活动等方式寻找出路：一是做好街头和入店防疫宣传工作，提高商家店主和员工的防护意识；二是向商家发放口罩、药品等防疫物资，倡议商家采取消毒、薄膜隔离等措施，加强防疫工作；三是设立热线电话，全天接受商家会员的求助，安排疑似病例及时前往华侨华人新冠病毒检测点检测，一旦检测出阳性立即进入布市政府指定的酒店隔离，重症者则进入公立医院治疗。② 华侨华人通过采取全面有效的疫情防控措施，加强联络与合作，最大限度地降低疫情对经济活动的影响，让民众对中国城的复苏充满信心。

面对持续的疫情影响和秘鲁国内的经济压力，秘鲁华商另辟蹊径，建立微信商业群，利用微信朋友圈打通连接商家与客户的"最后一公里"，"微信商业群中有中餐馆外卖，有代购肉、蛋、海鲜及蔬菜等日用必需品的，也有卖装饰材料的，等等。一方面侨圈商家找到了一条促销之路，另一方面也大大方便了华侨的生活，给买卖双方搭建了一个互动平台"。③

阿根廷华人超市关店、商铺退租、削减员工数量以降低支出，中餐业推出外卖服务等，是华人应对疫情冲击的无奈之举。此外，许多华人甚至失去工作和收入，其他南美国家的华商状况大抵如此。华人经济从疫情中复苏、恢复到疫情前的繁荣景象仍需要很长时间。

---

① 《阿媒：阿根廷首都地区华人超市出现关店潮 向内陆迁移》，https://www.argchina.com/html/show-32644.html，2022年10月28日访问。

② 《历经疫情考验 阿根廷中国城商家对未来充满信心》，https://www.chinanews.com.cn/hr/2021/07-22/9525930.shtml，2022年10月26日访问。

③ 《疫情催生秘鲁侨圈微信商业群 华人开动脑筋寻商机》，〔秘鲁〕《公言报》2022年2月17日。

六 热心公益，积极融入回馈当地社会

开展慈善捐赠、热心公益事业一直是海外华侨华人融入回馈当地社会、树立华侨华人良好形象的具体实践和有效途径。疫情发生以来，海外侨团与住在国政府、民众团结一心，携手抗疫，捐赠大量防疫用品和生活物资，为当地居民提供重要的医疗和生活保障。同时，积极履行社会责任，关爱弱势群体，寒冬送暖，爱心扶贫，每逢当地重大节日特别是圣诞节、复活节期间，各侨团纷纷行动起来，为当地贫困民众送去粮食、食品、棉衣等生活急需用品。这些超越国籍、种族、语言等的善举让当地民众感受到了来自华侨华人的爱心与温暖，得到当地民众的赞赏与认可。

2021年，巴西侨界组织开展了"打疫苗、捐粮食"活动，得到华侨华人的积极响应。为方便年龄较大的华侨华人顺利接种疫苗，3月，在巴西侨团推动下，圣保罗市卫生局在距离侨胞工作生活场所较近的客家中心设置了专为华侨华人注射新冠疫苗的站点。在现场，由侨团组织的志愿者帮助华侨华人填写相关材料，使首批75周岁以上的侨胞顺利接种疫苗。[①] 4月，巴西华人协会联合巴西华人紧急援助志工小组筹集了3000千克大米和1000千克黑豆，支援圣保罗市政府和巴西民众抗疫。5月，巴西华人协会组织向圣保罗市政府、圣保罗州政府以及向圣保罗"温暖之家"捐赠粮食，向三家慈善机构共捐赠了1500千克的基本食品篮、1000千克大米、200千克黑豆等。7月，巴西客家活动中心疫苗站举办"寒冬送暖捐赠毛毯"仪式，将毛毯、棉衣等物资捐赠至圣保罗贫困地区。[②] 8月，为庆祝"中国移民日"，巴西华人协会联合圣保罗37家侨社团共同发起了"中国移民日"爱心捐赠活动。据悉，此次活动共向11家慈善机构捐赠了3300个基本食品篮，为疫情

① 刘之湄：《"打疫苗，捐粮食" 巴西侨界寒冬为民众送温暖》，《人民日报》（海外版）2021年7月19日。
② 《巴西华人协会组织华人华侨再次捐助粮食》，http://www.br-cn.com/news/qs_news/20210524/167833.html，2023年2月3日访问。

中的巴西贫民提供急需的食品，为巴西抗击新冠疫情贡献了华人力量。此次由巴西华人协会发起的"中国移民日"慈善捐赠活动共筹集善款39.5万巴西雷亚尔。参与捐赠活动奉献爱心的侨团因热心公益及杰出贡献得到市议员的表彰。[①]

2022年圣诞节来临之际，巴西里约华侨华人举办了第三届"赠人玫瑰 手留余香"慈善捐助活动，共向当地老人院、孤儿院、红十字中心、儿童癌症疗养中心等赠送了大批食品篮和圣诞节糖果等礼品。[②] 为帮助阿根廷贫困地区的民众度过愉快的圣诞节，阿根廷华人社团铂锋一心慈善基金向当地慈善组织捐赠了一批圣诞节礼包，以表达旅阿华侨华人与当地社会同舟共济的大爱之情。[③]

七 密切与祖（籍）国的联系，贡献侨界力量

（一）加强与国内有关部门的联动，构建为侨服务平台

为加强涉侨领域矛盾纠纷多元化解工作，依法维护归侨侨眷和海外侨胞合法权益，2022年3月，广东恩平市成立华侨华人法律服务中心，下设"邑侨通"涉侨法律服务站、"邑侨邑路"涉侨多元解纷平台、域外法律咨询专家库三大服务板块，旨在引进法律专家、律师、仲裁委员会、专业调解组织和侨界人士等多元调解力量，为海外华侨华人搭建集法律咨询、多元调解、跨境诉讼于一体的"一站式法律服务综合体"。同时，充分发挥侨领的凝聚力以及侨联的桥梁纽带作用，在广东恩平籍侨胞比较集中的委内瑞拉设立海外联络点，聘请当地侨领作为特邀解纷联络员参与解纷网络建设，为海外侨胞提供身边的解纷场所。

---

① 《圣保罗隆重举办第5届"中国移民日"云端庆祝活动》，http：//www. br-cn. com/news/ qs_news/20210813/172253. html，2023年2月6日访问。

② 《里约华人华侨举办2022年慈善捐助》，http：//www. br-cn. com/static/content/news/qs_ news/2022-12-21/1055040993747423232. html，2023年2月13日访问。

③ 《铂锋一心慈善基金献爱心：向当地慈善组织捐赠圣诞礼包》，https：//www. argchina. com/ league/show-1426. html，2023年2月13日访问。

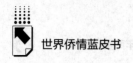

（二）彰显侨界大爱，支援中国抗震救灾

2021年7月，河南遭受百年一遇特大暴雨，为此，巴西侨界充分发扬大爱精神，巴西华人协会等侨团向中国河南暴雨洪灾地区捐赠20万元人民币，支援河南的救灾和重建。2022年9月，四川泸定县发生6.8级地震，甘孜州泸定县、雅安市石棉县等地灾情严重。为驰援灾区人民早日重建家园，巴西金华同乡总会、巴西台州同乡总会（商会）、中巴射击协会、巴西幼华学园纷纷响应，积极在各自会内、校内组织募捐活动，共募款22.16万元用于抗震救灾。[①]

（三）支持中国统一，强烈谴责美国国会众议院议长佩洛西窜访台湾

美国国会众议院议长佩洛西2022年8月窜访我国台湾地区，引起国际社会广泛关注，海外华侨华人也纷纷发声，强烈谴责美国干涉中国内政。巴西、阿根廷、智利、秘鲁等南美洲地区的华侨华人也纷纷以投书媒体、发表声明等方式，对佩洛西窜访台湾予以强烈谴责，并表示将以各种方式坚决支持中国为维护国家主权和领土完整所采取的一切反制措施，为实现中华民族伟大复兴做出努力。

小　结

2021~2022年，南美洲华侨华人群体能够自觉遵守住在国防疫规定，注重自身防护，积极注射疫苗，总体感染率较低。在疫情持续期间，华侨华人逐渐调整心态，适应疫情带来的变化，佩戴口罩、注射疫苗、保持社交距离、居家办公、远程教学、云端交流逐渐成为新的生活和工作交流方式。

---

① 《抗震救灾　驰援四川》，http://www.br-cn.com/static/content/news/qs_news/2022-09-20/1022011354376720384.html，2023年2月6日访问。

在疫情防控常态化下，海外侨团逐渐恢复线下活动，继续与祖（籍）国保持密切联系，积极融入并回馈当地社会，做好为侨服务工作。许多华人商家能够创新经营手段，线上线下相结合，在逆境中觅商机，对未来经济发展抱有信心。但疫情对海外华人社会造成的影响是持续而深远的，华侨华人仍然面临很多困难和问题，有的侨胞长期无法与国内亲人团聚，有的海外汇款被冻结、签证被拒，有的店铺倒闭、失去工作，有的商铺勉力维持，等等。

海外华侨华人需要适应与疫情共存，最大限度降低疫情影响，树立信心，克服困难，实现自身发展，并在此基础上加强团结合作，努力融入并回馈当地社会，积极争取话语权，继续为促进中外友好交往、弘扬中华优秀文化发挥应有的作用。国内侨务部门和有关涉侨机构，也要积极关注海外侨胞的诉求，主动搭建交流平台，密切与海外侨胞的联系，做好侨情调查和研究，为海外华侨华人在住在国的长期发展提供支持和帮助。

国 别 篇

B.8
2021~2022年日本侨情分析

朴美儒*

摘 要： 2021 年居留日本的中国人总数及在日中国籍劳动者人数均有所下降，在日中国人整体较为年轻，大部分中国人聚集在日本经济发达的城市圈；从事批发零售及制造业的中国籍劳动者人数较多；日本新华侨创业及求职涉及的行业内容更加多元；随着中国国力增强，中国本土品牌逐渐站稳日本市场；中国留学生的求学、生活及求职受日本防疫政策影响较大；华侨华人积极举办各类活动，庆祝中日邦交正常化 50 周年，为中日民间交流贡献力量。

关键词： 华侨华人 华商 新华侨 华文教育

---

* 朴美儒，硕士，中国华侨华人研究所七级职员，研究方向为海外华侨华人。

2021～2022 年，日本华侨华人数量有所减少，且以青年群体为主，女性数量多于男性，约 80%的中国人居住在日本三大都市圈。受经济不景气影响，日本新华侨掀起了创业热潮，其从事的行业和职业比在日老华侨更加多元化。

一 在日华侨华人概况

2021 年居留在日本的中国人总数继续下降，其中短期签证持有人数降幅最大。大部分中国人聚集于日本三大都市圈，从事批发零售行业和制造业的中国籍劳动者均占约五分之一。

（一）在日华侨华人统计

1. 在日中国人①减少至77万人

日本法务省出入境在留管理厅的统计数据显示，截至 2021 年 12 月，留在日本的中国人总数约为 77.10 万人（含台湾 5.15 万人），其中持有中长期签证的中国人有 76.88 万人（含台湾 5.12 万人），比上年同期减少 8%，短期签证持有人数为 2216 人（含台湾 117 人），比上年同期减少 64%。② 2019 年 12 月至 2021 年 12 月，在日中国人总数的变化情况如图 1 所示。

由图 1 可见，自 2019 年 12 月以来，受疫情及中日两国防疫政策的影响，在日中国人总数持续下降。截至 2021 年 12 月，在日中国人总数比 2019 年同期减少了 34%，其中持短期签证的中国人减少了 99%，持长期居留签证的中国人减少了 12.6%。

2. 在日中国人多为青年人，女性比男性数量多

从年龄构成来看，2021 年，19～44 岁的在日中国人占比达 62%，60 岁及以上的中国籍老人仅占 7%，在日中国人以青壮年劳动力为主。各年龄段占比详情见图 2。

---

① 在日中国人，指持有日本中长期签证的中国人。
② 『国籍・地域別 在留資格（在留目的）別 総在留外国人』，https://www.e-stat.go.jp/stat，2022 年 11 月 2 日访问。

图1　2019年12月至2021年12月在日中国人人数变化

资料来源：『在留外国人統計（旧登録外国人統計）』，https：//www.e-stat.go.jp/stat，2022年11月2日访问。

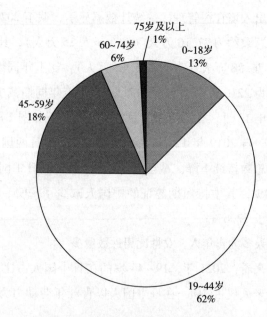

图2　2021年在日中国人各年龄段占比

资料来源：『国籍・地域別　年齢・男女別　総在留外国人』，https：//www.e-stat.go.jp/stat，2022年11月2日访问。

从性别构成来看，2021年，居留日本的中国女性比男性多约8.3万人，女性占比超50%。具体见图3。

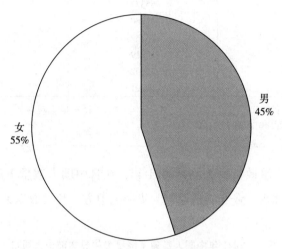

图3 2021年在日中国人性别占比

资料来源：『国籍・地域別 年齢・男女別 総在留外国人』，https://www.e-stat.go.jp/stat，2022年11月3日访问。

与日本社会老龄化的现象相反，在日华侨华人整体比较年轻，女性在数量上比男性多，因此，可以借助互联网、新媒体等年轻人熟悉的社交工具，加大对在日新华侨的调研与了解，尤其是加大对在日女性华侨的关注。

3.约80%的中国人居住在日本三大都市圈

统计数据显示，约80%的中国人居住在日本三大都市圈区域，中国人最多的城市是日本首都东京，约有22.6万人。2021年中国人居住最多的日本前十大城市见表1。

表1 2021年中国人居住最多的日本前十大城市

城市	人数（人）	占比（%）
东京	226135	29
埼玉	75847	10
神奈川	75455	10
大阪	69701	9

县	人数(人)	占比(%)
千叶	55377	7
爱知	45880	6
兵库	23762	3
福冈	18819	2
京都	15502	2
茨城	12801	2

资料来源：『在留外国人統計テーブルデータ（令和三年末現在）』，https：//www.e-stat.go.jp/node，2022年11月3日访问。

受疫情和入境政策的影响，2021年，在日中国人数量下降最多的前十个城市多为农林水产业和制造业较为集中的地方。相关数据见表2。

表2　2021年中国人数量下降最多的日本前十大城市

城市	2021年人数	2020年人数	减少数
宫崎	1016	1378	-362
爱媛	2775	3711	-936
青森	952	1208	-256
福井	2259	2795	-536
香川	3117	3747	-630
岐阜	9496	11401	-1905
山口	2339	2798	-459
高知	902	1073	-171
德岛	1597	1893	-296
大分	2239	2625	-386

资料来源：『在留外国人統計テーブルデータ（令和三年末現在）』，https：//www.e-stat.go.jp/node，2022年11月3日访问。

4. 入籍日本的中国人累计突破15万人

日本法务省民事局的统计数据显示，昭和二十七年（1952年）至令和三年（2021年），共有约15.25万名中国公民的入籍申请得到了日本政府的批准。[1] 令

---

[1] 『帰化許可申請者数、帰化許可者数及び帰化不許可者数の推移』，https：//www.moj.go.jp/MINJI/toukei_t_minj03.html，2022年11月5日访问。

和元年至令和三年，共有7781名中国籍公民加入日本国籍，平均每年入籍的中国公民占当年全部入籍人数的30%左右，根据近三年的统计数据可知，中国是入籍日本人数最多的国家。①

5. 近30年日籍华裔出生人口约12万人

日本厚生劳动省发布的人口动态统计数据显示，在1987~2021年的出生人口中，父母一方为中国国籍的儿童共120681名。2021年，父母一方为外国国籍的出生人口共计16225人，占全部出生人口的2%，其中父母一方为中国国籍的出生人口为3283人，占父母一方为外国国籍出生人口的20%。②

（二）在日中国籍劳动者数量下降，集中于批发零售及制造业

日本厚生劳动省发布的统计数据显示，截至2021年10月，日本共有172.72万名外籍劳动者，其中中国籍劳动者有39.71万人，占23.0%，人数比2020年同期减少5.3%，中国是继越南（26.2%）之后日本第二大外籍劳动者来源国。③除日本执行严格的入境政策外，日元贬值是促使外国劳工"远离日本"的重要原因，换算成美元后外国劳工的收入比十年前减少了40%，随着亚洲新兴市场国家工资水平的提高，其与日本逐渐缩小的工资差距让赴日工作逐渐失去吸引力。④

据统计，31.7%的中国籍劳动者拥有专业/技术领域的在留资格，其中大部分的中国籍劳动者获得了技术/人文知识、国际业务类签证。此外，还有31.5%的中国籍劳动者是通过获得永居权、成为日本公民或永久权获

---

① 『国籍别帰化許可者数』，https：//www. moj. go. jp/content/001343141. pdf，2022年11月5日访问。

② 『父母の国籍别にみた年次别出生数及び百分率』，https：//www. e-stat. go. jp/stat，2022年11月6日访问。

③ 『「外国人雇用状況」の届出状況まとめ（令和三年10月末现在）』，https：//www. mhlw. go. jp/stf/newpage_23495. html，2022年11月6日访问。

④ 《日元贬值致外籍劳动者收入缩水 日媒忧日本或在人才竞争中失败》，http：//www. cankao xiaoxi. com/finance/20221010/2492420. shtml，2022年11月5日访问。

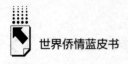
得者的配偶等方式取得了在留资格。在日中国籍劳动者持有的签证统计情况见表3。

表3　2021年10月在日中国籍劳动者持有的部分签证种类统计

在留资格	中国籍劳动者(人)	占全部在日中国籍劳动者的比重(%)
1. 专业/技术领域的在留资格	125817	31.7
其中:技术/人文、知识、商务国际	100551	25.3
2. 特定活动	5179	1.3
3. 技能实习	54161	13.6
4. 资格外的活动	86690	21.8
其中:留学签证	70730	17.8
5. 基于身份的在留资格	125231	31.5
其中:永久居民	89966	22.7
日本公民配偶	18082	4.6
永久居民配偶	6298	1.6
定居者	10885	2.7
6. 无法确定	6	0.0
合计	397084	100

资料来源:『「外国人雇用状況」の届出状況まとめ(令和三年10月末現在)』,https://www.mhlw.go.jp/stf/newpage_23495.html,2022年11月2日访问。

　　根据统计,在日中国籍劳动者中作为派遣/合同制的员工有5.17万人,占13%。从事批发零售行业的中国籍劳动者最多,有80960人,占全部在日中国籍劳动者的20.4%;从事制造业的中国籍劳动者有80753人,占20.3%;从事住宿、餐饮等服务业的中国籍劳动者有61077人,占15.4%。在日中国籍劳动者从事的部分行业统计情况见表4。

表4　2021年10月在日中国籍劳动者从事的部分行业统计

从事的行业大类	中国籍劳动者(人)	占全部在日中国籍劳动者的比重(%)
建筑业	13445	3.4
制造业	80753	20.3

从事的行业大类	中国籍劳动者（人）	占全部在日中国籍劳动者的比重（%）
信息通信业	32871	8.3
批发零售业	80960	20.4
住宿、餐饮等服务业	61077	15.4
教育学习行业	17517	4.4
医疗保健和福利	9832	2.5
其他未分类行业	42065	10.6

资料来源：『「外国人雇用状况」の届出状况まとめ（令和三年10月末现在）』，https：//www.mhlw.go.jp/stf/newpage_23495.html，2022年11月6日访问。

二 在日华商

（一）在日华企率先对中国留学生敞开怀抱

2022年3月，第二十一届东京国际人才就职转职招聘会在东京品川举办，这是自新冠疫情发生以来首次面向在日华侨华人的专场招聘会，共有15家知名企业参加，招聘IT、运营、行政、财务和人事等多个岗位，吸引了来自日本各地的多所知名高校的应届毕业生和社会人员。[①] 在日华企对中国留学生的需求较过去大幅增加，过去两年企业的诸多业务和项目因疫情被搁置，随着日本社会对疫情逐渐适应，日本政府不断释放出积极信号，企业对于未来的预期较为乐观，有在日华企负责人认为2022年是摆脱疫情影响、扩大投资和经营的关键一年，需要提前储备了解中日两国国情的相关人才。[②]

---

① 《华媒牵头国际人才招聘会 吹响抗击疫情复产增效的集结号》，http：//www.jnocnews.co.jp/news/show.aspx？id=107483，2023年2月10日访问。

② 《【经济观察】加薪预期如何影响中国人"就职日本"》，http：//www.jnocnews.co.jp/news/show.aspx？id=107238，2023年2月10日访问。

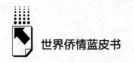
（二）旅游行业从业者转行求生

日本国家旅游局 2022 年 1 月公布的数据显示，2021 年访日游客数量仅为 24.59 万人次，比 2019 年减少了 99%。① 2020 年以来，日本政府为防控新冠疫情实行了较为严格的入境政策，访日游客数量持续急剧减少，为刺激日本国内旅游需求的"Go TO Tavel"政策因疫情反复而无法实现提振旅游业的作用。在此背景下，从事旅游业的华侨华人纷纷转行求生。据日本《中文导报》报道，有的旅行社开展不动产业务和餐饮业，有旅游车的部分公司转向物流行业，经营私人商务旅游的小型汽车公司改为网约车公司，但持有旅游执照的巴士公司由于无力维护较高的车辆和人员成本而陷入倒闭潮。② 由于访日游客锐减，作为翻译兼导游的"全国口译导游士"考试通过人数近两年持续下滑，2021 年有 3834 名考生，比 2019 年减少了 47%。全日本口译导游士联盟的问卷调查显示，2021 年有 80% 的导游收入为 0，受访从业者认为有 20%~30% 的人已经转行。③ 一位华人旅行社负责人介绍，接待中国游客的华侨华人导游纷纷转行谋生，做废物回收、快递、外卖、不动产中介等其他职业。④ 日本政府为拉动经济，自 2022 年 6 月起正式接纳外国观光游客，放宽来自 98 个低感染风险的国家和地区游客的入境限制，⑤ 并采取了一些振兴日本旅游业的政策措施，日本旅游业预计将迎来复苏。

---

① 《2021 年访日游客 24.59 万人，创新低》，https：//mp. weixin. qq. com/s/48_JKCsezPXK2g6TAazZ-Q，2022 年 11 月 8 日访问。

② 《疫情下没有中国客人 那些华人导游都在做什么》，https：//mp. weixin. qq. com/s/aBJPhr066uUwtbSqfRrmkA，2022 年 11 月 8 日访问。

③ 《访日游客锐减，日本翻译导游被迫失业》，https：//mp. weixin. qq. com/s/hqY0Fox6EcTz20tlAWH_4A，2022 年 11 月 8 日访问。

④ 《疫情下没有中国客人 那些华人导游都在做什么》，https：//mp. weixin. qq. com/s/aBJPhr066uUwtbSqfRrmkA，2022 年 11 月 8 日访问。

⑤ 《日本今日起正式开始接纳外国游客 政府计划分阶段恢复常态》，http：//news. haiwainet. cn/n/2022/0610/c3541093-32441476. html，2023 年 2 月 10 日访问。

（三）日本新华侨掀起创业热潮

日本华侨华人创业正在发生变化，不同于老一代华侨华人从事餐饮业和零售贸易行业，新一代华侨华人创业涉及的行业内容更加广泛，主打独特的产品和服务来参与商业竞争，有的还会借助中国开发的新技术，去构建新的创业生态系统。①

近些年，在日华侨华人的创业范围主要涉及以下几个行业。一是中日之间的进出口物流及其相关贸易业务，包括药妆、日用品、服装及配饰品贸易，二手汽车及配件贸易，电商配套服务、物流配送服务和其他特定行业贸易；二是餐饮行业，包括开办中餐馆、奶茶店和中华食材店等；三是房地产相关行业，包括不动产中介服务、物业管理服务业和酒店服务业。除上述行业外，还涉及赴日旅游服务及非旅游服务中介、IT 服务、开办语言学校或兴趣培训班等。②

2022 年 9 月，日本中华总商会首次举办创业路演大赛，共有 5 家使用人工智能（AI）技术的企业入围决赛。③ 据报道，90 后华人王沁感受到了日本的移动互联网市场发展比中国缓慢的现状，利用日本当地与海外市场发展的"不对等"，从广告代理，到文娱内容领域、开发宠物社区 App 和人力资源软件，通过借鉴中国移动互联网的商业模式进行了多次成功创业。④ 新一代华侨华人利用中国在 AI、移动互联网等领域技术领先于日本而开展业务，与以往老侨迫于生计的创业不同，"他们是想要自己创办业务"。⑤

---

① 《在日创业"新·新华侨"崛起》，https：//d9shhjt4p7ouc. cloudfront. net/columnviewpoint/column/50039-2022-09-30-05-00-00. html？start＝0，2023 年 2 月 10 日访问。
② 《中国人在日本创业热门行业排行榜》，https：//www. toutiao. com/article/6943424795535098379/？channel＝&source＝search_tab，2022 年 11 月 8 日访问。
③ 《在日创业"新·新华侨"崛起》，https：//d9shhjt4p7ouc. cloudfront. net/columnviewpoint/column/50039-2022-09-30-05-00-00. html？start＝0，2023 年 2 月 10 日访问。
④ 《90 后在日华人三度创业，复制中国移动互联网模式，瞄准生活类 App》，https：//tech. ifeng. com/c/8GT92GdHIy9，2023 年 2 月 10 日访问。
⑤ 《在日创业"新·新华侨"崛起》，https：//d9shhjt4p7ouc. cloudfront. net/columnviewpoint/column/50039-2022-09-30-05-00-00. html？start＝0，2023 年 2 月 10 日访问。

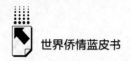
从事直播带货的华侨华人从业者及其幕后团队，正在日本努力构建产业链条，推广直播带货，让更多的日本厂商了解直播带货，助力日本电商行业的发展。2022年6月，有着260万粉丝的在日华人快手主播"美猴王闯日本"为15家日本厂商直播带货8个小时，销售量超过10万单。[①] 中国东方国际集团日本公司ORIENT JAPAN株式会社社长杨敏认为，在日华人主播与中国国内网络主播相比，他们有着了解中日两国的优势，能更加深刻地理解日本产品，与日本厂商的沟通成本更低。[②]

越来越多的在日华侨华人开始经营自己的社交平台账号，分享生活和日本人文风俗，加深了中日两国民众的沟通和了解。公众号"这里是东京"，微博@林萍在日本，B站"孤独的美食基""东京大明白""小蔡在东京"，YouTuber"李姐妹"和"杨小溪"等都是在日华侨华人自媒体运营者的代表。

（四）华侨华人在日本动画行业崭露头角

日本是动画产业大国，诸多动画作品深受中国青少年的喜爱，许多经典的动画作品成为80后、90后中国中青年的童年回忆。《2021年日本动画产业报告》指出，多年来日本动画产业的从业人员工作压力大、待遇低，叠加人口老龄化的因素，日本动画行业的"新鲜血液"不足。[③] 针对这一情况，越来越多的华侨华人出现在日本动画制作行业中，成为支撑日本动画行业的重要力量。曾就职于知名动画工作室吉卜力负责动画美术的刘雨轩[④]，参与热门动画作品《排球!!》《全职猎人》制作的梁博雅，参与经典动画作

---

① 《华人直播带货在日本发力，助日企紧跟中国节奏》，https：//mp. weixin. qq. com/s/cz2W5ag4aMr95uKvHQ2_tw，2022年11月2日访问。

② 《华人直播带货在日本发力，助日企紧跟中国节奏》，https：//mp. weixin. qq. com/s/cz2W5ag4aMr95uKvHQ2_tw，2022年11月2日访问。

③ 《2021年最新日本动画产业报告》，https：//cread. jd. com/read/startRead. action？bookId=30711522&readType=1，2022年11月2日访问。

④ 《专访动画美术刘雨轩（一）：吉卜力唯一的中国人》，https：//mp. weixin. qq. com/s/tezoLuyn001dB9N_BcDaEA，2022年11月3日访问。

品《海贼王》的涂泳策，参与《烟花》、《魔法战争》、*overlord* 的王国年，《博人传：火影忍者新时代》第 65 集中首次出现的中国籍导演黄成希①等众多青年华侨华人活跃在日本动画制作行业中。与日本本土动画从业者的保守不同，在日华侨华人敢于建立自己的动画工作室，承接中日两国的动画制作。2012 年，首个由在日中国人创建的动画工作室——糖果盒动画工作室于日本东京成立，并获得了阿里文娱的天使轮投资；② 2018 年 8 月，重庆大型动画制作工作室"彩色铅笔动漫"于东京成立"Colored Pencil Animation Japan"株式会社，并以较为优渥的薪酬向日本艺术毕业生发出邀请。③

多年来，中国动画制作行业承接日本动画作品的部分外包制作工作，随着中国动画行业的发展，有的华侨华人选择将优秀中国动画作品引入日本。2019 年，知名原创漫画网站"有妖气"的联合创始人董志凌赴日本创立面白映画，致力于动画制作和向日本引入中国动画作品，获得了日本老牌动画制作公司小丑社（Pierrot）等 7 家日本娱乐公司共计 1.1 亿日元的投资，④ 其引入的《罗小黑战记》总票房超过 5 亿日元，创下同类型中国动画电影在日本的票房之最，列日本 2020 年度动画电影票房第 9 名、进口片票房第 2 名。⑤

（五）日元贬值刺激华侨华人再启购房热潮

日本线上交易房地产的需求因疫情影响持续走高，日本国土交通省规定自 2021 年 4 月起，在日本进行房产交易时，允许通过网络在线方式进行购房者权利及房产利弊等重要事项的说明，极大地便利了华侨华人购置日

---

① 《细数在日本工作的中国动画大神！网友：日本动画已不能没有中国人》，https://www.sohu.com/a/253590250_539420，2022 年 11 月 6 日访问。
② 《第一个中国人的在日动画公司——糖果盒动画工作室社长朱晓采访》，https://mp.weixin.qq.com/s/ceMxTwPgBunndMe1iseIGw，2022 年 11 月 6 日访问。
③ Colored Pencil Animation Japan 株式会社，https://www.cpaj.co.jp/，2022 年 11 月 6 日访问。
④ 《中国网络动画先锋董志凌在日本创业再挑战》，https://weibo.com/ttarticle/p/show?id=2309404713845489795205，2023 年 2 月 10 日访问。
⑤ 《董志凌第三次为中国动漫"查漏补缺"》，https://mp.weixin.qq.com/s/9anxNtsrVEcAN7AURmi2dg，2022 年 11 月 8 日访问。

本房地产。① 此外，日元的持续贬值吸引着外国人购置日本房地产。一家华人房地产公司的负责人介绍说，截至 2021 年 8 月，日元的跌幅已达 20%左右，这种跌幅被视为日本房地产市场大拍卖的信号，在海外投资者看来是投资好时机，登录公司网站进行购房交易的中国买家大多数在 30~40 岁，他们当中许多人都手持 1000 万日元左右的现金去抢购一居室的公寓。②

（六）中国本土餐饮品牌进军日本市场

传统的海外中餐为了迎合当地民众的口味会进行一定的改良，但近年来日本中餐的口味越来越贴近中国本土的味道。据报道，近 10 年来，海底捞、沙县小吃、黄焖鸡等中国本土知名餐饮连锁品牌纷纷进军日本市场，中式火锅店风靡日本。③ 由于中国国力增强，赴日留学工作的中国人数量逐年增多，东京地区的中餐厅数量也在增加，其面向的消费群体不仅有日本当地人，还包括在日华侨华人，有的华侨华人会直接将中国餐饮的商业模式复制到日本。此外，日本人掀起了吃辣的饮食热潮，而互联网的信息传播使得越来越多的日本人了解到了中国本土美食，④ 中餐厅的"中国味道"越发明显。这些极具中国本土特色的美食店铺不但为当地华侨华人带去了家的味道，也向日本当地民众输出了地道的中国美食。

（七）中国家电站稳日本市场

日本的家电产业在 20 世纪八九十年代如日中天，日本消费者更关注本土家电产品，国际大品牌进入日本市场比较困难，中国品牌靠走低价路线

---

① 《日本将实行线上交易购房 侨胞享受网络便利》，https://www.chinaqw.com/hqhr/2021/01-27/284192.shtml，2022 年 11 月 2 日访问。

② 《日媒称外国人疫情后再次热购日本房地产》，http://www.jnocnews.co.jp/news/show.aspx? id=108185，2022 年 11 月 8 日访问。

③ 《中国本土知名餐饮进军日本市场，日媒从"地道中国菜"看在日华人巨变》，https://oversea.huanqiu.com/article/45XFxNKGhML，2023 年 2 月 10 日访问。

④ 《日中邦交正常化 50 年 乘势而上的日本正宗中餐》，https://oversea.huanqiu.com/article/4A5MMg27GE9，2023 年 2 月 10 日访问。

"挤入"日本市场。近十年来，得益于中国经济的快速发展和中资企业国际化步伐的加快，中资家电企业通过并购日本家电业务、整合经营管理、市场营销和技术研发等方式实现快速发展，以技术更新、质量更高、更具贴近性的产品赢得了日本消费者的欢迎，突破了日本大牌企业的市场垄断，如美的、海信等国产家电品牌产品深受日本年轻人的喜爱，此外小米、华为等中国品牌在日本智能手表市场表现抢眼。[①]

三　中国留学生

（一）在日中国留学生人数减少6.2%

根据独立行政法人日本学生支援机构（JASSO）公布的调查结果，2021年赴日留学的国际学生为242444人，比上一年减少了37153人，降幅为13.3%，其中中国留学生114255人，占全部外国留学生的47.1%，比2020年减少7590人，降幅为6.2%。[②] 虽然人数有所减少，但中国依旧是赴日留学人数最多的国家。

根据统计，2021年，中国留学生赴日本高等学校参加长期课程的有98372人，占所有参加长期课程外国留学生人数的48.7%，比上年减少2519人；参加短期课程的有2846人，占所有参加短期课程外国留学生人数的61.4%，比2020年减少2133人；被日语教育机构（不包括专门学校）接收的中国留学生有20777人，占所有被日语教育机构（不包括专门学校）接收的外国留学生人数的51.2%，比2020年同期减少7272人。[③] 受新冠疫情影响，赴日参加短期课程及语言培训的外国留学生数量大幅减

---

① 《从"挤进来"到"香起来"中国家电站稳日本市场》，https://www.cankaoxiaoxi.com/in-depth/2022/1021/2493250.shtml，2023年2月10日访问。

② 《2021（令和三年）国际学生入学状况调查结果》，https://www.studyinjapan.go.jp/ja/statistics/zaiseki/data/2021.html，2022年11月2日访问。

③ 《2021（令和三年）国际学生入学状况调查结果》，https://www.studyinjapan.go.jp/ja/statistics/zaiseki/data/2021.html，2022年11月8日访问。

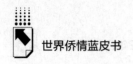

少，但是参加高等教育的外国留学生人数降幅较小，中国学子赴日求学的热度依然较高。

（二）中国留学生学习生活受防疫政策影响较大

2021年，出于防疫考虑，日本多次收紧边境口岸的防疫措施，对外国人制定了严格烦琐的入境政策。由于日本"一刀切"的海关防疫政策，留学资料需要分批并排号提交，留学生的入境等待时间变得更加漫长。同时，日本因疫情封国造成外国留学生无法参加日本当地学校的入学考试，使赴日求学路充满了不确定性，漫长的等待时间令不少原计划赴日求学的学生暂停或终止了赴日留学的计划。此外，疫情发生后，中日两国之间的国际航班数量锐减，机票价格飙升，往返日中两国后隔离期内所需的时间和金钱成本都在增加，这些因素都阻碍了中国留学生的求学和生活计划。[1]

已在日留学和求职的中国留学生也同样受疫情影响。日本DISCO公司发布的《关于2022年毕业外国留学生就业活动情况的调查》报告显示，受访的中国留学生表示，疫情开始后只能上网课，交不到朋友，日语能力得不到锻炼，感到十分孤独；还有的中国留学生表示，因疫情影响，旅游、零售和贸易行业削减了招聘计划，许多中意的企业都不再招聘；有的中国留学生表示由于限制入境，求职开始的时间比其他人晚。[2]

为加强日本大学的国际竞争力，完成外国留学生超过30万人的国家目标，日本在2022年逐步放宽应对新冠疫情的边境口岸措施，外国留学生等待入境的时间缩短。据报道，截至2022年9月，东京外国语大学、立命馆大学等多所日本高校的外国留学生均已到校并完成入学手续，外国留学生正陆续重返日本。[3]

---

① 《日本"封国"中国留学生进退两难》，http：//www. livejapan. cn/static/content/SY/TT/2021-12-02/915925917082464256. html，2022年11月8日访问。

② 『2022年卒外国人留学生の就職活動状況に関する調査』，https：//www. disc. co. jp/wp/wp-content/uploads/2021/08/gaikokujinryugakusei_202108. pdf，2022年11月2日访问。

③ 《留学生重返日本》，https：//mp. weixin. qq. com/s/gEVrYYrFg8Nj98IB_zOsuw，2022年11月8日访问。

（三）在日外国留学生求职压力仍在，求职意向有变化

日本出入国管理厅的统计数据显示，2021年在日外国留学生以就业目的申请变更居留签证的人数达34183人，申请人数比上一年减少了11.7%，成功变更居留签证的达29689人，比上一年减少了4.1%。其中，成功变更签证的中国留学生有10933人，占36.8%，但人数比上一年减少647人，降幅为5.6%。变更签证的中国留学生中，88%的人获得了技术/人文知识、国际业务类的居留资格，共有9577人。①

日本DISCO公司发布的《关于2022年毕业外国留学生就业活动情况的调查》报告显示，2021年7月日本国内学生的内定率达80.1%，而外国留学生的内定率仅为39.0%，虽然比受疫情影响严重的2020年内定率增加了7.5个百分点，但仍低于疫情前的水平。② 另外，日本DISCO公司发布的《关于录用外国留学生/高级外国人才的调查》的结果显示，在雇用高级外国人才的企业中，2021年录用外国留学生的企业仅占全部被调查企业的22.6%，比过去五年的平均占比减少超10个百分点，有些企业受疫情影响减少了招聘计划，但是调查报告预计2022年录用外国留学生的企业占比可达38.7%，企业录用外国留学生的计划有恢复的迹象。③

虽然日本企业的招聘需求逐渐恢复，但是外国留学生的求职意愿正在发生变化。日本DISCO公司发布的《关于2022年毕业外国留学生就业活动情况的调查》报告显示，在被调查的计划2023年毕业外国留学生中，虽然有90%的人希望在日本就职，但是希望就职于日本本土企业的外国留学生占比只有42%，④ 首次低于希望就职于外资企业的人数。受疫情影响，日本大学

---

① 『令和三年における留学生の日本企業等への就職状況について』，https://www.moj.go.jp/isa/content/001358473.pdf，2022年11月8日访问。

② 『2022年卒外国人留学生の就職活動状況に関する調査』，https://www.disc.co.jp/wp/wp-content/uploads/2021/08/gaikokujinryugakusei_202108.pdf，2022年11月2日访问。

③ 『外国人留学生/高度外国人材の採用に関する調査』，https://www.disc.co.jp/wp/wp-content/uploads/2022/01/2021kigyou-global-report.pdf，2022年11月6日访问。

④ 『2022年卒外国人留学生の就職活動状況に関する調査』，https://www.disc.co.jp/wp/wp-content/uploads/2021/08/gaikokujinryugakusei_202108.pdf，2022年11月10日访问。

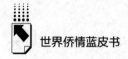

的线上课程数量增多，外国留学生在线下使用日语的机会减少，而日本本土企业在招聘时非常注重外国留学生熟练运用日语的能力，很多外国留学生在求职时对自己的日语能力感到担忧，可能促使越来越多的外国留学生选择就职于对日语能力要求较低的外资企业。①

四　华文教育

2021年12月，日本华文教育协会召开了"后疫情时代日本华文教育实践与展望"研讨会，共有50多位在日华文教育工作者参会，分享实践经验，研判日本华文教育发展趋势，交流发展思路。自疫情开始以来，线上课程成为主流的教学模式，"互联网+华文教育"已是大势所趋，线上线下同步教学预计将长期持续。此外，线上教育模式有利于中国国内大型教育机构抢占日本华文教育市场，这些变化对于华文教师的素质和华文课程设置提出了很大的挑战，如何提高华文教师网络授课技能成为迫在眉睫的问题。虽然中国大型教育机构有着更加专业化的运营团队和师资力量，但是在日华文学校深耕于日本本土，更加了解日本学生和家长的需求。华文学校除了教授中文，还有传承中华文化以及建立并维系华裔孩子社交圈的特色功能，在日华文学校需要充分挖掘自身优势，加强团结合作，共同促进日本华文教育的发展。②

五　华侨华人与中日邦交正常化50周年

在日华侨华人是促进中日友好往来的重要力量，为庆祝中日两国实现邦交正常化50周年，在日华侨华人及侨团纷纷举办和参与了各种纪念庆祝活动。

---

① 《在日外国留学生更愿去外资企业就职?》，https://mp.weixin.qq.com/s/mLYNUPT4GF4-J9mAXgTlMw，2022年11月8日访问。
② 杨林等:《后疫情时代日本华文教育的实践与展望》，《世界华文教育》2022年第1期。

2022 年 5 月 30 日，中部日本华侨华人联合会在名古屋万豪大酒店举办亲睦交流会；① 6 月 15 日，由国际水墨艺术促进会、令和中日文化艺术交流协会和全日本中国美术家协会共同举办的"2022 国际水墨艺术大展（中日邦交正常化 50 周年纪念特别展）"在东京都美术馆成功举行，带动了一股中日文化交流热潮；② 8 月 27 日，由中日青年促进会举办的"2022 年中日邦交正常化 50 周年暨第二届中日青年高峰论坛——后疫情时代的碳中和与新能源论坛发展研讨会"在东京通过视频会议在线举办；③ 9 月 6~9 日，中日两国 47 名大学生和研究生参加了由笹川和平财团举办的"日中未来创发研讨会"；④ 9 月 16 日，由全日本华侨华人社团联合会主办的"一衣带水 共创未来"纪念中日邦交正常化 50 周年庆典晚会在东京练马区文化中心大剧场举行；⑤ 9 月 23 日，中国留日同学总会在东京日中友好会馆举办"纪念中日建交 50 周年——中日关系与留学交流论坛"；⑥ 10 月 15 日，由日本华人教授会和日本政治法律学会联合举办的"中日邦交正常化 50 周年纪念论坛"，以日本庆应大学为主会场通过线上线下同步的方式圆满举行；⑦ 10 月 18 日，《永远的邻居——纪念中日邦交正常化 50 周年摄影展》日本巡回展在东京开幕。⑧

---

① 《中部日本华侨华人联合会举办亲睦交流会 共促侨界合作发展》，https：//mp.weixin.qq.com/s/POxnQXgiX9lvkziG9tZ-cw，2022 年 11 月 12 日访问。

② 《全日本中国美术家协会会长赵龙光：美术家一直是中日文化交流中的重要力量》，https：//mp.weixin.qq.com/s/5LS4B-3cyYde-3gtop2j7g，2022 年 11 月 12 日访问。

③ 《2022 年中日邦交正常化 50 周年暨第二届中日青年高峰论坛在东京举办》，https：//www.163.com/dy/article/HGGVDRHG0515L9VD.html，2022 年 11 月 2 日访问

④ 《中日大学生在"日中未来创发研讨会"上为两国关系发展建言献策》，http：//news.youth.cn/gj/202209/t20220913_13996094.htm，2022 年 11 月 12 日访问。

⑤ 《"一衣带水 共创未来"纪念中日邦交正常化 50 周年庆典晚会新闻发布会在东京举办》，https：//mp.weixin.qq.com/s/6WGYIP3WfSNYrzHYsanTbA，2022 年 11 月 2 日访问。

⑥ 《中国留日同学总会成功举办中日关系与留学交流论坛》，https：//mp.weixin.qq.com/s/OnniBIQShnqUxuL3d_vX-w，2022 年 11 月 12 日访问。

⑦ 《"中日邦交正常化 50 周年纪念论坛"在东京成功举行》，https：//mp.weixin.qq.com/s/cDMNodpeIYL2Z7FvOr2n7w，2022 年 11 月 12 日访问。

⑧ 《〈永远的邻居——纪念中日邦交正常化 50 周年摄影展〉日本巡回展开幕》，https：//www.chinanews.com.cn/gj/2022/10-19/9876043.shtml，2022 年 11 月 12 日访问。

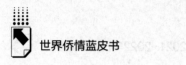

小　结

2022 年是中日邦交正常化 50 周年，在日华侨华人积极组织并参加了多项庆祝纪念活动。受疫情影响，在日本从事旅游业的华侨华人不得不转行谋生。疫情平稳后，在日华商率先对中国留学生发出招聘邀请；日本新华侨掀起了创业热潮，其从事的职业更加多元化；中国本土餐饮及家电品牌逐渐占领日本市场。2021 年在日中国留学生人数减少 6.2%，中国留学生的学习、生活和求职受疫情影响较大，求职意愿出现变化。日本华文教育工作者齐聚并探讨日本华文教育所面临的挑战和机遇。

2021~2022年韩国侨情分析

朴美儒*

摘　要： 截至 2021 年底，在韩中国人同比有所减少，但仍是人数最多的在韩外国人群体；其中三分之二为中国朝鲜族。与其他在韩中国人群体相比，在韩中国朝鲜族老龄化程度较高；中国朝鲜族与韩国人有着相近的文化和语言背景，为中韩两国的贸易往来做出了积极贡献。然而受韩国国内固有的偏见和中韩两国关系波折的影响，在韩中国朝鲜族长期被韩国社会他者化对待，这强化了在韩中国朝鲜族对于中国人身份的认同。为庆祝中韩建交 30 周年，在韩华侨华人和侨团举办了多项庆祝和纪念活动。

关键词： 在韩中国人　在韩中国朝鲜族　在韩中国留学生

一　在韩中国人统计

韩国司法部发布的《2021 年移民和移民政策统计年报》显示，截至 2021 年底，在韩中国人①总数为 858747 人（含台湾省 18554 人），占全部在韩外国人总数的 43%，在韩中国人总数与 2020 年相比减少了 6%，但仍然是人数最多的在韩外国人群体。

在韩中国人中，20~59 岁年龄段的有 62 万人，占 73%，以每 10 岁为一组划分，50~59 岁年龄段的占比最大，为 24%。在韩中国人年龄占比如图 1 所示。

---

* 朴美儒，硕士，中国华侨华人研究所七级职员，研究方向为海外华侨华人。

① 在韩中国人包含持有 90 天及 90 天以内的短期签证和 91 天及以上签证的中国人。

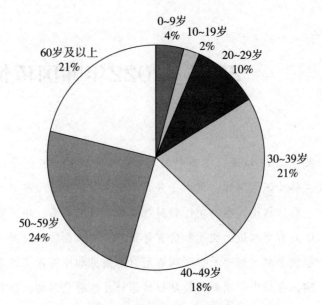

图1　在韩中国人各年龄段占比

资料来源：根据『2021 출입국・외국인정책 통계연보』整理，https：//www.
immigration. go. kr/immigration，2022 年 11 月 18 日访问。

2021 年通过与韩国人结婚申请到 F-6 签证的中国人有 61366 人（含台湾省 1596 人），占全部结婚移居者的 36.3%，中国人是结婚移居到韩国人数最多的群体，中国女性结婚移居人数有 47273 人，中国男性结婚移居人数为 14093 人。2021 年加入韩国国籍的中国人有 5330 人，占全部入籍者的47.2%，与 2020 年相比减少了 33%，通过与韩国人结婚入籍的中国人为1550 人，占全部归化中国人的 30%。[①]

韩国房源网站 zigbang 在法院登记信息广场发布的"所有权交易转移登记统计"报告显示，2022 年在韩外国人购买房地产的比重为 0.69%，其中，中国人买入韩国房地产的比重自 2013 年（36.48%）升至第一位后已连续 9

---

① 『2021 출입국・외국인정책 통계연보』，https：//www. immigration. go. kr/immigration，2022
年 11 月 8 日访问。

年保持领先地位，从 2017 年开始，这一比重更是上升到了 60%~70%。[1] 韩国国会产业通商资源中小风险企业委员会议员郑宇泽公布的资料显示：2021年中国人在韩购买房产 6640 余套，按地区划分，中国人在京畿道购房数量最多，为 2659 套，占外国人整体交易的 78.1%；其次是仁川市（1220 套）、首尔市（736 套）和忠清南道（693 套）。[2]

二 在韩中国朝鲜族

（一）在韩朝鲜族华侨超三分之二，比2020年减少5%

韩国司法部发布的《2021 年移民和移民政策统计年报》显示，截至 2021年底，在韩中国朝鲜族有 614665 人，占全部在韩中国人的 73%，80%的在韩外籍朝鲜族来自中国，集中于首尔及京畿道地区，具有鲜明的少数民族聚居的特点。

在韩朝鲜族华侨人数与 2020 年相比减少了 5%，与 2019 年相比减少了12%。[3] 受疫情影响中韩两国边境管控，且中国较好地控制了新冠疫情、恢复了经济，以及中韩两国逐渐缩小的收入差距，一些在韩中国朝鲜族务工人员自回国后不再选择返回韩国，这不仅导致了首尔朝鲜族聚居区大林洞一带诸多职业中介机构的倒闭，也加剧了韩国中小企业的用工荒。[4]

（二）在韩朝鲜族华侨面临老龄化

与老龄化的韩国社会一样，在韩居留的中国朝鲜族也面临老龄化。据统

---

[1] 《中国人在韩购房居外国人首位，买入最多的地段为？》，https：//chinese. joins. com/news/articleView. html？idxno＝102420，2022 年 11 月 19 日访问。

[2] 《统计：中国人去年在韩购房 6600 余套》，https：//cn. yna. co. kr/view/ACK20220522000400881？section＝search，2022 年 11 月 18 日访问。

[3] 『2021 출입국·외국인정책 통계연보』，https：//www. immigration. go. kr/immigration，2022年 11 月 18 日访问。

[4] 《韩国出现"用工荒"，韩媒：中国朝鲜族务工人员正从韩国流失》，https：//m. huanqiu. com/article/4942xZomg2w，2022 年 11 月 19 日访问。

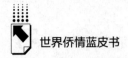

计，在韩朝鲜族华侨集中于 30~59 岁的年龄段，50 岁及以上是最多的群体，而其他在韩中国人群体集中于 10~29 岁的年龄段。这说明 20~30 年前那些 30~50 岁的人现在最低也 50~60 岁了，过去来到韩国的中国朝鲜族长期在韩国居留。①

（三）在韩中国朝鲜族仍旧被韩国社会歧视

在韩中国朝鲜族至今依旧被韩国社会排斥。近年来受中美关系及疫情影响，韩国社会把中国崛起看作"威胁"而不是"机会"。② 而韩国社会对于中国的偏见和猜疑加剧了其国民对于在韩中国朝鲜族的歧视。

2021 年，韩国媒体报道在韩中国朝鲜族被排除在政府支援金领取对象之外的事件，引起了在韩朝鲜族的不满，有的外籍朝鲜族在媒体平台上发布不满评论后，却引发了 10000 余条韩国人的恶评。③ 据《朝鲜日报》报道，很多生活在首尔永登浦区大林洞的中国朝鲜族因容易遭受到韩国人歧视，很少走出这片区域，即使是搬家也会考虑搬去中国人聚居的地方。韩国人对于中国朝鲜族的差别对待使得在韩居留的中国朝鲜族强化了作为中国人的身份认同。④

（四）在韩中国朝鲜族促进中韩贸易往来

在韩中国朝鲜族是促进中韩两国友好往来的重要力量。近年来，在韩中国朝鲜族不再仅从事辛苦的 3D（Difficult、Dirty、Dangerous）行业，其在韩的职业选择也逐渐多样化，出现了许多活跃于中韩两国的中国朝鲜族企业家，近 30 年以来中韩贸易的快速增长离不开往来于中韩两国的在韩朝鲜族

① AN JIYOUN（安志娟）：《政策变化、认知分歧与在韩中国朝鲜族新华侨社会的形成》，博士学位论文，北京大学，2021，第 67 页。
② 《民调：支持"萨德正常化"维护安全主权"反对扩大"尽量减少中韩冲突》，https：//chinese．joins．com/news/articleView．html？idxno＝107549，2022 年 11 月 20 日访问。
③ 『"中동포 재난지원금 제외 분노 사실 아냐…혐오 조장 말라"』，https：//www．yna．co．kr/view/AKR20210917090200371？section＝search，2022 年 11 月 20 日访问。
④ AN JIYOUN（安志娟）：《政策变化、认知分歧与在韩中国朝鲜族新华侨社会的形成》，博士学位论文，北京大学，2021，第 156 页。

华侨的努力。据了解，2021 年韩国免税商品出口额达近 16.8 兆韩元，约 70%依靠在韩中国朝鲜族企业家跟平台对接达成，2021 年韩国化妆品出口额达 60.5 亿美元，近 30%的交易量是由在韩中国朝鲜族企业家通过阿里、抖音等平台达成的。①

三　在韩中国留学生

韩国教育部发布的《2022 年教育基本统计》报告显示，在韩国接受初中及初中以下教育的中国留学生共有 52923 人（不含台湾省），占全部外籍中小学生的 31.4%，仅次于越南（54772 人），其中朝鲜族有 11914 人；在韩国接受高等教育的中国留学生为 67439 人，占全部国际学生的 40.4%，比上年增加 0.1%（91 人），中国是韩国最大的国际学生来源国。②

韩国职业能力研究院发布的一项数据显示，2021 年在韩国取得博士学位的外国留学生共计 1944 人，同比增加 56.7%，按国籍来看，中国留学生占比最高，为 63.5%，这个占比自 2015 年（42.2%）开始大幅增加；从就读的专业看，艺术和体育类以 24.7%的占比位居榜首，其次是工程系（24.5%）、社会系（16.8%）、自然系（14.4%）；然而，表示"想在韩国就业"的外国留学生仅占 1.9%，选择回国就业的外国留学生占 62%。③ 韩国职业能力研究院另外一项调查显示，缺乏就业信息和韩语能力不足是阻碍外籍博士在韩就业的主要因素，此外，韩国社会较为保守的社会文化和居留制度难以吸引并留下外国高级人才。④

---

① 《韩中丝绸之路国际交流协会会长李先虎：搭建中韩和平发展之路》，https://mp.wei xin.qq.com/s/-794Y4zTUs4irrrhfqanfA，2022 年 11 月 20 日访问。
② 『2022 년 교육기본통계 주요 내용』，https://www.moe.go.kr/sn3hcv/doc.html? fn = aafcfcf7f8806ae03544ebf023a13e1f&rs =/upload/synap/202210/，2022 年 11 月 20 日访问。
③ 『한국서 박사 학위 딴 외국인，1 년만에 57% 급증…"한류 열풍 영향"』，https://www.chosun.com/national/national_general/2022/02/23/VZT4YF2C7VD57P3C47ILLB7F2E/，，2022 年 11 月 20 日访问。
④ 『"폐쇄인인 한국，살기 힘들다"…국내박사 딴 외국인 60% 해외로』，https://www.mk.co.kr/news/society/view/2022/06/558149/，2022 年 11 月 20 日访问。

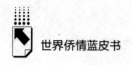
四 华侨华人与中韩建交30周年

2022年是中韩建交30周年，在韩华侨华人、侨团和中韩两国友好人士共同举办了多项庆祝和纪念活动。

2020年5月，由中国驻韩国大使馆和韩中经济文化教育协会共同主办的"中韩青年交流歌曲大赛"决赛暨颁奖典礼在韩国京畿道加平郡举办；① 8月12日，由釜山庆南地区中国学人学者联谊会主办，釜庆大学工业设计学科、东西大学孔子学院、釜山庆南地区中国博士联谊会协办的"中韩建交30周年学人学者国际艺术交流展"在釜山艺术会馆开幕；② 8月13日，"韩中建交30周年大型文化庆典活动暨中韩民间歌手歌咏大赛"举办；③ 8月23日，由釜山市、釜山国际交流财团联合青岛市主办的"中韩企业家商务交流会"举办；④ 9月9日，由中国同胞联合中央会主办，中国驻韩国大使馆、在外同胞财团、人民新闻报、韩国新华报、世界侨报和中外通讯社等后援赞助的第七届在韩中国朝鲜族民族文化庆典活动举行；⑤ 10月15日，中韩两国美术馆为纪念建交30周年合办的美术特别论坛——"20世纪中国美术和写实主义"在首尔国立现代美术馆德寿宫馆举行；⑥ 10月16日，由

---

① 《"中韩青年交流歌曲大赛"在韩举行》，https：//www.chinanews.com.cn/gj/2022/05-17/9756452.shtml，2022年11月21日访问。

② 《涂敬昌副总领事出席中韩建交30周年学人学者国际艺术交流展开幕式并致辞》，http：//busan.china-consulate.gov.cn/chn/xw/202208/t20220815_10743516.htm，2022年11月22日访问。

③ 《韩中建交30周年大型文艺公演暨中韩民间歌手歌咏大赛将在首尔举行》，https：//njruxin.com/hgxw/9971.html，2022年11月21日访问。

④ 《釜山市举办中韩企业家商务交流会》，http：//korea.people.com.cn/n1/2022/0829/c407888-32514184.html，2022年11月22日访问。

⑤ 《第七届在韩中国朝鲜族文化庆典活动将在首尔汝矣举行》，https：//njruxin.com/hgxw/10153.html，2022年11月22日访问。

⑥ 《韩中美术馆在韩合办论坛纪念韩中建交30周年》，https：//cn.yna.co.kr/view/ACK20221014005800881？section＝search，2022年11月22日访问。

韩国社团法人在韩同胞总联合会组织发起的"纪念韩中建交 30 周年民间文化交流研讨会"在韩国首尔大林洞举行。[①]

小 结

　　截至 2021 年，在韩中国人超 85 万人，三分之二为朝鲜族；在韩中国朝鲜族是促进中韩两国友好往来的宝贵资源；中国仍是韩国最大的国际学生来源国，但赴韩外国留学生在韩工作的意愿很低；2022 年是中韩建交 30 周年，在韩华侨华人积极组织并参加了多项庆祝纪念活动。

[①] 《纪念韩中建交 30 周年民间文化交流研讨会在首尔大林洞举行》，https：//njruxin. com/site map/10303. html，2022 年 11 月 22 日访问。

B.10
2021~2022年新加坡、马来西亚、泰国、菲律宾、文莱侨情分析

于 丹*

摘 要： 2021~2022年，随着新、马、泰、菲、文疫情逐渐缓解，以及RCEP的生效，中国与上述各国的经贸合作展现出新的生机，华商也迎来了重启与复苏的重要机遇。同时，中国与上述国的教育合作与交流也进一步深化。此外，新、马、泰、菲、文华校发展面临师资短缺等问题，华人社团、华校等积极协商解决，有效推动了华文教育的发展。新、马、泰、菲、文华侨华人在融入住在地的同时，还积极搭建中华文化之桥，促进了中华文化在海外的传播。

关键词： 华侨华人 华人社团 华文教育 经贸合作

一 新加坡侨情

截至2021年6月，新加坡总人口约为545.4万人，比2020年同期下跌4.1%，这是自1950年以来新加坡总人口下跌幅度最大的一次。其中，新加坡公民人口为349.8万人，获得新加坡永久居民身份的人口为48.9万人，较2020年分别下跌0.7%和6.2%；非居民人口约为146.7万人，比2020年下降10.7%，下降原因主要是旅行限制和不确定的经济状况导致外国人就

---

* 于丹，经济学博士，中国华侨华人研究所助理研究员，主要研究方向为华侨华人、人口经济学。

业减少。从种族来看,华族、马来族和印度族分别占居民人口的74.3%、13.7%、9.0%。从年龄结构来看,2021年新加坡65岁及以上居民占居民人口的16.0%,比2020年增加0.8个百分点,人口老龄化程度进一步加深。

(一)新加坡华商与中新经贸交流

2021年新加坡国内生产总值增长7.6%,从2020年衰退4.1%中实现强劲反弹,并创近十年来最高增速;2022年新加坡国内生产总值增长3.8%,超过政府预期的3.5%。在此背景下,新加坡华商不断调整发展策略,寻求新的发展机遇。同时,中新两国全方位提高互利合作水平,双边关系的韧性与活力进一步彰显。

1. 华商在三大挑战中寻机,趋势向好

2021年,新加坡中华总商会进行了"2021年商界意见调查",得到了近1000家会员商家的反馈意见,其中92%是中小企业。结果显示,新加坡商界面对的三大挑战是业务成本上升、找不到合适的员工及抗疫措施的限制。即使这对企业来说是一段艰难的时期,但仍有60%的受访企业预计能盈利;47%的商家预计营业额会下跌,比例低于2020年的水平(80%)。

2. RCEP为中新经贸合作带来更多机遇

2021年4月,新加坡宣布批准《区域全面经济伙伴关系协定》(RCEP),成为首个完成官方核准所有程序的东盟国家。2022年1月1日,RCEP获得10个缔约国批准,协定正式生效。中新率先完成RCEP核准程序,有力促进了区域一体化进程。在共建"一带一路"和RCEP生效重大机遇的推动下,中国与新加坡共同举办了多场经贸合作交流会。例如,2021年12月召开"新加坡-中国(云南)贸易合作暨跨境电商专场对接会",会议旨在打通疫情影响下的滇新贸易通道,服务云南企业开拓新加坡市场,促进双边贸易往来合作;2022年4月召开浙江-新加坡经济贸易理事会第十六次会议,会上共签署9个重点合作项目,协议金额达70亿元人民币,涉及科技、金融、能源、建筑、环保等多个领域。

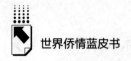
3. 中国与新加坡深化数字技术合作

数字经济已成为当前国际社会的热门话题。中国和新加坡均在该领域取得了较大成就，且不断深化数字技术合作。如自 2019 年深圳与新加坡签署《关于新加坡-深圳智慧城市合作倡议的谅解备忘录》以来，两地在智慧城市和数字经济等领域展开了全面合作，2021 年 10 月双方又签约 4 个新合作项目；2022 年 7 月举办"2022 中新经贸合作交流会"，多家企业围绕科技产业、数字互联互通、智慧城市等主题进行了交流分享。此外，越来越多的中资科技企业到新加坡发展。如 2020 年以来，互联网企业阿里巴巴、字节跳动、腾讯、爱奇艺先后宣布在新加坡设立区域总部，中资数字科技企业到新加坡投资呈快速增长趋势。[1] 中资科技企业进驻新加坡，能够在疫情寒冬下为当地企业带来更多的融资和合作机会。

（二）华人社团活动

1. 华社为更多家庭提供援助

新加坡华社自助理事会是由新加坡中华总商会与新加坡宗乡会馆联合总会在 1992 年联合创立的，目的是帮助华族社群发展教育及自我提升，培育和发展华族社群的潜能，为多元新加坡的发展做贡献。[2] 2021～2022 年，由于新冠疫情和世界局势动荡，华助会一些受惠家庭深受影响。为了提供更具针对性的援助，华助会以个案管理的方式，根据不同家庭的需要量身定制援助配套方案。据统计，以个案管理方式提供援助的对象从疫情发生前的每年 700 户家庭增加至 2020 年的 900 户，2021 年进一步增至 1000 多户。

2021 年 12 月，华助会举办"准备上学咯！"活动，该活动自 2004 年起举办，目的是帮助低收入家庭为新学年做好准备。2021 年，共有来自 8800 户低收入家庭的 1.76 万名学生从中受惠，比 2020 年多出 100 户家庭和 200

① 《新加坡媒体：中资"大厂"进驻新加坡，掀起抢人大战》，https：//oversea. huanqiu. com/article/48aZBhbUbNF，2022 年 8 月 13 日访问。

② 《新加坡华人社团关怀乐龄人士 获各界好评》，https：//www. chinanews. com. cn/hr/2013/04－18/4742501. shtml，2022 年 8 月 15 日访问。

名学生。此外，华助会 2022 年拨出 3640 万新元进一步帮助低收入家庭，比 2021 年的 3360 万新元高出约 8.3%，同时逐步恢复为年长者举办以身心健康为主的活动。由于疫情期间要帮助更多家庭，2022 年华助会不得不从储备金中调用 200 万新元来资助活动，这是华助会自 2014 年来首次调用储备金。此外，自 2023 年起，在华助会补习且符合条件的学生，无论报名多少个补习科目，一年都只需付 10 元补习费，从而为困难家庭减轻压力。

2. 商团提升自身实力，助推华商发展

2022 年 1 月，新加坡中华总商会与政府携手推出"商团发展模式与人才技能框架"，协助本地商团和商会提升实力，尤其是会务管理和人才培训。在该项目下，总商会将开办工作坊帮助商团使用发展模式工具箱，以及与南洋理工学院合作，为商团提供基础培训课程。这个框架适用于不同行业及规模的商团与商会，当中的发展模式工具箱让商团和商会可以自行分析内部短板及规划长远的成长蓝图，人才技能框架则描绘商团和商户领域职业道路和工作内容。

由新加坡中华总商会和马来西亚中华总商会联办的 2022 年马新中华总商会商务论坛于 1 月 18 日举行，共吸引逾千家马新企业参会。论坛主题为"后疫情时代的改革驱动：转型、永续、绿化"，旨在让马新两国企业探讨在全球及区域市场革新趋势及挑战下，加强双边经贸和投资合作，共同开拓更大的全球市场。目前，新加坡企业对投资中国热情很高，很多企业希望新加坡中国商会帮助其到中国投资。

（三）华文教育与文化

1. 新加坡采取多项措施加强华语学习

新加坡南洋理工大学国立教育学院的一项调查显示，新加坡华族青年在日常沟通中使用英语和华语的自信心分别为 42.2% 和 45.6%；而小学生当中，仅有 11% 的人对使用华语有信心。总的来说，八成至九成的受访对象认为，身为新加坡华人，懂得双语很重要。

为了营造更好的母语学习环境，2021 年 4 月，新加坡教育部宣布，将在未来五年拨款 3000 万新元，资助本地三个推广母语学习的委员会更好地

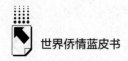

集合资源，推广本地母语学习和应用。此后，有关机构积极探索开发更多的阅读形式和载体，吸引学生通过纸本与非纸本等多种媒介来阅读，并采用多种形式引起他们阅读华文的兴趣。例如，为了鼓励学生阅读中学华文新课程的泛读丛书，推广华文学习委员会将与媒体人合作，将读本拍成微电影，并举办配合泛读丛书的漫画创作比赛等。

此外，相关机构还通过多种形式助力儿童学习华语。新加坡许多适合学前儿童的中文绘本是从中国（或我国台湾）进口，书中内容和表达方式不完全适用于新加坡的语言环境，容易让儿童与中文产生距离感。为解决该问题，2017 年起，新加坡职总优儿学府出版了 62 本适合学前儿童使用的原创本地化中文绘本，绘本的最新系列《欢乐的节庆》于 2021 年推出。这些绘本已经在新加坡 145 个职总优儿学府幼乐园作为教材使用，让约 2.2 万名儿童接触学习。此外，有读写障碍的孩子在学习认字和阅读时需要特别帮助，而这方面的中文学习材料在新加坡本地比较缺乏，一家培育中心就推出了集漫画和录音等互动内容结合的中文活动本《汉字游乐场》，协助有读写障碍的孩子学习中文。

2. 华侨华人与侨团宣传中华传统文化

在新加坡，许多华侨华人虽早已与当地文化相融，但仍在弘扬和传承中华文化。以汉服为例，近年来，许多热爱汉服文化的新加坡华侨华人，长期以汉服为载体，参加各类文化活动。① 2021 年中秋节期间，多位新加坡汉服同好在新加坡裕华国货大厦举办活动，获得了大量关注。还有许多新加坡华侨华人组成以汉服为传播载体的文化社团，向更多人介绍中国传统服饰，向世界展示中华传统服饰之美。

戏曲也是中国传统艺术之一，在世界戏剧舞台上独树一帜。2022 年 5 月，新加坡南华潮剧社推出双语儿童戏曲绘本《找到了!》，用手绘方式连接祖孙三代的戏曲记忆，宣传传统戏曲文化。剧社近年来一直在用创新、数

---

① 《以汉服为媒，让世界读懂中国文化》，http://www.chinatoday.com.cn/zw2018/bktg/202112/t20211206_800269233.html，2022 年 8 月 20 日访问。

字化的多种形式吸引年轻人来传承中华传统文化，这次出版戏曲绘本也是其中的一部分。

中国传统节日是中华民族悠久历史文化的组成部分。为了让公众更全面地了解中国传统节日的习俗和文化，新加坡华社也开展了多项活动。例如，2021年清明节前，新加坡华族文化中心推出一系列线上活动，介绍清明节的起源等知识，以及新加坡不同华人方言群体在清明节祭祖的方式。新加坡晋江会馆、永春会馆、福建会馆等非常重视端午节，2021年端午节期间，三个会馆分别通过举办"疫见粽情"端午线上文娱晚会、向安老院分发粽子、举办亲子会并一起包粽子等形式，庆祝这一传统节日。

2021年是中国-东盟建立全面战略伙伴关系之年，2022年1月RCEP正式生效，为中国-东盟经贸合作注入新动力。中国与新加坡率先完成RCEP核准程序，有力促进了区域一体化进程。随着新加坡经济逐渐复苏，以及各项利好政策的推动，中国与新加坡的经贸合作呈现蓬勃生机，也为当地华商的发展提供了机遇。此外，2021~2022年，华文教育得到新加坡教育部的重视，中华传统文化也在新加坡获得宣传与发展。

二 马来西亚侨情

多年来，马来西亚华侨华人在为当地经济发展做出贡献的同时，也时刻关心中国的发展与动态，如在2022年北京冬奥会期间，马来西亚华侨华人纷纷对北京冬奥会的成功举办表达祝福和支持，并通过绘制明信片等形式祝愿北京冬奥会圆满成功。

（一）华人社会新动向

1. 马来西亚华裔人口比例不断下降

马来西亚第六次全国人口和房屋普查报告显示，2020年马来西亚人口约为3245万人，2011年到2020年，马来西亚年均人口增长率为1.7%，这一数字较21世纪前十年年均2.2%的增长率有所下降。同时，马来西亚男女性别比例差距扩大，2020年马来西亚男女性别比为110∶100。从人口年龄结构来看，马来西亚65岁及以上人口从2010年时的140万人增长至2020年时的220万人，人口已出现老龄化趋势。从种族来看，2020年，马来西亚原住民（包含马来裔、马来半岛原住民、沙巴和沙捞越原住民）人口占69.4%，华裔人口占23.2%，印度裔人口占6.7%，其他族裔占0.7%。其中，华裔家庭平均人数为3.3人，远低于全马平均水平的3.8人，为各族裔中最低。

2. 马来西亚超39%的华裔家庭属高收入群体

第十二个马来西亚计划报告显示，2019年马来西亚原住民家庭的月收入中位数为5420林吉特，华裔家庭为7391林吉特，印裔家庭则是5981林吉特。原住民与华裔的家庭月收入中位数差距为1971林吉特。从赤贫率上看，马来西亚原住民家庭的赤贫率最高，为7.2%，华裔家庭为1.4%，印裔家庭为4.8%。从收入分布来看，原住民家庭中71.4%属于B40低收入群体；华裔家庭中39.2%属于T20高收入群体，19.5%属于B40低收入群体。

3. "盼"字与"涨"字分别当选马来西亚2021年度与2022年度汉字

2021年12月，马来西亚年度汉字揭晓，"盼"字从十个候选汉字中脱颖而出，当选马来西亚2021年度汉字。从民众投票情况来看，70岁以上、40岁以下的民众尤其支持"盼"字。与新冠疫情有关的汉字依然在十大候选汉字中居于多数，"盼""乱""累""苗"等字都得到不少民众投票支持，最终"盼"字仅以微弱优势胜出。马来西亚和新加坡不约而同选出"盼"为2021年度汉字，显示民众对政治稳定、疫情受控、经济尽快复苏的期待。

2022年12月，"涨"字继2013年后第二度中选，成为2022年马来西亚年度汉字。这也是马来西亚自2011年举行年度汉字评选以来，首次出现两度当选的汉字。据悉，"涨"在十大候选汉字中获得民众25.4%的选票，压过"选""乱"等候选汉字夺冠。在十大候选汉字中，有多达七字与生活中的衣食住行息息相关，体现民众对"生活与温饱、平安与复苏"的关心；"涨"字当选，体现了通货膨胀对马来西亚民生带来的挑战。

（二）人文交流与经贸合作

2021年，马来西亚GDP增长3.1%，经济出现增长势头；2022年，马来西亚GDP增长高达8.7%，成为22年来最快的年度经济增速。在中马经贸合作方面，截至2021年，中国连续13年成为马来西亚最大贸易伙伴。

1. 积极开展交流与合作

在经贸交流合作领域，2021年3月，马来西亚中国企业家联合会与江苏省连云港市侨联举行视频会议并签订合作协议，双方将加强日常信息交流互动，及时向对方提供地区经济文化活动的动态信息，实现资源共享、合作共赢。2021年9月，"第三届中马经贸对接会"在中国建设银行"全球撮合家"平台举行，来自中马两国的100多位企业家代表参加会议，对接会促成意向性合作17项，合计金额1.01亿美元。2021年12月，"一带一路"大讲堂在马来西亚启动并举办首场讲座，讲堂旨在推动社会创新和经济发展，促进马中两国共同繁荣；到2022年6月，该讲堂已举办四场。

除了日益深化的经贸合作外，中马两国间的人文交流活动也日益频繁，涵盖教育、文化、艺术、卫生等领域。例如，2021年10月福州-马来西亚国际学术研讨会召开，此次研讨会邀请海内外学者撰写论文、参与相关议题研讨，共同对福州与马来西亚友好往来进行文化上的再研究；2022年3月甘肃省社会科学院与马来西亚马中友好协会举行《中国-马来西亚友好关系发展史》网络视频签约仪式，该丛书旨在全方位聚焦中马两国古往今来的文化交往与联系，讲述两国友好发展故事。

2. 疫情推动两国疫苗研发合作

2020年11月，中马两国政府正式签署《中华人民共和国政府与马来西亚政府关于疫苗开发和可及性的合作协定》，双方企业和科技机构在疫苗临床试验、疫苗采购以及灌装生产等方面合作取得多项进展。2021年2月27日，北京科兴中维生物技术有限公司生产的首批新冠疫苗半成品运抵马来西亚吉隆坡国际机场，正式交付马来西亚发马公司。3月18日起，马来西亚民众开始接种中国科兴生物生产的新冠疫苗。

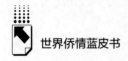

此外，新冠疫情的发生，让马来西亚意识到疫苗产业的重要性。为推动疫苗生产新技术研发，马来西亚于 2021 年 11 月发布了"国家疫苗发展路线图"计划，其目标是到 2030 年让马来西亚成为人用疫苗生产国。作为马来西亚"国家疫苗发展路线图"计划的一部分，2022 年 6 月，中国康希诺生物公司、马来西亚国立生物技术研究院、马来西亚 SolBio 公司就疫苗研发合作签署了三方谅解备忘录，合作内容并不局限于新冠疫苗，还扩展到防治其他疾病的疫苗上。这标志着两国疫苗研发合作又前行一步。

3. RCEP 助力马来西亚经济复苏

自 2022 年 3 月 18 日起，RCEP 对马来西亚正式生效，中马双方将相互实施协定税率。湖南、广西、福建海关当日签发了首批对马来西亚 RCEP 原产地证书。2022 年 4 月，马来西亚中国企业家联合会与多家马来西亚及中国商界、学界机构共同探讨 RCEP 下中马经贸前景，纷纷看好 RCEP 给马来西亚经济恢复和中马经贸合作带来的新机遇。马来西亚贸工部发表声明称，RCEP 将成为马经济复苏和增进国际经贸往来的"关键推动力"。[①]

（三）华人社团活动

作为华人社会的三大支柱之一，近年来马来西亚华人社团继续发挥其政治参与、经济与文教等社会功能，在为华社争取利益、促进中马经贸合作与交流、支持华文教育发展等方面发挥了重要作用。

1. 马来西亚中华总商会庆祝成立百年

马来西亚中华总商会（简称"中总"）成立于 1921 年 7 月 2 日。自成立以来，中总一直维护华商权益，也积极投入马来西亚国家建设，为马经济发展和社会进步做出重大贡献。目前其拥有直接和间接会员总数超 10 万名。2021 年是中总成立 100 周年，2 月 9 日，中总在线启动以"百年中总，共商共赢"为主题的"中总百年会庆系列活动"。7 月 2 日，中总在线举办百年庆典大会，时任马来西亚总理穆希丁在致贺视频中，称赞中总在马来西亚国

---

① 刘馨蔚：《RCEP 成马来西亚经济复苏关键推动力》，《中国对外贸易》2022 年第 7 期。

家发展历程中发挥了举足轻重的作用，为马来西亚持续繁荣稳定和促进马各族团结做出了巨大贡献。

2. 侨团积极参与抗疫并促进经济与民生复苏

在疫情防控方面，疫情初期马来西亚中医药界就成立了"马来西亚中医药抗疫工作小组"，开展了多项中医药抗疫活动。在多方的建议与鼓励下，小组向马来西亚社团注册局申请成立"马来西亚中医药抗疫学会"。2021年1月，学会获批成立，继续推动马来西亚中医药抗疫活动。此外，马来西亚华人公会多个区会主动发起"关怀行动"，协助人们登记接种疫苗，派出志愿工作者到疫区消毒，并派发救济物资。2021年5月，马来西亚华人公会彭亨志工团成立志工团志愿消毒团队委员会，并开始义务为校园及公众场所开展消毒工作，保障民众的安全与健康。

在促进经济与民生复苏方面，侨团也做出了许多努力。从2021年1月开始，中总开展了"百年中总：与海外友好团体云端交流"活动，与多个海外组织分享有关抗疫工作、经济复苏、经贸合作与共创商机等议题，并设立联席委员会，以加强合作。2021年6月，马来西亚华人公会古来区会、妇女组及马青区团召开三机构联合线上代表大会，通过8个议案，包括要求政府及各银行放宽或降低现有各项经济振兴配套政策下所发放的商业贷款门槛，让中小型企业受惠；希望政府能积极为在工厂工作的外籍人士注射疫苗，避免经济活动停滞不前；等等。

（四）华文教育与文化

随着"一带一路"倡议的实施和中马关系的进一步加强，两国的文化教育交流与合作日益深入，华人文化也逐渐成为马来西亚多元文化的重要组成部分。除举办多项活动之外，"汉语桥"俱乐部（吉隆坡）、国际郑和文史馆等机构在马来西亚成立，对华人文明的延续与传承、中马文化教育交流务实合作起到了推动作用。

1. 马来西亚教育部与侨团合力解决华校师资不足问题

马来西亚华校教师会总会（教总）的调查显示，截至2021年1月31

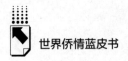

日，在马来西亚1171所华小当中，共有1197个教师及30个正副校长的空缺，显示华小依然存在师资不足的问题。此外，2021年2月至12月，有110名正副校长及437名教师退休，这意味着华小在2021年内又增加547个新的师资空缺，而且这还不包括申请提早退休的教师人数。这些因素使华小的师资短缺问题进一步加剧，严重影响了学校的正常运作。

为解决师资不足问题，2021年6月，马来西亚教育部宣布将"一次性"招聘18702名教师。教育部的招聘计划公布后，马来西亚华校董事联合会总会和马来西亚华校教师会总会（董教总）在第一时间向教育部提出多项建议，包括要求当局尽早公布招聘教师的详情等，还反映了当前华小和中学所面临的师资问题，并探讨相关的应对方案。马来西亚维护华教联合会也建议，马教育部此次大规模招聘师资，必须在各方面做好充分准备，如各师训机构在设施方面是否完备，以及招聘情况若不理想，是否有备用计划，等等。

2021年9月，马来西亚教育部宣布开放合约教师的申请，此次招聘中华小组获得1100个教师名额。除了华小组的名额，中学组也开放了华文科的申请。马来西亚华文理事会主席王鸿财呼吁拥有大学文凭及华文教学资格的大学毕业生，踊跃申请成为华文教师，协助解决师资短缺问题。

2. 华文小学学生数量下降

2021年3月，马来西亚教总发布《2010~2021年华小数目和学生人数演变概况》报告。报告指出，截至2021年2月，马来西亚共有1301所华文小学，和2010年相比，新增或恢复启用的华小有11所，停办的华小1所，华小数目总计增加了10所；在校生总数为50.72万人，与2010年相比，华小学生人数下跌了15.92%。由于马来西亚华裔人口生育率下降，华小学生数量下降是必然趋势。此外，华小的非华裔学生比例大幅提高，非华裔学生占比从2010年的11.84%提高到2020年的19.75%，越来越多其他族裔民众关注华小。

同时，还有一些华小的学生数量非常少，2021年马来西亚有16所华小的学生人数少于10人，如果没有新生来源，这些学校或将面临停办的命运。

2022 年，马来西亚晋汉连省华小新生人数进一步减少，省内 71 所华小的一年级新生人数有 3618 名，相比 2021 年减少了 100 多名；诗巫微型华小也存在小一新生人数极少的现象，如诗巫养成小学新学年小一新生有 3 人，养正小学小一新生仅 1 人。随着华裔生育率降低、人口老龄化、新生代往城市迁移、非华裔就读华小的学生人数增加及国际学校蓬勃发展，华小面临的挑战愈加艰巨。

3. 华人文化薪传不息

马来西亚是中华文化在海外保留最完整的国家之一。多年来，马来西亚华侨华人与在地文化工作者为促进两国文化交流不遗余力，也让中华文化在马来西亚得到传承与发展。2021 年 11 月，第九届马来西亚华人文化协会"文化奖"颁奖典礼举行，11 位华人文化工作者获奖。该奖项每三年或四年颁发一次，是马来西亚最重要的华人文化成就奖项之一，也被视为中华文化在马来西亚薪火传承、不断创新发展的重要象征。此外，在受疫情影响推迟两年后，第 37 届马来西亚全国华人文化节于 2022 年举办。为配合文化节，马来西亚中华大会堂总会还首度推出自制文化传承公益节目《坚守·传承》，旨在系统展现华人文化在马来西亚的传承，让书法、绘画、剪纸和武术等富有价值的民间精湛技艺和优良传统华人文化"在越来越多人心中生根、开花和结果"。

2021~2022 年，还有一系列弘扬华人文化的活动在马来西亚开展。如，2021 年 6 月，吉隆坡中国文化中心推出 10 集文化、旅游、美食节目《不同凡飨》，推广中国的美食美景与人文风光，引起巨大反响；2021 年 7 月，马来西亚拉曼大学中华研究院在校外开设了总共 8 场名为"2021 马来西亚老树新芽在线书刻创作坊研修班"的系列讲座，推广中国书刻艺术，为马来西亚书刻爱好者提供专业指导；2022 年 4 月，马中文化艺术协会主办的"第二届国际武术文化视频大赛"开幕，大赛以"文化传承，武动世界"为主题，旨在向全球推广武术文化；2022 年 6 月，马来西亚中医总会设立的马来西亚中医药历史文化馆开幕，该馆以文献、图片、文物、中医药文化藏品等丰富方式，讲述马来西亚中医药故事，突出马来西亚中医药的特色成就等。

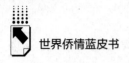

4. 中马教育合作交流有序开展

在教育合作方面。2021 年 8 月，中国江苏省天一中学与马来西亚日新国民型中学卓越学校签订协议，缔结为友好合作学校。双方拟在开展线上中文教学、教育教学经验分享、师生互访考察学习等方面加强合作，推动海外华文教育新发展。2022 年 5 月，马来西亚彭亨大学与联合钢铁（大马）集团公司签署备忘录，双方将开展多项校企合作，同时彭亨大学在联合钢铁（大马）集团公司设立孔子学院教学点，并根据联钢不同厂区工作需求来设计教学内容，为该公司本土员工进行钢铁技术相关的中文培训，以提升两国员工的交流沟通能力。

在教育交流方面。2021 年 9 月，由国务院侨务办公室主办，福建省人民政府侨务办公室、厦门大学承办的 2021 年海外华文教师（马来西亚）线上研习班开班，研习班旨在提升马来西亚华文教师职业素养、华文教学能力与课堂管理水平，共有来自马来西亚 169 名华文教师参加培训。2021 年 12 月，首都师范大学国际文化学院与教育学部联合主办中国-马来西亚教育交流周活动，共有 100 多位来自马来西亚的中小学教师、师范学院的中文教师参加。

2021~2022 年，马来西亚经济呈现快速增长势头，中马经贸合作与人文交流蓬勃开展，RCEP 的生效也为中马经贸合作带来了新的机遇。但是，马来西亚华文教育发展面临较多挑战，如师资短缺问题进一步加剧，影响了学校的正常运作；同时，随着华裔生育率降低、人口老龄化加剧、新生代往城市迁移以及国际学校发展等，马来西亚华小学生的数量不断减少。如何有效增加马来西亚华文教师及华校学生数量，推动华文教育健康发展，成为当前亟须研究探讨的课题。

三 泰国侨情

泰国是东盟的创始成员国和第二大经济体，也是中国-东盟关系的积极推动者。2022 年是中泰两国确定全面战略合作伙伴关系 10 周年。多年来，中泰两国一直保持着友好往来，在社会、人文和经济交流与合作中保持着相互借鉴、合作共赢的优良传统。2021~2022年，两国交流合作与泰国侨情呈现以下特征。

（一）华侨华人动态与移民政策

1.泰国华侨华人祝贺中国共产党建党百年

2021年是中国共产党建党100周年。泰国华侨华人纷纷对中共建党百年表示祝贺，为祖（籍）国的发展成就深感自豪，并表示愿为中华民族的伟大复兴贡献自己的力量。如泰国中华总商会及各行业公会成员单位、在泰华商表示将把握好祖（籍）国新一轮发展机遇，携手搭建中泰经贸合作平台，促进中泰友谊及全方位合作。泰国华文教师公会表示将一如既往地为促进泰国华文教育、增进泰中人文交流而努力，为中泰友好事业添砖加瓦。

2.推行10年长期居留签证

为刺激经济和投资，2021年9月，泰国批准了长期居留签证（LTR Visa）计划，以吸引具有潜力的外国人士来泰，共覆盖4类目标群体，包括"全球富有公民"、"外籍富有退休人员"、"外籍远程工作人员"、"高技能专业人士"。这一签证类型是泰国政府针对外国投资者推出的政策，以吸引外国投资者赴泰开展业务，尤其是12个目标行业。2022年9月1日，该长期居留签证正式签办，签证有效期为10年。该政策的实施有助于促进泰国向创新经济和现代技术经济转型，从而刺激经济增长。

（二）经贸合作与交流

2021年中泰双边贸易额突破1310亿美元，增速达33%。① 中国已连续9年成为泰国第一大贸易伙伴和农产品出口市场，两国经贸合作彰显较强韧性和活力。RCEP生效实施后，中泰经贸合作将进一步向纵深发展。

---

① 《2021年双边贸易突破千亿美元大关 中泰经贸：借势RCEP，未来更可期》，https://finance.sina.com.cn/jjxw/2022-04-21/doc-imcwiwst3199255.shtml，2022年9月1日访问。

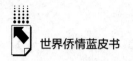

1. 中泰经贸合作区建设实现新发展

泰中罗勇工业园立项于 2005 年，是中国首批境外经济贸易合作区之一。中国"一带一路"倡议与泰国"东部经济走廊"战略的对接，让罗勇工业园驶入发展快车道。据统计，截至 2021 年 8 月，入驻罗勇工业园的中资企业数量从建园之初的 30 多家发展到近 170 家，泰籍员工达 4 万人，中方技术管理骨干和产业工人共 4000 余人，带动中资企业对泰投资超 40 亿美元，累计工业产值超 190 亿美元。[①] 泰中罗勇工业园为当地经济社会的发展注入了强大动力，促进了泰国经济繁荣和发展。

2. 中企在泰投资质量稳步提升

近年来，越来越多的中企加强与泰国企业合作，或在泰投资设厂，一批批大型项目相继签约或投产。2021 年 3 月，中资企业新源能源（泰国）有限公司与泰国京都电力机构在曼谷签署关于垃圾发电可行性研究及项目合作的谅解备忘录，双方将共同开发泰国垃圾发电，助力泰国垃圾污染治理和经济可持续发展。[②] 2021 年 9 月，泰国公共卫生部与华为公司签署谅解备忘录，旨在利用 5G 技术提升泰国医疗服务水平，加速泰国医疗产业转型。2021 年 11 月，中国港湾公司成功中标泰国林查邦港三期 F 区 PPP 投资项目，项目总投资金额约 10.1 亿美元，项目特许经营期 35 年，建设总工期 4 年。同月，由中国中铁十局承建的泰国住宅第一高楼首桩开钻，标志着该项目由前期临建阶段正式转入主体工程施工阶段。该项目是泰国重点民生工程之一，其中 A 区建成后可以为近 4000 户居民解决住宿问题。2022 年 5 月，中国台铃集团与泰国国家能源技术中心、泰国电力局签署合作备忘录，台铃集团将在泰国建立技术中心和生产基地，推广使用电动摩托车，推动泰国摩托车电气化转型。

3. 中老泰铁路实现互联互通

2021 年 12 月 3 日，中老铁路全线开通运营。泰国各界对中老铁路颇为

---

① 《沐浴时代春风 共享改革阳光——泰中罗勇工业园在"一带一路"时代背景下蓬勃发展》，"泰中罗勇工业园"微信公众号，2021 年 9 月 27 日。

② 《中泰国企签署垃圾发电可行性研究及项目合作谅解备忘录》，https：//www. chinanews. com. cn/cj/2021/03-22/9437928. shtml，2022 年 9 月 1 日访问。

关注，希望搭乘区域互联互通的"机遇快车"。2022 年 7 月 1 日，中老铁路万象南站换装场正式建成投用，首批跨境集装箱货物在此完成标准轨与米轨间换装后，驶向泰国林查班港。这标志着中老泰铁路实现互联互通，陆海联运国际物流通道将更加便捷畅通。①

（三）中文教育与教师培养

泰国已成为全球中文教学发展最迅速的国家之一。多年来，中国为推动泰国的中文教育发展不遗余力，自 2003 年起，中国已累计向泰国派出 2.5 万余人次国际中文教师志愿者，活跃在泰国 1000 多所大中小学课堂。目前，泰国有 2000 多所中小学校开设中文课程，在校学习中文人数超过 100 万人。2021~2022 年，泰国中文教育呈现以下新特征。

1. 中泰教育合作进一步拓展

国际中文教育是中泰两国民心相通的桥梁和纽带。在中泰建立全面战略合作伙伴关系 10 周年的新起点上，两国中文教育合作迎来历史性发展机遇。2022 年 4 月 20 日，中国教育部中外语言交流合作中心与泰国高等教育和科研创新部、泰国教育部签署《关于加强中文教学合作的框架协议》，与泰国教育部职教委签署《关于共同建设中泰语言与职业教育学院谅解备忘录》，以加强合作，促进泰国中文教育可持续发展。

此外，中泰学校之间也不断加强教育合作。例如，2021 年 1 月，泰国玛希隆大学与中国甘肃中医药大学签署有关教育与学术交流合作备忘录，双方将在师生交流、联合研究、举办讲座及研讨会、信息交流和学术出版等方面开展合作。2021 年 10 月，华侨大学与泰国六校就合作建设华侨大学海外招生处举行签约仪式。根据协议，华侨大学与泰国六所学校分别合作共建华侨大学海外招生处，并将在招生宣传、文化教育交流等方面开展深入合作。

2. 泰国"中文+"人才培养模式深入推进

随着在泰中资企业投资领域的不断拓宽，中文职业技能人才需求大幅上

---

① 《中老铁路万象南站换装场正式建成投用 中老泰铁路实现互联互通》，https：//cn. chinadaily. com. cn/a/202207/02/WS62bfb5f8a3101c3ee7add83f. html，2022 年 9 月 3 日访问。

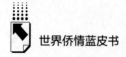

升。泰国中文教学顺应时代发展、瞄准职业培训缺口，推出"中文+"理念，并广泛应用于中文技能人才紧缺的行业。泰国宋卡王子大学普吉孔子学院一直努力推进泰国"中文+职业教育"事业，包括2022年1月发布泰国本土旅游中文教材《走遍泰国》、2月与泰国教育部职业教育委员会签署合作备忘录、4月开展"中文+职业教育"培训等，为旅游行业输送"中文+职业技能"人才。清迈大学孔子学院则重点关注兼具中文和电子商务知识的复合型人才培养项目，2022年3月，"中文+电子商务技能"项目精英培训班于清迈大学学术中心正式开班。泰国孔敬大学孔子学院在"中文+职业技能"教育方面也有着丰富的经验，"中泰高铁汉语培训项目"已经成为"一带一路"沿线国家职业教育的经典案例。2022年9月，泰国孔敬大学孔子学院又启动"中文+新媒体"人才培训项目，这是孔敬大学孔子学院结合新媒体热点领域、拓展"中文+"项目内涵所做的新尝试，项目旨在培养学生用镜头记录中泰文化生活场景、用中文讲述中泰友好交往故事的能力，实现以媒为介，联通中泰友好未来。

3. 泰国加强对本土中文教师的培养

受疫情影响，泰国中文教师资源稀缺现象突出，培养本土中文教师逐渐成为泰国中文教育发展研究的重要议题。为此，泰国孔子学院、泰国教育部等做出许多努力。2021年8月，泰国孔敬大学孔子学院举行"孔敬大学孔子学院本土中文教师培训中心"揭牌仪式，随后举办首期"泰国本土中文教师高级研修班"，揭开了孔敬大学孔子学院本土中文教师培训工作的新篇章；2022年4月，孔敬大学孔子学院又开展"泰东北民校本土中文教师培训"项目，旨在给广大泰东北本土中文教师提供服务，巩固泰国本土中文教育师资队伍。2021年12月，泰国教育部与清迈大学孔子学院签署合作协议，双方将就本土中文教师培训、本土教材研发、线上中文学习和汉语水平考试等方面开展深度合作。2022年8月，泰国本土中文教师技能大赛在玛哈沙拉坎大学孔子学院举办，大赛对于促进泰国中文教学快速发展以及解决当下泰国中文教学师资短缺、教学资源匮乏等问题具有指导意义。

4. 泰国孔子学院（课堂）发展联盟成立

多年来，在中泰两国政府的大力支持下，泰国孔子学院（课堂）充分发挥各自特色，得到泰国各界的一致认可。2021年9月27日，泰国孔子学院（课堂）发展联盟正式成立。该联盟是由泰国27家孔子学院及孔子课堂自发组织成立的非官方合作组织，旨在促进泰国中文教学发展、中泰文化交流及中泰友好关系发展。[①] 联盟成立后组织了多项活动，如2022年7月主办"后疫情时代的泰国中文教育"泰国孔子学院（课堂）院长联席会；2021年9月、2022年8月分别主办第一届、第二届泰国孔子学院（课堂）发展研讨会等。这些活动对推动泰国中文教育事业发展起到了重要作用。

2022年是中泰建立全面战略合作伙伴关系10周年。在新的起点上，中泰两国经贸合作、人文交流与教育合作迎来历史性发展机遇。在经贸合作方面，泰中罗勇工业园等经贸合作区实现新发展，中老泰铁路的互联互通使物流更加畅通，中企在泰投资数量与质量均稳步提升。在教育合作方面，中泰教育合作进一步加深。但是，新冠疫情的发生，对泰国中文教育的发展带来了严峻的挑战，泰国中文教师资源稀缺现象突出，培养本土中文教师逐渐成为泰国中文教育发展研究的重要议题。

四 菲律宾侨情

2021~2022年，中菲两国始终聚焦友谊与合作，推动两国友好关系行稳致远。2021年1月，中国国务委员兼外长王毅在马尼拉同菲律宾前总统阿罗约共同宣布设立"中菲相知奖"，旨在表彰并鼓励致力于中菲友好事业、为增进中菲相互了解和促进中菲关系做出突出贡献的团体及个人。截至2022年6月，该奖项已颁布两届，其影响力不断提高，有效推动了中菲友谊进一步提升。

[①] 《泰国孔子学院（课堂）发展联盟成立》，http://world.people.com.cn/n1/2021/0928/c1002-32239137.html，2022年9月8日访问。

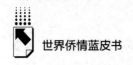

（一）人文交流与经贸合作

近年来，中菲人文交流与经贸合作不断深化。2021 年，中菲双边贸易额达到 820.5 亿美元；2022 年 1~7 月，双边贸易额同比增长 12.4%，快于同期中国对外贸易的平均增速和中国与东盟贸易的平均增速。[①]

1. 友好城市促进人文交流

自古以来，中菲两国友好往来，各城市间也长期保持密切交流合作。2021~2022 年，两国多个城市缔结为友好城市，进一步促进了两国友好交往与人文交流。例如，2022 年 5 月，中国福建省漳州市与菲律宾巴丹省巴朗牙市签署缔结友好城市关系意向书；2022 年 6 月，中国福建省宁德市与菲律宾内湖省比尼扬市交换缔结友好城市意向书文本，标志着两市的交流交往开启了新篇章；2022 年 6 月，中国贵州省贵阳市与菲律宾帕拉纳克市签署友好城市关系意向书，建立友好城市关系。

2. 经贸合作取得突破性进展

近年来，中菲政府间合作成果丰硕，中国"一带一路"倡议与菲律宾"大建特建"计划深入对接，截至 2022 年 9 月，已经开展近 40 个政府间合作项目，其中 16 个项目已完成，另有 20 多个项目正在实施或推进中。[②] 2021 年 7 月 29 日，中国援菲跨河公路桥项目埃斯特雷利亚—潘塔莱翁桥举行通车仪式，这标志着两国政府间合作项目从规划建设步入丰收结果的新阶段。2022 年 4 月 5 日，比诺多—因特拉穆罗斯大桥举行落成典礼。这两座桥均是中国无偿援助菲律宾建造的，其落成通车充分体现了中菲政府间合作的丰硕成果。

（二）华文教育与文化交流

随着中国在国际上的影响力越来越大，华文教育逐渐被菲律宾主流社会

---

① 《和风吹就中菲经贸合作新气象》，https：//www.commnews.cn/content/2022−08/29/content_ 15655.html，2022 年 9 月 13 日访问。

② 《中国国际商会秘书长：携手中菲工商界，共促两国经贸合作》，http：//www.chinanews. com.cn/cj/2022/08−22/9833933.shtml，2022 年 9 月 15 日访问。

认同，菲律宾政府也陆续推出鼓励华文教育的政策。截至 2019 年，菲律宾已有 93 所公立中学开设中文课程，覆盖全菲 11 个区域。[①] 2021～2022 年，菲律宾华文教育发展与中华文化传播呈现以下特征。

1. "网上外派教师"缓解菲律宾师资短缺

从第一所华侨学校创办算起，菲律宾华文教育迄今已有上百年的历史，培养了许多优秀的人才。2022 年，菲律宾共有 150 余所华校，在疫情的影响下，仍有 6 万余名华校学生坚持学习中文，然而菲律宾只有不到 1100 名华文教师，平均每所华校只有 7 位，菲律宾华文教育面临师资严重缺乏问题。[②]

为延续菲律宾华教薪火，菲律宾华教中心于 1991 年启动华语教学师资队伍"输血计划"，通过中国有关单位向菲派出支教华语教师。30 多年来，该中心为 80 余所华校提供了 5000 多人次的外派教师，极大缓解了华校教师严重缺乏的状况。此外，该中心还于 2004 年启动华语师资"造血计划"，每年选拔输送一批优秀学子赴中国高校学习华文教育相关知识，学成后回菲执教中文。截至 2022 年，"造血计划"培养了 208 名菲律宾本土华语教师，多数成长为华校骨干教师或担任管理职务。

新冠疫情发生后，中国外派教师停止赴菲支教，菲律宾各华校想尽一切办法保留华语课，但因为师资短缺问题，时刻面临停课的威胁。2021 年 6 月，菲律宾华教中心与中国四川海外联谊会启动"寻根中华·天府华教云课堂"项目，向作为试点的大马尼拉 10 所华校派出 23 位华语教师教授网课，共有近千名学生受惠。此外，鉴于各华校的迫切需求，中国国侨办、福建省侨办、菲律宾华教中心共同启动"网上外派教师"项目试点，授课日期从 2022 年 1 月开始。网上外派教师通过网络平台为华校学生进行直播授课，缓解了菲律宾华校师资短缺问题。

---

① 潘巍巍：《菲律宾中文教学资源现状及发展策略研究》，《云南师范大学学报（对外汉语教学与研究版）》2021 年第 4 期，第 28 页。

② 《菲律宾华教中心"造血计划"18 年培养 208 名本土华语教师》，http：//www. chinaqw. com/hwjy/2021/10-08/309943. shtml，2022 年 9 月 20 日访问。

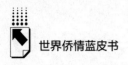

2. 华文教师积极参加师资培训班

为提升华文教师的专业水平，菲律宾许多社团和华教机构纷纷组织师资培训班，比如，菲律宾晋江同乡总会自 1998 年起连续 24 年举办华文教师研习班，课程涵盖教学理论学习、教学方法传授、游戏在华语教学中的运用、教材选择和使用等专题，惠及 1.4 万多名华文教师，为菲律宾华文教育的传承与发展做出重要贡献。①

此外，中国相关部门和高校等也非常关注菲律宾华文教育的发展，主办或承办了多场师资培训班，菲律宾华文教师踊跃参与。2021 年 1 月，中国华文教育基金会举办"名师讲堂"菲律宾华文教育研习班，共有 55 所菲律宾华文学校的 700 多名华文教师参加。2021 年 9 月，菲律宾雅典耀大学孔子学院在中国教育部中外语言交流合作中心、中山大学的支持下举办本土华文教师线上研修班，邀请中山大学中文系 10 位教授授课，设计多个专题为菲律宾本土华文教师授道解惑。2022 年 1 月，由国侨办主办的 2022 年菲律宾华文教育线上研习班在泉州师范学院开班，来自菲律宾 52 所华校的 600 多名华文教师参加。2022 年 6 月，由福建省海外联谊会主办的"丝路华教·云享育通"菲律宾华校校长（管理人员）线上研修班在厦门大学开班，旨在推动新形势下菲律宾华文教育转型发展。

3. "福建图书角"等中文图书中心在菲设立

11 月是菲律宾阅读月。2021 年 11 月，由中国福建省对外文化交流协会主办的"福建图书角"，在菲律宾侨中学院图书馆举行揭牌仪式。"福建图书角"的成立，既满足了该校师生阅读中文出版物的需求，也为他们学习中华文化、了解中国提供了一个窗口。同月，中国四川省人民政府侨务办公室在菲律宾华教中心设立菲律宾首个"海外惠侨熊猫书屋"，此次上架的图书超过 300 册，为热爱阅读中文书籍的华侨华人增加了新的阅读空间。同时，四川相关机构还捐赠给菲律宾华教中心一批运动用品和棋类用品。这些

---

① 《2022 年菲律宾华文教育线上研习班圆满结业》，http：//www. gqb. gov. cn/news/2022/ 0222/53204. shtml，2022 年 9 月 20 日访问。

中文图书中心的设立，将促进中华文化传播，增进中菲两国人文交流。

4. 中医药在菲律宾获得长足发展

"一带一路"倡议的实施，为中国与东南亚各国之间中医药交流和合作带来了诸多契机。2019年6月17日，中国-菲律宾中医药中心在菲律宾首都马尼拉举行揭牌仪式，这是菲律宾境内第一家中医药中心。新冠疫情在菲蔓延期间，该中心开展近30场讲座，并以中医药防治超过4000余人次，得到了华社和主流社会的肯定，也有效推动了中医药在菲律宾的发展。2021年12月，该中心与菲律宾崇基医疗中心签署合作协议，双方决定共同设立菲律宾崇基医疗中心中医部，这是菲律宾综合性医疗中心首设专业中医部；2022年4月，菲律宾光坦纪念医院中医部暨中国-菲律宾中医药中心光坦医院分部揭牌，这是菲律宾现代医学中心首设中医部。

同时，中菲合作抗疫尤其中医药在应对新冠疫情中的出色表现，让菲律宾卫生主管部门重新认识这门传统医药科学，推动了中医药在菲合法化进程。2021年3月，菲律宾卫生部传统及替代医学研究所正式成立菲律宾中医管理委员会，管理中医师的资格认证和标准执行，中医被正式纳入菲律宾的医疗卫生体系。6月9日，该所向中国-菲律宾中医药中心菲方主任郑启明主任医师颁发了全菲首张中医师执业资格证书。这意味着中医正式成为菲律宾医疗体系传统医学的重要组成部分，是菲律宾中医药发展的重要里程碑。

此外，菲律宾中医药教育体系建设也获得突破性进展。2020年，福建中医药大学菲律宾分校——菲律宾岐黄中医学院正式成立。当年9月，福建中医药大学和中国-菲律宾中医药中心签署了"合作建设中心，加强学校教育"的备忘录。2021年9月，菲律宾岐黄中医学院在菲律宾华教中心设立招生处，面向菲律宾全国招生，旨在为菲律宾培养本土中医药人才。

2021~2022年，中菲人文交流与经贸合作不断深化。两国多个城市间长期保持密切交流合作，并在此基础上缔结为友好城市。此外，中菲政府间合作稳步推进，步入新阶段。

华文教育对菲律宾华人社会而言，既是传承中华文化、留住中华之

"根"的重要平台，也是生存发展的基础。多年来，菲律宾华文教育培养了一大批杰出华侨华人，成为中菲两国友好往来的桥梁纽带。但是，新冠疫情给菲律宾华文教育带来了严峻的挑战，许多课程被迫转为线上，而华校网络教学技术尚不成熟，且华侨华人经济上遭遇困难，大量生源流失，学校运营入不敷出，同时菲律宾华校还存在师资严重缺乏问题。对此，许多侨团和华教机构纷纷组织师资培训班，还有很多侨团侨领慷慨捐资，帮助家境贫寒的学生申请补助金，使他们重回华校学习，在一定程度上缓解了菲律宾华文教育发展面临的困境。

五　文莱侨情

文莱经济规划与统计局发布的《2021 年总人口初步统计报告》显示，2021 年中期，文莱人口数量约为 43 万人。在疫情期间，文莱入境措施管理严格，外国人入境难度进一步增大，2021 年的总人口数量比 2020 年减少约 2.37 万人。其中，华人占总人口的 9.59%。

（一）经贸合作得到长足发展

受全球新冠疫情及国际石油价格波动的影响，2021 年文莱 GDP 同比下降 1.6%，这是文莱自 2017 年后出现的首次经济负增长。为了减少对石油部门的依赖，文莱努力实现经济多元化，与中国的经贸合作也继续稳步发展。2021 年，中文两国贸易额达 28.5 亿美元，同比增长 46.6%，这是中文双边贸易额首次突破 20 亿美元，[1] 中国成为文莱第二大贸易伙伴和文莱最大外资来源地。

2021~2022 年，中文经贸合作与交流取得长足发展。2021 年 7 月 5 日，摩拉港公司举行新集装箱码头扩建前期工程开工仪式，摩拉港新集装箱码头扩建工程将新建一个 5 万吨级的集装箱泊位，并对原集装箱及散货码头进行升级改造，预计 2023 年底建成使用。届时，摩拉港整体集装箱年吞吐量将

---

① 《中国文莱贸易额创历史新高》，http://bn.mofcom.gov.cn/article/jmxw/202201/20220103238843. shtml，2022 年 9 月 25 日访问。

从目前的 11 万标箱提升至 50 万标箱。2021 年 7 月 19 日，中文双方签署了《中华人民共和国海关总署与文莱达鲁萨兰国初级资源与旅游部关于文莱输华养殖水产品的检验检疫和兽医卫生要求议定书》，该议定书的签署将惠及文莱 68 家水产品养殖企业，进一步强化中文两国水产品经贸合作。2022 年 8 月，由文莱中资企业协会主办的首届中文经贸合作论坛成功举办，论坛以"对外开放与区域经济合作"为主题，有力促进了中文经贸交流。同时，《区域全面经济伙伴关系协定》已于 2022 年 1 月 1 日生效，中国和文莱作为首批批准协定的成员国，将乘势而上，进一步扩大投资和贸易合作。

（二）教育合作与交流进一步深化

近年来，中国与文莱在化工、投资和贸易等领域取得了合作佳绩，恒逸、华为等中企与文莱高校之间也进行了密切合作，取得了显著成果。2021 年 3 月 27 日，文莱理工大学华为 ICT（信息通信技术）学院揭牌，这是华为 ICT 学院在文莱的首个教育合作机构，旨在为文莱培养 ICT 本地人才。2021 年 12 月 4 日，第七届华为文莱"未来种子计划"开幕，来自 5 所大学的 42 名学生参加。华为文莱"未来种子计划"是华为公司履行社会责任的旗舰项目，自 2008 年启动以来，已惠及 130 多个国家的 9000 多名学生，为各地培养了多名 ICT 人才。

为纾解海外华校师资紧缺的现实困难，2021 年底，四川省人民政府侨务办公室从乐山市遴选两名优秀华文教师，经文莱首相府特批后，赴文莱华文学校任教，从事为期两年的华文、音乐等学科教育工作。此系新冠疫情发生后中国首次遴选新派优秀华文教师赴外任教。此外，为提升自身教学水平，文莱华文教师也积极参加各项培训活动。例如，2021 年 11 月，文莱 16 名华文教师线上参加 2021 年南京"一带一路"华文教师培训班，学习中华优秀传统文化，加深华文教学理论知识。[①]

---

① 潘艳勤、刘云、黄柯荣：《中国-文莱文化交流的历史与未来》，《广西社会主义学院学报》2022 年第 1 期。

结　语

随着东盟经济逐渐从新冠疫情影响下复苏，以及 RCEP 生效等各项利好政策的推动，中国与新、马、泰、菲、文的经贸合作呈现蓬勃生机，也为当地华商的经济发展提供了千载难逢的机遇。相比之下，新、马、泰、菲、文华文教育一直以来都面临一些难题，比如师资短缺、资金困难、管理不善等，新冠疫情的发生给华文教育的发展带来了更加严峻的挑战。在该背景下，上述各国侨团、华校与住在地政府积极协商，中国相关部门也提供了多项支持，有效缓解了师资不足等问题，推动各国华文教育向好发展。

B.11
2021~2022年越南、老挝、柬埔寨、缅甸侨情分析

罗 杨[*]

摘　要： 2021年以来，中越两国在经贸领域的良好合作态势为华侨华人、中资企业在越南的投资经营创造了机遇，一些传统的华人企业随着越南革新开放发展壮大并成为"国家品牌"，华人的文化遗产成为越南"民族文化"的代表。中资企业在老挝的投资具有国企、民企齐头并进的特点，充分发挥各自在相关领域的优势，2021年底中老铁路通车，为华侨华人提供了更多商机，也为华文教育创造了新的机遇，传统华校在转型过程中将"中文+职业教育"视为新的发展趋势。柬埔寨的华人企业、中资企业积极履行社会责任，为当地提供就业岗位，培养专业技术人才，华校也在积极探索"中文+职业教育"的新型培养模式，2022年中文被正式纳入柬埔寨国民教育体系，标志着发展曲折的华文教育将面临新的机遇和挑战。2021年2月缅甸军方接管国家政权以来，经济形势急转直下，在缅华商和中资企业受到严重冲击，华文教育面临地区发展不平衡、经费不足等问题，华校探寻市场化、国际化的改革。

关键词： 华人经济　中国投资　华文教育

---

* 罗杨，博士，中国华侨华人研究所研究员，主要研究方向为柬埔寨宗教与文化、华侨华人社会、闽粤侨乡等。

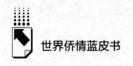

一 越南侨情

（一）华人企业成为"国家品牌"，中国企业投资稳中有变

尽管新冠疫情仍在全球肆虐，但越南加快了复兴经济的步伐。2021年，越南的进出口额同比增长23%，其中出口额增加19%。越南在劳动密集型产业和高科技产业两方面发力，纺织品服装出口额居全球第三位，年增长率达26%，多个跨国集团尤其是高科技集团将越南视为极具吸引力的投资目的地，一些国际媒体认为越南正在成为"亚洲乃至全球供应链中的重要环节"。越南经济的恢复发展为华人企业的壮大创造了良好的外部条件，也吸引着中资企业前来投资。

1.华人经济发展壮大

20世纪70年代越南的排华政策，使越南华人经济遭受重创。1986年越南政府开始实行革新开放，恢复国内市场活力，与一些国家签署自由贸易协定等，华人经济得以恢复发展。进入21世纪以来，华人经济在越南经济总量中已占有非常重要的比重。[1]

很多华人企业随着越南革新开放的步伐一同成长，抓住发展机遇，从家庭式小作坊发展到被政府和消费者评选为"越南国家品牌"。[2] 例如，由华人企业家尤凯成和赖谦于1982年创办的"平仙日用品制作有限公司"，经过40年的经营，已发展成为越南的第一大鞋业企业，是越南最早向外国出口产品的企业之一。现今，平仙公司已开始培养第二代接班人，华裔新生代的学识和视野为公司发展注入新的活力。他们抓住越南政府与更多国家签署自由贸易协定、享有关税优惠的契机，以更加丰富多样的款式开拓欧美市场，在北京、上海等中国的大城市也有总经销商。平仙鞋品已连续多年被评为越南

---

① 陈德洲：《革新开放以来越南华侨华人经济新发展及其原因探析》，《德宏师范高等专科学校学报》2020年第4期。

② 《享誉国家品牌华企 成功开发出口市场》，〔越南〕《西贡解放日报》2022年8月8日。

"国家品牌"。又如，天龙圆珠笔陪伴着很多越南人度过了他们的学生时代，走上工作岗位后他们也依然使用天龙圆珠笔。1981年，古家寿先生开设了一家生产笔芯的家庭作坊，随着越南革新开放，该作坊逐步发展壮大，2012年开始进军亚洲和欧美市场。截至2022年，天龙集团的文具已销往67个国家和地区。天龙集团也先后被评为越南"50家最佳上市企业""最具威信出口企业"等，其产品成为越南的"国货精品"。

2. 中资企业对越南的投资

中资企业在越南的投资呈现阶段性特点。1991年，中越关系正常化，中资企业开始进入越南市场投资，呈现规模小、增速慢等特点，投资领域有限，主要是农产品加工、餐饮等，以合资方式为主。2001年，中国加入世贸组织，次年又启动建设中国-东盟自由贸易区，越南也放宽对外国企业在越南投资的限制，中资企业在越南的投资向电力、水利等工业领域发展，并且带动了中国国内的相关产业链"走出去"。2008年，受国际金融危机影响，中资企业赴越南的投资减缓。2015年以来，中资企业在越南的投资有合资、独资和并购企业等方式，投资领域从制造加工业转向以服务业为主的第三产业，实现了投资结构转型和优化。①

近年来，中资企业对越南的投资在区域和行业选择方面较为集中，投资方式趋向多元化。中资企业在越南的投资区域主要分布在南部的胡志明市、平阳省，北部的河内市、海防市等。中资企业对越南投资主要集中在三大行业：光伏产业，由中资光伏企业集聚形成产业群，是中国最大的海外光伏产品生产基地；电力装备制造，是中国在东南亚最大的电力装备展示中心；工业园区综合服务，越南境内有多家中资企业工业园区，成为中资企业对越投资的主要承接服务平台。② 中资企业在越南的投资不再以单一的合资方式进行，这既与越南不断扩大革新开放范围，给予

---

① 陈文、麦艺帆：《中国企业在越南投资的政治风险与防范》，《南亚东南亚研究》2021年第4期。

② 陈文、麦艺帆：《中国企业在越南投资的政治风险与防范》，《南亚东南亚研究》2021年第4期。

外资越来越宽松的投资环境相关，也反映出中资企业对越南的政策法规、投资市场等不断适应。

（二）华人文物古迹成为越南"民族文化"品牌

革新开放后，越南政府将华人文化视作国内多民族文化的组成部分，将每年的 4 月 19 日设立为"越南民族文化日"，在当天举办越、华等民族歌曲表演，弘扬民族传统文化艺术。位于胡志明市的福建二府会馆等具有悠久历史的华人建筑已被越南文化通讯部认定为"国家级艺术建筑遗迹"，华人正在向政府上报提案，希望将元宵节列为非物质文化遗产。2021 年，华人集中的胡志明市第五郡有多个华人会馆理事荣获该郡"为文体与旅游事业贡献"纪念章，以表彰他们为第十五届国会代表选举与 2021～2026 年任期各级人民议会代表选举所做的宣传工作，以及在疫情期间为扶困济难、解决就业所做的贡献。①

1."西堤华人文化陈列室"引起越南媒体关注

2019 年，越南华人文物收藏家杨迪生先生提出建立"西堤华人文化陈列室"的构想，在华人社会获得广泛支持。迄今为止，已有超过 100 位华人捐出逾 2000 件老旧物品，其中 1975 年以前的物件大约有 1200 件。这些物品具有珍贵的历史价值，包括越南华侨使用过的护照、华侨登记证、华校毕业证、侨社收据，一些越南华社名人使用过的物件、遗物，老西堤的生活用品、老家具、服饰、照片等，全面记录和再现了越南华侨华人在政治、经济、文化、生活各方面的风貌。② 捐赠者每捐出一件物品、一张照片、一套衣服等，陈列室都通过《西贡解放日报》刊登相关文章，让公众了解每一件捐赠物所反映的那段历史。2021 年 4 月，杨迪生荣获"持有 1975 年以前越南华人文物数量最多之收藏家"的越南吉尼斯纪录认证。

---

① 《华人会馆获"为文体与旅游事业贡献"纪念章》，〔越南〕《西贡解放日报》2022 年 3 月 30 日。

② 《西堤怀旧物品者交流》，〔越南〕《西贡解放日报》2021 年 1 月 31 日。

"西堤华人文化陈列室"计划从启动至今已获得包括越南中央电视台、胡志明市电视台、《人民报》、《西贡解放日报》等多家越文、华文媒体的关注和报道。2021年10月，越南中央电视台第五频道制作了专题纪录片《守护西堤华人文物》，主要介绍杨迪生收集华人文物的过程，并邀请多位捐赠者讲述所捐赠物品的背后故事。该纪录片配有中、越双语，不仅使华人了解先辈的历史，也为越南民众展现了华人的文化、华人在当地的生活以及融入越南社会的过程。

2. 挖掘华人古街巷的"民族文化"特色

2021年底，越南中央电视台第五频道拍摄了有关胡志明市内各条华人古街巷的专题纪录片。① 这部中、越双语，名为《华人古巷》的纪录片深入挖掘了各条华人古巷所承载的历史。摄制组专程去了芽菜巷，重温孙中山先生来堤岸筹集革命资金和宣传革命活动时与黄景南（芽菜祥）的交往佳话；寻访已有70多年历史的绍记老招牌粉面档，了解粉面车使用镜画来装饰的传统；介绍余乐里的名人故居；等等。除拍摄古巷的老建筑外，摄制组还采访了居住在巷内的华人老街坊，既呈现了古巷的历史风貌，也生动地展示出古巷里的现实烟火气息。

胡志明市是越南华人最为集中的城市，华人人口在该市排名第二，尤其是第五郡、第六郡是华人主要的聚居区，其下属多个坊的华人人数超过半数。2022年，第六郡第三坊的地方政府决定将该坊的嘉富街打造为"民族文化与餐饮街"。② 第三坊占地21公顷，总人口超过9000人，其中华人占60%。嘉富街上既有国家级历史遗迹"地下印刷室"，即《西贡解放日报》的前身，还有曾经美国驻军之地"美国楼"，以及一些具有悠久历史的著名华人餐馆和工厂。第三坊政府计划在元旦、春节、端午节、中秋节等华人节日期间，举办各项庆祝活动，营造华人民族文化气氛，吸引消费者，带动当地经济发展。

---

① 《越南电视台拍摄华人古巷专题纪录片》，〔越南〕《西贡解放日报》2021年12月7日。
② 《打造民族文化餐饮的嘉富街》，〔越南〕《西贡解放日报》2022年4月14日。

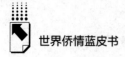
越南自 20 世纪 80 年代革新开放以来，重视和发挥华人在经济领域的优势，给予华商充分发展的空间，华人也抓住机遇，在事关民生的各个行业开办工厂企业，引进新的生产技术，满足市场需求。经过数十年调适和发展，华人已深度融入越南。随着越南不断扩大革新开放范围，营造良好的外资投资环境，中资企业对越南的投资方式日益多元，在光伏、电力等行业优势凸显。华人通过文化陈列室、纪录片、特色街巷等多种方式，挖掘、整理、铭记自身扎根越南的历史，也是向越南民众展示中越文化交融的历史。华族的文化已不是中华文化在海外的单向延伸，而是体现了一种双向的文化互动历程。

二　老挝侨情

（一）中企投资呈良好态势，社会效益显著

20 世纪 80 年代末，老挝开始革新开放，中国新移民进入老挝经商。这些早期的新移民主要来自湖南、安徽、云南，尤以湖南邵东人为主，虽然他们的经营规模不大，但各个销售点之间相互联系，已建立起遍布老挝全境的商业网络。90 年代后，中国新移民的数量急剧增加。

1.国企、民企平分秋色，积极担当社会责任

进入 21 世纪，中资企业在老挝的投资沿着大型国企和民营企业两条线发展。2008 年国际金融危机发生后，全球能源矿产行业价值大幅缩水，中国的一些国企、央企在 2011 年后进入老挝，约占当时老挝中资投资的一半。民营企业在这一时期同样发展显著，据统计，2012 年已有 4 万湖南人在老挝创业，并成为五金、家电、百货等中国商品在老挝的源头经销商，深耕老挝乡村市场。随着"一带一路"建设的不断深化，中国的国企、央企从矿产、能源领域转向农业、基础设施建设、房地产开发等；民营企业的数量不断增加，例如据老挝湖南商会统计，2015 年在老挝的湖南人已达 10 万人，

湖南籍人开办的企业超过140家。[①]

截至2022年底，在老挝注册的中资企业有5000多家。[②] 2019年大型国企、央企和以民营资本为主的小微型企业在老挝的比例及其主要分布行业和占比见表1。

表1 2019年各类中资企业在老挝的比例及其主要分布行业和占比

	所占比例(%)	主要分布行业	在该行业内的占比(%)
大型企业	20	矿业、电力	63.00
中型企业	27	建材	13.79
		矿业	12.07
		电力	10.34
小微型企业	53	建材	59.85

资料来源：参考《在困境中成长：中资企业在老挝》，XinHua LAOS微信公众号，2019年4月16日。

中国大型的国企、央企在老挝主要投资能源领域，尤其是近年来着重开发老挝丰富的水电资源。该领域投资规模大、技术要求高，有的项目具有政府间合作的性质，因此，相比民营企业，大型国企、央企具有垄断性优势。2022年7月，隶属于老挝中国总商会的"老挝中资发电企业协会"在琅勃拉邦揭牌成立，该协会由中国电建等在老挝注册的13家发电企业组成，中国电建南欧江流域发电有限公司担任首任会长单位。这13家企业在老挝共投修了18座水电站，占老挝国家电力电网系统装机容量的49.7%。[③] 民营企业主要分布在建材行业。近年来老挝房地产业、工业园区开发等蓬勃发展，对建材的需求大增，该行业的投资规模较小、技术门槛相对较低，为广

---

① 方芸：《老挝华侨华人与"一带一路"建设》，《八桂侨刊》2018年第2期；张恩迅、申玲玲：《中国新移民跨国实践的特征研究——以老挝的湖南人为例》，《南洋问题研究》2019年第2期。

② 《中国-老挝经贸合作呈良好态势》，中国经济新闻网，https://www.cet.com.cn/wzsy/ycxw/3213953.shtml，2023年2月17日访问。

③ 《油荒不要慌，中资电站来当"充电宝"》，XinHua LAOS微信公众号，2022年5月17日；《老挝中资发电企业协会揭牌成立》，XinHua LAOS微信公众号，2022年7月13日。

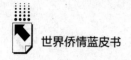
大民营企业创造了发展空间。

无论是国企、央企还是民营企业，都在老挝积极承担社会责任，树立良好的中国形象。2022 年，受新冠疫情影响，在老的中资电力企业面临电力营销压力大、电费回收困难、经营状况时常受冲击等问题。但中资企业仍积极承担社会责任，在老挝受全球能源价格上涨、出现"油荒"的情况下，全力保障电力供应，为老挝经济复苏提供能源支撑。有的中资企业在老挝积极倡导和践行"建好一座电站，带动一片经济，改善一片环境，造福一批移民"的水电开发理念，带动当地经济发展，为周边民众带来实惠。① 而中国新移民聚居经商之处，逐渐形成商业区，也带动了周边经济发展。例如，万象市的三江国际商贸城，位于万象市的边缘地区，原本是一片荒芜的地方，商贸城建成后，在短短几年时间内，成为万象市发展最快的新兴商业区之一。②

2. 中老铁路助力构建"中老命运共同体"

2019 年，习近平主席在给老挝中老友好农冰村小学全体师生回信时写道："欢迎你们早日乘上中老铁路列车来到北京。"③ 2021 年 12 月 3 日——在中老两国建交 60 周年之际，这条凝聚中老友谊、承载民众期盼的铁路开通运营，习近平主席同老挝国家主席通伦以视频连线的形式共同见证了这一历史性时刻。

中老铁路将极大地促进老挝经济发展，带动两国之间的经贸和人员往来。世界银行在一份报告中指出，借助"一带一路"，中老铁路将使老挝的总收入增加 21%。④ 截至 2022 年 7 月，中老铁路已累计发送旅客 411 万人次，其中中国段 357 万人次，老挝段 54 万人次；累计发送货物 503 万吨，

① 方芸：《老挝华侨华人与"一带一路"建设》，《八桂侨刊》2018 年第 2 期。

② 方芸：《老挝华侨华人与"一带一路"建设》，《八桂侨刊》2018 年第 2 期。

③ 《中老铁路开启老挝人民"向往的生活"》，中国东盟博览杂志电子版，2021 年 11 月 29 日，https：//baijiahao. baidu. com/s? id = 1717712077848406761&wfr = spider&for = pc，2023 年 2 月 17 日访问。

④ 《中老铁路在两国领导人共同见证下全线开通》，新华社客户端，2021 年 12 月 3 日，https：//baijiahao. baidu. com/s? id=1718139199298682624&wfr=spider&for=pc，2023 年 2 月 17 日访问。

其中跨境货物 84 万吨，中国向老挝主要运输百货、化肥、电子产品、光伏产品、纺织品等，老挝向中国主要运输橡胶、农产品、矿石等。① 这条跨境铁路也为老挝民众创造了就业机会，培养了技术人才。据统计，自中老铁路开工以来，已带动老挝当地就业超过 11 万人次，66 名老挝籍学员通过学习、考试，成为中老铁路第一批火车司机。

中老铁路与中国国内的铁路网、公路网连通，已完成 21 个省区市、环渤海、珠三角、长三角、粤港澳大湾区等地首发中老铁路国际货运班列的出境查验勤务。中老铁路也在积极探索"中老铁路+中欧班列""中老铁路+西部陆海新通道班列""澜湄快线+跨境电商"等铁路国际运输新模式。② 此外，它的运输网络目前已辐射至泰国、缅甸、马来西亚、柬埔寨、新加坡等多个共建"一带一路"国家。老挝国内的主流媒体将中老铁路称为"联通之路，友谊之路"，并认为"项目的建设本身体现了中老命运共同体精神"。这条跨境的"黄金通道"也将带动更多的中国新移民前往老挝投资兴业，为当地华侨华人提供更多商机。

（二）中文成为"社会语言景观"和"新兴语言产业"

"社会语言景观"是指特定区域内的各类语言标牌，如商铺招牌、公共交通和旅游景区指示牌等。③ 在老挝，中文已成为社会语言景观的常见要素。首都万象的商铺、旅游景区等使用中文的频次大幅增加，尤其是中老铁路修通后，新建的火车站、汽车站和车内基本都有中文标识。如今网络已是日常生活的组成部分，社会语言景观也从现实世界拓展到虚拟空间。在老挝

---

① 《中老铁路累计发送旅客 411 万人次》，https：//www.yn.gov.cn/sjfb/sjyw/202207/t20220708_244190.html，2023 年 2 月 17 日访问；《中老铁路跨境货运量突破 70 万吨》，http：//www.scio.gov.cn/31773/35507/35513/35521/Document/1725861/1725861.htm，2023 年 2 月 17 日访问。

② 《中老铁路跨境货运量突破 70 万吨》，http：//www.scio.gov.cn/31773/35507/35513/35521/Document/1725861/1725861.htm，2023 年 2 月 17 日访问。

③ 《中老铁路建设推动中文在老挝传播》，中国社会科学网，https：//baijiahao.baidu.com/s?id=1735503221818664087&wfr=spider&for=pc，2023 年 2 月 17 日访问。

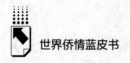

网民经常使用的各类社交媒体和视频分享平台上，有许多使用者创建了一些小组，介绍中文的影视、歌曲等，并有数量可观的点击率和播放量。

"语言产业"是指生产与语言相关的产品或提供语言服务的行业。[①] 与中文相关的语言产业是老挝的新兴行业，因为在就业市场上，懂中文或是掌握中老双语者能够获得更多的就业机会和更高的收入。因此，在老挝，学习中文的需求大幅增加。2021年老挝国立大学中文专业成为该校最受欢迎的专业之一，拟招收60名学生，实际报考人数却达2953人。[②] 为满足市场需求，老挝的一些公立学校、华人社团开办的华校以及一些中国私营教育培训机构都纷纷开设中文学习课程。2021年7月，经老挝教育体育部批准，老挝国立大学孔子学院开设了该国首个中文师范本科专业，专门培养老挝本土中文教师。一些机构也在探索"中文+职业教育"的复合型人才培养模式。中老铁路在建设过程中就培养了一批既懂中文又掌握与铁路相关的专业技能的人才，且中老铁路建成通车后，两国在旅游、电力、农业、物流等方面的交流合作更加频繁，需要大量精通两国语言和专业知识的人才。

2021~2022年，尽管受疫情影响，中老贸易额仍增长了21.4%，中国是老挝最大的投资国、第一大出口国和第二大贸易伙伴。中老双方在经济领域的密切合作，为老挝当地的华侨华人和赴老投资的中资企业创造了良机。中资企业在老挝投资，在实现自身发展的同时，也在当地发挥积极的社会效益，诸如助力减贫、带动就业、培养技术人才等，并促使中老之间的人文交流进一步加深，尤其是促进当地的华文教育、"中文+职业教育"的发展。中老铁路通车使老挝由"陆锁国"变为"陆联国"。2022年1月《区域全面经济伙伴关系协定》（RCEP）生效，中老之间的经贸合作将向更深层次、更广范围发展，华侨华人将在其中发挥更加积极的桥梁纽带作用。

---

① 《中老铁路建设推动中文在老挝传播》，中国社会科学网，https：//baijiahao.baidu.com/s？id=1735503221818664087&wfr=spider&for=pc，2023年2月17日访问。

② 《中老铁路建设推动中文在老挝传播》，中国社会科学网，https：//baijiahao.baidu.com/s？id=1735503221818664087&wfr=spider&for=pc，2023年2月17日访问。

三　柬埔寨侨情

尽管受到新冠疫情的严重冲击，中柬之间的贸易额仍逆势上扬，2021年中柬贸易额达111亿美元，提前两年实现两国设定的突破百亿美元的目标，2022年中柬自贸协定和RCEP生效后，双边贸易额继续提升，2022年上半年已达59.85亿美元，同比增长19.7%，中国仍是柬埔寨第一大贸易伙伴。[①] 在中国的大力援助下，柬埔寨国内民众完成了新冠疫苗的接种，疫情得到控制，柬埔寨官方宣布已建立群体免疫屏障，积极推动复工复产，重启社会经济，这也使中国投资者对柬埔寨的经济发展恢复信心。2021年上半年，在柬埔寨共批准的29.7亿美元的投资项目中，有20亿美元来自中资企业，占67%。[②] 截至2021年，柬埔寨累计吸引外来直接投资410亿美元，其中，中国累计投资达180亿美元，占44%，远高于排名第二的韩国（占比为12%）。截至2022年4月，中国在柬的投资行业及其占比见表2。

表2　中国在柬的投资行业及其占比情况（截至2022年4月）

投资行业	所占比例(%)
制造业	30.7
能　源	13.0
金　融	10.9
房地产	10.7
酒店和餐饮	9.6
农　业	6.4
建　筑	5.2
其　他	13.5

资料来源：《中国是柬埔寨最大外资来源地 累计投资180亿美元》，"柬埔寨中国商会"微信公众号，2022年4月26日。

---

① 《2022年上半年柬中贸易额近60亿美元 中国仍为柬埔寨第一大贸易伙伴》，"柬埔寨中国商会"微信公众号，2022年7月13日。
② 《中柬经贸关系疫情中上扬》，〔柬埔寨〕《柬华日报》2021年7月23日。

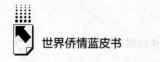
（一）支柱行业逆势发展，华商中资积极履行社会责任

新冠疫情严重影响了柬埔寨经济的发展，一些支柱行业，如旅游业、服务业、房地产业等受到冲击，但有的支柱行业依然逆势发展，如农业、服装箱包业，在这些支柱产业中，中资（包括与当地华侨华人的合资）占了很大比例，对于加快柬埔寨经济的恢复发展发挥了积极作用。

1. 中资企业在农业和制衣箱包业领域发展迅速

农业是柬埔寨在新冠疫情期间实现逆势快速发展的行业，柬埔寨农林渔业部数据显示，2021年1~10月，柬埔寨向68个国家和地区出口农产品40亿美元，同比增长了88%。农业也是中柬合作的重要领域，中国已成为柬埔寨多个农产品的最大出口市场。例如，中国将柬埔寨大米的进口配额从10万吨提升至40万吨，约占柬大米出口总额的40%，已连续数年成为柬大米的最大出口市场。

近年来，水果成为柬埔寨对华出口的新增长点。2019年5月，在柬埔寨官方与在柬中资公司、相关商会的共同努力下，柬埔寨香蕉获准出口中国，当年的出口量就从2018年的1万吨提升至15.8万吨，2020年达到33万吨。① 芒果成为继香蕉之后的又一对华出口水果品类，2021年柬埔寨出口芒果干1.5万吨，同比增长了195.4%，其中1.2万吨出口中国。中宝（柬埔寨）食品科技有限公司从中国引进先进的生产设备和技术，自2021年投入生产芒果干以来，已解决当地700多人就业和2万吨新鲜芒果的销售。② 2022年9月，龙眼成为第三种对华出口的水果品类，共有74家果园、8家包装厂获得中方批准认证，其中很多是中资企业或是由中国投资者与当地华侨华人合资经营的企业。

由中国路桥工程有限责任公司投建的柬埔寨首条高速公路金边至西港的金港高速于2019年3月开工，2022年10月全线通车。这条高速公

---

① 《中柬经贸关系疫情中上扬》，〔柬埔寨〕《柬华日报》2021年7月23日。
② 《新一季柬埔寨芒果干开始出口中国》，〔柬埔寨〕《柬华日报》2021年11月19日。

路是中柬共建"一带一路"的重点项目，全长187公里，连通柬埔寨的政治经济中心首都金边和最大的海港、对外贸易中心西港，横跨5个省份，沿线覆盖柬埔寨四分之一的人口。中国路桥投资20.19亿美元，采取"投资—建设—经营—移交"（BOT）的模式，协议运营期为50年，50年后交由柬方继续运营。这是中国公路设计、建设标准在东南亚地区的率先落地。[①]

制衣业是柬埔寨的主要经济支柱之一，也是当地华侨华人和中资企业投资较早和当前占比很大的行业。1997年柬埔寨仅有64家制衣厂和8万工人，2022年已增至1200多家工厂并为100万工人提供了就业机会。受新冠疫情冲击，有约400家制衣厂停产，波及约15万工人。[②] 随着疫情得到控制，2022年3月，柬埔寨政府专门发布《成衣、鞋子和旅行用品制造业发展战略（2022年至2027年）》，推动制衣业复工复产，取得一定成效。2022年8月，柬埔寨箱包业商会在金边成立，柬埔寨副总理棉森婉、干拉省长、实居省长、磅清扬省长与500位商会成员代表共同出席了成立仪式，商会领导和成员单位以中资公司、华侨华人投资经营的工厂为主。2022年柬埔寨箱包产业的出口总值相较2021年提升了56%，突破10亿美元，[③] 是柬埔寨制造业领域迅速崛起的行业。

2. 中企、华商积极履行社会责任，树立良好形象

无论是当地华侨华人投资经营的企业，还是中资企业，大多积极履行社会责任，造福一方百姓，融入当地社会，树立在柬华人的良好形象和积极正面的国家形象。

西港经济特区是中柬两国政府认定的唯一中柬国家级经济特区，被称为"一带一路"上的标志性项目，目前已吸引来自中国、柬埔寨、美国、法国、日本、意大利等国的170多家企业入驻，其中中资企业54家，为当地

① 《金港高速开启柬"高速公路时代"》，〔柬埔寨〕《柬华日报》2022年9月30日。
② 《柬埔寨劳工部：近300万人受益于制衣业和鞋业领域》，"柬埔寨中国商会"微信公众号，2022年3月1日。
③ 《柬埔寨箱包业商会成立庆典盛大举行》，〔柬埔寨〕《柬华日报》2022年8月7日。

创造了 3 万多个就业岗位。① 由中国电建投资建设、中资企业第一个以 BOT 方式投资开发的境外水电项目柬埔寨甘再水电站截至 2022 年已运营 10 年。该项目在建成投产之初便承担起保障首都金边白天 40%、夜间 100% 的电力供应重任。十年间，甘再水电站开展本土化经营，为当地培养大批管理人才、技术工人，拉动当地劳动力就业达万余人，并有效改善了周边数十万民众的饮水问题。② 该项目的成功运营，也增强了柬埔寨政府对中资项目的信心，随后借鉴甘再模式引入多个中资大型水电站投资项目。

（二）华人文教事业探索创新

随着中柬两国在经济领域的合作不断深化，懂中文或中柬双语的专业技能人才需求随之增加，也为华文教育和职业技能培训创造了发展机遇。

1. "输血" + "造血"

现在全柬共有 58 家华校，隶属于柬华理事总会，学生 5 万余人。③ 由于 2022 年 11 月以前华文教育并未被柬埔寨政府纳入国民教育体系，华校的维持全靠当地华人出资支持，一些华校生源不足，面临经费紧缺的困难，师资力量不足更是全柬华校普遍存在的危机。柬华理事总会近年来不断探索创新，寻求华校的解困之道。为解决经费问题，稳住教师队伍，柬华理事总会会长方侨生每月从其公司拨款约 7 万美元，加上其他华社侨领、热心人士的赞助，为华校教师发放薪资补贴，受补贴的华校从最初的 38 所增加到 2022 年的 46 所，教师人数从 277 名增加到 508 名，五年来华侨华人已累计捐款约 300 万美元。④

---

① 《柬埔寨："一带一路"国际合作的新样板》，柬埔寨驻中国大使馆官网，2022 年 6 月 15 日；《中国大使馆举行"开中国车，走友谊路"活动》，〔柬埔寨〕《柬华日报》2022 年 7 月 2 日。

② 《神奇的甘再——柬埔寨甘再水电站商业运营 10 年记》，"柬埔寨中国商会"微信公众号，2022 年 7 月 5 日。

③ 《郑棉发勋爵："中文+职业教育"大有可为》，〔柬埔寨〕《柬华日报》2022 年 8 月 21 日。

④ 《柬华理工大学获华社侨领鼎力支持和赞助》，〔柬埔寨〕《柬华日报》2021 年 12 月 20 日；《全柬华校老师 8 月份补贴金已发放》，〔柬埔寨〕《柬华日报》2022 年 8 月 30 日。

目前柬埔寨的华校师资很大一部分来自中国侨办、汉办的支援，为了从根本上解决华校师资短缺的问题，壮大柬埔寨本土华校教师队伍，柬华理事总会成立了"柬华师资培训中心"，由柬华理事总会提供经费、场地、师资力量，愿意投身师范行业的年轻人均可报名参加免费的培训班，毕业后被分配至各地华校任教一定年限。首届78位学员已完成学业，已被安排在各地华校教书，2022年第二期学员共75人。师资培训中心同样由方侨生会长出资支持，他每月提供约2万美元的补贴金，至今大约已提供100万美元的资助。

师资是决定华校能否开办和维系的关键因素。如果说为全柬华校教师提供薪资补贴是在为华文教育"输血"，那么，开办师资培训班则是力图实现自身"造血"功能，从依靠每年从中国来的外派教师到源源不断地培育本土教师队伍。

2. "中文+职业教育"

为了进一步融入柬埔寨主流社会，发挥华人的经商特长，为当地经济社会发展贡献力量，2017年，柬华理事总会提出建立"柬华理工大学"的计划。目前，已获得政府批准开设5个学院、23个学系以及52门学科的理工类专业课程。[①] 2021年，柬华理工大学与南京工业职业技术大学合作，取得了中国国际中文教育基金会的授权，两校合作共建柬华理工大学职业教育孔子学院。该孔子学院初期开办电商、汽车工程、物流管理、计算机网络、机电一体化、旅游6个专业的"中文+职业教育"课程，并于2022年下半年开始招生。这些专业培养的都是柬埔寨现在急需的实用型人才，直接服务于国家经济转型和长远规划。

除了柬华理工大学以外，柬埔寨还涌现出一批办学条件相对较好、紧跟时代步伐、顺应市场需求的"中文+职业教育"特色院校，如柬埔寨理工大学、柬埔寨澜湄大学、柬埔寨西港工商学院、柬埔寨东南亚大学等。这些院校的开办，当地华人在其中发挥了积极作用。

---

① 《柬华理工大学获华社侨领鼎力支持和赞助》，〔柬埔寨〕《柬华日报》2021年12月20日。

3.中文被正式纳入柬埔寨国民教育体系

2022年11月9日，在李克强总理和柬埔寨洪森首相的共同见证下，中国驻柬埔寨大使王文天代表中华人民共和国教育部与柬埔寨教育、青年和体育部部长韩春纳洛在柬埔寨总理府共同签署了《关于合作开展柬埔寨中学中文教育项目的谅解备忘录》，标志着中文被正式纳入柬埔寨国民教育体系。根据备忘录，中柬两国的教育部门将合力推动柬埔寨的中学开展中文教育课程，中方指定中外语言交流合作中心与柬方联合研制中文教材、中文课程、教学大纲、考试大纲，选派顾问，协助培训本土中文教师等。柬埔寨教育部发言人罗速威杰表示，柬埔寨国立初中班（7年级至9年级）和高中班（10年级至12年级）将增设中文科目，学生在选择外语学习科目时，除了现有的英语和法语外，还可以选择报读中文科目。在试行阶段，柬埔寨教育部将在2~3个省份20所中学开展中文课程。①

目前，柬埔寨的中文教学和培训机构主要有三大类：一是由华人社团开办的华校，全国共有60多所，由柬华理事总会领导，是柬埔寨华文教育的主要阵地；二是由中柬合作开办的教学机构，如孔子学院，主要面向柬埔寨本地人，如培训柬埔寨官员学习中文；三是各类民间培训机构，很多是由中资开办，当地华人为了将它们与华人社团办的华校相区别，将后者冠以"公立华校"之名。柬埔寨20世纪70年到80年代的战乱，使其国内的华文教育中断了20余年，90年代恢复和平以来，从战乱中走出来的华人及其社团组织为恢复发展华文教育，传承中华文脉做出了不可磨灭的贡献。随着时代的发展，柬埔寨华文教育面临师资和经费短缺、与当地教育体制接轨等问题。中文被纳入柬埔寨国民教育体系，一方面，有助于中文在柬埔寨的传播，促进中柬之间的经济交往；另一方面，传统的华文教育需要调适自身定位，适应新的体制。

近年来，随着"一带一路"建设的推进，中资企业进入柬埔寨市场，

---

① 《评论：实行中柬文双语教学是当前形势下柬埔寨华校的因应之举》，"华商传媒"微信公众号，2022年12月1日。

涵盖了农业、工业、服务业三大领域。中资企业经受住了新冠疫情的冲击，与所在国民众守望相助、出资捐物，积极履行企业的社会责任，树立良好的中国国家形象。中文被纳入柬埔寨国民教育体系，中资企业的大规模到来，都为柬埔寨的中文教育创造了发展契机，一直由华人社团主导的华文教育正面临转型，从传统的弘扬中华文化，到更加注重语言与职业技能相结合，形成"中文+职业教育"的新发展模式，同时，也要在更广泛的中文教育领域重新寻求自身定位。

四　缅甸侨情

目前，有 250 余万华侨华人在缅甸居住，约占总人口的 3%。[①]

（一）疫情影响和政局突变叠加，经贸投资遭受影响

据统计，中国对缅累计投资已达 208 亿美元，约占缅甸吸收外资总额的四分之一，仅次于新加坡；而在贸易领域，中国是缅甸最大的贸易伙伴，中缅边境贸易更是占到缅甸边贸总额的近 80%。[②] 然而，在仍受新冠疫情困扰之时，2021 年 2 月，缅甸军方宣布缅甸全国进入紧急状态，加之一些西方国家对缅甸军政府采取经济制裁，缅甸经济陷入困境。

1. 中资集中的纺织服装业遭受疫情冲击

纺织服装业是缅甸经济的支柱行业之一。2012 年到 2019 年，缅甸的纺织服装行业迎来快速发展，2019 年出口额突破了 50 亿美元，年均涨幅超过 20%。中资企业也在这一时期进入缅甸的纺织服装行业。2020 年，缅甸仰光新批准的投资项目就集中在成衣、背包制造行业，包括 8 个成衣厂投资项目、3 个背包制造厂投资项目、1 个保安制服和工作用具制造厂投资项目、1 个制线厂投资项目、1 个相框制造厂投资项目。在这些投资项目中，只有 2

---

① 耿红卫、高朝冉：《缅甸华文教育发展研究》，《红河学院学报》2021 年第 3 期。

② 《中缅经济走廊开启实质规划建设》，《光明日报》2020 年 1 月 19 日。

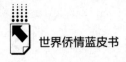

个是缅甸民营投资项目，其余 12 个项目均是中资企业投资，为当地创造了 9000 个工作岗位。① 纺织服装行业目前已成为缅甸最大的出口创汇行业和用工最多的行业。

然而，受到新冠疫情和政局变动的影响，缅甸纺织服装行业已有 15% 的工厂暂时或永久性关闭，其中不少是当地华侨华人投资或中国（不含港澳台）投资者开办的，并且造成缅甸近 8 万人失业。② 但缅甸中国纺织服装协会会长施坤仍对该行业在缅甸的发展充满信心，他认为，随着中国国内服装工厂的劳动力减少、工资上涨等，未来很多企业会将订单转至缅甸，因为缅甸有丰富的劳动力，并且以青壮年人口居多，还有跟中国接壤的地缘优势。

2. 缅甸政局变动波及中资企业，安全风险加剧

缅甸政局动荡，给当地华商、中资企业造成多方面不利影响。首先，纺织服装业的订单大幅减少。根据央视新闻收到的一份针对 96 家缅甸中资纺织企业的调查问卷，有 45.83% 的受访企业表示客户已经将下一季度订单转移到其他国家市场，32.29% 的受访企业表示半年内客户不再下单；面对订单不足的问题，73.96% 的受访企业选择短期停工，16.67% 的受访企业选择关闭工厂，放弃缅甸市场。一位中国纺织从业者分析表示，纺织业面临的最大问题是订单问题，欧美客户因为政治局势对缅甸市场的未来丧失了信心，企业没有订单只能关停，工人失业，形成恶性循环，只有政局稳定后，企业才能正常发展。③

其次，在缅甸局势混乱之时，一些西方反华势力及"港独"、"台独"分子趁乱发布关于中国和中资企业的不实言论，挑拨缅甸民众与当地华侨华人、中资企业的关系。例如，西方势力支持的一些基金会、非政府组织、媒

---

① 《仰光新批投资项目九成来自中企》，"胞波网"微信公众号，2020 年 3 月 9 日。
② 《中缅企业家"云上"共推缅甸商机》，中国新闻网，2021 年 8 月 25 日。
③ 张娟：《政局动荡以来的缅甸经济状况及对中资企业的影响》，《法制与经济》2021 年第 5 期。

体等，频频放出抹黑在缅中资企业的负面言论。①

针对缅甸中资企业遭受打砸抢的事件，中国外交部发言人在例行记者会上表示，中国驻缅甸使馆第一时间同缅甸中国企业商会和相关企业取得了联系，迅速要求当地警方采取有力措施，保障中资企业及人员安全。② 缅甸国家管理委员会主席敏昂莱在接受专访时也表示，缅甸民众对中国人民和企业没有敌视，近来对中资企业的破坏是源于"政治操作"。③

（二）华文教育立足本土，推广国际中文教育

目前，缅甸华文教育总体发展良好，始终立足本土，在一些方面取得可喜进步。例如，虽然华文教育尚未被缅甸纳入国民教育体系，政府又一度禁止开办"私立学校"，但2011年12月这项禁令解除，借助允许开办私立学校的东风，华文学校尤其是补习学校得以发展。④ 又如，2022年5月，缅北华文教学促进会和曼德勒华助中心联合组建了"缅甸地理历史文化中文版教材编委会"，其主要任务是把缅甸教育部中小学的地理、历史教材翻译成中文，并作为华校的教材，因为很多华裔新生代对自己所生活的这个国家缺乏了解，同时也可供希望深入了解缅甸国情的中国新移民参考。可以说这是缅甸华文教育进一步本土化的有益尝试。

共建"一带一路"高质量发展，包括缅甸在内的共建国家对既懂中文又具备专业技能的复合型人才需求大增，使"中文+职业教育"的传统国际中文教育呈现新的发展趋势。在这种背景下，缅甸华侨华人社团、学校除立足本土外，积极推广国际中文教育。例如，由云南大学与曼德勒福庆语言电脑学校合办的福庆学校孔子课堂自2008年成立以来，已在缅甸开设58个教

---

① 张媚：《政局动荡以来的缅甸经济状况及对中资企业的影响》，《法制与经济》2021年第5期。

② 《多家中资企业遭打砸，中国是否考虑从缅甸撤侨？外交部回应》，《环球时报》2021年3月16日。

③ 张媚：《政局动荡以来的缅甸经济状况及对中资企业的影响》，《法制与经济》2021年第5期。

④ 耿红卫、高朝冉：《缅甸华文教育发展研究》，《红河学院学报》2021年第3期。

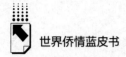

学点，包括 22 个寺庙教学点、18 个大学院校教学点，以及政府机关教学点、医疗场所教学点、中资企业教学点，累计培养近万名学员，包括 11 名博士、120 余名硕士，已成为缅甸华文教育的一面旗帜。① 近年来，福庆学校孔子课堂开始开展"中文+职业教育"项目，先后跟曼德勒市政府玉市场管委会、缅甸酒店与旅游部等合作，开办了"中文+电脑""中文+文秘""中文+机场职员""中文+玉市场职员""中文+酒店职员"等国际中文教育推广项目。福庆学校还将继续根据缅甸本土市场需求，开设更多教学点，拓展"中文+职业教育"项目。

今日的缅甸仍深陷政局变动带来的政治、经济、社会危机之中。中缅双方都致力于采取有力措施，保护中资企业的安全和缅甸民众的利益。缅甸的华文教育在政局变动后的夹缝中求发展、求转型，进行本土化和国际化的双重探索。

---

① 《缅甸首家孔子课堂——福庆学校孔子课堂成立 10 周年庆典 24 日在缅甸第二大城市曼德勒举行》，"果敢资讯网"微信公众号，2018 年 11 月 25 日；《第六届缅甸中文教学研讨会后续》，"胞波网"微信公众号，2021 年 11 月 25 日；《蒲甘举办首届酒店中文会话班，缅甸旅游将使用中国社交媒体开拓中国市场》，"胞波网"微信公众号，2022 年 8 月 21 日。

2021~2022年印度尼西亚侨情分析

孙慧羽*

摘 要： 2021~2022年，印尼经济呈现逐渐复苏的趋势，实现了超越新冠疫情前增长率的突破。两年来，印尼华侨华人坚持积极发挥其作为印尼与中国之间的桥梁纽带作用，并在印尼经济、文化和教育等领域取得丰硕成果。随着新冠疫情防控常态化，印尼华侨华人社团的活跃度逐渐恢复，华文教育也继续稳定发展。在中国与印尼友好关系不断发展，特别是两国建立全面战略伙伴关系和中国提出"一带一路"倡议的背景下，印尼华侨华人也会获得长足发展。

关键词： 印度尼西亚 华侨华人 华人社会

印尼是华侨华人人数最多的国家，虽然具体数量暂无准确的官方统计结果，学术界也存在多种推论，但大部分专家学者认同印尼华侨华人占该国总人口数的3%~5%。根据印尼中央统计局公布的数据，截至2022年7月，印尼总人口约为2.76亿。① 据此推断，印尼华侨华人数量为828万~1380万人。印尼华侨华人在当地的社会融入程度很深，90%以上已加入印尼国籍。其祖籍地主要集中于福建省和广东省，其中，福建省约占50%，广东省约占35%，此外还有来自海南、广西、江苏、浙江、山东、湖北等

---

* 孙慧羽，历史学博士，中国华侨华人研究所助理研究员，主要研究方向为华侨华人史。

① *Jumlah Penduduk Pertengahan Tahun（Ribu Jiwa），2020-2022*，https：//www.bps.go.id/indicator/12/1975/1/jumlah-penduduk-pertengahan-tahun.html，2022年10月5日访问。

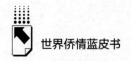
省份的移民。① 他们广泛分布在印尼各地，主要集中于爪哇岛、北苏门答腊、寥内群岛和西加里曼丹一带。②

印尼华侨华人大多以经商为主，华侨华人经济是印尼国民经济的重要组成部分，在不少行业和地区占据优势地位，并且涌现了一些声名显赫的财团和大企业家，在印尼社会具有相当大的影响力。自20世纪以来，印尼华侨华人不断扩展产业经营范围，主要集中于制造业、金融业、商业和房地产等传统行业，鲜少涉足高科技产业。③

印尼有多家公开发行的中文报刊，全国性日报有《国际日报》《印尼星洲日报》《千岛日报》《印度尼西亚商报》《印华日报》《讯报》6家；地方性报纸有《好报》《苏北快报》2家，另有《泗水晨报》《坤甸日报》《中爪哇快报》《万隆快报》附于《国际日报》发行；期刊有《丰众》《印尼巴厘风采》《印华天声》《印华文友》《呼声》5家。此外，在广播电视传媒方面，美都电视台（Metro TV）是印尼成立的首家中文电视台，万隆美声广播电台则开创了印尼华语广播的先河。④

一 华侨华人经济日益复苏

2021年第二季度，印尼经济开始呈现复苏势头。截至2022年第二季度，印尼国内生产总值同比增长了5.44%，超过了新冠疫情发生前的水平。⑤ 印尼

---

① 《印尼华侨华人概况》，http://www.gqb.gov.cn/node2/node3/node52/node54/node62/userobject7ai284.html，2022年9月5日访问。

② Aris Ananta, Evi Nurvidya Arifin and Bakhtiar, Chinese Indonesians in Indonesia and the Province of Riau Archipelago: A Demographic Analysis in Leo Suryadinata, *Ethnic Chinese in Contemporary Indonesia*, Singapore: Institute of Southeast Asian Studies, 2008, p. 27.

③ 张钟鑫：《印美华裔新生代比较浅析》，载蔡振翔主编《华侨华人论文选编——华侨大学华侨华人研究所专刊第20种》，台海出版社，2008，第355页。

④ 林永传：《印尼华文传媒发展综述》，载世界华文传媒年鉴编辑委员会编《世界华文传媒年鉴2017》，世界华文传媒年鉴社，2017，第16~19页。

⑤ 《印尼侨领张锦雄：共建"一带一路"为印尼经济发展注入活力》，http://www.chinanews.com.cn/hr/2022/09-29/9863500.shtml，2022年10月10日访问。

的经济复苏，与当地华侨华人做出的努力与贡献息息相关，而其成效也惠及扎根印尼的华侨华人。

（一）印尼华商华企积极发挥桥梁作用

2021年，中国连续9年成为印尼最大贸易伙伴，并连续多年保持印尼第三大投资来源国地位。[①] 印尼著名华商、侨领多次公开发声，肯定两国经贸合作对印尼的重要作用，表示印尼经济复苏与中国密不可分。[②] 印尼华商华企借助自身优势与社会能量，积极发挥信息沟通、窗口对接的平台作用，为两国经贸合作搭建桥梁，他们还积极举行和参与相关研讨活动，旨在加强中国与印尼的经贸交流、促进两国间的经贸合作。例如，2022年8月，由山海图和源筑地产主办，中国联通（印尼）、J&T Cargo、印中商务理事会、红宝石钢铁协办的"印尼制造业投资峰会"在雅加达举行，众多侨商、侨企和中资企业代表出席。峰会旨在宣传印尼的各项投资优惠政策，促进印尼制造业的发展；帮助中资企业了解在印尼设立工厂的落地流程与手续，为园区招商引资。[③]

（二）印尼中国商会总会发布《印尼中资企业社会责任报告》

2022年10月，印尼中国商会总会在雅加达发布了《2020~2022年印尼中资企业社会责任报告》。报告指出，近两年来印尼中资企业日益重视并积极践行企业社会责任，在社区建设、灾害救助、扶贫助困、教育事业、医疗卫生等多个领域，以实际行动向印尼社会传递公益爱心。同时，报告披露的问卷调查结果显示，80%的受访中资企业在未来五年可能增加对印尼的投资力度；95.7%的受访中资企业认为本土化经营是决定投资成败的重要因素或关键因素；81.4%的受访中资企业计划在未来五年增加招聘印尼本地员工的数量。[④]

---

① 《印尼侨领张锦雄：共建"一带一路"为印尼经济发展注入活力》，http://www.chinanews.com.cn/hr/2022/09-29/9863500.shtml，2022年10月10日访问。

② 《印尼制造业投资峰会在雅加达圆满举行》，〔印尼〕《国际日报》2022年9月1日；《熊德龙：二十大后，印尼与中国命运与共将更加紧密》，〔印尼〕《国际日报》2022年10月20日。

③ 《印尼制造业投资峰会在雅加达圆满举行》，〔印尼〕《国际日报》2022年9月1日。

④ 《〈印尼中资企业社会责任报告〉在雅加达首次发布》，http://www.chinanews.com.cn/gj/2022/10-28/9882244.shtml，2022年11月1日访问。

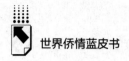
（三）印尼旅游业焕发生机

受疫情影响，印尼旅游业特别是以国际游客为服务对象的旅游企业遭受重创。在以旅游业为支柱的巴厘岛，状况尤为严峻。巴厘省统计局数据显示，2021 年 1~10 月，巴厘岛仅接待了 45 名国际游客。① 由于游客数量骤减，很多华人旅行社被迫关闭，大量旅游业从业者失业。为维持生计，部分华人旅游业从业者着手转型，将旅行社的办公空间加以改造，利用自己原有的资源渠道，转向经营更为稳定的快递物流行业和售卖中国商品的超市等生意。此举不仅使旅游业从业者获得了稳定收入，还能够为印尼华侨华人提供生活便利。②

2021 年底，印尼政府公布了旅游业复苏计划，并采取一系列刺激政策拉升旅游消费，包括向旅游企业发放补贴，提升旅游业服务标准，设立专项储备资金，启动文化宣传项目等。印尼中央统计局公布的数据显示，2022 年 1~2 月，印尼入境外国游客已达到 33.6 万人次。3 月初，印尼恢复落地签政策，符合防疫要求的游客无须进行隔离，将进一步提升对国际游客的吸引力。③

二 华侨华人社团恢复活跃

新冠疫情在印尼发生后，印尼华侨华人社团大幅减少了线下集体活动，并号召社团成员响应与配合当地防疫政策。虽然暂停了大型活动，但这些社团仍然坚持在抗击疫情、热心公益、传承中华文化等方面发挥积极作用，彰显了中华民族的传统美德，在印尼的影响力持续增强。随着疫情防控常态化，华侨华人社团的各项活动也逐渐恢复。

（一）华侨华人社团社会影响力继续扩大

印尼华侨华人社团一直是印尼政界需要特别关注的社会组织，印尼政界

---

① 《巴厘岛旅游业复苏》，http：//www. news. cn/world/2021-12/20/c_1128183194. htm，2022 年 10 月 15 日访问。
② 《印尼巴厘岛华人旅游业者转行"稳就业"》，https：//www.chinanews.com.cn/gj/2021/03-06/9425936. shtml，2022 年 10 月 15 日访问。
③ 《印尼积极推动旅游业回暖》，《人民日报》2022 年 4 月 12 日。

人士重视与华社建立良好关系，并频繁出席华社的重要活动。例如，2021年2月，印尼总统佐科在线上与华社团体及各协会组织共庆中国传统节日春节；① 2022年3月，印尼华裔总会第六届理监事会就职典礼在雅加达以线上线下相结合方式举行，印尼总统佐科及多名内阁部长通过视频方式致辞祝贺；② 2022年10月，印华百家姓协会总主席陈荣光率领代表团拜访人协议长庞邦·苏沙德约，并受到热烈迎接。③ 印尼政府注重有效发挥华侨华人社团的资源和力量，除了与社团合作进行各种公益、慈善事业外，在经济等领域也希望发挥华社的独特作用。2021年12月，印尼国企部部长埃里克·托希尔在万隆举办交流会，邀请万隆华社青壮年企业家和华社领导及代表共同展望2022年印度尼西亚的经济前景。④

中国长期肯定和重视印尼华侨华人社团在两国交往中发挥的桥梁纽带作用，中国驻印尼使领馆也与领区内华侨华人社团建立了良好的合作关系。使领馆经常组织华社代表座谈，支持并派代表出席华社重要活动，还会专程拜会影响力较高的华社领导人。例如，2022年6月，中国驻棉兰总领事张敏和夫人刘宇清专程拜访了北苏门答腊省华社资深人士张洪钧。⑤ 印尼华社与中国政界、工商界和文化界等也建立了密切交往。例如，2022年9月，中国香港民建联主席李慧琼率领代表团到访了印尼中华总商会。⑥

（二）华侨华人社团广泛开展公益慈善事业

印尼华侨华人社团具有举办公益慈善活动的传统，很多社团将其写入章

---

① 《佐科维总统等与华社在线上共庆春节 以华语祝福"新年快乐 恭喜发财"》，〔印尼〕《国际日报》2021年2月22日。
② 《印尼华裔总会新一届理监事就职 总统佐科视频祝贺》，http：//www.chinanews.com.cn/gj/2022/03-19/9706186.shtml，2022年10月5日访问。
③ 《印尼人协议长热情迎接印华百家姓协会一行》，〔印尼〕《国际日报》2022年10月14日。
④ 《印尼国企部长埃里克邀请万隆企业家交流"展望2022年印度尼西亚的经济前景"》，〔印尼〕《国际日报》2021年12月7日。
⑤ 《张敏总领事拜访资深华社人士张洪钧先生》，〔印尼〕《国际日报》2022年6月16日。
⑥ 《香港民建联李慧琼主席率领代表团一行访印尼中华总商会》，〔印尼〕《国际日报》2022年9月6日。

程，希望能通过善举帮助弱势群体，减轻当地贫困民众的经济负担，让他们感受到华人社团的温暖和关怀，体现印尼各族群民众间的深厚情谊。即使是新冠疫情发生期间，公益慈善活动仍在遵守防疫政策的前提下持续举行。

印尼华侨华人社团举办的公益慈善活动具有参与机构多、地域分布广、开展频率高、受惠对象多等突出特点。印尼华侨华人社团均已将公益慈善作为日常活动之一，在中国和印尼的节庆日则举行得尤其密集，包括中国的春节、中秋、国庆以及印尼斋戒月等。例如，在 2022 年印尼穆斯林斋戒月、开斋节期间，就有印尼晋江同乡会、印尼吉祥山基金会（福州同乡会）、印尼广东大埔同乡会、东爪哇省福清公会等多家华侨华人社团向当地贫困民众赠送了生活物资和节日礼品。① 在遇到自然灾害时，华社也积极伸出援手。例如，2022 年 10 月，印尼茂物市多地发生水灾和山体滑坡，印尼华裔总会立即行动，为山洪和山体滑坡的受害者开展了赈灾社会福利服务。② 此外，华社还注重援助孤儿、老年人、残疾人等弱势群体，如世界泉州青年联谊会印尼分会多次向孤儿院捐献物资，③ 三宝垄闽南公会经常开展慰问养老院活动，④ 印尼狮子会协会在每年国际视觉日为残疾盲人开展象征自立的活动，⑤ 印尼华裔总会与防区联合司令部合作举办白内障手术社会福利活动，⑥ 等等。

新冠疫情在印尼肆虐时，华侨华人社团团结一心、抗击疫情，不仅积极捐款捐物，还在协助政府开展疫苗接种、援助受疫情影响群众等方面做出了突出贡献。万隆渤良安福利基金会和福清同乡会、客属联谊会、闽南公会、广肇会馆和西爪哇百家姓协会联合组成万隆华族关怀团队，与印尼军警、政

---

① 《印尼华人社团斋戒月扶贫济困》，http://www.chinanews.com.cn/hr/2022/04-21/9735270.shtml，2022 年 9 月 20 日访问。
② 《印尼华裔总会为茂物受山洪土崩灾民捐助物资》，〔印尼〕《国际日报》2022 年 10 月 15 日。
③ 《世界泉州青年联谊会印尼分会暨印尼泉州青年商会赴丹格朗孤儿院送温暖献爱心》，〔印尼〕《国际日报》2021 年 11 月 29 日；《世界泉州青年联谊会印尼分会暨印尼泉州青年商会情暖中秋、与爱同行慰问活动》，〔印尼〕《国际日报》2022 年 9 月 13 日；等等。
④ 《三宝垄闽南公会送中秋祝福到养老院》，〔印尼〕《国际日报》2022 年 9 月 12 日。
⑤ 《为残疾盲人展开象征自立的活动 印尼狮子会协会 307-B1 区分会分发一千支白手杖》，〔印尼〕《国际日报》2022 年 10 月 25 日。
⑥ 《印尼华裔总会与防区联合司令部 I 合作举办白内障手术社会福利活动》，〔印尼〕《国际日报》2022 年 10 月 4 日。

府和民间组织等举办了上千次的社会福利慈善活动，包括协助红十字会和市政府的献血和接种疫苗活动。其他华社也开展了多种多样的抗疫行动，如自2021年7月开始，三宝垄闽南公会每天为会所的10千米范围内的自我隔离新冠患者提供免费午餐，希望能减轻他们的生活负担。[①]

（三）华侨华人社团陆续恢复传统文化活动

印尼华侨华人社会传承保留了许多中国传统文化，包括传统节庆活动、到寺庙烧香祈祷、舞龙舞狮等。长期以来，印尼华侨华人社团经常组织传统文化活动，春节、清明、中秋等传统节日庆典是其中的重头戏。2020年新冠疫情在印尼发生，印尼政府实施大规模社区限制防疫措施，华侨华人社团积极响应防控政策，暂停社团的线下集会活动，广大华侨华人最为关切的节日庆典也无法继续举行。2021年2月，在春节即将来临之际，印尼华裔总会、北苏门答腊省华人社团联谊会等侨团表示不进行社团春节团拜，并呼吁广大华侨华人居家过年，不互相登门拜年。[②] 每年清明、中秋举行的"春祭""秋祭"祭祖仪式也被迫暂停，印尼华侨华人通过请亲人代为扫墓和在自家祭祀等方式缅怀先贤、报本思源。[③]

据印尼《国际日报》等媒体报道，2021年，随着印尼防疫政策逐渐宽松，一些华侨华人社团开始陆续恢复举行祭祖典礼、舞龙舞狮等传统文化活动。2022年，华社举行的传统文化活动在举行数量、活动形式、参与规模和地域范围等方面都明显增加。

三 华文教育稳步发展

近年来，随着中国与印尼各领域间交流合作不断深化，政府部门和民众

[①] 《病毒无情，人间有爱 三宝垄闽南公会分发1800份食品包》，〔印尼〕《国际日报》2021年9月16日。

[②] 《印尼华社吁华人就地居家度春节 不串门不集聚》，https://www.chinanews.com.cn/gj/2021/02-05/9405052.shtml，2022年10月7日访问。

[③] 《新冠疫情中印尼华人清明节扫墓祭祖》，https://www.chinanews.com.cn/hr/2021/04-04/9447794.shtml，2022年9月24日访问。

都认识到了掌握中文的重要性。当前，印尼就业竞争压力较大，但对掌握中印尼双语的人才需求量增加，形成市场缺口。[①] 印尼华侨华人数量众多，并且秉持中华文化传承，对祖（籍）国认可度普遍较高，因此重视对子女进行中文教育。在这两方面因素的主导下，华文教育在印尼市场广阔，发展状况良好。全球新冠疫情发生以来，印尼华文教育界及时调整策略，迅速开展线上教学，取得令人注目的成绩。

（一）孔子学院在印尼助推中文教学

2021 年 4 月，乌达雅纳大学旅游孔子学院正式揭牌，该学院与中国南昌大学、南昌师范学院合办，以推广中文教学、高端旅游管理人才培养、旅游从业人员职业培训、综合性中文教学和教育文化交流为使命，以旅游行业人才培养培训为主业，兼顾社会大众学习中文需求，同时注重推动中印尼两国在旅游研究、文化交流方面的务实合作。[②] 这是印尼成立的第 8 所孔子学院，其他 7 所孔院分别为阿拉扎大学孔子学院、哈山努丁大学孔子学院、玛琅国立大学孔子学院、玛拉拿达基督教大学孔子学院、丹戎布拉大学孔子学院、泗水国立大学孔子学院和三一一大学孔子学院。各孔子学院结合所在地情况和特点，探索出了各自办学和文化交流的特色，深受各界欢迎。

目前，除新成立的乌达雅纳大学旅游孔子学院和 2019 年揭牌的三一一大学孔子学院之外，其余 6 所孔院成立已逾 10 年，在印尼引起了良好的社会反响。例如，泗水国立大学孔子学院自 2011 年成立以来，积极融入当地大学和社区，为印尼东爪哇中文教学和中文教师培养做出了重要贡献。泗水国立大学第一副校长尤利安多盛赞该院为泗水国立大学以及当地民众、社区提供了一个了解中国、认知中国的平台和窗口。[③] 2021 年 11 月，在丹戎布拉大学孔

① 《东西问·廖桂蓉：汉语教学如何促进中印尼"你来我往"?》，http：//www.chinanews.com.cn/gj/2022/06-23/9787101.shtml，2022 年 9 月 24 日访问。
② 《印尼乌达雅纳大学旅游孔子学院在线揭牌》，https：//www.chinanews.com.cn/gj/2021/04-08/9450556.shtml，2022 年 9 月 24 日访问。
③ 《印尼泗水大学孔子学院成立 10 年 成当地民众了解认知中国窗口》，https：//www.chinanews.com.cn/gj/2021/11-11/9606677.shtml，2022 年 9 月 24 日访问。

子学院成立十周年典礼上，印尼西加里曼丹省政府官员哈里·阿贡称赞丹大孔子学院长期进行中文教学和文化推广，有益于培养掌握外语技能的新时代印尼人，助推当地经济社会发展。①

（二）线上中文教学活动有序开展

受印尼防疫政策影响，线下教学难以正常进行，孔子学院纷纷开展线上教学，做到了"停课不停教，停课不停学"。为提升华文教育教学质量、传播中华传统文化，各孔子学院还以线上或线上线下相结合的方式开展了多种形式的活动。在教学活动方面，丹戎布拉大学孔子学院举办了"汉语与文化班"②和教师教学分享会，③玛拉拿达基督教大学孔子学院举办了本土教师线上培训等。④在文化艺术方面，除了各孔子学院纷纷在端午、中秋、春节等中华民族传统节日举办讲座和文化体验等庆祝活动以外，阿拉扎大学孔子学院与印尼书法家协会联合举办了全国书法大赛暨展览等。⑤

除了面对青少年的教学活动，各孔子学院也积极与印尼政府和社会合作开展成人中文培训。印尼乌达雅纳大学旅游孔子学院在 2021 年先后承担了"巴厘岛海关官员中文培训班"和"巴厘岛机场移民局官员中文培训班"的教学任务，培训为线上举行，为期均为 12 周，学员分别为 63 人和 137 人。⑥丹戎布拉大学孔子学院举办了"2021 校长及公务员基础汉语培训班"。⑦阿拉

① 《印尼丹戎布拉大学孔子学院成立十年获多方称赞》，http：//www. chinanews. com. cn/gj/2021/11-25/9615633. shtml，2022 年 9 月 24 日访问。

② 《丹戎布拉大学孔子学院举行汉语与文化班开班典礼》，〔印尼〕《国际日报》2021 年 3 月 3 日。

③ 《丹戎布拉大学孔子学院暑期第三期教师教学分享培训会顺利召开》，〔印尼〕《国际日报》2021 年 8 月 19 日。

④ 《万隆玛大孔子学院本土教师培训完美落幕》，〔印尼〕《国际日报》2021 年 9 月 28 日。

⑤ 《阿拉扎大学孔子学院与印尼书法家协会联合举办全国书法大赛暨展览活动》，〔印尼〕《国际日报》2022 年 9 月 17 日。

⑥ 《印尼巴厘岛海关官员学中文 提高服务中国游客水平》，https：//www. chinanews. com. cn/gj/2021/09-06/9559503. shtml，2022 年 10 月 8 日访问；《印尼巴厘岛移民局官员线上学中文》，https：//www. chinanews. com. cn/gj/2021/09-13/9564295. shtml，2022 年 10 月 8 日访问。

⑦ 《丹戎布拉大学孔子学院 2021 年校长及公务员基础汉语培训班圆满结束》，〔印尼〕《国际日报》2021 年 7 月 23 日。

扎大学孔子学院则延续了该院印尼警察学院教学点的培训工作。①

在学术交流方面，印尼华文教育界积极举办了多场学术会议，包括丹戎布拉大学与广西民族大学共同举办的"'一带一路'背景下中印尼法律学术创新论坛"云国际学术会议，② 三——大学先后举办的"印尼孔子学院首届外方院长研讨会"和"促进中印尼命运共同体建设"国际研讨会等。③ 这些会议的举办，对印尼华文教育界增进内部联结、加强与中国教育界相互交流，实现资源共享、优势合作和创新发展具有重要意义。

（三）中国汉语水平考试转为线上举行

在疫情背景下，中国汉语水平考试（HSK）也经历了从线下到线上的转变。2020 年 4 月，为满足全球考生需求，中国"汉考国际"研发了居家考试系统。印尼 HSK 考试执行方雅加达华文教育协调机构专门编写并整理出《居家考试考前准备篇》《居家考试当天考试篇》手册，以图文并茂的形式详细列举考试操作步骤及遇到问题的处理办法，并举办多次考务人员培训。目前，已有 2.5 万名印尼考生通过居家形式参加了 HSK 考试。2022 年 3 月，中国"汉考国际"根据全球各考点考生人数、考务管理质量、市场项目推广等标准，授予印尼雅协全球"2021 年度汉语考试优秀考点"称号。④

小　结

2021~2022 年，印尼经济、文化等方面都呈现逐渐复苏的趋势，尤其经

---

① 《印尼警察踊跃到孔子学院学中文》，http：//www. chinanews. com. cn/hr/2022/08 - 04/9819429. shtml，2022 年 10 月 23 日访问。

② 《印尼丹戎布拉大学孔子学院联合中印尼大学顺利举行"一带一路"背景下中印尼法律学术创新论坛》，〔印尼〕《国际日报》2021 年 3 月 22 日。

③ 《印尼孔子学院外方院长研讨孔院创新发展》，http：//www. chinanews. com. cn/cul/2021/11-18/9612012. shtml，2022 年 10 月 23 日访问；《印尼孔子学院举办"促进中印尼命运共同体建设"国际研讨会》，http：//www. chinanews. com. cn/gj/2022/10-27/9881465. shtml，2022 年 10 月 28 日访问。

④ 《印尼 2.5 万考生疫情期间参加 HSK 居家考试》，http：//www. chinanews. com. cn/gj/2022/06-26/9788811. shtml，2022 年 10 月 15 日访问。

济领域，实现了超越疫情前增长率的突破。印尼的全面复苏，也惠及扎根印尼的华侨华人。

在经济领域，印尼侨商侨企积极发挥桥梁作用，为促进印尼与中国贸易合作、推动印尼经济复苏做出努力。印尼中国商会总会发布《2020～2022年印尼中资企业社会责任报告》，展示了中资企业在印尼积极践行企业社会责任的成绩。印尼旅游业在疫情期间遭受严重打击，许多华人从业者不得不尝试行业转型，在印尼政府的政策拉动下，旅游业重新焕发生机。

印尼活跃着数量众多的华侨华人社团，这些社团发挥着团结印尼华侨华人、促进中国与印尼多方面交流的作用，获得了两国政府的肯定和关注，影响力不断增强。热心公益慈善事业是印尼华侨华人社团的优良传统，华社开展扶危济困的活动，不仅在印尼树立了华侨华人的良好形象，也有利于对外讲好中国故事，传播好中国声音。随着疫情防控进入常态化，以祭祖典礼、舞龙舞狮等为代表的各种传统文化活动得以陆续恢复。

华文教育在印尼市场广阔，发展状况良好。中国与印尼合作建立的孔子学院具有良好的社会反响。疫情防控期间，各孔院实行线上教学，并开展各类学术和文化活动，还与印尼政府合作举办成人中文培训班。中国汉语水平考试在印尼也成功完成了从线下到线上的转变，在考生人数、考务管理质量、市场项目推广等方面都取得优异成绩。

在中国与印尼友好关系不断发展，特别是两国建立全面战略伙伴关系和中国提出"一带一路"倡议的背景下，印尼华侨华人也会长足发展。

B.13
2021~2022年英国、法国、
德国侨情分析

胡修雷*

摘　要： 截至2021年，英国华侨华人总数有约70万人，占英国总人口的
1%。2022年是中英建立大使级外交关系50周年，也是中国公派
留学英国50周年，有超过22万名中国留学生在英国就读。目前
英国有300余个侨团，华人的社会地位和影响力都在逐步提升，
在英国主流社会赢得了一席之地。2021~2022年，中法两国在民
用核能、航空航天、人工智能、生物制药等传统和新兴领域的合
作不断深化，为法国华侨华人融入在地提供了良好契机。同时，
法国华侨华人在当地遇到的人身财产安全问题、华裔青年融入问
题、华商及新一代华裔在法创业问题等成为法国侨社关注的焦
点。近年来，德国侨社生态面貌发生了很大变化，侨团正在走向
年轻化、知识化、规模化。德国华侨华人不断发展自身事业，加
强在德华侨华人之间的联系，促进华人社区与德国当地社区之间
的沟通，同时也推动中德两国人民之间多层次、多方面的经济文
化交流。

关键词： 侨社　侨团　社会融入　民间交流

---

* 胡修雷，中国华侨华人研究所学术交流研究部主任，主要研究方向为华侨华人与国际移民、
侨乡治理、华侨华人认同等。

一　英国侨情

2022年是中英建立大使级外交关系50周年，两国货物贸易和投资额克服疫情影响逆势增长，由50年前的3亿多美元增至2021年的1100多亿美元。截至2021年底，中英双向直接投资存量达478亿美元，比疫情前增长超50亿美元。2021年4月首次开通的"中国快线"作为连接上海与利物浦的海上直达货运航线，保障中国对英货物供应，彰显了中英经贸关系的韧性和活力。① 2021年进入投英中资企业活力榜②统计范围的中资企业数量为845家，连续4年保持增长，在英国创造或支持了近6.1万个工作岗位。③中国投资项目遍布英伦三岛，投资领域从金融、贸易、能源等传统行业向高端制造、基础设施、文化创意、信息科技等领域延伸，不断加强的中英经贸合作为英国华侨华人营造了良好氛围。

2022年是中国公派留学英国50周年，目前有超过22万名中国留学生在英国就读。④ 新冠疫情发生前，双方每年人员往来近200万人次。2022年虎年春节，伦敦、贝尔法斯特、伯明翰、布里斯托、卡迪夫、爱丁堡、格拉斯哥等英国城市举办了丰富多彩的线上线下相结合的庆祝活动。尤其英国伦敦华埠新春庆典是亚洲以外最大型春节活动，每年均有超过1000名演员、义工等参与筹备工作，吸引数十万游客参加，加深了英国民众对华人传统文化的认识。19世纪英国华人以当时全欧洲最古老的华埠利物浦为起点，形

① 《郑泽光大使出席"中国快线"周年庆典并参观利物浦港》，http：//gb. china－embassy. gov. cn/dssghd/202204/t20220429_10680636. htm，2022年8月16日访问。

② 投英中资企业活力榜由英国致同会计师事务所、《中国日报》英国公司、英国中国商会合作发布，以营业收入同比年增长率为遴选标准，评出在英业务增长最快的中资企业。从2013年起，该活动已连续成功举办9届。此次评选涵盖2021年9月30日前在英国完成注册的845家中资企业，最终评出30家连续两年年收入超过500万英镑、由中国内地企业控股50%以上的中资企业。

③ 《包玲公使出席投英活力榜颁奖仪式并致辞》，http：//gb. china－embassy. gov. cn/sgxw/20203/t20220306_10648402. htm，2022年8月16日访问。

④ 郑泽光：《推动中英关系在正确轨道上行稳致远》，《人民日报》2022年3月13日。

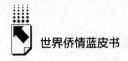

成了欧洲首支初具规模的华社力量，历经百年沧桑变迁，目前英国有 300 余个侨团，华人的社会地位和影响力都在逐步提升，在英国主流社会赢得了一席之地。

（一）在英华侨华人10年间激增近80%

2021 年正值英国开展人口数据普查，由于人口普查与政府和慈善等机构的资源分配息息相关，华侨华人亦积极参与其中。此次普查要求在英国居留三个月以上的人员都要填报，留学生也参与其中。上一次普查数据显示，2011 年在英格兰和威尔士地区的华人共有 393141 人，占总人口的 0.7%。此次普查数据显示华侨华人大幅增加了。

截至 2021 年，英国华侨华人总数有约 70 万，比 10 年前增加近 80%，占英国总人口的 1%，其中绝大多数已加入英国国籍，是继印巴人、黑人之后的第三大少数族裔。英国华侨华人来源地比较多元，主要有讲粤语的我国香港移民、东南亚国家的华人再移民、近年来中国内地的新移民和留学生等。就地区分布而言，使馆领区约 42.5 万人，其中大伦敦地区 30 多万人、伯明翰约 3 万人、剑桥 1 万多人、威尔士约 1 万人（集中在卡迪夫、斯旺西），其他城市如牛津、朴次茅斯、布里斯托、考切斯特等也各有数千华侨华人；驻曼彻斯特总领馆领区（英格兰北部）约 20 万人，聚居在曼彻斯特、利物浦、纽卡斯尔等城市；驻爱丁堡总领馆领区苏格兰约 6 万人，聚居在格拉斯哥、爱丁堡等地；驻贝尔法斯特总领馆领区北爱尔兰约 1.5 万人。[①]

（二）在英留学人员逆势增长，遍布英伦高校

英国大学和学院招生服务中心（UCAS）数据显示，截至 2022 年 6 月 30 日，共有 31400 名中国学生申请去英国高校学习，去英国高校学习的中

---

① 《在英留学生、中资企业、华侨华人等群体基本分布情况》，http：//www.chinese-embassy.org.uk/lqfw/202105/t20210520_9036686.htm，2022 年 8 月 16 日访问。

国学生数量较 2021 年增加 10%，较 2019 年增加近 60%。① 中国留学生热衷英国、申请数量再创新高，与美国对中国签证发放政策趋严、英语系国家语言关相对容易等因素有关。此外，中国有 220 多所高校和英国 110 多所高校开展合作办学，合作办学项目和机构遍布中国 22 个省区市，现有本科以上在校生约 15 万人，在中外合作办学中规模最大、人数最多。2020 年，中国在英留学人员总数约有 21.6 万人。受疫情影响，截至 2022 年 2 月，约 19 万名中国学生在经中国教育部审批和备案的 396 个中英合作办学机构和项目中学习。②

根据相关统计，中国留学人员分布在英国 160 多所高校，其中伦敦大学学院、曼彻斯特大学、谢菲尔德大学、利物浦大学、伯明翰大学、利兹大学、爱丁堡大学、伦敦艺术大学、卡迪夫大学、伦敦国王学院、南安普顿大学、华威大学等高校留学人员较为集中。在英留学人员事务由驻英国大使馆、驻曼彻斯特总领馆（英格兰北部）、驻贝尔法斯特总领馆（北爱尔兰）分片区负责。③ 为协调留英学生等事宜，2017 年成立了中英合作办学机构联盟，现有 35 个成员机构。2021 年，中英两国教育领域交流与合作成果显著，两国留学人员数量实现"双增长"，即中国赴英留学生和英国申请中国奖学金赴华留学学生数量均逆势增长，中国成为英国学生首选留学的亚洲国家。

（三）在英侨团积极促进中英民间交流与合作

近年来，英国侨团在维护华社权益、融入在地社会、加强中英交流等方面做了许多尝试，特别是在疫情期间加强了双方的民间沟通和交流。英国中华总商会主办的"中英企业家峰会"已成为中英企业家之间最具影响力的

---

① 《中国已成为英国最大留学生生源国》，〔英国〕《卫报》2022 年 7 月 19 日。

② 《张晋公参出席 2022 中英合作办学机构联盟英方院校会议》，http：//gb. china－embassy. gov. cn/sgxw/202203/t20220323_10654391. htm，2022 年 8 月 16 日访问。

③ 《在英留学生、中资企业、华侨华人等群体基本分布情况》，http：//www. chinese－emba ssy. org. uk/lqfw/202105/t20210520_9036686. htm，2022 年 8 月 16 日访问。

交流平台；2019 年举办的"第十五届世界华商大会"，吸引了来自全球的 3000 余名华商和嘉宾参会。2022 年 6 月在英国兰卡斯特大学举行的第二届"一带一路"跨学科研讨会，吸引来自中英两国学界的 40 位学者和友好人士，以线上线下相结合的方式，围绕商业与经济、健康、国际关系、科技与环境可持续性、文化与法律等主题举办 6 场研讨活动，共同围绕"一带一路"倡议提出各种见解。[①] 英国兰卡斯特大学"一带一路"研究院成立于 2019 年，是全英第一个实体"一带一路"研究机构，也是第一个由孔子学院牵头成立的"一带一路"研究院。

一年一度的爱丁堡艺术节自新冠疫情发生中断两年后，于 2022 年 7 月重新举行。此次中国团队的所有活动由爱丁堡文化艺术统筹会联合爱丁堡及苏格兰各大侨团共同承办。艺术节的主题为"爱和和平"。来自南非、巴西、荷兰、意大利和中国等 30 余个国家的演员献上了精彩的表演，彰显华夏文明与艺术的华人方队成为巡游活动中一道亮丽的风景线。[②]

（四）英国官方报告忽视华人受歧视问题惹争议

2021 年 4 月，英国政府种族和民族差异委员会（The Commission on Race and Ethnic Disparities）发布报告，从教育、医疗、警务、司法等领域力证英国不存在系统性、制度性的种族主义，称英国在消除种族歧视方面取得长足进步。报告认为华人在教育、就业、薪酬甚至职业表现等许多方面排在前列，"居住地、家庭影响、经济条件、文化和宗教背景等对发展机遇的影响，远比族裔的差别更重要"。[③] 但英国华侨华人并不认可其结论，因为在英国，

---

① 《英国兰卡斯特大学召开"一带一路"跨学科研讨会》，http：//www. oushinet. com/static/content/qj/qjnews/2022-06-18/987784828613439488. html，2022 年 8 月 16 日访问。

② 《2022 年爱丁堡艺术节嘉年华带着"爱和和平"回来了》，http：//www. oushinet. com/static/content/qj/qjnews/2022-07-19/999091069184782336. html，2022 年 8 月 18 日访问。

③ 《华人几乎完胜？英国最新少数族裔报告透露了哪些重要信息？》，https：//new. qq. com/rain/a/20210401A0EWR500；《英国发布重磅种族调查报告，有关华人的调查结果亮了》，https：//www. 163. com/dy/article/G6GR59LV0529LJGH. html；《英国政府这份国内种族主义问题报告 连自己人都看不下去了》，https：//baijiahao. baidu. com/s? id=1695892101187636983 & wfr=spider&for=pc，2022 年 8 月 18 日访问。

少数族裔遭遇种族歧视问题并不鲜见，英国社会中无形的族群冲突和社会不平等的确存在。[①] 英国一些官方机构应当在种族歧视面前明确态度，坚决防范和打击种族歧视行为，而不是以偏概全，模糊和混淆概念，这样不利于华人融入当地社会。

二 法国侨情

2021年中法双边贸易额达850.74亿美元，同比增长27.6%。[②] 两国在民用核能、航空航天、人工智能、生物制药等传统和新兴领域的合作不断深化，为法国华侨华人融入在地提供了良好契机。2021~2022年，法国华侨华人在做好自身防疫的同时，通过捐赠、举办慈善义演[③]等方式积极参与抗疫。由于法国政府对在抗疫第一线工作的外国人简化了入籍审批程序，2021年法国的移民类别出现复苏迹象，但获得长期签证的大多是沙特、摩洛哥、阿尔及利亚等国家的移民，[④] 中国新移民受益不多。此外，华侨华人在法国遇到的人身财产安全问题、华裔青年融入问题、华商及新一代华裔创业问题等成为法国侨社关注的焦点。随着法国华侨华人的精神面貌、经济生活越来越引起当地主流社会的关注，如何加强融合、加快经济结构转型，更加正面地体现华侨华人的形象、健康的经济模式以及生存方式，成为当前法国华侨华人自身发展的重要目标。

（一）举办中华传统文化活动，促进法国多元文化发展

旅法华侨华人有70多万人，大部分集中在大巴黎地区，形成了多个

① 《英国华侨华人：亚裔受到的不公正遭遇正被忽视》，http://www.oushinet.com/static/content/qj/qjnews/2021-04-20/834125469795491840.html，2022年8月18日访问。

② 《探讨多重危机下华商出路和应对措施 法国里昂华人总商会举办华商论坛》，http://www.oushinet.com/static/content/qj/qjnews/2022-07-11/996281299658612736.html，2022年9月5日访问。

③ 《中法艺术家联手抗疫 在巴黎举行慈善音乐会》，http://www.dragonnewsru.com/static/content/news/glo_news/2021-10-18/899693589716938752.html，2022年9月5日访问。

④ 《法国去年移民人数猛增》，〔法国〕《费加罗报》2022年1月21日。

侨团，其中巴黎有近 30 个侨团组织，如中法服装实业商会、法国华侨华人爱心会等。在法国弘扬中国文化，最有影响的活动当属"巴黎春节彩妆游行"，该活动已经成为中国文化标志性的活动，每年吸引数十万来自欧洲各地的民众观看，成为巴黎文化活动中的标志性事件，成为中法文化交流、人民友好交往的重要平台，也成为法国非物质文化遗产的一部分。而坚持 30 多年举办这场活动的法国华裔互助会和巴黎士多集团，得到法国政府、中国驻法大使馆和旅法侨界各社团的支持。春节彩妆游行为法兰西文化注入了活力，在旅法华侨华人和法国各级政府的共同努力下，春节已成为法国与中国共同的节日。

2022 年 9 月，由巴黎美丽城联合商会主办，得到巴黎市政府、巴黎 10 区、11 区、19 区、20 区政府支持的首届巴黎美丽城中秋美食节顺利举办，数万当地民众参加了这场充满中华传统美食及中华民族中秋色彩的文化盛宴。① 成立于 2005 年的法国亚洲餐饮联合总会，成员遍布全法各地，主要经营包括中餐、日餐、韩餐、泰餐等在内的亚洲餐饮。到 2022 年，该会已经汇集了 5000 多家在法国从事亚洲餐饮业的企业。法国亚洲餐饮联合总会成员在发展自身事业的同时，积极传播亚洲美食和文化，为法国和亚洲餐饮文化的交融、为法国多元文化的发展做出了重要贡献。②

（二）巴黎中心区等地竖立纪念牌，铭记华人历史

2022 年 1 月 29 日，由法国亚裔社团联盟发起，欧华历史学会提供历史资料，法国亚裔社团联盟团队参与对接，并得到其他华人社团支持，最终获得巴黎中心区政府和巴黎市政府批准设立的"华人百年纪念牌"亮相巴黎中心区。牌上用中法双语记载了 20 世纪 20 年代初，由手工业者、商人、工

---

① 《首届巴黎美丽城中秋美食节火爆登场 数万法国民众雨中游览"中国庙会"》，http：//www. oushinet. com/static/content/qj/qjnews/2022 - 09 - 11/1018749165553065984. html，2022 年 9 月 5 日访问。
② 《法国亚洲餐饮联合总会代表与巴黎 11 区政府官员座谈 探索建立共赢模式 促进地区经济发展》，http：//www. oushinet. com/static/content/qj/qjnews/2022 - 07 - 26/1001712882452537344. html，2022 年 9 月 6 日访问。

人和留学生等组成的首批华人移民在巴黎 3 区落户的经历。① 纪念牌安放在图尔比戈路 50 号（50, rue Turbigo, 75003），这里是华人商业区的中心地带。竖立这块纪念牌是为了铭记华人在巴黎的艰苦创业史，以及他们为当地经济文化发展所做的贡献。2020 年巴黎 1 区、2 区、3 区、4 区合并为"巴黎中心区"。巴黎中心区作为法国华侨华人最早定居并开展经济活动的地方，记录了华人成长的足迹，铭记了华人的贡献，现在已成为巴黎主要的华人聚集区之一。

2022 年 6 月 26 日，由法国华人画家文文武设计制作的一战华工肖像墙在法国维尼亚谷赫镇落成。据记载，一战期间，维尼亚谷赫是协约国军队重要的后方休养基地，聚集了许多协约国士兵和华工。该镇的路易和安东奈特·图利耶夫妇（Louis et Antoinette Thuillier）在自家院落办起了露天照相馆，给这些士兵和华工拍摄照片。当时，平板相机非常少见。因此，不少士兵以及从事战事后勤保障的华工，来到照相馆拍摄了个人照片。2011 年，这些被遗忘了将近一个世纪的照片底片，在图利耶夫妇家中阁楼被重新发现。这批珍贵照片共有英、法、美等国士兵和华工的照片 4000 余张，其中华工照片有 200 张。②

（三）参与法国选举等公共事务，维护华社权益

2022 年 6 月法国举行了国会立法选举，遗憾的是，华人候选人屈指可数，并且华人参与投票的积极性也不高。唯一的华裔国民议会议员陈文雄败选，未能获得连任。由于华人华裔对参政议政的意愿热情始终不高，因此，华人族群至今在法国社会中仍缺乏政治影响力，导致本族群在法国社会中政治边缘化。只有切实提高华人参政议政的参与度，华人族群才能真正融入法国社会。

---

① 《"华人百年纪念牌"亮相巴黎中心区》，http://www.news.cn/2022-01/30/c_1128316684.htm，2022 年 9 月 5 日访问。
② 《法国小镇再续一战华工百年之缘》，http://www.oushinet.com/static/content/qj/qjnews/2022-07-04/993756532783194112.html，2022 年 9 月 5 日访问。

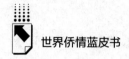

2022 年 6 月，法国华裔青年协会（AJCF）在巴黎举办成立 13 周年纪念晚会。法国各侨团代表参加纪念活动。法国华裔青年协会是 2009 年成立的法国华裔青年组织，以法国本土和海外的 80 后、90 后华裔青年为主，他们祖籍多为浙江、广州、北京、上海等地。该协会已会集了数百名华二代、华三代，现有骨干 40 余名、会员 300 余名，成立以来共吸收会员 900 多名，[①]代表性和影响力不断提升。该协会会员遍布法国各行业，在法国公共事务，如反对种族歧视、推广中国文化、研讨治安问题、维护华社形象、探索如何对接执政党等方面表现抢眼。

（四）法国华侨华人会等侨团完成换届

疫情初期，欧洲多数侨团宣布暂缓或推迟换届。法国疫情有所缓解后，很多侨团将换届工作提上议事日程。据不完全统计，2021~2022 年完成换届的侨团有法国温州商会（2021 年 11 月）、法国四川协会（2021 年 12 月）、法国重庆协会（2021 年 12 月）、法国华侨华人爱心会（2021 年 12 月）、法国永嘉工商总会（2021 年 12 月）、法国华侨华人妇女联合会（2022 年 3 月）、法国华社促进会（2022 年 5 月）、中法商务企业合作协会（2022 年 5 月）、法国浙江商会（2022 年 5 月）、法国美丽城联合商会（2022 年 5 月）、中法服装实业商会（2022 年 6 月）、法国华人律师协会（2022 年 7 月）、中法友谊互助协会（2022 年 7 月）、法国浙江同乡会（2022 年 7 月）、法国华人服装业总商会（2022 年 9 月）、法国青田同乡会（2022 年 9 月）、法国广东会馆（2022 年 9 月）、法国龙吟诗社（2022 年 11 月）、法国常州联谊会（2022 年 11 月）、法国华人进出口商会（2022 年 11 月）等。这些侨团以完成换届为契机，积极联络会员，搞活会务工作，不断树立华侨华人良好形象，为旅欧侨社发展和融入当地发挥积极作用。此外，也有一些新侨团成立，如法国海外省青田同乡联谊会（2022 年 9 月）、法国乐清同乡会（2022

---

① 《法国华裔青年协会热烈庆祝成立 13 周年》，https://www.franceqw.com/article-50035-1.html；《法国侨界青年群体展现新生代活力》，《人民日报》（海外版）2022 年 8 月 1 日。

年11月）等。

法国华侨华人会是法国最大最有影响的侨团。2022年3月，法国华侨华人会第23届主席团会议一致选举通过一种创新的旅法侨界"候任会长时代"模式：蔡君柱当选第24届主席，郑金标当选第25届主席。这标志着和谐的旅法侨界"候任会长时代"正式从法国历史最悠久的法国华侨华人会开启。[①] 2022年11月，法国华侨华人会举行了第24届主席就职典礼。法国华侨华人会原名"旅法华侨俱乐部"，1972年成立。多年来，该会历经坎坷，但初心不改，始终坚持"团结乡亲、爱国爱乡"的建会宗旨，在传承并弘扬中华文化、服务侨社、维护华人尊严和权益，推进华人融入在地、参政议政、促进侨界团结、树立华人"勤劳、友爱、守法"的形象，以及促进祖国和平统一大业等方面进行了坚持不懈的努力。

综上，受益于中欧经贸密切联系和欧洲整体经济发展水平较高，法国华侨华人努力融入在地社会，在学会用当地制度保护自身权益的同时，树立少数族裔良好形象，为中国与住在国交流往来做出了贡献。

三 德国侨情

1972年中德正式建交，2022年恰逢中德建交50周年。半个世纪以来，中德关系坚韧稳定，保持良好发展势头，双边贸易额由建交当年的不到3亿美元增长至现在的近2500亿美元，中国已连续6年成为德国全球最大贸易伙伴。地方合作一直是中德关系的重要组成部分和推动力量，从1982年中德建立首对友城关系以来，两国省州和城市之间的结对数量已经多达103对。[①] 目前，中德两国分别互为其在欧洲和亚洲最重要的贸易伙伴，中德关系也已成为构建稳定的中欧关系的重要支柱。

---

① 《创举！法国侨界进入"候任会长"美好和谐时代！》，〔法国〕《法国侨报》2022年3月25日。

① 《吴恳大使出席中德友城论坛开幕式并致辞》，http：//de.china-embassy.gov.cn/sgyw/202206/t20220616_10704582.htm，2022年9月5日访问。

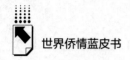

近年来，德国侨社生态面貌发生了很大变化，侨团正在走向年轻化、知识化、规模化。2001 年成立的德国华人华侨联合会等近两年吸收了一批年轻成员开展工作，2022 年德国文成华侨华人联谊会等完成换届。德国福建同乡联合总会、德国江苏华侨华人联谊总会、德国浙江华人联合总会、德国青田同乡会、德国浙江总商会、德国温州同乡会、德国瑞安同乡会等侨团联络各地华人社团，积极促进华侨华人不断发展自身事业，加强在德华侨华人之间的联系，促进华人社区与德国当地社区之间的沟通，同时也推动中德两国人民之间多层次、多方面的经济文化交流。

（一）受疫情影响，2021~2022 年德国华侨华人人数有所降低

德国有近 15 万名华侨华人。从统计数据来看，2010 年到 2019 年每年在德华侨华人人数逐年递增，近两年受疫情影响，在德华侨华人人数有所降低。近几年越来越多的印度人来到德国，其总人数从 2020 年开始超过了在德华侨华人。在德外国留学生中，中国留学生位居第一，总数达到了 43000 多人。中国留学生之所以选择德国，主要是德国教育质量高、学费低、德国给人印象比较好等。分布方面，北威州的华侨华人最多，约占全德的四分之一，[①] 因此人们印象中德国杜塞尔多夫的奶茶店和中餐馆最多；拜仁州和巴符州在德华侨华人人数分别排第二、第三位。2010~2021 年德国北威州的华侨华人数量变化如图 1 所示。

年龄性别方面，在德华侨华人以年轻人为主，女性多于男性。从统计数据来看，人数最多的是 26~30 岁之间，总体来看，在德女性占 54%，高于男性（46%）。在德华侨华人不同年龄段分布如图 2 所示。

婚姻方面，在德华侨华人有 56.5% 的人是单身，30.8% 的人和非德国人结婚，9.9% 的人和德国人结婚。单身男性比例比单身女性高。和德国人结婚的华侨华人女性比例远高于男性。

---

① 《德国侨界欢迎中国驻杜塞尔多夫总领馆杜春国总领事履新》，《华商报》2022 年 7 月 3 日。

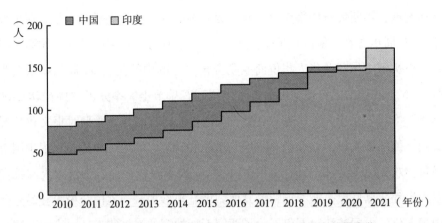

图1　2010~2021年德国北威州的华侨华人和印度人数量变化

资料来源：德国统计局官网，2022年11月25日访问。

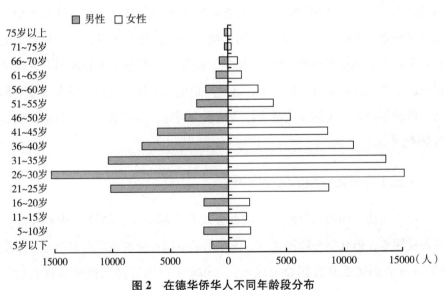

图2　在德华侨华人不同年龄段分布

资料来源：德国统计局官网，2022年11月25日访问。

（二）华侨华人庆祝中德建交50周年

在德华侨华人和侨团始终秉承中华文化优良传统，以各种形式大力融入在地发展，不断促进中德交流合作，为两国民间交流发展贡献力量。在中德建交 50 周年之际，德国华侨华人纷纷举行各种纪念与庆祝活动。2022 年 5 月，由德国巴伐利亚华人华侨商业联合会主办的中德建交 50 周年座谈会举行。① 5 月在德国巴符州奥施贝格霍夫国际音乐节上，举办了"中德建交 50 周年"专场音乐会。7 月初，由莱美文化艺术交流协会、欧洲时报文化传媒集团、德国华人华侨联合会、华星艺术团联合举办的第二届法兰克福中国节举行，欢庆活动持续三天，为中德建交 50 周年献礼。许多华侨华人和德国友人专程从慕尼黑、斯图加特等其他城市赶来参加，当地民众纷纷驻足感受中国文化，中国节活动不仅展示了两国不断加深的经济往来，也表明两国在各领域开展更紧密和深层的合作。7 月，1500 多名旅德侨界人士和德国友人参加了中德文化交流波恩嘉年华协会在波恩市举行的庆祝活动。8 月，在柏林地区 12 个主要侨团的参与下，来自柏林大中小学和华侨华人社团老中青幼四代侨胞，奉献了 17 个融合中国传统和现代文化与德国古典音乐作品的精彩节目，共同庆祝中德建交 50 周年。此外，已举办 9 届的德国慕尼黑华语电影节是当地重要的文化活动，通过华语电影展映、访谈、举办讲座等形式，展现华语世界不同维度的多样和精彩，同时在当地收获了一批中国电影爱好者。②

（三）中资企业热衷到德国投资

由于疫情，德国与亚洲之间的商务旅行大幅减少，2021 年中资企业投资数量回落，但从整个欧洲来看，德国仍是中国投资者最热衷的国家。根据《2021 年外国企业在德国投资报告》，2021 年中国对德国投资项目数量为 149 个，较 2020 年的 170 个有所回落，仍稳居第三。中资企业投资的主要

---

① 《童德发总领事出席中德建交 50 周年侨界座谈会》，http：//munich. china-consulate. gov. cn/chn/zlgxw/202206/t20220623_10708800. htm，2022 年 9 月 5 日访问。

② 《第九届慕尼黑华语电影节开幕〈你好，李焕英〉在德放映》，http：//www. dragonnewsru. com/static/content/news/glo_news/2021-11-23/912641855559446528. html，2022 年 9 月 7 日访问。

行业为机械制造与设备（16%）、汽车（13%）、消费品食品（13%）、信息与通信技术与软件（11%）、交通仓储和物流（10%）、电子与半导体行业（9%）、商业与金融服务（9%）和健康制药与生物技术（8%）等。中资企业从事业务最多的领域为销售与市场支持（40%）、制造与研发（22%）、物流（13%）和商业服务（9%）等。[①]

（四）德国华侨华人理性维权

疫情期间，德国华侨华人科学理性地对待疫情以及由疫情引发的种族歧视。2021年3月，德国汉堡的卡尔森出版社出版的系列幼儿绘本《阅读老鼠》第185本《安娜和莫里茨的新冠彩虹——关于新冠病毒肺炎小知识的儿童读物》中，关于"病毒来自中国"这一说法引发了许多华人，特别是一些有小孩的父母的强烈愤慨，他们开展了一系列抗议活动。出版社最终公开道歉并承诺要撤回和销毁此书，修改后再次出版。在此次维权活动中，围绕"歧视""辱华"等问题以及维权的措施，德国华人中有不同的看法和争论。事实上，近年来德国每年发放的入籍许可平均有20万份之多，仅次于美国的年平均85万份，德国早就不是"非移民国家"。[②]

德国联邦州法律规定，外国人参事会属于德国地方团体，代表当地外国居留者利益，负责联络地方议会，参与和外国人相关的公共政策咨询。黑森州以及所属的83个城镇于2021年3月14日进行了外国人参事会换届选举。法兰克福华人参事会成立于2010年，现由16名参事组成，以弘扬中华文化、促进华侨华人融入当地社会、向当地市政府及议会表达华侨华人自身利益诉求为宗旨。

---

① 《2021外国企业在德国投资数量增长，中企投资数量位居第三》，《德国侨报》2022年5月7日。
② 《华人应理性维权：从德国"卡尔森新冠读本事件"说起》，《华商报》2021年3月18日。

B.14

2021～2022年荷兰、比利时、
爱尔兰、瑞典侨情分析

胡修雷*

摘 要: 荷兰华侨华人被称为"具有移民背景的最成功的群体",成为
荷兰重要的少数族裔之一。其中,浙、粤、闽籍华侨华人成为
荷兰三足鼎立的次族群,占全荷兰华侨华人的80%以上。
2021年荷兰中印(尼)餐馆正式被评为荷兰非物质文化遗产。
2021年是中国与比利时建交50周年。比利时华侨华人规模
小、流动性大。爱尔兰华侨华人有4万至5万人,主要聚集在
都柏林、科克和戈尔韦等大城市。瑞典有近4万华侨华人,约
占该国总人口的0.37%。

关键词: 华侨华人 侨团 华社文化 中欧贸易

一 荷兰侨情

荷兰侨社历史悠久,2021年是华人抵达荷兰110周年(1911～2021)。
尽管17世纪初就有华人抵达荷兰的记载,但当时的华人大多是零散的、短
期的,到20世纪初期,一些华人水手和青田商人开始在荷兰定居,逐渐形
成了荷兰华侨华人社会。2022年是中荷建交50周年。50年来,两国在经
济、文化、教育、科技等各领域合作成果丰硕。如中荷贸易额从1972年的

* 胡修雷,中国华侨华人研究所学术交流研究部主任,主要研究方向为华侨华人与国际移民、
侨乡治理、华侨华人认同等。

不足 6900 万美元上升至 2021 年的 1164 亿美元，增长近 1700 倍。尽管新冠疫情肆虐，但 2021~2022 年中荷双边贸易额分别逆势增长 7.8% 和 27%。①鹿特丹港三分之一的货物来自中国，两国之间每周有 6 趟中欧班列。中荷双方多年来在贸易、交通、农业、应对气候变化等领域的务实合作，为华侨华人融入在地发展提供了良好外部环境。

早年荷兰华侨华人大多从事餐饮业。经过多年奋斗，荷兰华侨华人已经走出唐人街，突破了经营餐饮业的单一藩篱，活跃在贸易、电商、旅游、广告等多个行业，为促进中荷贸易、方便当地居民生活做出了贡献。现在，荷兰华侨华人已近 20 万人，占全荷百万外侨的 1/5，其中，浙、粤、闽籍华侨华人成为荷兰三足鼎立的次族群，占到了全荷兰华侨华人的 80% 以上。在荷兰华人中，后代接受过大学教育的比例远高于荷兰平均水平。华裔荷兰人被称为"具有移民背景的最成功的群体"，成为荷兰重要的少数族裔之一。

（一）荷兰华社庆祝中荷建交50周年

2022 年 4 月 23 日，荷兰最负盛名的花田地区花车巡游（Bloemencorso Bollenstreek）在诺德维克市盛大开幕，行程约 40 千米，历时 11 个半小时。受疫情影响，花车巡游已经暂停了两年，2022 年重启的主题为"欢庆回忆"。2022 年是花车巡游活动 75 周年，节庆持续近一周。海牙中国文化中心作为 2022 年唯一受邀参加的国际机构，用 2 万朵鲜花装饰了两组花车造型，庆祝中国和荷兰建交 50 周年，并向荷兰公众展示中国的虎年生肖文化。中国驻荷兰大使及各界嘉宾应邀出席了开幕发车仪式。②

2022 年 4 月，荷兰中文教育协会举办庆祝中荷建交 50 周年荷兰华校才艺云端汇演，来自 8 所中文学校、2 所孔子学院和 3 所荷兰中学的共 342 名

---

① 《谈践大使出席中荷建交 50 周年主题活动并发表演讲》，http://nl.china-embassy.gov.cn/chn/sgxw/202203/t20220324_10655046.htm，2022 年 10 月 3 日访问。
② 《谈践大使出席荷兰花车巡游开幕式》，https://hollandone.com/?p=15136，2022 年 10 月 5 日访问。

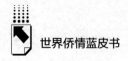
学生参加演出。①

2022 年 5 月 10 日，由荷兰的全荷华人社团联合会、荷兰中国文化中心、荷兰华人青年联合会、荷兰中国和平统一促进会、旅荷华侨总会，以及荷兰广州同乡会、荷兰广东总商会等 22 个华人社团主办，26 个华人社团协办，上百位华人赞助的大型文艺汇演在海牙举行，庆祝中荷建立大使级外交关系 50 周年。②

（二）荷兰中餐馆被纳入非物质文化遗产

作为欧洲中餐业发展的领头羊，2021 年农历新年，荷兰中印（尼）餐馆（Chinees-Indische restaurants）正式被列为荷兰非物质文化遗产，③ 这是中国、印尼、荷兰三国文化融合的产物。1911 年，英国的船东雇用了中国水手，以应对鹿特丹和阿姆斯特丹港口的罢工。后来，这些水手中有许多人留在了荷兰，并开设了东方餐馆。在荷兰鹿特丹卡顿德莱斯区坐落有逾百年的（广东）省（香）港海员大客栈遗址，当时公称"中国水手馆"，这是一个世纪前华人最早登陆欧洲的地点。20 世纪 40 年代中叶，印度尼西亚独立后有 20 多万在印尼的荷兰人回到荷兰，他们习惯了印尼菜的风味。这些印尼菜实际上受中国菜的启发，印尼厨师加入了自己的香料，以适应荷兰人不喜太辣的口味，形成独特的菜系，很受华人和荷兰本地人欢迎。中餐馆以其独特的荷式中餐火肉（babi pangang）闻名，有俗称老虎头的滑动窗口、水族箱、通胜（俗称"老黄历"）日历，当然还有众所周知的口头禅"sambal bij?"（要辣椒吗？）

荷兰中餐业至今都多以中印（尼）食谱系列并行，从早期印尼餐主导

---

① 《献礼中荷建交 50 周年——荷兰华校才艺汇演云端举行》，〔荷兰〕《荷兰联合时报》2022 年 4 月 25 日。

② 《谈践大使出席荷兰侨界庆祝中荷建立大使级外交关系 50 周年文艺汇演活动》，https：// hollandone.com/？p=16035，2022 年 10 月 3 日访问；《荷中嘉宾齐聚海牙百年历史圆形剧场，热烈庆祝中荷建立大使级外交关系 50 周年》，〔德国〕《华商报》2022 年 5 月 29 日。

③ 《荷兰中印（尼）餐厅在农历新年正式成为荷兰非物质文化遗产》，"一网荷兰"微信公众号，2021 年 2 月 12 日。

荷兰的亚洲餐饮市场，经历了一个多世纪的艰难成长历程，发展到今天2000多家中餐馆及2000多间华资（含薯条外卖）快餐店，其占全荷兰4万多家饮食企业的比例超过10%。作为荷兰华人经济的支柱产业，荷兰的华人餐饮业组织发挥着重要作用。2022年6月荷兰中饮公会（VCHO）在阿尔梅勒举行成立十年庆典活动，该会400多名会员和多个荷兰侨团代表出席庆典。尽管2021~2022年对于餐饮经营者及酒店企业来说是非常艰难的时期，荷兰也出现了一些针对华人和中餐的歧视现象，但公会通过组织抗争活动，并对话荷方政界领袖，反对歧视现象，尽力维护华人的权益。目前，该组织已经有1300名会员，是荷兰第二大餐饮行业组织。[①]

（三）以唐人街为基础展示华社文化

荷兰有三大唐人街，分别在阿姆斯特丹、海牙、鹿特丹，其中又以首都阿姆斯特丹为之最。阿姆斯特丹的唐人街位于城北部老城区，是欧洲最古老的唐人街之一，其主干是两条数百米长、南北走向的街道，即善德街和侨德仕街。唐人街主要以经营中国餐厅为主，最常见的当属粤菜馆。此外，川菜馆、闽菜馆、湘菜馆等也比较多。除餐厅外，当地华人也经营超市、老字号的杂货铺特产店、药店、书店、文化艺术品店等，其中一些产品是从国内运到荷兰，以满足当地华人和游客的需求。阿姆斯特丹唐人街是荷兰华人先辈历尽磨难、艰苦奋斗的历史见证，是荷兰华人社会形成、发展、变化的一个缩影。当然，现在的唐人街早已不是华人在荷兰最主要的社区，许多华人在荷兰各地置办家业，唐人街的存在更像是一个文化景区。

（四）荷兰侨团活跃，促进当地多元化发展

2022年荷兰侨社盛事迭起，侨界隆重庆祝荷华联会成立35周年、欧华联会成立30周年、荷兰广州同乡会成立20周年等。2022年3月，荷兰华人华侨妇女社团联合总会（LFCV）在代尔夫特（Delft）举行庆祝国际三八妇

---

① 《荷兰中饮公会举行成立十周年庆典》，〔荷兰〕《荷兰联合时报》2022年6月23日。

女节暨 LFCV 成立 22 周年及第七届理事会就职典礼。全荷华人社团联合会主席季增斌、荷兰妇女委员会主席 Nenita La Rose、高票当选的荷兰华人女市议员张远珺出席，各大华人社团负责人及华侨华人代表等近 200 人参加。这是疫情发生之后荷兰华人社团举办的首场大型线下活动。卸任主席张惠芳和新任主席陈彩霞举行了会印交接仪式。荷兰华人华侨妇女社团联合总会前身是荷兰慧媛会，成立于 20 世纪 80 年代，宗旨是团结在荷华侨华人妇女，发挥专长，服务社会。①

　　在荷兰华社中，浙江籍华侨华人数量众多。目前，浙江籍侨团在荷兰华社中已经占了多数，并在荷兰侨界事务中发挥了重要作用。2022 年 9 月，荷兰浙籍侨团（抗疫）联盟成立，第一批成员有 35 家，联盟是一个非营利的、公益性的松散组织，宗旨是整合侨团力量，团结侨胞，深化和拓宽旅荷浙籍侨团的合作，在欧洲讲好中国故事和浙江故事。②

二　比利时侨情

　　2021 年是中国与比利时建交 50 周年，双边关系总体平稳，贸易、投资持续增长。比利时是世界十大商品进出口国之一，外贸为其经济命脉，全国 GDP 的大约三分之二来自出口。比利时拥有极其完善的港口、运河、铁路以及公路等基础设施，为与邻国更紧密的经济整合创造条件。比利时的西弗兰德省与中国浙江省是友好省份，义乌到列日开通有中欧班列，阿里巴巴集团在列日建有物流项目。侨团有比利时中国和平统一促进会、旅比华侨联合会、旅比福建同乡联合会、比利时青田同乡会等。

（一）比利时华侨华人规模小、流动性大

　　安特卫普是 100 多年前首批华人水手登陆比利时的港口城市。从 20 世

---

① 《荷兰华人华侨妇女社团联合总会举行三重庆典》，〔荷兰〕《荷兰联合时报》2022 年 4 月 19 日。
② 《"浙里有爱 天涯共此时"中秋暖侨荷兰站活动成功举办，荷兰浙籍侨团（抗疫）联盟成立》，https：//hollandone.com/？p＝21533，2022 年 10 月 3 日访问。

纪 50 年代开始一批中国香港移民迁移到比利时，20 世纪末，比利时的大多数华人来自我国香港。近年来比利时华侨华人人数增长较快，移居比利时的华侨华人主要来自浙江和福建。其中，浙江籍华侨华人在旅比侨胞中占比最大。[①] 2022 年 8 月，比利时浙江籍侨团（抗疫）联盟成立，首批成员有 14 家。[②] 比利时统计局数据显示，截至 2021 年 1 月 1 日，全国共有人口 11521238 人。2022 年，比利时的华侨华人有 2 万多人，约占比利时全国总人口的 0.17%。比利时华侨华人的规模小于邻近的法国、荷兰。大多数比利时华侨华人生活在安特卫普和布鲁塞尔。

比利时地处欧洲心脏，人口虽少但工业比较发达，有些世界性企业需要大量的劳动力，工作待遇相对较高，很多著名的企业总部都设在比利时，因此很多中国人冲着高昂的薪资来到比利时打工，久而久之在比利时的华侨华人越来越多。此外，比利时地处欧洲心脏，开车一个多小时即可到达德国、法国、荷兰、卢森堡等国。便利的交通条件也吸引了一些华侨华人到比利时就业和生活。

（二）比利时侨社重视传承推广中华文化

在比利时的唐人街，华侨华人每年以舞狮等方式庆祝中国春节。在布鲁塞尔、安特卫普和鲁汶有欧华汉语语言学校等中文学校。2021 年 5 月比利时中华妇女联合会将全球华语朗诵大赛首次引入比利时，10 余所中文学校的 150 余名华裔青少年踊跃报名参赛，展示比利时华裔青少年的良好风貌以及对中华语言文化的满腔热爱，也展现了比利时华文教育的丰硕成果。

华社文化需要有更多的宣传方式。2022 年 8 月讲述"中国的辛德勒"钱秀玲传奇人生的《忘记我》荷兰语版新书发布会在比利时布鲁塞尔中国文化中心举行。该书讲述了旅居比利时的中国女性钱秀玲在第二次世界大战期间从纳粹枪口下拯救 110 名比利时人的真实故事。作者徐风历时 16 年，

---

① 《曹忠明大使在比利时华侨华人春节团拜会上的讲话》，http://be.china-embassy.gov.cn/lsfw/qwgz/202102/t20210209_10172885.htm，2022 年 10 月 3 日访问。

② 《比利时浙江籍侨团（抗疫）联盟成立》，《青田日报》2022 年 8 月 3 日。

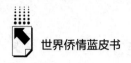
遍访钱秀玲的后代与故旧，还原了这位中国女性的成长道路和传奇经历。该书中文版已于 2021 年 4 月面世，荷文版的发行有助于当地人更好地了解华人社会。

2021 年 10 月 9 日，比利时华侨华人社团联盟在比利时鲁汶大学举办"庆祝中比建交五十周年文艺晚会"，300 余人参加。① 这是疫情发生以来旅比华侨华人和比利时友人第一次在线下举办大型文艺晚会。晚会由比利时华侨华人社团联盟主办，旅比华人专业人士协会、鲁汶大学孔子学院、鲁汶大学 Group-T 校区、比荷卢江苏商会、旅比福建同乡联合会和比利时华商丝路商会共同承办。② 旅比华侨联合会、旅比上海联谊会、比利时湖南同乡会、比利时上海友好协会、比利时西藏文化协会、布鲁塞尔中文学校、旅比华人老人中心、比利时东北同乡会、比利时新生代文化协会、比利时华文媒体等参加活动。多年来，比利时华侨华人积极融入当地社会，弘扬中华文化，促进交流合作，为推动中比关系发展发挥了重要作用。

（三）比利时侨团热心社会公益事业

比利时华侨华人热心公益，克服新冠疫情不利影响，坚持向弱势群体奉献爱心。2021~2022 年，旅比华侨联合会、比利时中华妇女联合会、比利时中华商会等向 2021 年河南灾区抗洪救灾和灾后重建捐款 42010 欧元。2022 年，比利时中华妇女联合会向云南省金平县三位困难学生捐助 5550 欧元助学款；欧洲华商扶贫基金会向云南省金平县捐赠 21800 欧元善款，用于帮助当地 100 名贫困高中生完成学业。

旅比华侨联合会是比利时第一家华侨华人社团，会所位于安特卫普市中心的唐人街上。2021 年恰逢该会成立 50 周年，社团举行了成立 50 周年庆典暨第十五届理事会就职典礼。庚春花任新一届理事会主席。该会还开办了

---

① 《比利时华侨华人社团联盟庆祝中比建交 50 周年》，http：//www. news. cn/2021-10/10/c_1127942969. htm，2022 年 10 月 21 日访问。

② 《庆祝中比建交五十周年文艺晚会在比利时成功举办》，https：//www. sohu. com/a/494891983_121124414，2022 年 10 月 21 日访问。

中文学校，成为华人子弟与当地民众学习中文和了解中国文化的重要场所。多年来，旅比华侨联合会积极推广中华文化，主动融入当地主流社会，参与安特卫普市唐人街牌楼建设和"华人登陆百年"纪念等活动，组织安特卫普首届春节巡游，并在新冠疫情发生后多次为国内捐款。

三 爱尔兰侨情

1979 年中爱两国建立外交关系。近年来，两国互惠战略伙伴关系取得长足发展，各领域合作与交流不断加深。2021 年中爱经贸额在疫情冲击中逆势增长，货物贸易额为 229.5 亿美元，同比增长 27.2%，中国跃升两个位次成为爱尔兰第四大贸易伙伴。[①] 截至 2020 年，华侨华人有 4 万至 5 万人，约占爱尔兰总人口（483 万人）的 1%，他们主要聚集在都柏林、科克和戈尔韦等大城市。在都柏林，华侨华人大多居住在利菲河以北的地区。

（一）爱尔兰对外来移民具有较大吸引力

2022 年 6 月，爱尔兰公布的当年人口普查的初步结果显示，爱尔兰人口已达到 5123536 人，相比 2016 年普查时增长 7.6%，其中都柏林、科克等地居住人口较多，朗福德（Longford）和米斯（Meath）等地的人口增长幅度最大。[②] 在这一普查周期中，新增加了 361721 人，其中移民到这个国家的人（190333 人）比在这里出生的人（171338 人）多，[③] 表明爱尔兰对移民具有较大的吸引力。统计数据显示，2016 年至 2022 年，每年净移民人数

---

① 《关于 2021 年中爱货物贸易情况的调研报告》，http://ie. mofcom. gov. cn/article/ztdy/202203/20220303285282. shtml，2022 年 10 月 22 日访问。

② 《2022 年爱尔兰各郡的人口普查明细揭晓》，https://www. sohu. com/a/560700519_395814? scm＝&spm＝smpc. channel_164. tpl-author-box-pc. 42. 16570706953630fz5lr2_324，2022 年 10 月 23 日访问。

③ 《2022 年人口普查：爱尔兰人口自 1851 年以来首次超过 500 万》，https://www. sohu. com/a/560341229_395814? scm＝&spm＝smpc. channel_164. tpl-author-box-pc. 47. 16570706953630fz5lr2_324，2022 年 10 月 21 日访问。

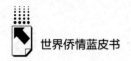

平均为 3.1 万人，而 2011 年至 2016 年，每年净移民人数为 5000 人。因此，外来移民的增幅明显加快。在爱尔兰，来自中国的青年留学生已成为最大的华人群体，持学生签和工作签长期居住的人较多。[1]

就业网站 Indeed 的一份报告显示，爱尔兰是欧洲最具吸引力的劳动力市场之一。在疫情封锁期间，欧洲的跨境求职下降了 32%。80%的爱尔兰企业计划 2022 年从海外招聘员工，软件开发、IT、管理和会计等行业最吸引海外员工。[2] 由于爱尔兰是欧元区乃至世界上较具竞争力的经济体，其国内劳动力短缺，许多行业开始采取措施雇用外国工人。爱尔兰的生活成本较高，总体物价比欧盟高出 40%，这给移民带来巨大压力。

（二）爱尔兰侨社探索疫情影响下新出路

由当地华侨华人组成的表演团队于 2021 年 8 月分别在都柏林的圣安妮公园、爱尔兰现代艺术博物馆以及芬戈郡巴尔布里根小镇举行了三场"中国文化路演"户外音乐表演活动，受到当地民众的欢迎。此次活动由中国驻爱尔兰大使馆、当地侨社和爱尔兰文化部门联合主办，被爱尔兰政府文化部门纳入"移动户外艺术节"的一部分。[3]"移动户外艺术节"是爱尔兰政府文化部门为帮助当地艺术家渡过疫情难关、缓解当地民众在疫情下的精神压力而于 2020 年 10 月发起的一项全国性文化活动。

2022 年爱尔兰福建总商会成员第一次代表大会 4 月在总商会会所召开。福建总商会会长、都柏林华助中心主任陈华德分析了总商会面临的机遇和挑战，鼓励会员建真言，献良策，鼓干劲。都柏林华助中心及中文学校负责人分别介绍了各自的发展状况和改革方向。都柏林华助中心是爱尔兰首家海外

① 马迎雪：《"落地不生根"：爱尔兰都柏林华人文化适应方式》，https：//m. gmw. cn/baijia/2022-05/10/35724191. html，2022 年 10 月 22 日访问。

② 《爱尔兰被评为欧洲第五大最具吸引力的劳动力市场》，https：//www. sohu. com/a/559637510_395814？ scm = &spm = smpc. channel _164. tpl － author － box － pc. 2. 1655866072010R5iBSGn_324，2022 年 10 月 21 日访问。

③ 《"中国文化路演"户外音乐表演活动在爱尔兰举行》，http：//www. news. cn/world/2021-08/29/c_1127806474_3. htm，2022 年 10 月 23 日访问。

华侨华人互助中心，旨在促进华社内部相互帮助，特别是对弱势群体提供必要的救助。

四　瑞典侨情

1739年，"哥德堡号"远渡重洋驶赴中国广州，将瑞典的黑铅、粗绒等带到中国，然后满载着茶叶、丝绸和瓷器返回瑞典。这趟历时一年半的航行拉开了两国交往的序幕，也开启了中瑞海上丝绸之路。新中国成立后，瑞典是第一个与中国建交的西方国家，两国于1950年建交。多年来，中瑞关系平稳发展。2021年，中瑞贸易额创历史新高，达209亿美元，同比增长17%。瑞典企业累计对华投资近60亿美元，中资企业累计对瑞投资112亿美元，在瑞中资企业为瑞典创造了2.7万个就业岗位。超过1万家瑞典企业开展对华贸易，500多家瑞典企业在华经营，中瑞经贸务实合作为包括华侨华人在内的两国人民带来了实实在在的利益。①

瑞典比较活跃的侨团有瑞典华人总会、瑞典华人联合会、瑞典华人工商联合总会、瑞典中国和平统一促进会、全瑞典中国学生学者联谊会、斯德哥尔摩华助中心、瑞京华人协会、青田同乡会、潮州同乡会等。疫情期间，瑞典华人社团积极行动起来开展抗疫工作，如开展网上咨询，北欧中医药中心远程咨询群与国内专家联合举办网上咨询，吸引了很多人前来问诊。瑞典主要华文媒体有北欧华人网、北欧国际新闻中心、北欧绿色邮报网、《北欧华人报》、《北欧时报》、《今晚报北欧版》等。瑞青中文学校创校15年来，已发展成为瑞典规模最大、课程设置最完备的华文学校之一，为广大华裔青少年提供了学习中文、了解中国、承继中华文化的平台。

---

① 《中国驻瑞典大使崔爱民："哥德堡号"再扬帆，中瑞合作续佳话》，http：//www. greenpost. se/2022/07/14/，2022年9月21日访问。

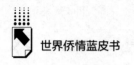
（一）瑞典有近4万华侨华人，约占该国总人口的0.37%

新中国成立时，瑞典仅有华侨约20人，20世纪60年代瑞典经济快速发展带动劳工需求激增，我国台湾、香港以及东南亚等地约4000名移民相继来瑞谋生。70年代末，越南当局排华，根据联合国难民署安排，瑞典接纳了约1万名越南华人。80年代初，瑞典社会稳定，对外来移民持欢迎态度，广东、浙江、福建等地约1万人陆续来瑞谋生，主要从事餐饮业和贸易行业。90年代，因瑞典科研先进，加之提供免费教育，对外来进修留学人员较为开放，大陆留学人员及其家属约3000人来瑞学习、工作，公费和自费各占50%。[①]进入21世纪以来，由于瑞典的高福利、低出生率，来自中国的移民和留学生不断增多。截至2017年，瑞典有31333名中国（不含港澳台）移民，有1620人来自中国台湾，有595人来自香港特别行政区。当然，这些数据不包含在瑞典出生的华人后代。[②] 截至2021年底，瑞典有37172名中国（不含港澳台）移民，有2055人来自我国台湾，[③] 共计有39227人，约占瑞典总人口（10487859人）的0.37%（见表1）。瑞典华侨华人中女性居多。

表1 不同年代移居瑞典的中国移民及其性别分布（截至2021年底）

单位：人

			未知	~1969年	1970~1979年	1980~1989年	1990~1999年	2000~2009年	2010~2019年	2020年	2021年	共计
中国	大陆	合计	120	78	303	1141	2949	9859	18842	1865	2015	37172
		女	57	40	144	683	2026	6759	10158	967	1054	21888
		男	63	38	159	458	923	3100	8684	898	961	15284
	台湾	合计	7	—	126	202	106	293	1087	130	104	2055
		女	4	—	66	128	81	209	662	79	66	1295
		男	3	—	60	74	25	84	425	51	38	760

资料来源：瑞典统计局，http：//www.scb.se/，2022年9月21日访问。

---

① 《瑞典华人概况》，https：//www.fmprc.gov.cn/ce/cese/chn/xnyfgk/t247412.htm，2022年9月21日访问。

② Folkmängd efter födelseland 1900-2017, SCB, Statistics Sweden，2022年9月21日访问。

③ https：//www.scb.se/BE0101-en，2022年9月28日访问。

（二）中餐业在瑞典面临诸多考验

瑞典华侨华人大部分从事餐饮业，斯德哥尔摩的外来餐馆除了中餐馆就是意大利餐馆了。经过几代人的共同努力，中餐业在瑞典逐步发展壮大。但是疫情扰乱了正常生活，长时间的禁足、旅行限制等制约了中餐馆的发展，放松疫情管控后，瑞典中餐业也不温不火。此外，近年来随着年轻一代人的学习与转型，厨师和服务员从业者日趋减少，给瑞典中餐业发展带来极大的挑战，瑞典中餐业存在管理人员、服务人员和厨师短缺的问题。由于中餐对烹饪技艺要求高，当地的华二代、华三代大多不愿从事厨师行业，由此也造成菜式更新慢、口味改革难等问题。加上当地的日料、韩餐、泰餐等正朝着标准化、规范化方向发展，通过提升其美食文化的质量与品牌，赢得了不少市场和顾客，在一定程度上影响了中餐馆的客流。

B.15
2021~2022年意大利、西班牙、希腊侨情分析

孙亚赛*

摘　要： 2021~2022年，南欧地区华侨华人的生产生活呈现一些新特征，希腊等地"黄金签证"热度回落，中国客户显著减少；华商经营困难重重，倒逼华商迎难而上、逆势突围；华人社团守望相助，致力于守护侨胞的健康和安全；华文教育有声有色，中文受欢迎程度不断提高；华人群体努力塑造正面、开放、包容的群体形象；赴意留学生人数减少但生源质量提升。展望未来，创新是华商变挑战为机遇的重要路径，海外华语传承应增强时代性与服务性。

关键词： 华侨华人　华社　华商　移民

一　意大利侨情

意大利华侨华人群体以新移民为主体，主要从事贸易，且华侨占绝大多数。意大利华侨华人90%以上是企业职员和手工业者，华商只占少数。华侨华人新生代的就业领域广泛，涉及法律、教育、医疗等，具有跨领域、多领域的特点。①

---

* 孙亚赛，博士，中国华侨华人研究所助理研究员，主要研究方向为华侨华人、国际移民。
① 包含丽、夏培根：《中意建交以来意大利华侨华人社会的变迁——以国家在场理论为中心的分析》，《华侨华人历史研究》2022年第2期。

意大利国家社会保障局（INPS）发布的外国移民统计数据显示，截至2020年，意大利共有外国移民376.04万人，位居第一的是来自罗马尼亚的移民，共有71.17万人，占移民总数的18.9%，其次是阿尔巴尼亚移民（9.3%）、摩洛哥移民（7.6%）。中国移民有20.85万人，占5.5%，排名第四。[①] 受新冠疫情影响，2021~2022年中国移民人数有所下降。

（一）疫情下华侨华人守望相助

新冠疫情之下，华人社团守望相助，为困难侨胞提供帮助，致力于守护侨胞的健康和安全。例如，米兰华侨华人工商会为患病侨胞筹集善款和回国机票；成立"网上方舱医院"，为困难侨胞提供药物，联系专业医生在线诊疗；帮助侨胞预约接种新冠疫苗，提供一对一翻译服务；等等。[②]

2022年1月，变异毒株奥密克戎使意大利疫情出现了严重的反弹趋势，意大利"网上方舱"医院因部分药物用完、经费有限在网络向全社会发起募捐活动，意大利华侨华人得知募捐活动后踊跃捐款。意大利北部丽水同乡会捐款1万欧元，米兰华侨华人温州商会捐款5000欧元，米兰中龙龙舟队捐款4万元人民币，米兰神州旅行社捐款3000欧元，米兰华侨华人企业家联谊会捐款3000欧元，[③] 里米尼华侨华人妇女联谊总会捐款5000欧元。[④]

（二）"一带一路"建设提振华商信心

进入21世纪以来，意大利华商的经营从原来的以族裔网络为中心向兼顾跨国经营发展，这一点尤其是在新华商群体中体现明显。这一发展趋势不

---

① 《意大利合法外国移民超376万 华人数量位居第四》，https://www.360kuai.com/pc/9113f54 1cb5c53b32？cota=3&kuai_so=1&tj_url=so_vip&sign=360_57c3bbd1&refer_scene=so_1，2022年6月 2日访问。

② 《意大利米兰华人街疫下同胞情浓》，https://www.chinanews.com.cn/hr/2021/07-09/9516 238.shtml，2022年4月5日访问。

③ 《意大利爱心华侨、社团和企业踊跃为"网上方舱"捐款》，http://www.chinaqw.com/ hqhr/2022/01-07/318901.shtml，2022年5月2日访问。

④ 《意大利里米尼华侨华人妇女联谊总会向"网上方舱医院"捐款》，http://www.chinaqw. com/huazhu/2022/07-14/335157.shtml，2022年7月20日访问。

仅受中意两国的移民和外交政策等政策层面的影响，还与两国的产业结构、市场需求等息息相关。新冠疫情发生后，意大利华商的线下经营因为物流中断或受限、两国的防疫举措等承受了巨大压力，但倒逼华商线上经营的转型。以跨国日用百货企业为例，疫情催生了其与网红孵化机构合作的运作模式。该模式构建了一个云上跨国经营空间，为华商的经营搭建了数字基础设施，也实现了优势资源的深度整合和经营模式的动态调整。①

"一带一路"建设提振了意大利华商对经济发展的信心，华商的商业经营日益国际化、规范化。2021年，意大利最大的华人综合门户网站的站内搜索热词中，补贴、居留、机票、转机等词语名列前茅，从侧面反映出疫情之下意大利华人的压力。在经商困难的大环境下，有的华商反向思考、逆势而为，扩大投资经营自助餐厅，并一度成就了一种商业现象，得到了意大利消费者的认可。华商的信心主要来源于对餐饮行业的熟悉和对意大利加入"一带一路"后经济大环境的看好。②

（三）中国赴意留学人数减少，但生源质量不断提升

意大利教育资源丰富，综合性大学的综合实力全球排名第5，拥有坚实的高等教育基础。意大利是中国留学生在欧盟区域内的重要留学目的国。米兰理工大学、都灵理工大学、罗马智慧大学、帕多瓦大学等都是中国留学生的首选。

受新冠疫情影响，中国赴意留学人数有所减少。2020年，中国赴意留学人数从历史峰值的5000多人降至3500人；2021年，中国赴意留学人数持续走低，约有2500人。值得注意的是，赴意留学的中国生源质量却在不断提升。主要体现在赴意大利攻读硕士学位的中国留学生数量逐年增加，且在赴意攻读硕士学位的中国留学生中，毕业于国内双一流高校的本科生比例

---

① 高如、秦烨臻：《族裔中心与跨国经营：意大利新华商经营模式分析》，《八桂侨刊》2022年第4期。

② 《反向思考，逆势而为 意大利华商投资1.5亿经营餐厅》，http：//www.chinaqw.com/hspc/2022/03-18/324886.shtml，2022年5月21日访问。

逐步提高。①

意大利侨团对于促进中意两国经济文化交流合作、弘扬中国传统文化、增进民间友好发挥了重要桥梁纽带作用，对维护在意华侨华人合法权益发挥了重要推动作用。在经济上，华侨华人联通中意两国市场，促进中意两国经贸合作与发展，助推"一带一路"倡议在意大利的落地与发展。面对赴意留学的中国生源质量不断提升的趋势，相关留学生管理服务机构要加强对留学生的就业指导和权益维护，不断涵养华侨华人人才资源。

二 西班牙侨情

西班牙对外国移民的包容性很高，吸引了许多来自不同国家的外来移民。西班牙移民局的统计数据显示，外国移民在西班牙总人口中的占比达到了11.6%。2021年新冠疫情的反复，对移民群体是否选择留在西班牙的影响很大。据统计，意大利、德国、摩洛哥、哥伦比亚、英国的移民人数均有增加，但罗马尼亚（-21376人）、中国（-5663人）和巴西（-4898人）移民的人数下降较多。

（一）《外国人法》改革，居留政策得以简化

2022年7月，为促进外国移民进入西班牙劳动力市场，西班牙政府批准并通过了《外国人法》的改革，简化了外国移民在西班牙合法工作的步骤，主要体现在三个方面。一是取消了外国留学生申请合法工作居留需要满三年的限制，但限制外国留学生从事与专业相关工作时长不得超过30个小时。二是新增工作扎根居留申请模式——参加工作培训获得工作居留。三是放宽家庭团聚条件，允许持家庭团聚签证的移民以个体户和自雇者身份从事合法工作，对未成年、残障人士等弱势群体则进一步放宽限制。《外国人

---

① 《意大利教育中心：服贸会将为中意教育交流与合作带来更多机会》，http：//world. people. com. cn/n1/2021/0907/c1002-32220242. html，2022年1月6日访问。

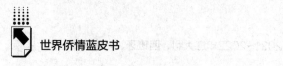

法》的改革，简化了外国移民在西班牙合法工作的手续，或对外来移民的增加具有一定的拉动作用。

（二）华人分布集中度高，"过于封闭"刻板印象或被改写

西班牙华人数量居移民族群第 10 位，他们主要集中在马德里和巴塞罗那的大都会区。以马德里为例，35% 的居民为华人，其中，在中国出生的中国籍移民占 1/4。① 早期的华人移民因为马德里乌塞拉（Usera）区较低的生活成本和便于"串门"的街区形式而选择在此聚居。经过几十年的发展，华人社区逐步发展壮大，形成了吃苦耐劳和热衷储蓄的文化身份标签，催生了乌塞拉区今日的"唐人街"。

华人移民群体具有一定的经济独立性，主要体现在自身具有一套供应、消费、融资、信贷体系，对本地经济和劳动力市场依赖性较低，加之文化上的差异，一定程度上减缓了华人群体融入在地的进程。"过于封闭"的群体形象在早期确实存在。但是，随着华二代和留学生力量的壮大，这一刻板印象正逐步被改写。

（三）华侨华人传递正能量，树立新形象

1. 西班牙华侨华人关注祖（籍）国

2022 年 1 月 17 日，西班牙侨商为 2022 年北京冬奥会举办举行宣讲活动，并邀请加泰罗尼亚工商界及西班牙政府代表致辞，表达通过冬奥会加深中、西两国人民友谊，促进两国经贸、体育、文化交流的美好期待。

2021 年 7 月下旬，河南多地遭遇水灾。西班牙温州总商会迅速成立赈灾小组，在短短几天内筹备食品 5540 箱、服装 12200 件等价值近 50 万元人民币的物资，第一时间运往河南省开封市尉氏县水坡镇，再次上演了温州籍侨胞的"速度与激情"，彰显了中华民族"一方有难、八方支援"的大爱。

---

① 《西班牙移民众生相：华人过于封闭的刻板印象正在瓦解》，https：//www.chinanews.com.cn/hr/2021/06-27/9508191.shtml，2022 年 3 月 5 日访问。

西班牙温州总商会于2016年5月在巴塞罗那成立，由300多名旅西温籍企业家组成，旨在凝聚旅西温商力量，发扬温商精神，维护旅西温商权益，是"浙江省海外示范性侨团"。①

2. 西班牙华侨华人积极回馈和融入在地

2021年以来，西班牙青田同乡会帮助当地弱势群体，协助慈善机构举办绘画比赛，为当地抗击疫情贡献力量。在西班牙莱里达市，华人不仅促进了当地商业的发展，而且在当地疫情最严重的时候，为当地运送了手套、口罩、防护服等189箱防护物资，得到当地政府和民众的高度肯定。巴利阿里群岛华侨华人协会为当地基金会捐赠善款并签署合作协议，在帮助受困人员的同时，也促进当地华侨的社会融入。

华人群体积极尝试树立正面、开放、包容的群体形象。西班牙纳瓦拉（Navarra）华人协会与当地移民政策总局合作，共同发起一项旨在宣传华人群体重要作用的运动。该运动以"重要一员"（Piezas clave）为口号，以发放、张贴海报和发放小手册等方式，从不同层面展现华人群体的生活面貌以及他们对西班牙经济繁荣发展做出的贡献。②

（四）疫情之下华商逆势突围

受新冠疫情影响，有的华商在限制经营、税收提高、成本上涨、高额房租等压力下选择关门歇业或者外迁至其他国家，也有的华商不屈不挠，逆势而上。总体而言，华商逆势发展的经验主要体现在以下几个方面。

一是积极探索更加灵活的商业运营模式，采取符合当地生活习惯和文化风俗的"本土化经营"方式，实现个人收益和当地社会的双赢。巴斯克地区华人店的成功经验就为华商扎根当地提供了一个鲜活实例和良好示范。这些华人店不仅在店名选取、店内装修方面采用本土化设计思路以体现当地特

---

① 《西班牙温州总商会驰援河南献爱心：漂洋过海"豫"你同在》，https：//www. chinanews. com. cn/hr/2021/08-05/9537230. shtml，2022年7月5日访问。

② 《西班牙侨团与当地移民局合作 共推"让华人社区被看见"运动》，〔西班牙〕《欧华报》2021年11月25日。

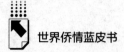

色，还注重聘用巴斯克本地人以消除偏见和吸引客流量。事实也证明，这种中西合璧的商业模式和经营理念，无论是对于华商还是当地社会，都带来了较好的经济收益和社会效果，反映出旅西华商更加成熟的商业理念，也是西班牙华侨华人注重与实践相结合的转变。① 巴利阿里群岛的华人百元店则采取了销售当地制造的产品的"战略"，更倾向于"押注"本地经济，这也促使华商能够更好地融入当地社会。

二是开辟新业务，展现创新和进取精神。疫情期间，在西班牙旅游业遭受重创、消费者支付习惯改变的情况下，部分华商或转变营销方式，或及时改行换业，展现了极强的适应能力。例如，在加泰罗尼亚，许多电器营销商采取数字化营销方式开拓新市场，为客户提供个性化服务；经营餐饮业的华商则创新经营方式，率先启用机器人服务员，减少疫情期间的人际接触，同时增加用餐的新鲜感和趣味感，吸引顾客。② 相较于华一代，华二代更有创新精神，其中很多愿意尝试新的行业或采用先进的管理理念。而华三代，他们即将毕业步入社会。在三五年后，或有新一批有文凭又富有创新精神的华商崛起，为华人社群塑造崭新的形象。

三是与当地金融机构合作，助力华商经济转型。西班牙华侨华人商业联合会与当地银行签署战略合作协议，引导和扶助瓦伦西亚华人、中小企业持续发展。根据协议，银行将为瓦伦西亚当地华人提供包括银行基础业务、贷款、中小企业金融理财等服务，商会也会帮助当地银行完善银行中文服务、华人社交平台推广等。此次签约是在西班牙的华人社团组织与当地金融机构之间的又一合作范例，将在一定程度上激发华人业主的自身活力，使广大华人企业在未来新一轮经济发展的战略转型中获得支持。③

---

① 《西班牙华商疫情期间开店发展事业 本土化经营受到好评》，https：//www.chinanews.com.cn/hr/2021/04-24/9462816.shtml，2022年2月2日访问。

② 《西班牙加泰华商坚持开辟新业务 引起西媒关注》，https：//www.chinanews.com.cn/hr/2021/05-10/9473721.shtml，2022年6月1日访问。

③ 《西班牙媒体：西班牙华侨华人商业联合会与当地银行签署战略合作协议》，https：//finance.sina.com.cn/jjxw/2021-12-15/doc-ikyakumx4315878.shtml，2022年6月6日访问。

（五）华文教育促进中华文化传播

云端华文课堂促进知识、文化、情感双向交流。2021年12月，270余名西班牙华裔青少年在"云端"课堂学习中华民族传统文化，学习少数民族舞蹈、南拳武术、汉代礼仪等极具中华传统文化色彩的知识与技能，感受《国庆阅兵》《红船故事》等主题教育的熏陶。此次授课采用"直播+录播+微信学习群+小程序打卡"的新模式，将授课分享和互动答疑有效结合起来，为海外华裔青少年呈现了包含中国少数民族特色文化、中华传统才艺、中华文明礼仪、中华民族精神在内的文化盛宴。通过此次活动，西班牙华裔青少年不仅能够提升自身对中华民族传统文化的认同感与归属感，还能够成为中华文化的传播使者，助力中国在国际舞台唱响"中国好声音"。①

长期以来，华侨华人群体的经济独立性、文化差异性塑造了华侨华人"过于封闭"的群体形象，但随着华二代和留学生群体在经济社会生活中力量的壮大，以及华侨华人群体回馈和融入在地程度的不断提升，华侨华人将逐渐建立起开放、包容的新的群体形象。虽然在疫情之下经商困难重重，华商赖以生存的餐饮业、旅游业、国际贸易等行业面临诸多考验，但西班牙华商在危机中不断抛弃存量、寻找增量，展现出敏锐的商业嗅觉、市场危机感和强烈的开拓精神。学习中文不仅是增进华裔青少年对中华民族传统文化的理解、认同和归属的途径，还是增进外国朋友对中国了解的最好窗口。未来可多举办线上线下相结合的中文学习活动或者华文课堂，让华裔青少年在学习和交流中增进友谊，在文明互鉴中不断巩固和加深中西友好交往的民意基础。

三　希腊侨情

2022年6月5日是中国与希腊建立外交关系50周年纪念日。中希建交

---

① 《"2021年中华文化大乐园——西班牙园"举行线上闭园仪式》，http://www. chinaqw. com/hwjy/2022/01-05/318728. shtml，2022年5月21日访问。

以来，特别是2006年两国建立全面战略伙伴关系以来，两国政治互信不断深化。新冠疫情发生后，希腊朋友毫不犹豫地声援中国，中国也在希腊抗疫物资最为紧缺时第一时间驰援，中希友谊在疫情的考验下延续和发展，人文交流和务实合作有序推进，其中，在希华侨华人发挥了重要的桥梁和纽带作用。

（一）华侨华人社团情况

截至2022年，在希腊的华侨华人大约有2万人。在希腊，华侨华人社团在促进华侨华人融入在地、促进两国经济文化交流、维护华侨华人合法权益、维护祖国统一等方面发挥了重要的"双向桥梁"作用。① 希腊华侨华人对中共二十大的召开高度关注。2022年11月20日，希腊华侨华人总会在雅典举办学习中国共产党第二十次全国代表大会精神交流座谈会。借此机会，希腊华侨华人代表纷纷表达了助力祖（籍）国发展的信念和决心，表达了对实现中华民族伟大复兴的美好期盼。②

表1　希腊华侨华人社团情况一览（截至2022年6月）

名称	会长
希腊华侨华人福建联合总会	陈锋
希腊华侨华人妇女会	徐丽
希腊华侨华人联合总会	张锡清
希腊华侨华人总会	邹勇
希腊华侨华人总商会	徐伟春
希腊华人旅游业联合会	张步仁
希腊闽商总商会	陈千枝
希腊青田同乡会	王德锋
希腊中国福建总商会	陈华美

---

① 《华媒：希腊华侨华人热议二十大 愿做好"双向桥梁"》，http://www.chinanews.com.cn/hr/2022/10-17/9874510.shtml，2022年10月31日访问。
② 《希腊华侨华人总会举办学习党的二十大精神座谈会》，http://www.chinaql.org/ni/2022/1121/c448397-32571174.html。

名称	会长
希腊中国和平统一促进会	吴海龙
中国希腊投资者联谊会	夏长伟
中希工商总会	黄旭东
中希文化交流协会	于恢弘
中希友好华侨华人协会	廖贤钰

资料来源：笔者根据希中网（https：//www.cgw.gr/static/content/XZHY/HRQT/2020-09-23/758330 430276771840. html）资料整理。

（二）"黄金签证"门槛提高，中国客户显著减少

希腊"黄金签证"的购房门槛由原来的 25 万欧元提升至 50 万欧元。希腊移民局公布的数据显示，从希腊"黄金签证"计划开始实施至 2021 年 12 月 31 日，希腊累计向 9610 个投资者家庭发放了 28767 份"黄金签证"。其中向 6405 个中国投资者发放了 19412 份"黄金签证"，是所有申请国家中签证发放数量最多的，占比高达 67.5%。然而"黄金签证"居留持有人在 2022 年显著减少，尤其是来自中国、俄罗斯和土耳其的投资者，他们一直以来是希腊"黄金签证"的主力军，且流动性强。2022 年上半年，中国籍的"黄金签证"居留持有者人数从 1 月底的 6391 人减少到 6 月底的 5949 人，共减少了 442 人（7%）。而且，新的"黄金签证"居留的发放人数明显低于未更新居留的数量。也就是说，新申请的人数低于已经放弃或离开的人数。这是中国籍投资者正在退出希腊房地产投资市场的标志，也在一定程度上显示了退出的速度。①

（三）"一带一路"：中希合作交流的平台

希腊处在连接欧亚非的"十字路口"上，对于推动"一带一路"建设

---

① 《重磅突发！希腊刚刚官宣：黄金签证门槛涨至 50 万欧元!》，https：//www.cgw.gr/static/content/XZDT/2022-09-12/1018964650743832576. html，2022 年 10 月 1 日访问。

具有重要的战略意义。希腊是欧盟第一个加入"一带一路"倡议的国家，既反映了两国关系的稳定发展，也为两国的合作交流提供了重要平台，更多的中国企业可以在希腊进行生产、投资，同时希腊的优质商品可以进入中国广阔的市场，两国的双边关系将更加稳固和富有成效。希腊最大的港口比雷埃夫斯港是两国共建"一带一路"的典范。2021年比雷埃夫斯港营业额创下新高，同比增长16%，新冠疫情下显示出强劲的发展韧性，带动了当地的经济和社会发展。希腊的金融环境具有稳定性、连续性、一致性。2022年8月希腊退出欧盟"强化监管"机制，发展势头强劲。希腊2022年第二季度GDP同比增长7.7%，列欧盟国家第五位。

同为世界文明古国，希腊与中国在千年前的丝绸之路上就有着深厚的历史渊源；同为重要的全球参与者，未来中希两国在能源、交通、旅游、基础设施、数字经济等领域具有广阔的合作空间。在世界从疫情中恢复的时期，"一带一路"建设对于中希两国恢复交流和贸易发展，具有重要作用。[①]

（四）语言是中希文明互鉴的纽带

中国和希腊同为文明古国，双方交往合作有着深厚的历史底蕴和坚实的民意基础，为国际社会树立了文明互鉴的典范。2022年是中希建交50周年。50年来，中希两国互相尊重、互惠互利，达成了100多项协议，伙伴关系成果显著。2022年7月，第二届中国希腊文明交流互鉴对话会暨"汉语桥"希腊学生线上夏令营开幕。两国大学、友好城市、友好组织、专家学者和青年代表共约200人在线参会。此次文明对话聚焦校长对话、友城对话和青年对话，上百名希腊学生通过"云"参访等形式参加"汉语桥"线上夏令营，是中希双方开展文明交流互鉴的又一次生动实践。[②]

近年来，在共建"一带一路"和中国-中东欧国家合作的背景下，中希

---

① 《希腊驻华大使：加入"一带一路"为两国合作打开大门》，http://www.chinaqw.com/ydylpc/2022/09-28/341552.shtml，2022年10月15日访问。

② 《第二届中国希腊文明交流互鉴对话会暨"汉语桥"希腊学生线上夏令营开幕式举办》，https://www.chinanews.com.cn/gn/2022/07-21/9809031.shtml，2022年8月26日访问。

两国在经济、文化、教育、体育、旅游等领域的交流合作亮点纷呈。例如，2021年中希双边贸易额达121.5亿美元；中希高校积极筹建中希文明互鉴研究中心；希腊高校开设3所孔子学院和全球首家"网络中文课堂"；希腊大力支持北京成为首个"双奥之城"；中希双方推动落实旅游领域"联合行动计划"；等等。[①] 未来，中国和希腊这两个文明古国，在文明互鉴、经济互通、民间交往等方面，具有广阔的发展空间。

[①] 《中国驻希腊大使：在相知相亲中深化互信互惠》，http://www.chinanews.com.cn/gn/2022/06-06/9772462.shtml，2022年8月1日访问。

B.16
2021~2022年俄罗斯侨情分析

王 祎[*]

摘 要： 2022年俄罗斯经济社会总体呈现复苏态势，但受新冠疫情及乌克兰冲突的影响，在俄中国移民总数十分有限。俄罗斯移民政策放宽，华商在多重困境中发现商机。侨团主要围绕抗疫和迎接党的二十大开展活动，并从联谊联络转向共谋事业发展。中国留俄学生人数比2021年有所增长。中资企业抢占俄罗斯市场空白。华侨华人群体在艰难中互助前行。

关键词： 俄罗斯 华侨华人 移民政策

一 在俄华侨华人概况

2021~2022年，俄罗斯华侨华人在多重打击中艰难前行。受新冠疫情和乌克兰冲突影响，在俄华侨华人的生活和经营活动受到不同程度的波及，尤其是疫情防控政策给不少华侨带来了极大困扰。但危机中有转机，华商、中企在俄罗斯市场出现空档时，抓住时机，在电商领域、电子产品和汽车市场中都有不俗表现。

（一）俄罗斯经济社会概况

随着俄罗斯对新冠疫情管控措施的逐渐放开，俄罗斯经济也开始复苏，

---

* 王祎，博士，温州大学华侨学院副院长、副研究员，研究方向为俄罗斯华侨华人、华商、国际移民。

统计显示，2021 年俄罗斯国内生产总值增长 4.6%，已完全抵消了 2020 年 2.7% 的负增长。[①] 中俄双边贸易额也在持续增长，2021 年中俄贸易额达到 1468.87 亿美元。2022 年 1~10 月，中俄贸易额同比增长 33%，达到 1539.38 亿美元，[②] 连续五年创新高。两国尤其在能源方面开展了持续良好的合作。2021 年，俄罗斯仍是中国能源产品第一大进口来源国。此外，俄罗斯还是中国矿物原料、木材、机械、鱼类、农产品的主要进口来源国。而中国向俄罗斯出口的产品主要包括机械产品、电子产品、塑料和纺织品。由于美国对俄制裁，大量西方品牌如苹果、三星等退出俄罗斯后，中资企业和产品填补了市场空白，也是 2021~2022 年中俄贸易额持续增长的重要因素。

在俄罗斯经济逐渐恢复和中俄两国政治经济领域合作不断深入的大背景下，俄罗斯华侨华人的状况并未出现大变化。尤其受新冠疫情影响，两国口岸开放程度仍未恢复到疫情之前的水平，这对两国之间人员往来造成较大阻碍。因此，2021~2022 年，在俄的华侨华人及其他类型的移民数量整体仍处于低位。

（二）俄罗斯中国移民数量

俄罗斯联邦内务部统计数据显示，2019 年中国移民净流入 15306 人，净流出 8627 人，进出差为 6679 人；2020 年，由于两国执行了严格的疫情防控政策，中国移民净流入俄罗斯的人数急剧下降，仅为 7270 人，不足 2019 年的一半，但净流出人数为 11035 人，中国公民开始"逃离"俄罗斯；2021 年中国移民净流入和净流出的进出差为 4248 人。2022 年，由于中国疫情防控措施仍未放松，中国移民净流入俄罗斯仅为 6465 人，净流出俄罗斯人数为 2217 人。[③] 其中，有很大一部分人是因航班熔断、机

---

① 《经济复苏，抵消负增长：俄 2021 年 GDP 增长 4.6%》，《俄罗斯龙报》，http://www.dragonnewsru. com/static/content/home/headlines_home/2022-02-11/941726316343209984. html，2022 年 10 月 16 日访问。

② 《1~10 月中俄贸易额达 1539.38 亿美元》，中华人民共和国驻俄罗斯联邦大使馆经济商务处，http://ru. mofcom. gov. cn/article/jmxw/202211/20221103367677. shtml，2022 年 11 月 10 日访问。

③ 俄罗斯联邦内务部移民局官网，https://rosstat. gov. ru/folder/12781#，2022 年 10 月 20 日访问。

票昂贵、口岸关闭而不得不选择留守当地。1997~2021年俄罗斯中国移民数量变化如图1所示。

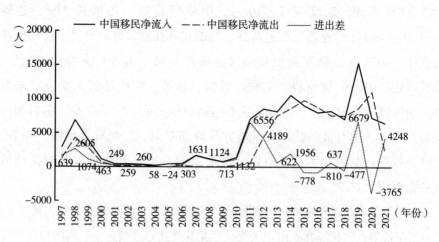

图1　1997~2021年俄罗斯中国移民数量变化

资料来源：俄罗斯联邦内务部移民局官网，https://rosstat.gov.ru/folder/12781#，2022年10月20日访问。

2022年中俄两国人员往来开始逐渐恢复。表1为2019年至2022年9月俄罗斯联邦移民状况。从2021年开始，俄罗斯对外国公民的签证类型又细分出商务签证和人道主义签证两个类型。2021年获得商务签证的人数为17417人，2022年前9个月获得商务签证的人数就已经超过2021年全年总数，达到23763人；2021年获得旅游签证的人数仅为1955人，2022年1~9月仅为3857人，可见，不可抗力对旅游产业的冲击最大。当然，在疫情背景下，持此类签证的人也并不一定以旅游为目的；以学习签证入境俄罗斯的人数呈现先降后升的趋势，可见对教育的需求在多数情况下具有较强的刚性；2021年获得工作类签证的人数比2020年有较大幅度增加，达到87257人，是2020年的2.6倍，2022年前9个月也突破了8万人，说明俄罗斯经济复苏需要大量劳动力支撑；2021年因私出行的人员也比2020年增加了3000余人，2022年前9个月几乎与2021年全年数量持平，人员交流开始活跃起来；尤其值得关注的是2021年人道主义签证又被细分出来，而且人数

表 1　2019 年至 2022 年 9 月俄罗斯联邦移民状况指标——中国公民

单位：人

时间	发出邀请的数量	签发的签证数量	移民统计										
			外国公民和无国籍人士迁移的实际登记数量	长期居留	临时居留	其中（按照出行目的的划分）							外国公民和无国籍人士迁移的实际注销人数
						商务	旅游	学习	工作	因私	人道主义	其他	
2022 年 1~9 月	41216	35549	167226	2224	165002	23763	3857	35751	81019	10048	98	10466	146587
2021 年	43740	30755	152270	3351	148919	17417	1955	21855	87257	10569	161	9705	132220
2020 年	14601	39079	218268	3629	214639		74761	26350	33582	7245		22675	236942
2019 年	92059	92737	2318094	3730	2314364		1780980	95784	140084	29292		189744	2225847

注：在《俄罗斯联邦外国公民法律地位法》中，"临时居留许可"是确认外国公民或无国籍人士取得居留证之前在俄临时居留的证明文件，标注在外国公民或无国籍人士的身份证件上。对无身份证的无国籍人士，其居留权以俄联邦颁发的固定格式的文件予以确认。而"居留证"则是确认外国公民或无国籍人士有权在俄联邦居住并自由出入俄境的证明文件。对于无国籍人士，该证件同时是其身份证件。

资料来源：俄罗斯联邦内务部移民局官网，https：//rosstat．gov．ru/folder/12781#，2022 年 10 月 20 日访问。

也破百人，这类签证主要签发给以体育交流、青年交流、文化交流、科技交流、社会和政治、宗教事务、慈善事业、人道主义援助、随行、亲属等目的进入俄联邦的外国公民。2021~2022 年，中国向俄罗斯派出疫情救援队和文化体育类团体，是这类签证重新签发的主要原因。

二 俄罗斯签证及移民政策

（一）签证政策更加放宽

2021~2022 年，俄罗斯的签证和移民政策更加简化和便利，通过调整相关政策，精准锁定和吸引国家需要的外国人才。

第一，简化外国留学生在俄逗留法案。2021 年 11 月中旬，简化外国留学生在俄逗留法案在俄国家杜马一读通过。允许俄有关部门根据外国留学生的申请，发放整个学习期间和后续 180 天的临时居留许可。此外，外国留学生将有权在毕业后的三年内以简化程序获得俄联邦居留证。这一政策对中国留学生留在俄罗斯学习和工作具有积极促进作用。

第二，简化外国投资者及其家属获得俄居留证手续。2021 年 12 月 16 日，俄国家杜马一读通过提议修改《俄罗斯联邦外国公民法律地位法》，为外国投资者及其家属提供"可绕过获得临时居留许可（разрешение на временное проживание）这一步骤，直接取得俄联邦居留证（вид на жительство）"的简化方案。2022 年 8 月，外国公民获得居留证需要一年半的时间，新政策实施后可以缩短这一过程。获得居留证的外国公民可以享受在俄工作、创业和使用社会服务的权利。[①] 12 月 29 日，法律修正案生效。这对已在俄境内购置房产的中国公民是一个利好信息。

第三，数字化获取个人信息。俄罗斯联邦内务部对《俄罗斯联邦外国

---

① 《一读通过！俄将简化外国投资者获得居留证手续》，http：//www. dragonnewsru. com/static/content/home/headlines_home/2021-12-17/921423445345316864. html，2022 年 8 月 3 日访问。

公民法律地位法》与《俄罗斯联邦国家指纹登记法》的法律修正案规定，2021 年 12 月 29 日之后入境俄联邦的外国公民必须进行强制性指纹登记、拍照和体检。劳务移民必须在入境俄罗斯之日起 30 日内完成上述手续，并向俄内务部提供医疗证明，确认其本人没有感染会对他人构成威胁的传染病（艾滋病、肺结核、麻风病、梅毒和新冠）及毒瘾。此后，外国务工人员及其雇主必须进行电子登记，此项规定将成为外国公民在俄罗斯工作的前提条件。① 俄罗斯联邦安全局边防局的数据会实时传输至俄罗斯联邦内务部，以此提高移民领域的监控水平。②

第四，疫情期间对非法劳工网开一面。俄罗斯联邦内务部规定，自 2022 年 1 月 1 日起，外国公民若在俄从事非法劳动，除了会被处以最高 5000 卢布的罚款外，还会被驱逐出境。雇用非法外国公民的雇主可能被处以每个员工最高 80 万卢布的罚款。但俄罗斯联邦内务部为了解决疫情期间外国人出入境难的矛盾，要求没有工作证但在俄务工的外国公民必须在 2021 年 12 月 31 日之前联系俄联邦内务部门。雇用此类外国公民的雇主可以与其签订正式的劳动合同，并在 3 天内通知俄联邦内务部的属地机构。③ 这意味着没有工作证的外国劳工只要与雇主签订正式劳动合同，并在截止日期前向俄联邦内务部告知即可合法化。

第五，从疫情防控到疏导。2022 年 5 月，俄罗斯颁布政府令，从 5 月 20 日起，再给因疫情滞留的外国人 90 天的缓冲期，到期后必须离境。也即签证超期的中国公民在 2022 年 8 月 17 日前必须离境，否则就会触犯俄罗斯法律。④ 然而这一法令在实际操作中给中国公民带来了很多无法解决的困

---

① 《俄罗斯修改外国公民入境规则》，国务院侨务办公室，http://www. gqb. gov. cn/news/2021/1230/52752. shtml，2022 年 8 月 1 日访问。

② 《好消息：俄"国家服务"推出外国公民信息专区》，http://www. dragonnewsru. com/static/content/home/headlines_home/2022-02-24/946462670151102464. html，2022 年 8 月 1 日访问。

③ 《总统令将到期，在俄非法务工的外国公民或被驱逐出境》，http://www. dragonnewsru. com/static/content/home/headlines_home/2021-12-30/926172311886114816. html，2022 年 8 月 1 日访问。

④ 《俄罗斯要求 8 月 17 日前未办理许可文件的非法逗留外国人离境》，俄罗斯卫星通讯社，https://sputniknews. cn/20220817/1043117257. html，2022 年 8 月 1 日访问。

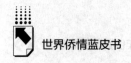

扰，如航班熔断、机票昂贵、因公司倒闭无法办理延期等。

此后，第 364 号总统令第 1 条规定，针对 2021 年 6 月 16 日在俄罗斯境内依然具有合法地位的外国人，其签证有效期、落地签等期限仍暂停计算，直至俄罗斯联邦取消与其国籍国的临时交通限制之日起 90 天后，再开始恢复计算有效期。① 第 364 号总统令不再以固定日期作为暂停计算的时间节点，而是以"俄罗斯取消临时交通限制"为临界点，鼓励具有通航能力国的外国公民回国，并给予 90 天的宽限期。复航国家名单及复航日期，将由俄罗斯联邦政府公布，从而使得俄罗斯联邦政府能够控制局面，并在一定期限内有步骤、有节奏地实现滞留俄罗斯的外国公民的引流疏导工作。这对包括中国公民在内的外国公民在俄签证合法性上体现了人文关怀，因此，俄罗斯联邦政府对在俄滞留外国人的政策导向已由"疫情防控"逐步进入"疏导"阶段。

（二）入籍政策更加简化

在俄罗斯军队服役可获得俄国籍。2022 年 9 月，俄罗斯总统普京签署了一项法律，简化签订兵役合同的外国人获得俄罗斯国籍的程序。签订军事合同的外国人无须提供居留许可且无须在俄罗斯连续居住 5 年，即可申请俄罗斯国籍。② 这也是俄罗斯政府在乌克兰冲突胶着下的权宜之计。

（三）旅游政策更加宽松

2022 年 11 月，俄总统普京批准了促进俄罗斯旅游业发展的政策。如针对外国人将推出免签政策，包括商务、旅游和学习签证，以及参加体育、文化活动的签证。同时，俄罗斯将恢复给友好国家民众发放电子签证；将增加多次短期旅游签证有效期；将针对所有旅游路线的外国游客推出交通一体

---

① 《俄罗斯取消中国公民入境限制 移民政策的变化如何?》，俄罗斯经济评论，https：//mp. weixin. qq. com/s/eqvmMsAO6S8DLiLtESihNA，2022 年 8 月 1 日访问。

② 《普京签令：非俄籍人士可在俄军服役》，https：//mp. weixin. qq. com/s/Ccmp9o3EX_0Jaxu_6RqEnQ，2022 年 11 月 17 日访问。

卡，游客可乘坐不同类型的交通工具。俄罗斯希望以此吸引来自日本、中国、印度等国以及拉美和中亚等地区的游客，鼓励各联邦主体振兴旅游业。①

三　华侨华人与住在国

（一）华商经营

2021~2022年，在俄罗斯生活和经营的华商可以用"一少二多"来形容，即人数少、困难多、机遇多。

1. 疫情期间华商进退维谷

疫情和2022年乌克兰冲突的双重打击，使华商一时间陷入窘境。尤其是受乌克兰冲突的冲击，2022年3月卢布一路暴跌，给华商带来巨大损失。在市场上做批发贸易的华商不敢卖货、越卖越亏，俄罗斯人也不敢进货，市场陷入一片恐慌。② 2022年伊始，华商最焦急的难题集中在三个方面。

一是签证过期。疫情期间，为外国人签证延期的总统令到2021年12月30日截止后，没有再出台新的总统令，导致很多华商去移民局申请居住登记被拒签，华商从合法身份变成了非法身份，这预示着他们将轻则被罚款、重则随时可能被遣返回中国并限制3~5年入境俄罗斯。若如此则对于全部身家都在俄罗斯的华商是一种致命打击。

二是航班熔断。航班经常被熔断，最长的一次熔断达四五个月。"即使临时通航，机票价格昂贵到很多人承受不起。很多在俄罗斯的华侨是农民，一年收入只有几万块钱，支付不起回国的路费；还有的务工人员受雇主的限制，无法拿到工资和路费。更有持短期签证滞留俄罗斯的中国人，在必须出

---

① 《免签、电子签……普京批了》，http：//www. dragonnewsru. com/static/content/home/headlines_home/2022-11-03/1037692244041273344. html，2022年11月10日访问。

② 《卢布暴跌！在俄中国人面临双重压力！》，https：//mp. weixin. qq. com/s/pvryKpSOhj92s STqUnXLSw，2022年8月1日访问。

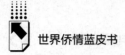
境之时，机票早已售罄，陆路口岸又被封闭，导致其无法按时出境。"① 他们无奈之下，只能借道其他国家，做"空中飞人"，出境到第三国后再返回俄罗斯，才能办理续签。②

三是金融梗阻。在西方的持续制裁下，中俄金融结算体系也出现了梗阻。两国本币结算体系尚不成熟，公司开设人民币账户往往需要等待 3 ~ 6 个月，严重影响了双边结算进度。③

2. 华商在危机中探寻商机

新冠疫情发生后，在俄罗斯的华商经历了从恐慌到逐渐适应，再到与俄罗斯人一样坦然面对病毒的心路历程。首先，华商的信心与定力是他们坚持下来的保障。圣彼得堡市中心的米勒市场是当地最大的集贸中心，这里有数千个店面，400 多户华商长期在此从事服装、玩具、鞋类、饰品等贸易。华商们会适时改变经营策略，以前，很多人会买货柜（摊位）经营，但现在大多数人选择租赁货柜，即使一年的租金可以买下一个货柜，他们也往往选择租赁的形式来降低固定资产投资可能带来的潜在风险。④

其次，商品贸易领域，创新打造商机。中国商品的不断创新，弥补了俄罗斯受制裁下的缺憾。比如手机支付软件退出俄罗斯市场后，俄罗斯人只能重新回到银行卡支付时代。于是中国商人开始销售专门在屏幕下方设计了卡兜的手机壳，银行卡一插进去，手机在付款机上一贴即可完成支付，与制裁前的手机支付一样便捷。⑤

最后，新兴电商领域，华商在危机中获得巨大商机。2022 年前 4 个月，俄罗斯电商销售额同比上涨 50%，已占总体零售额的 12%。尤其是欧美品

① 《俄罗斯已下"逐客令"，在俄华人何去何从?》，https://mp.weixin.qq.com/s/uEMkb5VzFb xsHINcQtZ7Gw，2022 年 8 月 1 日访问。
② 《想留下没有身份，想回去没有航班，俄罗斯华人难上加难!》，https://mp.weixin.qq.com/s/ Ob19paAqTx6zAalYbHRLmw，2022 年 8 月 1 日访问。
③ 《亲历者讲述：俄乌冲突下的经济生活》，圣彼得堡俄中商务中心，https://mp.weixin.qq.com/s/ 42cD2rcUt096hzkJHN0lJw，2022 年 8 月 1 日访问。
④ 来自笔者对俄罗斯华商蒋先生的访谈，访谈时间为 2022 年 11 月 21 日。
⑤ 《调研制裁下、迎难而上的俄罗斯中企：惊喜，但也揪心》，http://society.sohu.com/a/ 585588068_352307，2022 年 11 月 10 日访问。

牌退出俄罗斯市场后，给中国商品腾出了巨大空间，俄本地商品价格上涨、消费者对中国商品越来越欢迎，"中国商品进入了腾飞期"，给中国外贸企业和商品进入俄罗斯市场创造了新的发展机遇。①

（二）侨团活动

1.更注重实际与实操

在疫情和乌克兰冲突背景下，俄罗斯侨团活动走出"吃喝玩乐"的情感交流模式，开始更加关注守望相助，为会员提供知识服务，共谋事业发展，侨团邀请专家为华商群体未来发展把脉。俄罗斯侨团开始更加关注会员共同抵御不可抗力给本群体带来的冲击，体现了抱团取暖的特点。为了提醒涉俄华商、中企及时采取有效规避汇率风险和经营风险的措施，俄罗斯广东商会、俄罗斯中国志愿者联盟、俄罗斯宏运集团、俄罗斯华人金融服务中心、俄罗斯经济评论在 2022 年 8 月联合举办了"经济下行背景下华企华商如何规避汇率和经营风险"论坛。主办方邀请了多次成功预测卢布暴跌的金融专家姚俊文帮助华商、中企分析当下局势，提出预测与建议。②

2.更注重国内外联动

2022 年 6 月，俄罗斯中国总商会会长周立群、俄中商务园总裁陈志刚共同参加了第 25 届圣彼得堡国际经济论坛并发言。该论坛由俄罗斯经济发展部主办，被称为"俄罗斯版达沃斯"。③ 2022 年 10 月，俄罗斯中国总商会会长周立群、俄罗斯孔子文化促进会会长姜彦彬、俄中商务园总裁陈志刚等侨领与 50 余位来自中国、俄罗斯、印度等国的高校及智库学者、政府官员、企业家，在莫斯科参加了由俄罗斯自由经济协会、中国人民大学重阳金融研究院、S. Y. Witte 新工业发展研究院主办，国际经济学家联盟承办的"当前

---

① 《今天莫斯科放开疫情管控政策，在俄中国人何时可以自由回国?》，https：//mp. weixin. qq. com/s/Cp5SMyPEnnyZensBi7hO3Q，2022 年 8 月 1 日访问。

② 《好消息! 想知道怎么规避卢布汇率风险吗? 本周日敬请参加线上线下》，https：// mp. weixin. qq. com/s/Z62VkZKRz-5JJ92SMkDNjQ，2022 年 11 月 10 日访问。

③ 《陈志刚出席第二十五届圣彼得堡国际经济论坛》，https：//mp. weixin. qq. com/s/Kc8jF14I-M4WqbOMiiUZCw，2022 年 8 月 1 日访问。

社会经济发展挑战背景下的中俄关系"国际会议。① 俄罗斯华侨华人青年联合会会长、俄罗斯中国和平统一促进会暨俄罗斯华侨华人联合总会常务副会长兼秘书长吴昊多次在中国新闻网等国家主流媒体上就党的二十大、冬奥会等国家大事代表俄罗斯华侨华人发表感言。② 在中国驻俄罗斯使馆支持下，莫斯科华侨华人联合会组织召开了"学习党的二十大会议精神，为实现祖国完全统一和中华民族伟大复兴贡献力量"专题研讨会，莫斯科华侨华人联合会会长王传宝等旅俄侨界代表发表感言，并邀请当地友好人士等 20 余人参加。③

3. 更加注重传播中华文化

2022 年 10 月，圣彼得堡中国文化中心和大秦饭店联合举办了万圣狂欢夜活动。活动以"中国武林风"为主题，把万圣节元素和中国文化元素融合在一起，吸引了上千名当地居民参与。④

（三）华文媒体

2021 年 7 月 27 日，学术性期刊《俄罗斯人文瞭望》（"ГУМАНИТАРНАЯ ТЕРРИТОРИЯ"）在莫斯科正式创刊。《俄罗斯人文瞭望》是一本以刊登人文科学领域论文或探讨、研究性文章为主的学术性季刊。该杂志由俄罗斯中国志愿者联盟（АНО "Центрсоциально-культурных связей китайских волонтёров"）主办，并由联盟旗下的中俄联盟文化出版公司负责出版发行。该刊得到了海内外媒体和各界人士的广泛关注与支持。⑤ 传统纸媒也不

---

① 《中俄精英共话二十大后中俄关系，人大重阳提出四点建议》，https：//mp. weixin. qq. com/ s/r6PkB40dN0oCMy1RXC0wIQ，2022 年 11 月 10 日访问。

② 《旅俄侨界：二十大报告全面生动展现了新时代中国成就》，https：//www. gqb. gov. cn/ news/2022/1018/55328. shtml，2022 年 11 月 10 日访问。

③ 《旅俄侨界召开学习党的二十大精神专题研讨会》，http：//ru. china-embassy. gov. cn/lsfws/lsdt/ 202211/t20221107_10801619. htm，2022 年 11 月 10 日访问。

④ 《中国文化中心和大秦饭店联合举办"中国武林"万圣狂欢夜》，https：//mp. weixin. qq. com/s/ 8wsS9cSkjxxCQEBXas0oFg，2022 年 11 月 10 日访问。

⑤ 《〈俄罗斯人文瞭望〉在莫斯科创刊》，https：//mp. weixin. qq. com/s/Exz-1lVb_MS_oo9u7I_ 9Ew，2022 年 8 月 1 日访问。

断转型升级，如《俄罗斯龙报》的网页版和公众号都日渐成熟，发文量和更新频率不断提升；俄罗斯经济评论、联盟传媒的自媒体公众号也不断更新华侨华人信息，并为该群体发声。

（四）留学生

近年来，赴俄留学的国际学生有增无减。2019~2021年，在俄接受高等教育的外国留学生总数增加了2.6万人。2019年，有29.8万名外国留学生在俄罗斯学习；2020年，这一数字升至31.5万人；2021年达到了32.4万。2021年，俄罗斯的外国留学生人数排名世界第五。俄罗斯最大的外国留学生来源国为哈萨克斯坦，共有6.1万人在俄留学，与乌兹别克斯坦（4.87万人）、中国（3.26万人）共为俄罗斯前三大留学生来源国。在俄高校中，最受外国留学生欢迎的专业是医学。[①] 中国也是俄罗斯在非独联体国家中最大的留学生来源国。[②]

2022年，仅俄罗斯远东联邦大学就有1500多名中国留学生就读。最受欢迎的专业包括经济、管理、语言学、语文学和国际关系。还有500人在远东联邦大学在中国境内（主要是东北和东部地区省份）的校区就读。[③] 此外，2022年有大量中国学生被莫斯科国立大学预科录取，在此学习语言，留学人数出现逆势上涨现象。[④]

（五）中资企业

近十年来，俄罗斯巨大的市场潜力吸引了越来越多的中资企业进驻俄罗

---

① 《在俄留学生请注意！国家杜马通过外国学生特殊法律制度法》，http：//www.dragonnewsru.com/static/content/home/headlines_home/2022-07-06/994305831137062912.html，2022年8月1日访问。

② 《在俄罗斯留学安全吗？49所俄高校面向中国线上推介》，http：//www.dragonnewsru.com/static/content/home/headlines_home/2022-05-30/980787143926755328.html，2022年8月1日访问。

③ 《俄远东联邦大学的中国在校生超过1500人》，https：//baijiahao.baidu.com/s？id=1745979706145960892&wfr=spider&for=pc，2022年11月10日访问。

④ 《莫大校长：大量中国学生被录取到莫大预科学习俄语》，https：//sputniknews.cn/20220830/1043513306.html，2022年11月10日访问。

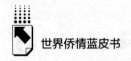
斯。2022 年在中国驻俄使馆经商处备案的在俄重点中资企业共 400 余家。据俄方统计，中国共在俄罗斯设立生产企业 1000 多家。①

华为是俄罗斯技术市场的第二大参与者。2022 年上半年华为在俄罗斯的职位招聘数量与 2021 年同期相比增加了 49%。② 截至 2022 年 4 月，华为在俄罗斯的网络设备市场中占 33% 的份额，与诺基亚和爱立信两家企业形成了三足鼎立的市场格局。小米手机称霸俄罗斯，市场份额超四成，是第二名的两倍以上。2022 年 7 月，中国手机品牌真我在俄罗斯市场销量排名第二，市场占比升至 17%。③ 日韩车企撤离俄罗斯，中国厂商填补了市场空白，奇瑞和长城市场份额大涨。2022 年 9 月，中国品牌汽车在俄罗斯市场份额已接近 30%。但持续的乌克兰冲突影响了跨境业务，阿里巴巴集团对其俄罗斯合资企业裁员 40%。2021 年俄罗斯速卖通独立用户数超 8020 万，总注册用户超过 2 亿；俄罗斯卖家数增长了 193%，达 10.25 万。④

小 结

2021~2022 年俄罗斯华侨华人的经历和处境亦可总结为"一少二多"，即人数少，困难多，机遇多。

一是中国各类移民的人数少。俄罗斯是非传统的移民国家，俄罗斯的民族情结和排外情绪始终存在，这从各类移民优惠和限制政策中可见端倪。华商、劳务人员、留学生等总体数量虽然呈现上升趋势，但总量仍十分有限。俄罗斯联邦内务部移民局统计的数据显示，2021~2022 年各类登记的中国公

① 《商务部对外投资合作国别（地区）指南：俄罗斯（2020 年版）》，商务部国际贸易经济合作研究院等，https：//www.investgo.cn/upfiles/swbgbzn/2020/eluosi.pdf，2022 年 11 月 10 日访问。

② 《华为在俄大幅增加招聘岗位》，http：//www.dragonnewsru.com/static/content/news/ru_news/2022-07-05/993897639882141696.html，2022 年 8 月 1 日访问。

③ 《三星、苹果库存告急 真我手机异军突起》，http：//www.dragonnewsru.com/static/content/home/headlines_home/2022-08-12/1007742422735785984.html，2022 年 11 月 10 日访问。

④ 《俄罗斯速卖通 2021 年总营业额达 3060 亿卢布 三分之一来自本地卖家》，https：//www.chinaz.com/2022/0208/1361852.shtml，2022 年 8 月 1 日访问。

民总数仅为 15 万~17 万人，这其中，最主要的是持工作签证赴俄的工作和经商人员，占总数的 50% 左右。而 2021 年中国公民在俄罗斯出入境留存量仅千余人。疫情发生前，中国游客是俄罗斯旅游业的重要支撑力量，人员限制流动后，赴俄旅游人数断崖式骤减，俄罗斯旅游业也因此停摆。总体来看，2021~2022 年除中国救援队赴俄参与抗疫，中国赴俄的各类型人员数量都极其有限。

二是困难多。在疫情和乌克兰冲突的双重打击下，在俄华侨华人可谓深刻感受了"多事之秋"。其间，即便俄罗斯联邦为应对疫情频繁出台针对外国人的签证政策，试图缓解外国人出境的压力，但面对具象的个体，航班熔断、机票昂贵、无法续签、被驱风险等难题，都是其无法冲破的障碍。乌克兰冲突不断升级，市场不可预测性增强，投资和消费明显下降。此外，物流、人员、资金流不畅通对在俄华商经营造成了直接影响，很多贸易项目因买卖双方无法相见、无法验货而被搁置。①

三是机遇多。"危机中孕商机"在俄罗斯市场中体现得淋漓尽致。面对欧美企业和品牌大批撤离俄罗斯，在俄罗斯市场中腾出大片空白区，中资企业和商人可谓乘势牢牢把握住一波难得的机遇。中国的中高档商品，如手机等电子产品、汽车品牌、服装品牌填补了西方企业退出的空缺，销量突飞猛进。华商和中资企业充分利用这一窗口期拓展俄罗斯市场，以站稳脚跟、谋求更大发展。此外，俄罗斯教育资源丰富，基础学科积淀深厚，中国可以继续开拓和深化与俄罗斯教育体系的合作之路，大力支持中文教育的拓展、深入开展联合办学。在过往的中俄合作中，政府层面的合作和个体商人间的合作已有多年深耕的基础，而两国中间层，即社会组织、高校群体开展互惠合作的模式仍不温不火。在俄罗斯国家战略全面"向东转"的历史机遇期，加强两国中间层的合作，或可成为下一个合作增长点。

---

① 《陈志刚受邀参加 2022 全球新生代华商云峰会》，https：//mp.weixin.qq.com/s/ZrO_OAWs_ypU7wSdMQTcYA，2022 年 11 月 10 日访问。

B.17
2021~2022年澳大利亚侨情分析

乔印伟*

摘　要： 2021年，澳大利亚华侨华人人口增至139万。华人信奉的三大
宗教分别是基督教、佛教和伊斯兰教。澳大利亚有近70万人在
家用中文交流，使用中文人群已成为近年来澳大利亚增长最多的
群体。2021~2022年，新冠疫情严重影响澳大利亚社会经济发
展，中国在澳留学生随之减少。疫情加剧了澳大利亚反亚裔情
绪，华人通过多重途径反对种族歧视。部分华二代对华裔身份感
到迷茫，华人对澳大利亚社会的融入程度不足。

关键词： 澳大利亚　新冠疫情　华侨华人　种族歧视　社会融入

2021~2022年，新冠疫情影响了澳大利亚的经济社会发展。2021年，
澳大利亚华侨华人增至139万，但很多华人并没有很好地融入澳大利亚。

一　新冠疫情严重影响澳大利亚社会经济发展

反复袭来的新冠疫情，影响了澳大利亚的经济社会生活。2022年5月，
工党击败自由党-国家党联盟执政，安东尼·阿尔巴尼斯就任总理，新政府
对华政策变化不大。

---

* 乔印伟，历史学博士，中国华侨华人研究所副研究员，主要研究方向为华文教育、新加坡
政党政治等。

（一）第三波疫情影响澳大利亚经济发展

新冠疫情发生后，澳大利亚经历了三波疫情：2020年初的第一波疫情，2020年7月至2021年6月底的第二波疫情，2021年11月开始的第三波疫情，到2023年1月才基本结束。第三波疫情比前两波有着更高的重病率和死亡率。据澳大利亚精算师协会统计，2022年澳大利亚有10300人死于新冠，另有2900名死者，新冠亦为导致其死亡的原因之一。①

疫情严重影响了澳大利亚的经济。截至2022年1月，澳大利亚全国至少有超过三分之一的餐饮企业倒闭，②其中不少是华人经营的。房价方面，房地产价格迎来30年来的最快增长。③2019/2020财年，澳大利亚国内生产总值同比下降约8000万澳元，创下21世纪以来最大下降额度。④2022年澳通胀率超过5%，债务占国内生产总值比重的增速居全球之冠。⑤

（二）澳中关系摩擦不断

澳中建交以来，澳大利亚对华政策的基调是"接触"与"平衡"。近年来，澳对华政策转变为"防范"与"制衡"。⑥中澳关系从2018年开始不断恶化。2021年4月，澳大利亚联邦政府否决维多利亚州与中方签署的"一带一路"合作协议，令两国关系雪上加霜。⑦2022年1月1日，《区域全面经济伙伴关系协定》（RCEP）正式生效，中澳经贸关系或将迎来新的转机。⑧

---

① 《澳洲日均25例新冠死亡病例，超半数澳人过去6个月未接种加强针》，https：//www.sohu.com/a/707576166_120501171，2023年9月12日访问。

② 縻征孚：《澳大利亚中餐业发展概况及对策建议》，《餐饮世界》2022年第7期。

③ 《澳大利亚房价迎30年最快增长 悉尼房价月涨上万澳元》，https：//m.gmw.cn/baijia/2021-04/01/1302204358.html，2021年8月16日访问。

④ 周密：《澳大利亚多数州经济开始复苏》，《进出口经纪人》2022年第1期。

⑤ 王学东：《澳大利亚联邦大选，工党缘何获胜》，《世界知识》2022年第12期。

⑥ 宁团辉：《政党政治与澳大利亚对华政策的转变》，《国际政治科学》2021年第3期。

⑦ 《中新网评：冷战思维上头的澳大利亚终将为业余外交"买单"》，https：//www.chinanews.com.cn/gj/2021-04-24/9462921.shtml，2022年8月25日访问。

⑧ 寇春鹤、王常春：《澳大利亚2022年经济形势展望 中澳关系或将迎来转机》，《进出口经纪人》2022年第2期。

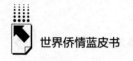

（三）阿尔巴尼斯"知华"并不代表"亲华"

2022 年 5 月 21 日，澳大利亚举行联邦大选投票，莫里森带领的自由党-国家党执政联盟受挫，工党获得 51.73% 的选票。6 月 1 日，安东尼·阿尔巴尼斯就任总理，组建新政府，带领具有"多元化、多样性"特色的内阁成员正式履新。[①] 阿尔巴尼斯会说中文，被视为"知华派"。但事实上，"知华"并不等于"亲华"，阿尔巴尼斯的对华政策总体上与此前难有大的不同。

二　疫情加剧了澳大利亚对华人的种族歧视

（一）疫情加剧澳大利亚反亚裔情绪

澳大利亚《2020 年社会凝聚力报告》显示，澳大利亚民众虽然支持移民和多元文化主义，但对来自亚洲、非洲和中东移民的负面评价仍然很高。数万名调查者中，47% 的人对澳大利亚华人依旧持有负面看法。[②] 澳大利亚国立大学在 2020 年 11 月发布的报告显示，当年 1 月到 10 月，澳大利亚 84.5% 的亚裔至少经历过一次种族歧视事件，其中一些人甚至遭遇了暴力侵犯。[③]

（二）澳大利亚亚裔对种族歧视说"不"

2021 年 9 月，澳大利亚墨尔本街头一华裔男子拆除了街头"新冠病毒中国制造"标牌，这一行为又一次引发澳大利亚亚裔反种族歧视的呼声。面对种族歧视，一些澳大利亚亚裔艺术家举办网络艺术展，用艺术的力量打

---

① 王学东：《澳大利亚联邦大选，工党缘何获胜》，《世界知识》2022 年第 12 期。

② 屈琦：《2021 年澳大利亚留学仍难走出寒冬？》，《留学》2021 年 3 月 5 日。

③ 《澳洲网评：反对种族歧视，仅有网络工具还不够》，https://www.chinanews.com.cn/hr/2021/05-24/9484408.shtml，2022 年 8 月 24 日访问。

击种族主义。此外，还有更多年轻人在社交媒体上分享亚裔故事，展示自身文化，让澳大利亚社会看到不一样的亚裔生活。①

（三）华裔通过多重途径反对种族歧视

针对澳大利亚华人面临的困境，华人通过多重途径反对种族歧视。② 一是运用好法律武器。目前，澳大利亚华人运用法律武器维护自身合法权益的意识仍相对薄弱。二是通过公众平台传达华社声音。例如，2020年4月，澳大利亚华人作家罗旭能、华人论坛主席李逸仙等16位华裔联名发表《关于新型冠状病毒大流行期间民族团结的公开信》，表示种族歧视是对国家团结的威胁，主张团结对抗疫情。③ 三是加强交流合作，促进族群融合。例如，2019年6月，南半球首届"妈祖巡安"活动在悉尼举行，中国、日本、越南、马来西亚、印尼等国信众参加，活动成为增进文化交流、团结亚裔的重要媒介。④ 四是把更多精力投入促进社会融合上，只有公正认识移民群体的历史与贡献，澳大利亚才能根治种族歧视问题，才不会再次遭遇种族主义情绪升温的挑战。⑤

三 澳大利亚华侨华人人口增至139万

澳大利亚统计局（ABS）2022年6月28日发布的2021年人口普查结果显示，澳大利亚人口达2569万人，在过去50年里增加了超过一倍，1971

---

① 《2021年，澳大利亚亚裔继续对种族歧视说不》，https：//www.chinaqw.com/hqhr/2021/09-24/308942.shtml，2022年9月24日访问。

② 《朱光兴：种族歧视难休，澳大利亚华人何以生存发展?》，https：//www.chinanews.com.cn/hr/2021/06-21/9503811.shtml，2022年8月24日访问。

③ 聂浩然、庄晓静：《华侨华人在全球抗疫斗争中的角色、挑战与对策》，《深圳信息职业技术学院学报》2022年第2期。

④ 《朱光兴：种族歧视难休，澳大利亚华裔何以生存发展?》，https：//www.chinanews.com.cn/hr/2021/06-21/9503811.shtml，2022年8月24日访问。

⑤ 《大洋时评：澳大利亚社会如何真正多元化?》，http：//www.chinaqw.com/hmpc/2021/07-02/300770.shtml，2022年8月2日访问。

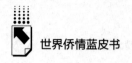

年人口普查的人数为 12493001 人。① 全国华裔人口占总人口的 5.5%，属于全国第五大族裔。②

（一）华人人口35年增长6倍

1986 年人口普查时，澳大利亚华人人口不足 20 万，到 2021 年澳大利亚华人人口已经增至 139 万，35 年间增长 6 倍。在 1986 年的人口普查中，移民澳大利亚的主要是东南亚华人，此后移民主体慢慢转变成了中国移民。直到 2006 年，中国移民才超过其他地区华人移民，成为移民澳大利亚最大的华人群体，华人移民进入了爆炸式增长时期。2006~2011 年，华人人口增幅接近 30%。2011~2016 年，华人人口增速超过了 40%。2016~2021 年，中澳关系紧张和新冠疫情等因素影响了在澳华人人口的增长速度。2016~2021 年，澳大利亚的华裔人口仅增加了约 18 万人。在 2021 年的澳大利亚人口普查中，印度超越中国，成为澳大利亚第三大移民来源国。③ 表 1 为1986 年以来历次澳大利亚人口普查中的华人人口与占比。

表1　1986 年以来历次澳大利亚人口普查中的华人人口与占比

年份	2021	2016	2011	2006	2001	1986
华人人口总数(人)	1390639	1213906	866208	669901	556556	197834
占总人口比例(%)	5.5	5.2	4.0	3.4	3.0	1.3

资料来源：澳大利亚统计局 2021 年人口普查数据。

（二）华人的分布情况

就各州和领地来看，45% 的在中国（不含港澳台）出生的人口居住在

---

① 《数据显示：澳大利亚海外出生人口 20 多年来首次下降》，https://www.chinaqw.com/hqhr/2022/04-27/328339.shtml，2022 年 8 月 27 日访问。

② 《官方数据公布，澳洲究竟有多少华人!》，http://news.sohu.com/a/583124848_120394108，2022 年 8 月 28 日访问。

③ 杨轨山：《澳洲的人口普查，给全球华人敲响了警钟》，https://www.163.com/dy/article/HFKTP4A50552R8WV.html，2022 年 12 月 25 日访问。

新州，其次为维州（31.2%）、昆州（10.1%）、西澳州（5.2%）、南澳州（4.7%）、首都领地（2.2%）、塔州（1.2%）、北领地（0.3%）；将近一半（48.1%）在我国香港特别行政区出生的居民住在新州，而超过三成在我国台湾出生的人口居住在昆州。

澳大利亚华裔人口的男女性别比例为86∶100。华裔男性的年龄中位数为33岁，女性为36岁。从华裔人口的整体年龄来看，澳大利亚华人的年龄中位数为35岁，低于全国人口38岁的年龄中位数。

2021年人口普查还显示，63.5%的华人（88.3万人）居住在独门独院的别墅中，远低于澳大利亚全国78.2%的比例。住在公寓或单元房里的华裔人口比例是全国水平的两倍，占华人总数的22.5%（31.3万人）；住在九层以上高层公寓中的华人比例为8.8%（12.2万人），是全国水平（2.2%）的四倍。新移民一般最初选择的居住环境不是太好，往往是交通、生活便利，并且房价便宜的单元房。

（三）各州和领地都有华人聚居区

华人数量最多的五大聚居区为墨尔本（Melbourne，16763人）、格伦韦弗利（Glen Waverley，16188人）、赫斯特维尔（Hurstville，14691人）、埃平（Epping，11927人）、唐卡斯特东（Doncaster East，11748人）。华人占比较高的聚居区为伊斯特伍德（Eastwood，48.8%）、伯伍德（Burwood，48.3%）、赫斯特维尔（47.1%）、东基拉腊（East Killara，46.7%）。[1]

维多利亚州的墨尔本市华人数量最多，但华人占当地居民比例最高的是新南威尔士州的伊斯特伍德。我国香港特别行政区移民聚居区，按照人口来算最多的是悉尼的埃平区（1598人）；占当地总人口比例最高的则是劳斯（Lawes）区（7.6%）。我国台湾移民聚居区，按照人口来算最多的则是布

---

[1] 《澳洲有多少华人今天全公布！女多男少，真实数据你想不到》，https://www.sohu.com/a/580550854_121118978，2022年12月24日访问。

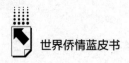
里斯班的新利班山（Sunnybank Hills）区（1079人）；占当地总人口比例最高的则是科拉克东（Colac East）区（9.5%）。①

（四）中国在澳留学生减少

2019年，中国在澳留学生总数为16.4万人，占所有在澳国际学生人数的37.3%。受疫情影响，2020年有不少中国留学生回国探亲无法如期返澳学习，中国在澳高校注册人数下降了近4000人。② 2022年7月，有414954名外国留学生持有澳大利亚学生签证，其中109773人仍不在澳大利亚。这些签证中，超过1/4，也就是113930份学生签证持有者为中国人，这其中50%的中国留学生并不在澳大利亚。③

（五）中餐发展面临一些问题

目前，中餐受到澳大利亚人的欢迎，首先是因为在澳华侨华人总数较多，这些人支撑了中餐业发展。其次，中餐也吸引了不少当地人品尝。④ 不过中餐厅在澳的生意并不好做。调查显示，悉尼的中餐馆倒闭率超过50%，大多数中餐厅开业半年左右才能收支平衡。主要原因有三点。一是专业厨师人才短缺。华人第二代、第三代不愿继承家族中餐业，不少中餐馆后继无人。二是中餐馆依旧无法摆脱经营条件差、环境卫生差等刻板印象。三是品牌建设有待加强。在"美食圣经"米其林指南中，能够入围的中餐品牌并不多，这也影响了澳大利亚主流社会对中餐的接受和认可。⑤

① 《你知道全澳最大华人区在哪吗？澳洲人口普查揭示当地华人女多男少!?》，https://zhuanlan.zhihu.com/p/538871392，2022年8月24日访问。
② 达乔：《澳防疫"躺平"，留学生须加强自我防护》，《环球时报》2021年10月25日。
③ 《过半中国留学生仍未返澳 留学生公寓入住率低迷》，https://www.chinaqw.com/hqhr/2022/07-12/334961.shtml，2022年9月12日访问。
④ 《澳洲网：中餐在澳受欢迎 持久发展还需加强这些方面》，https://www.chinanews.com.cn/hr/2021/02-22/9416286.shtml，2022年8月22日访问。
⑤ 《澳洲网：中餐在澳受欢迎 持久发展还需加强这些方面》，https://www.chinanews.com.cn/hr/2021/02-22/9416286.shtml，2022年8月22日访问。

四 澳大利亚华人的信仰与健康情况

（一）华人信奉的三大宗教

澳大利亚统计局2021年人口普查数据显示，在澳大利亚华人中没有宗教信仰的占58.3%，比整体澳大利亚社会的比例（38.4%）高出将近20个百分点。澳大利亚无宗教信仰的人口比例逐渐增加，主要原因是信奉基督教的人口比例下降，但是信奉伊斯兰教和印度教的人口比例则在增加。华人信奉的三大宗教分别是基督教、佛教和伊斯兰教。[①] 信奉基督教（各派别归总计算）的华人约有30万人，信奉佛教的华人约20万人，信奉伊斯兰教的华人有4683人，信奉道教的华人总共有3364人。随着来自中国西北地区的公民移民澳大利亚的数量不断增加，华人穆斯林群体也慢慢壮大起来。

（二）华人信奉基督教的派别情况

2021年澳大利亚华人信奉的基督教派别情况见表2。

表2 2021年澳大利亚华人信奉的基督教派别情况

派别中文名称	派别英文名称	人数（人）
西部派天主教会	Western Catholic	128011
基督教（细节不详）	Christianity(nfd)	55351
澳大利亚圣公会	Anglican Church of Australia	39412
浸信会	Baptist	33412
长老会	Presbyterian	19218
五旬节派（细节不详）	Pentecostal(nfd)	16837

[①] 《最新人口普查：澳洲华人宗教信仰现状》，https://21stcenturypost.com/index.php/2022/07/26/，2022年12月26日访问。

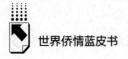

续表

派别中文名称	派别英文名称	人数(人)
联合教会	Uniting Church	16775
其他新教派别(细节不详)	Other Protestant(nfd)	5881

资料来源:澳大利亚统计局 2021 年人口普查数据。

(三)佛教在澳大利亚的发展

澳大利亚佛教徒中,华人占 32%。佛教在 19 世纪 50 年代澳大利亚淘金热期间由华人矿工传入澳大利亚。在北部的达尔文等地,佛教曾经得到快速发展。从 1901 年白澳政策推出到 20 世纪 70 年代废除期间,澳大利亚佛教徒人数出现了巨幅下滑。普查数字显示,佛教的黄金时期是 1996 年到 2006 年,信奉佛教的人口比例从 1.1%升至 2.1%。近年来佛教信众比例趋于稳定,但是人数持续增加。20 世纪 90 年代中叶后,源于我国台湾的澳大利亚佛光山成为澳大利亚规模最大的佛教团体,位于新州伍伦贡(Wollongong)的南天寺则是南半球最大的佛教寺庙,每年接待 30 万~40 万人次游客和信众,亚裔占一半以上,其中还包括来自印度次大陆的佛教人士。

(四)华人罹患的三大疾病

2021 年人口普查结果显示,华人罹患的慢性病与澳大利亚整体情况有些不同。澳大利亚华人罹患的三大疾病是哮喘、糖尿病和精神健康疾病。而华人十分关心的疾病,例如癌症排在第六位。值得注意的是,精神健康问题虽然在华人社会中鲜有谈及,却是华人社区的第三大疾病。从各大疾病的患病比例来看,华人远比其他族裔健康,患病比例一般只到澳大利亚平均患病比例的一半甚至更低,唯有糖尿病,华人社会(3.79%)患病比例与澳整体比例(4.7%)相差不到 1 个百分点(见表 3)。[1]

---

[1] 《澳华人健康数据出炉,远比其他族裔更健康,最严重三大疾病曝光》,https://www.gong shengyun.cn/yunying/article-71095-1.html,2022 年 12 月 25 日访问。

表3 2021年澳大利亚华人与澳大利亚整体平均患病情况对比

单位：%

	澳大利亚华人			澳大利亚平均水平	
1	哮喘	4.13	1	精神健康疾病	8.8
2	糖尿病	3.79	2	关节炎	8.5
3	精神健康疾病	2.99	3	哮喘	8.1
4	关节炎	2.99	4	糖尿病	4.7
5	心脏疾病	1.86	5	心脏疾病	3.9
6	癌症	1.43	6	癌症	2.9
7	肾脏疾病	0.52	7	肺部疾病	1.7
8	中风	0.46	8	中风	0.9
9	肺部疾病	0.39	9	肾脏疾病	0.9
10	失智症	0.36	10	失智症	0.7

资料来源：澳大利亚统计局2021年人口普查数据。

五 澳大利亚华人的语言与身份认同

（一）中文成为澳大利亚第二大家庭语言

澳大利亚统计局2021年人口普查数据显示，澳大利亚有近70万人在家用中文交流，说中文的人群已成为近年来澳大利亚增长最多的群体。[1] 澳大利亚"中文热"离不开华人新移民数量的快速增长。

越来越多的澳大利亚本地人积极学习中文。究其原因有三方面。首先是源于澳大利亚政府对多元文化教育的重视。澳大利亚政府不断推出政策，要求各级学校通过不同方式鼓励学生学习中文等外语。其次，澳大利亚人渴望了解中国的飞速发展，渴望领略中国的历史文化。最后，随着澳中双边贸易和文化交流日益频繁，在澳中资企业日益增多，学会中文意味着拥有更多就

---

[1] 《澳洲网评论：澳大利亚人的中文优势是如何炼成的？》，https：//www.chinanews.com.cn/hr/2022/07-06/9796934.shtml，2022年9月26日访问。

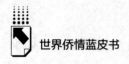

业和发展机会。

在澳大利亚华人中，讲英文的人占20.9%，自认为英语讲得很好的华人占34.3%，认为自己英语良好的人占24.7%。过半华人认为自己英语不错。澳大利亚华人中有19.3%的人认为自己英语不好或不会讲英语。那些通过受益于家庭签证类别移民的老年人，英语能力较差。还有一批英语不太好的华裔移民是受益于前总理鲍勃·霍克移民政策居留下来的中国留学生。

（二）澳部分华二代对华裔身份感到迷茫

华裔新移民在两种文化的夹缝中寻求生存，或多或少会遭遇尴尬与艰辛。而对于在澳大利亚出生、长大的华裔二代来说，他们可能比父辈经历更多身份认同上的迷茫与挣扎。有的认为自己是没有"根"的中西方文化"边缘人"，对自己华裔的身份感到迷茫，甚至在社交圈子中感到尴尬。一名澳大利亚华裔学生曾经有这样的经历：她带着饺子和醋上学，醋不慎洒了，奇怪的味道让同学们哄堂大笑，让她感到特别尴尬。而类似的故事并不鲜见。①

华裔二代具有语言方面的优势，因而在跨文化交流中更有优势，可以充分借助自己优秀的双语能力，在澳中贸易交往中沟通无障碍。移民的融入丰富了澳人的生活方式，也让多元文化在澳大利亚更好地融合。②

（三）悉尼唐人街迎重大改造

悉尼唐人街是受新冠疫情影响最严重的地区之一。2022年7月，悉尼市市长摩尔表示，将通过娱乐、活动拨款和春节活动等方式吸引游客回到唐人街。③ 政府计划在悉尼唐人街及其周边地区建造四座独立的塔楼，并准备重新开发一些小型企业。1979年建成的唐人街皇冠海鲜酒楼（Emperor's

---

① 《澳洲网：澳大利亚华裔二代的"文化认同解惑"》，https：//www.chinanews.com.cn/hr/2021/05-24/9484359.shtml，2022年8月24日访问。
② 《澳洲网：澳大利亚华裔二代的"文化认同解惑"》，https：//www.chinanews.com.cn/hr/2021/05-24/9484359.shtml，2022年8月24日访问。
③ 《悉尼唐人街将迎大改造 当地华人担心传统丢失》，https：//www.chinaqw.com/hqhr/2022/07-20/335734.shtml，2022年12月24日访问。

Garden Restaurant），将被改造成一座 14 层高的大厦。① 这样，澳大利亚悉尼最古老的和最受欢迎的唐人街将迎来新貌。但是有华人担心唐人街的历史特征、遗产和独特的街景，将因为新的开发项目和不作为而丧失，他们呼吁唐人街全年举办更多活动，而不仅仅在农历新年期间才举办活动。②

（四）华人对澳大利亚社会的融入程度不足

澳大利亚的华人移民喜欢抱团取暖，对澳大利亚社会的融入程度不足，对澳大利亚的政治、文化影响有限。作为一个庞大的移民群体，很多华人只是生活在澳大利亚，并没有融入澳大利亚生活，也没有为融入澳大利亚做出太多改变。华人只在社区内"行走"，难以真正融入澳大利亚主流社会之中。但近十多年来，澳大利亚华人开始有越来越多的改变，更多地参与到澳大利亚主流事务之中。

小　结

华侨移居澳大利亚已有两个世纪的历史，华侨华人在当地生存繁衍，为澳大利亚的繁荣发展做出积极贡献。截至 2021 年澳大利亚华侨华人人口有 139 万，占全国总人口的 5.5%，属于澳大利亚第五大族裔。澳大利亚华人在地区分布、宗教信仰、健康情况、语言文化、身份认同和社会融入等方面都呈现自己的特色。反复袭来的新冠疫情，影响了澳大利亚的经济社会生活，加剧了澳大利亚的反亚裔偏见。华人通过多重途径反对种族歧视，应对疫情带来的困境与危机。从长期发展趋势来看，疫情给华人社会带来的困境是临时性和阶段性的，随着时间的推移，澳大利亚华人社会也终将迎来新的发展。

---

① 《悉尼唐人街改造计划出炉 四十年中餐厅将变 14 层高楼》，https://www.chinanews.com.cn/hr/2022/05-10/9750820.shtml，2022 年 9 月 10 日访问。

② 《悉尼唐人街将迎大改造 当地华人担心传统丢失》，https://www.chinaqw.com/hqhr/2022/07-20/335734.shtml，2022 年 12 月 24 日访问。

B.18
2021~2022年新西兰侨情分析

乔印伟*

摘　要： 2021~2022年，新冠疫情影响了新西兰社会经济正常发展，给教育机构造成了超过10亿新西兰元的学费损失，新西兰移民人数也因而减少。疫情期间，新西兰种族歧视问题加剧，年轻亚裔出现精神问题增多。新西兰华人积极应对歧视问题，积极融入在地社会，在逆境中奋进，在不少领域取得骄人成绩。

关键词： 华侨华人　留学生　新冠疫情　种族歧视

2022年，新西兰人口为512万，华人人口有25万~27万。2021~2022年，新西兰入境移民及入籍人数减少，国际留学生减少，人口出现最低年增长率。新冠疫情的不断反复，使得新西兰经济发展受到影响。疫情期间，种族歧视问题加剧，新西兰华人做好自我保护工作，努力与主流社会进行融合。

一　疫情影响新西兰社会经济正常发展

（一）新冠疫情波折起伏

2021年8月，因出现德尔塔变异病毒感染确诊病例，新西兰全国新冠

---

* 乔印伟，历史学博士，中国华侨华人研究所副研究员，主要研究方向为华文教育、新加坡政党政治等。

疫情警报等级升至四级。① 截至 2022 年 3 月 16 日，新西兰共有新冠确诊病例 39.9 万例，病死 102 人。在 2022 年 4~6 月的相对稳定之后，新西兰病例数又开始稳步增加，感染率几乎是美国和英国的 5 倍。每百万人中每天有 3.79 例与新冠相关的死亡病例。② 2022 年 10 月，新西兰发生由奥密克戎毒株引发的疫情，社区每日新增病例平均达 1422 例。③ 在 11 月 10 日后，第三波疫情出现新的高峰，每日新增病例 3000 例，到 12 月 19 日每日新增 6100 例的顶峰后开始下降。截至 2022 年 12 月 31 日，新西兰总确诊病例数为 2110597 例。④

（二）经济发展受到影响

疫情前，旅游业是新西兰最大的出口产业，仅 2019 年就为新西兰经济创造了 410 亿新西兰元的收入。但到了 2021 年，旅游业收入仅为 260 亿新西兰元。2022 年，航班、供应链、劳动力等因素依然限制着行业的复苏。⑤ 2021 年，国际学生总共支付了 5.94 亿新西兰元的学费，2020 年为 9.63 亿新西兰元，2019 年为 12 亿新西兰元。⑥

2020 年新西兰人均 GDP 初值为 41270 美元，虽然新西兰经济创下自 1992 年以来最大降幅，但降幅很小，扣除价格因素后，2020 年实际 GDP 同比下降 1.1%。2021 年，新西兰人均 GDP 初值达 48429 美元。随着疫情管控措施放松，新西兰经济实现恢复性快速增长，扣除价格因素后，实际

① 《中国驻新西兰使馆提醒中国公民防范新冠肺炎疫情》，https://www.chinaqw.com/qwxs/2021/08-18/305169.shtml，2022 年 8 月 15 日访问。

② 《疫情反扑：新西兰死亡率超英美，感染率甚至高 5 倍》，"发现新西兰"微信公众号，2022 年 7 月 15 日。

③ 《国际疫情：截止到 10 月 3 日全球新冠肺炎确诊病例超 6.1531 亿例》，https://www.163.com/dy/article/HIQVM8OG0534TVIP.html，2022 年 12 月 15 日访问。

④ 《疫情 COVID-19 数据更新：新西兰新冠疫情实时播报》，https://www.sy72.com/newpneumonia-world.asp?id=159，2023 年 2 月 10 日访问。

⑤ 《新西兰旅游从业者盼国际游客到来 旅游局看法不同》，https://www.chinaqw.com/hqly/2022/08-18/338388.shtml，2022 年 9 月 18 日访问。

⑥ 《疫情下新西兰教育机构国际生减少》，http://bj.crntt.com/doc/1064/5/1/9/106451912.html，2022 年 9 月 18 日访问。

GDP 同比增长 5.0%，两年平均增长 2.0%。2022 年第一季度，新西兰 GDP 下滑 0.2%，第二季度新西兰 GDP 上升 1.7%。据新西兰政府公布的数据，新西兰居民消费价格指数（CPI）在 2022 年第二季度上涨 7.3%，创 32 年来新高。持续上升的通胀，让新西兰当地民众苦不堪言，而通胀最大的推手，是租金、建筑成本和燃料价格的上涨。以住宅项目为例，新西兰第二季度新建住宅成本同比上升 18%。[①]

（三）自贸协定升级生效

2008 年新西兰与中国签订自由贸易协定，为双方开辟了重要的经济机会，并成为双方在多个领域开展更加密切合作的催化剂。[②] 据统计，2008 年中国同新西兰的双边贸易额为 44 亿美元，2021 年增长到 247 亿美元，年均增幅达 14% 以上。2016 年 11 月双方启动自贸协定的升级谈判，2021 年 1 月《中国-新西兰自由贸易协定升级议定书》正式签署，并于 2022 年 4 月 7 日正式生效。

《中国-新西兰自由贸易协定升级议定书》增加了 2008 年协议以前未涵盖的新领域，拓宽了中新双方经贸合作。在《区域全面经济伙伴关系协定》（RCEP）基础上，中方进一步扩大航空、教育、金融、养老、客运等领域的对新开放。根据升级后的自贸协定，中方对新方木材纸制品加大市场开放，有 99% 的木材和纸制品将可以免税进入中国；新方向中方出口的大部分奶制品的保护性关税将在一年内取消；在服务贸易方面，中新服务贸易规模不断扩大。[③]《中国-新西兰自由贸易协定升级议定书》将助推两国经贸发展再上新台阶。

---

① 《新西兰通胀创 32 年新高，生活账单飙升 40%》，http://rdcy.ruc.edu.cn/zw/jszy/ly/lygrzl/2dfad1618ef3414aac66f4a576fef658.htm，2022 年 9 月 20 日访问。

② H. E. Clare Fearnley（傅恩莱），"New Zealand Welcomes the Upgrade to the Bilateral Free Trade Agreement," China Investment, Issue 9、10, May 2022.

③ 路虹：《自贸协定升级生效，中国新西兰经贸发展将再上新台阶》，《国际商报》2022 年 4 月 8 日。

二 新西兰移民人数减少

（一）出入境人数锐减

2020 年 3 月后，新西兰关闭边境，限制了移民出入境，新西兰年度净移民人数持续下降。2019 年，出入境为 1420 万人次。2020 年，出入境仅有 350 万人次。[1] 2021 年，出入境为 826400 人次，其中入境为 398600 人次，出境为 427800 人次。[2]

（二）入境移民及入籍人数减少

2020 年新西兰入境移民约 85800 人，离境移民约 41600 人，净移民数约 44200 人。年度出入境移民人数均创下 20 年来的最低纪录。[3] 2021 年新西兰入境移民人数为 45900 人，出境移民人数为 49800 人。净移民数为 -3900 人，入境创 1986 年以来新低，出境创 1995 年以来的新低。[4] 受疫情影响，2020 年新西兰共有 31870 人入籍，较 2019 年的 44413 人下降了大约 30%。[5] 据 2022 年 8 月公布的数据，超过 9 万人获批成为新西兰居民。在 7 月 31 日特批签证关闭之时，中国申请人共递交 11628 份申请，其中有 3157 份申请获批，中国申请人的申请获批率为 27.15%。[6]

---

[1] 《2020 年新西兰出入境移民人数创 20 年来最低纪录》，https：//www.chinaqw.com/hqhr/2021/02-22/286740.shtml，2022 年 9 月 18 日访问。

[2] 《2021 年新西兰出入境人次创 50 年新低 净移民数跌为负值》，http：//imedu.skykiwi.com/news/2022-02-15/440547.shtml，2022 年 9 月 18 日访问。

[3] 《2020 年新西兰出入境移民人数创 20 年来最低纪录》，https：//www.chinaqw.com/hqhr/2021/02-22/286740.shtml，2022 年 9 月 18 日访问。

[4] 《2021 年新西兰出入境人次创 50 年新低 净移民数跌为负值》，http：//imedu.skykiwi.com/news/2022-02-15/440547.shtml，2022 年 9 月 18 日访问。

[5] 《受疫情影响 2020 年新西兰入籍人数下降了 30%》，https：//www.chinaqw.com/hqhr/2021/03-25/290543.shtml，2022 年 9 月 18 日访问。

[6] Jacky Su：《超 9 万人获批！移民局披露：2021 特批签证最新数据来了》，http：//imedu.skykiwi.com/zhengce/2022-08-25/445227.shtml，2022 年 9 月 18 日访问。

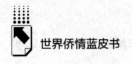
（三）外国留学生人数减少

2019 年有 1.1 万名外国留学生在新西兰上小学、初中和高中，2020 年这一数字下降到 9100 人。2019 年，新西兰中小学通过国际学生获得的收入高达 1.79 亿新西兰元，2020 年则降至 1.39 亿新西兰元，减少了 4000 万新西兰元。① 2021 年 8 月，外国留学生入学人数减少了 17890 人，下降 33%，余下的 6770 名留学生中有约 1/5 在海外远程学习。② 2022 年 7 月 31 日边境重新开放时，只有 14639 名国际学生持有有效学习签证，低于 2020 年 3 月新西兰疫情开始时的 6 万人。③ 在新西兰的 14639 名国际学生中，6039 名是中国人，1374 名是印度人。④ 新冠疫情给新西兰教育机构造成了超过 10 亿新西兰元的学费损失。

三 新西兰华人积极应对种族歧视问题

（一）疫情期间新西兰种族歧视问题加剧

《新西兰东亚裔、南亚裔、华裔和印裔学生报告》调查询问了 7000 多名中学生（其中近 2000 名是亚裔）在 2019 年的家庭生活、学校、医疗保健等情况。报告显示，10% 的亚裔学生表示，他们在学校里曾因为种族或宗教而受到欺凌，而在新西兰白人中，这一比例为 3%。⑤ 另据报告，55% 的毛

---

① 《新西兰中小学留学生减少 学校损失数千万新西兰元》，https：//www.chinaqw.com/hqhr/ 2021/09-18/308435.shtml，2022 年 9 月 18 日访问。
② 《新西兰高校外国留学生减少约三成 约二成留学生上网课》，https：//www.chinaqw.com/ hqhr/2021/12-06/315863.shtml，2022 年 9 月 18 日访问。
③ 《疫情下新西兰教育机构国际生减少》，http：//bj.crntt.com/doc/1064/5/1/9/106451912. html，2022 年 9 月 25 日访问。
④ 《疫情下新西兰教育机构国际生减少》，http：//bj.crntt.com/doc/1064/5/1/9/106451912. html，2022 年 9 月 25 日访问。
⑤ 《研究发现：新西兰 25% 亚裔学生曾遭受不平等对待》，https：//www.chinaqw.com/hqhr/ 2021/06-28/300259.shtml，2022 年 9 月 18 日访问。

利人、54%的华人和 50%的太平洋族裔认为，疫情发生后他们都曾受到歧视。最常见的歧视形式是受到网络上的负面评论或攻击、在公开场合被盯着看、被过度躲避（超出了通常的社交距离）以及面对面受到负面评论或攻击。[①]

（二）年轻亚裔出现精神问题比例高

2021 年 10 月发布的《新西兰亚裔公共卫生报告》显示，年轻亚裔尤其是女性出现精神和情绪问题的比例较高。报告提出解决新西兰亚裔的精神健康问题是首要事务。报告称，影响新西兰亚裔的精神健康问题和自杀问题的原因仍然相对隐蔽。报告呼吁制定一项亚裔健康计划，提供持续、公平的方式，改善对现有亚裔健康服务的资金支持，并成立新的基金会。报告还建议培训适应文化的工作人员，提供更多专门面向亚裔的服务。[②]

（三）各方积极应对歧视问题

2021 年 12 月，新西兰人权委员会（HRC）发起一项名为"控制一下"（Dial It Down）的运动，请求民众减少因新冠疫情产生的敌意。[③] 2022 年 7 月，新西兰中华新闻社发布评论文章指出，很多白人对华人的仇恨理由，其实绝大多数还是因假新闻和偏见所致。认为自己"有恩于华人"，对华人有一种"收留者"的优越感，而且一旦这种优越感消失，就会觉得华人也就没有了在自己身边存在的意义。华人自身方面，也不注重在主流社会宣传，有一些无良媒体放大华社的负面新闻，抹黑华人形象以取悦读者。华人若要合理安全地保护自己，要从两方面努力：一是树立"华人也是新西兰主人"的观念，令"驱逐华人"的想法失去其合理性；二是树立"华人对新西兰

---

① 《报告显示：新冠疫情期间新西兰种族歧视问题加剧》，https：//www.chinaqw.com/m/hqhr/2021/02-18/286358.shtml，2022 年 9 月 18 日访问。

② 《〈新西兰亚裔公共卫生报告〉：解决亚裔精神健康问题是首要事务》，https：//www.chinaqw.com/huazhu/2021/10-12/310326.shtml，2022 年 9 月 16 日访问。

③ 《新西兰人权委员会呼吁民众减少歧视言论》，https：//www.chinaqw.com/hqhr/2021/12-15/316760.shtml，2022 年 9 月 17 日访问。

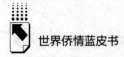
有重大价值"的形象，令新西兰社会珍视和尊重华人群体。文章呼吁新西兰政府鼓励主流媒体对华社及其他少数族群社区进行更多更理性的专题新闻报道，帮助主流社会受众真正了解华社，以打造种族团结、和谐共存的新西兰社会。①

四　新西兰华人的社会文化生活

（一）"汉语桥"中学生中文比赛新西兰总决赛落幕

第14届"汉语桥"世界中学生中文比赛新西兰赛区总决赛于2021年8月在克赖斯特彻奇落幕。惠灵顿学院的昂德希尔获高中组冠军，将代表新西兰参加全球总决赛。受新冠疫情影响，来自新西兰各地的15名初中生、19名高中生以在线方式进行了激烈角逐。克赖斯特彻奇市副市长安德鲁·特纳说，新中在教育、文化、人文方面的交流不断深化，未来具备中文技能的人才一定会成为两国关系发展的桥梁。②

（二）中医药在新西兰正式被纳入国家立法管理

2021年10月，《2021年卫生从业人员资格保证（指定中医服务为健康专业）法令》将中医师资格保证条例纳入《卫生从业人员资格保证法》（HPCA），并于11月1日起实施。新西兰中医立法的成功是新西兰中医界同仁经过几十年努力的结果，标志着中医药服务正式被政府纳入新西兰卫生保健系统，新西兰中医药的发展将进入一个新的阶段。中医从业人员在获得同其他卫生人员同等认可的同时，将面对更加规范化的注册要求。③

---

① 《新西兰华新社评论：如何面对针对华人种族歧视事件》，https：//www.chinaqw.com/hmpc/2022/07-28/336490.shtml，2022年9月18日访问。
② 《"汉语桥"中学生中文比赛新西兰总决赛落幕》，http：//www.xinhuanet.com/world/2021-08/10/c_1127749015.htm，2022年9月17日访问。
③ 《中医药在新西兰正式纳入国家立法管理》，https：//www.chinaqw.com/zhwh/2021/11-01/312372.shtml，2022年9月16日访问。

（三）华人超市免费给老人送物资

疫情期间的"封城"打破了新西兰人原有的工作和生活节奏，给不少人带来了不便。但其间不断涌现互帮互助、共渡难关的暖心故事。奥克兰一家开业不到一年的超市，自开业以来，只要逢疫情封锁，就给70岁及以上老人送鸡蛋和有机牛奶。超市的华人老板到新西兰快20年了，他和员工经常开着车在当地到处给老人们送"温暖"。之前有报道说他们还是第一家为顾客提供免费口罩的超市。①

小　结

新西兰华人约占新西兰总人口的5%，对新西兰的社会、经济、文化发展做出了积极贡献。随着中国不断增强的经济实力与国际影响力，新西兰当地民众对中国的兴趣与好感与日俱增。新西兰华人可以进一步发挥优势，在中新之间"穿针引线"，当好"桥梁"，促进中新两国在多个领域的合作与发展。2021~2022年，新冠疫情影响了新西兰社会经济正常发展。疫情期间，种族歧视问题加剧，新西兰华人在做好自我保护工作的同时，加强华人间的合作，积极融入当地社会。

---

① 《新西兰疫情封锁下涌现暖心事 华人免费送物资给需要者》，https://www.chinaqw.com/hqhr/2021/08-27/306169.shtml，2022年9月17日访问。

B.19
2021~2022年美国侨情分析

张焕萍*

摘　要： 自从美国高调重返亚太以来，中美两国之间对抗、冲突的风险上升。中美关系不仅攸关世界前途命运，更是直接关乎华裔在美生存和发展。本报告根据皮尤研究中心的数据，详细梳理美国华人的人口特点，分析其人口数量、居住区域、教育水平、收入情况，展现美国华人多元化的特点。2021~2022年，疫情的影响仍未消除，华埠经济短期内较难恢复。自新冠疫情发生以来，包括华人在内的美国亚裔一直生活在新冠疫情与种族歧视的双重"病毒"之下，这导致年轻亚裔在美国普遍缺乏归属感。由于美国加紧对中国遏制打压和技术封锁，在美华人科学家也受到牵连。为了更好地维护自身权益，美国华人群体的政治参与意识在一定程度上有所提升。同时，美国华人也在积极与主流社会交流和对话，试图更好地融入住在国。

关键词： 多元化　种族主义　政治参与　华裔

一　人口不断增长和日益多元化的美国华人

无论是在美国学界研究还是美国政府进行人口统计时，都倾向于将美国

---

* 张焕萍，新闻传播学博士，中国华侨华人研究所副研究员，主要研究方向为国际传播、国际移民、华侨华人。

华人①纳入亚裔并将其视为一个整体。但实际上，"亚裔"本身是一个极其复杂的群体，其内部的差异性和多元性非常大。美国人口普查局（U.S. Census Bureau）对"亚裔"一词的定义是"起源于远东、东南亚或印度次大陆的任何原住民，如中国、印度、日本、韩国、马来西亚、柬埔寨等国公民"。这意味着美国亚裔包括来自20多个国家和地区的移民或移民后代。截至2019年，祖（籍）国为中国、印度、菲律宾、越南、韩国和日本这六个国家的亚裔人口占美国亚裔人口的85%。这部分人也在很大程度上塑造了整个美国亚裔群体的人口特征。

亚裔是美国人口增长最快的少数族裔群体。根据皮尤研究中心对美国人口普查数据的分析，目前，有超过2200万亚裔生活在美国。2000~2019年，美国的亚裔人口几乎翻了一番。美国亚裔人口中各次群体的增长幅度差异较大。其中，有11个族裔的规模增加了一倍多。一些较小的原籍群体，如不丹人、尼泊尔人和缅甸人，增长了十倍或更多。自2000年以来，老挝裔和日本裔人口在美国亚裔中的增长速度最慢。华人是美国亚裔中最大的次群体。以下主要通过与亚裔的对比，分析美国华人在各方面的特征。②

（一）人口数量

华人是美国亚裔中最大的次群体，占亚裔总人口的25%，约540万人。③ 其次是印度裔，占亚裔总数的21%（460万人）。菲律宾裔占总数的19%（420万人）。此外，族裔人口超过100万人的亚裔次群体还包括越南

---

① 在我国，"华侨"与"华人"有严格的法律意义上的界定。为行文简洁，本报告统一采用广义上的"华人"概念，不仅包括华侨、入籍美国的华人，也包括出生于当地的华裔以及从其他国家和地区移民到美国的华人移民。

② 如无特殊说明，本部分关于华人的数据均来自皮尤研究中心。参见"Chinese in the U.S. Fact Sheet"，2021年4月9日，https：//www.pewresearch.org/social-trends/fact-sheet/asian-americans-chinese-in-the-u-s/；https：//www.pewresearch.org/fact-tank/2021/04/29/key-facts-about-asian-origin-groups-in-the-u-s/，2022年8月5日访问。

③ 当前，关于美国华侨华人数量，主要有550万人、540万人、530万人三种说法。如，美国百人会的报告中就提出，美国华人共有530万人。参见《百人会发报告 详述华人在美国的历史、现状、挑战》，https：//www.chinaqw.com/m/hqhr/2021/02-09/285806.shtml，2022年5月18日访问。

裔（220万人）、韩国裔（190万人）和日本裔（150万人）。近20年来，美国的华人人口稳步增长，数据显示，2000～2019年，美国华人人口从286.5万人增长到近540万人，将近翻了一番（见图1）。

图1　2000～2019年美国华人人口数量

资料来源：皮尤研究中心，"Chinese in the U. S. Fact Sheet"，https：//www.pewresearch.org/social-trends/fact-sheet/asian-americans-chinese-in-the-u-s，2022年8月5日访问。

在所有美国华人中，非美国出生的华人（即华人移民）①占62%，在美国出生的华人占38%。换言之，美国华人群体中，六成以上是第一代移民。相较之下，在整个亚裔中，移民人数占57%，在美国出生的亚裔占43%。

（二）居住区域

在美国不同的州，亚裔中各族裔的分布也有较大差异。比如，在美国的哥伦比亚特区和12个州（主要在西部和东北部），华人是最大的亚裔次群体；而在美国东南部和中西部的22个州中，印度裔是最大的亚裔次群体；越南裔是路易斯安那州、密西西比州、俄克拉荷马州和内布拉斯加州4个州人口最多的亚裔次群体；韩裔是亚拉巴马州最大的亚裔次群体。这种人口分

---

① 美国的研究机构如移民政策研究所（Migration Policy Institute）等常常将"非美国出生的华人"等同于"华人移民"。本报告也采用这种做法。

布情况也在一定程度上反映了每个族裔群体在历史上迁移到美国的模式。例如，大量印度人是近年来持工作签证和学生签证移民美国的；虽然不少华人也是如此，但是华人在美国西部各州的移民历史已经非常悠久了，早在19世纪，华人就到达了加利福尼亚州。

美国华人人口分布并不均匀，2019年，美国华人人口排名前10位的美国大都市区分别是纽约、洛杉矶、旧金山、圣何塞（加利福尼亚州）、波士顿、西雅图、华盛顿、芝加哥、火奴鲁鲁、休斯敦。其中，纽约的华人人口高达86.5万人，是华人人口最多的都市区，其次是洛杉矶（67.8万人）、旧金山（58.2万人）。上述三地也是华人人口超过50万人的大都市区（见图2）。

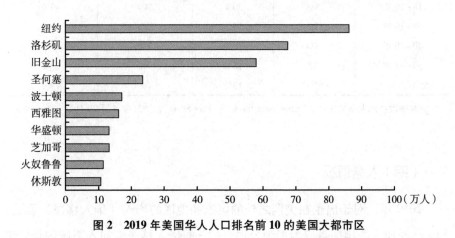

图2　2019年美国华人人口排名前10的美国大都市区

资料来源：皮尤研究中心，"Chinese in the U. S. Fact Sheet"，2021年4月29日。

（三）年龄构成

数据显示，截至2019年，美国亚裔人口的年龄中位数为34岁，略低于美国整体人口中位年龄（38岁）。但在美国出生的亚裔人口中位年龄仅为19岁，而所有在美国出生的人的中位年龄为36岁。也就是说，在美国出生的亚裔人口要比美国整个本土人口年轻得多。与此同时，非美国出生的亚裔人口的中位年龄与该国总移民人口中位年龄相同，均为45岁。

2019年，美国华人群体的中位年龄为36岁，其中，在美国出生的华裔中位年龄为 20 岁，在美国以外的国家和地区出生的华人群体（华人移民①）中位年龄为 46 岁（见表 1）。

表 1　2019 年美国华人年龄构成情况

	美国亚裔	美国华人		
		整体情况	在美国出生的华人	华人移民
中位年龄(岁)	34	36	20	46
年龄段				
5 岁以下	7%	6%	14%	<0.5%
5~17 岁	17%	15%	31%	5%
18~29 岁	18%	20%	24%	17%
30~39 岁	17%	15%	13%	16%
40~49 岁	14%	13%	7%	17%
50~64 岁	16%	18%	7%	25%
65 岁及以上	11%	13%	4%	19%

资料来源：皮尤研究中心，"Chinese in the U. S. Fact Sheet"，2021 年 4 月 29 日。

（四）入籍情况

2019 年，对于出生在美国之外的国家和地区的华人（华人移民）而言，58%已经加入美国国籍成为美国公民，42%的华人移民未加入美国国籍。该比例与整个美国亚裔群体的情况非常接近，美国亚裔移民加入美国国籍的比例为 59%（见表 2）。

表 2　2019 年美国华人移民的入籍情况

	美国亚裔移民(%)	华人移民(%)
加入美国国籍	59	58
未加入美国国籍	41	42

资料来源：皮尤研究中心，"Chinese in the U. S. Fact Sheet"，2021 年 4 月 29 日。

---

① 此处指居住在美国、出生于美国之外的国家和地区的华人移民。

（五）居住时长

整体而言，华人移民在美国居住的时长与亚裔移民的整体情况类似。数据显示，截至2019年在美国居住10年以上的华人移民约占66%，10年及以下的占34%，这也意味着，三分之一的华人移民是在近十年内移民美国的（见表3）。

表3 截至2019年华人移民在美国的居住时长

居住时长	亚裔移民(%)	华人移民(%)
0~5年	21	22
6~10年	13	12
11~15年	11	10
16~20年	12	12
21年及以上	44	43

注：基于四舍五入的原因，百分比之和并非100%。
资料来源：皮尤研究中心，"Chinese in the U.S. Fact Sheet"，2021年4月29日。

此外，2000年到2019年，居住时长10年以上的华人移民占比从56%增长到近66%，而居住时长10年及以下的占比相应从44%缩减到了34%。

（六）教育水平及英语熟练程度

美国华人的教育水平远远高于美国当地人的平均水平。据统计，在全部华人中，拥有学士及以上学位的占57%，这一数字不仅远高于全部美国人（33%），而且也高于全部亚裔（54%）（见图3）。

不过，就英语水平而言，华人群体的英语熟练程度不及整个亚裔，尤其是非美国出生的华人，即华人移民的英语熟练程度偏低。只有44%的华人移民能够达到"精通英语"，而华人整体"精通英语"者占比为61%，相较之下，亚裔人口的这一比例为72%（见图4）。

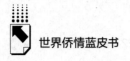

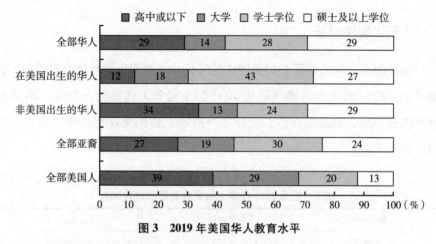

图3　2019年美国华人教育水平

资料来源：皮尤研究中心对2017~2019年美国社区调查（IPUMS）的分析，皮尤研究中心，"Chinese in the U. S. Fact Sheet"，2021年4月29日。

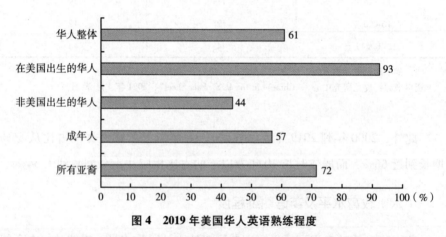

图4　2019年美国华人英语熟练程度

注：本图中的数据指的是5岁以上精通英语的华人所占的比重。"精通英语"指的是"在家只说英语的人"以及"在家不说英语，但表示自己英语说得非常好的人"。

资料来源：皮尤研究中心，"Chinese in the U. S. Fact Sheet"，2021年4月29日。

（七）收入情况

美国华人的家庭年收入中位数为8.16万美元，稍低于美国亚裔群体的家庭年收入中位数；不过美国华人的个人年收入中位数（4.5万美元）要高于美国亚裔群体的个人年收入中位数。美国华人的失业率与美国亚裔群体失业率基本持平。13%的美国华人属于贫困人口，这一比例要比美国亚裔群体的贫困人口比例（10%）略高（见表4）。

表4　2019年美国华人和美国亚裔人口收入情况对照

	美国亚裔	美国华人		
		整体情况	在美国出生的华人	非美国出生的华人
家庭年收入中位数	85800美元	81600美元	100000美元	75300美元
个人年收入中位数（16岁及以上）				
全部	40000美元	45000美元	47000美元	42700美元
全职、全年无休的工人	60000美元	65000美元	70000美元	62000美元
就业情况（16岁及以上）				
受雇	64%	60%	65%	58%
未就业	3%	2%	3%	2%
不在劳动力市场	34%	37%	32%	39%
失业率（16岁及以上的劳动力）	4%	4%	5%	3%
贫困人口比例				
整体	10%	13%	9%	15%
18岁以下	10%	10%	8%	18%
18~64岁	10%	13%	10%	15%
65岁及以上	12%	17%	7%	18%

资料来源：皮尤研究中心，"Chinese in the U.S. Fact Sheet"，2021年4月29日。

通过对美国华人居住区域、年龄情况、入籍情况、教育水平、英语熟练程度、收入水平的分析可以看出，美国华人群体内部存在显著差异，这些差异凸显了美国华人群体的多样性与多元化，这与西方社会对这一群体单一化的认知形成鲜明对比。

（八）留学生

国际教育研究所2022年发布的数据显示，2020/2021学年在美国学习的外国留学生人数急剧下降，在美国大学注册在线或线下课程的外国留学生

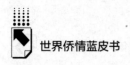
不到 100 万人，占美国高等教育机构总入学人数的 4.6%。这不仅比 2019/2020 学年同比下降 15%，而且也标志着自 2014/2015 学年以来，在美国院校就读的国际学生首次少于 100 万人。

中国仍然是美国国际学生的主要来源国，在 2020/2021 学年，35% 的美国国际学生来自中国。第二大来源国是印度（18%），其后依次是韩国（4%）和加拿大（3%）。而来自这几个国家在美国院校就读的留学生人数也经历了最大的同比下降。此类下降幅度最大的三个国家是韩国（下降 21%）、中国（下降 15%）和印度（下降 13%）。美国国际学生人数总体下降的原因很大程度上是新冠疫情导致的边境关闭、航班取消等。不过，中国留美学生人数增长在新冠疫情发生之前就已经大幅放缓。虽然具体原因仍不明确，但可以推断的是，由于近年来中美双边关系紧张，美国高校吸引中国人才的能力也有所减弱。此外，特朗普在执政期间制定的限制中国学生留美的政策也从一定程度上影响中国学生赴美留学的人数。有数据显示，2018/2019 学年，中国留美学生在美国大学支付的学费约为 150 亿美元。①

二 疫情对华人社区的影响仍未被消除

自新冠疫情发生以来，美国华人不仅经历了经济上的冲击，而且面临种族主义的次生威胁，成为排外和攻击的目标。至今，疫情对华人社区的这些影响仍未被消除。

（一）华埠经济短时间内仍难复苏

自疫情发生以来，美国华人社区受到不同程度的影响，随着经济下滑，华人失业人数增加。以曼哈顿华埠为例，美国的华人草根组织"欢迎来华埠"（Welcome to Chinatown）2022 年 8 月的报告显示，曼哈顿受疫情

---

① 关于中国留美学生的数据来自皮尤研究中心，"Amid pandemic, international student enrollment at U.S. universities fell 15% in the 2020–21 school year"，2022 年 12 月 6 日访问。

冲击较为严重，至报告形成之时，当地华埠经济恢复速度仍然比较缓慢。报告还显示，当地华埠经济主要依靠日常生活服务、超市、市场及旅游业，其中，94%的小商家雇员不超过20名。2019~2021年，华埠的工作岗位减少了26%，相当于平均每四人中就有一人失业，相比之下，全市的失业率为14%，皇后区法拉盛失业率为13%；2019~2021年全市食品餐饮业的工作岗位减少了45%，华埠食品餐饮业减少了57%；全市零售业的工作岗位减少了18%，而华埠零售业减少了28%。① 华埠之所以会受到如此巨大的影响，除了疫情本身之外，还包括因仇恨亚裔犯罪以及外界对亚裔群体"模范少数族裔"的认知偏见。此外，政府资源匮乏、缺少疫情救助计划等，这些因素也导致华埠的小商家短时间内难以恢复。

（二）在美华人遭受歧视现象仍在持续

美国是一个传统的移民国家，来自世界各地的不同文化背景的人会聚在一起。表面上看来，不同族裔的人在美国能够和平相处，但每当出现重大时局动荡时，某个移民族裔就会"因相关而有罪"（guilty by association），从而受到伤害。在这种情况下，受害的族群更加能够深刻地意识到自己是一个利益共同体。新冠疫情发生以来，美国一些政客为了摆脱应对不力的责任，散布和煽动阴谋论，而美国社会针对亚裔的仇恨行为甚至暴力犯罪亦显著增加。从本质上看，亚裔当前在美国遭遇的种族暴力和仇恨犯罪，是美国社会长达数百年种族歧视历史传统的延续。

美国亚裔被冠以"模范少数族裔"的称号，意在彰显美国是一个包容、友好的国家，不存在针对亚裔的文化歧视、宗教偏见或种族排斥。但是，在部分种族主义者的政治操弄下，亚裔恰恰成为美国社会撕裂的"替罪羊"，"模范少数族裔"标签反而成为束缚亚裔美国人的沉重枷锁。一方面，由于被美媒体、政客等刻画成受教育程度高、从事职业体面、经济收入高的群

---

① 《报告显示：疫情重伤曼哈顿华埠 工作岗位减少26%》，https://www.chinanews.com.cn/hr/2022/08-10/9824049.shtml，2022年12月4日访问。

体，亚裔受到的种族歧视不但得不到重视，而且容易不被承认，同时还承受着其他族裔美国人的孤立和偏见。另一方面，亚裔在美国受到以白人为主的社会歧视和压迫无处不在。白人种族主义者认为，亚裔对其生存和发展利益构成了潜在威胁和挑战。因此，亚裔自然就成为白人至上主义者的重点攻击目标，并很容易被一些政客利用。

2021~2022 年，亚裔美国人比以往任何时候都备受指责，除了继续将新冠病毒归咎于亚裔外，有更大比例的美国人怀疑亚裔的忠诚度。这也说明，无论亚裔是否出生在美国，他们总是被视为来自原籍国，是"永远的外国人"。而这种对亚裔美国人忠诚度的质疑，与亚裔"模范少数族裔"的认知有关，同时也彰显了美国社会针对亚裔根深蒂固的系统性种族主义。

"停止仇恨亚太裔"（Stop AAPI Hate）发布的数据显示，从 2020 年 3 月到 2022 年 3 月，该组织记录了 1.14 万起由受害者报告的仇亚事件。[①] 该数据指出，以族裔区分，华裔受害者占 43%，韩裔占 16%，菲律宾裔、日裔、越南裔等在 10% 以内；女性受害者占总人数的 60%，年龄以 26 岁至 35 岁占比最高。[②] 面对随时可能发生的暴力犯罪，在美华人非常担心自身安危。至 2022 年底，针对亚裔群体的仇恨犯罪数据仍然令人不安。很多华人出于安全原因而改变了日常生活习惯，很多亚裔老年人不敢出门。此外，一旦发生暴力犯罪，由于美国司法系统中存在的种族歧视，华人权益往往无法得到保障。极少有嫌疑人被定为仇恨犯罪，甚至会发生司法人员为嫌疑人开脱的情况。[③] 也因为这样，尽管亚裔遭受了相比其他族群更严重的仇恨犯罪袭击，但他们很少报警。

统计数据显示，2020~2022 年，亚裔美国人购枪的数量增长了 43%，超过 500 万名亚裔首次购买枪支。在人均拥枪数超过 1 支的美国，亚裔一直

---

① 《局面无改观 美国仇亚事件居高不下竟成新常态?》，https：//www.chinanews.com.cn/hr/2022/07-21/9808503.shtml，2022 年 12 月 4 日访问。

② 《美国纽约仇亚犯罪案件数第二多 受害者以华裔最多》，https：//www.chinaqw.com/hqhr/2022/07-28/336495.shtml，2022 年 12 月 1 日访问。

③ 《最新报告披露纽约反亚裔案定罪率：233 起中仅 7 宗定罪》，https：//www.gqb.gov.cn/news/2022/0602/54068.shtml，2022 年 10 月 11 日访问。

属于持枪率极低的群体。而现在，这一传统上被认为"拒绝枪支"的群体也开始主动购枪，美国系统性种族歧视和种族暴力难辞其咎。①

（三）在美华人科学家遭受打压

在遏制中国、对华"脱钩"的恶潮中，美国政府针对华人的系统性种族歧视变本加厉。历史上，美国屡次将法律作为多数人的暴力工具，以法律的名义排斥和挤压其他少数族裔的生存空间。虽在2022年2月被美国相关方面叫停但仍在影响着许多华人科学家的"中国行动计划"，正是美国历史上新一轮针对少数族裔移民的系统性歧视的典型代表。在美华人科学家对被政府监视感到恐惧焦虑。②

美国华人精英组织"百人会"和亚利桑那大学发布的一项对近2000名科学家的调查研究显示，美国政府在各大实验室、企业寻找"间谍"的行为激起了华人科学家的恐惧，并破坏了他们与中国研究人员的合作。这项"对华人科学家的种族定性和对美国科学界的后果"的研究在2022年5月至7月对1949名在美国工作的科学家进行了调查。受访者中33%是华人，40%是非华人，其余的受访者没有报告自己的族裔背景。

近一半华人科学家表示，他们因为受到美国政府的监视而感到"相当大的"恐惧和焦虑。相比之下，只有11.7%的非华人科学家报告了这种担忧。此外，超过42.2%的华人科学家还表示感觉受到美国政府的种族歧视，而非华人科学家的这一比例为8.6%。与其他族裔科学家相比，更多的华人科学家（38.4%）表示，由于自己的华人身份，他们相对更难获得研究资金，并且基于类似的原因而面临专业挑战。在2019~2022年进行涉及中国的研究的受访者中，约23%的华人科学家表示，他们决定停止与中国研究

---

① 《华人想买枪防身 美国还能令人"安心"吗？》，https：//www. chinanews. com. cn/gj/2022/08-17/9830106. shtml，2022年10月11日访问。

② 《调查称半数在美华裔科学家对被政府监视感到恐惧焦虑》，https：//www. sinovision. net/society/202110/00506555. htm，2022年11月5日访问；《就在今天，说说美国的"中国行动计划"》，https：//baijiahao. baidu. com/s？id=1735890804425621175，2022年12月1日访问。

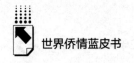
人员的合作，而受访的非华人科学家中只有 10% 这样做。

"中国行动计划" 2018 年 11 月由特朗普政府宣布启动。该计划已经导致多起知名科学家因为与中国合作者或中国机构存在关联而被捕的事件。民权组织和研究人员说，这项计划对科学家的审查阻碍了华人科学家与中国研究人员的宝贵科学合作。他们还警告说，华裔研究人员因其种族身份而感到过度审查，这相当于种族定性。《麻省理工科技评论》统计显示，截至 2021 年底，美国司法部 "中国行动计划" 专题网站上列示了 77 起案件，150 多人被起诉，其中逾九成为华裔。大量华人科学家、大学教授、企业高管等技术人才被当作犯罪嫌疑人调查，其工作、生活和名誉均受到了严重影响。不仅华裔科技人才成为重点打击对象，与中国有科研合作的非华裔教授也被列为调查对象。

报告同时指出，由于美中两国之间的合作受到限制，一些在美国的华人科学家表示他们更有可能离开美国，这会导致美国科学界的人才流失。有 42.1% 的受访华人科学家表示，"中国行动计划" 将影响他们决定是否留在美国。在所有受访科学家中，有 61% 的人表示，由于 "中国行动计划"，他们希望与中国保持距离。但相关数据也显示，美国依赖来自中国的科学生产力和两国之间的合作。美国科学家与中国科学家的合作比与世界上其他任一国家的科学家的合作都多，美国大学的中国国际学生数量也多于其他国家。

在拜登执政后，美国科学团体要求终止或更名 "中国行动计划" 的呼声越来越高。2021 年 9 月，加州斯坦福大学的 177 名教职员工致函司法部长，要求停止 "中国行动计划"。来自其他顶尖大学的教职员工也支持这一呼吁。同月，美国物理协会（American Physical Society）写信给拜登的科学顾问，要求政府改变做法，包括重新命名该行动计划。

2022 年 2 月 23 日，美国司法部宣布暂停饱受诟病的 "中国行动计划"。但实际上，美国负责国家安全事务的助理司法部长马修·奥尔森披露，该行动的相关调查并未停止，未来与中国相关的调查也不会减少。由此可见，"中国行动计划" 的暂停不代表美国正视了自身的种族歧视问题，而仅仅是迫于舆论压力名义上停止，未来，针对华人科学家的调查和打击可能会更为隐蔽。

（四）年轻亚裔普遍缺乏归属感

在越来越多的反华政治言论以及持续的反亚裔暴力中，亚裔普遍感到被孤立和备受歧视，尤其是年轻亚裔，在当前的社会环境下，更容易缺乏归属感。2022 年度全美亚裔美国人社会追踪指数报告显示，18~24 岁的亚裔美国人中，只有 19% 的人完全认同自己在美国的归属感，而在 65 岁以上的亚裔中，这一比例为 51%。研究发现，与非洲裔、拉丁裔和白人相比，亚裔美国人最倾向于感到不被社会接受，即使是在美国出生的亚裔也是如此。有专家表示，年轻亚裔缺乏归属感的原因一方面是反亚裔仇恨和暴力事件的增加，同时也与社交媒体上突出的不公平现象有关。[①] 新冠疫情发生以来，许多反亚裔攻击并不是发生在线下，而是发生在社交媒体上。而相比老一辈，年轻亚裔更容易受到社交媒体的影响。社交媒体上的不平等言论、恶意攻击，在一定程度上使得他们感到自己不被主流社会接纳。

三　华人迅速觉醒，积极参政

虽然美国亚裔人口规模在不断扩大，但这一群体的政治参与度一直不高，尤其是华裔群体。相关研究表明，华人是所有亚裔美国人中政治参与度最低的群体，他们对政治的兴趣不高，选民登记率较低，投票率也比较低。近年来种族主义攻击事件的激增，也使更多的亚裔意识到参政的重要性，亚裔正迅速成长为积极的政治参与者。他们正在以创纪录的数量竞选公职，同时，也积极投入非选举性政治活动中。

（一）选举性政治参与

1. 吴弭当选波士顿市长

近两年来，越来越多的华裔参与竞选公职，比如竞选纽约市长的杨安泽

---

① 《英媒：年轻亚裔美国人超没有"归属感"》，https://m.gmw.cn/2022-08/25/content_130
3107544.htm？source＝sohu，2022 年 11 月 5 日访问。

（Andrew Yang）和竞选波士顿市长的市议员吴弭（Michelle Wu）等。其中，最为亮眼的是吴弭。2021年11月，36岁的华裔候选人吴弭当选美国波士顿市长，成为华裔参政历史上的一个里程碑。吴弭胜选创造了很多个历史"第一"：马萨诸塞州首府历史上第一位女市长、第一位亚裔市长、第一位华裔市长；美国东海岸第一位亚裔女性市长，同时也是自1925年以来第一位波士顿"非土著"市长。对于一个历来在政界代表性不足的群体而言，吴弭的胜选对美国华人乃至亚裔群体来说都具有特殊意义。亚太裔国会研究所（Asian Pacific American Institute for Congressional Studies）的数据显示，在全美100座大城市中，只有6座城市的市长是亚裔，而这些城市全都位于加利福尼亚州或得克萨斯州。吴弭的胜选无疑给亚裔群体打了一支强心针。①

2. 华人社团呼吁通过投票参与政治

2021年5月，又一个新的政治性社团——亚美领袖联盟成立。该社团是一个以协助亚太裔参政为宗旨的组织，由社区新老侨团、企业、非营利机构及公职人员等组成。该联盟成立后立即动员和呼吁更多的华人选民在初选日积极投票，以实际行动改写参政历史。亚美领袖联盟会长陈善庄表示，该联盟成立的宗旨就是为了扩大亚太裔社区影响力，尤其鼓励新生代积极出来参政；选举事关每位华人的切身利益，特别在当前仇恨亚裔犯罪不断发生，而政客们也屡屡拿华人和华人社区"开刀"的情况下，华人更应该积极投票，改变现状。亚美领袖联盟可谓新老侨合作搭建起来的协助亚太裔参政的平台。

为了鼓励华人参政，不少华人社团积极号召。2022年3月，美国纽约布鲁克林华人社区16家组织在八大道共同举办"积极登记参加初选，展示华裔选民力量"座谈会，号召华社团体发挥平台和带头作用，鼓励侨胞积极了解并参与关键性选举，投票选出代表自己声音的民选官员。布鲁克林有

---

① 《创造历史！吴弭为何能成为波士顿首位华裔女市长？》，https://i.ifeng.com/c/8BF5GNog0yb，2022年9月11日访问。

多家华人社团在其会所提供协助选民注册服务，方便不擅长英文的侨胞。众团体呼吁华人乡亲积极做好选民登记和参与投票，争取选举有突破。①

华人社团也呼吁支持为华社争取利益的民选官。如2022年10月，纽约台山侨胞妇女联合会牵头召开了"支持寇顿竞选连任筹款会"，并得到多个侨团的响应。寇顿多年来为华社奉献，为华社权益及这一群体遭受的不公而呐喊，华社呼吁选民投票支持寇顿成功连任。② 在美国，政府做决策时往往都会看投票，如果一个群体没有投票，没有参与，自然也就不会受到重视，因此华人发声和投票事关整个华人社区的福祉与利益。

在选举性政治参与方面，亚裔仍然在成长的过程中。虽然亚裔的政治参与意识有所增加，但一些亚裔仍然感到亚裔群体的影响力不足。不过，一个不容忽视的事实是，亚裔的投票率比以往任何时候都高。此外，值得注意的是，移民二代逐渐成为亚裔政治中的一股新力量。这些移民二代现在大多三四十岁，正在组成比其父母一代种族更加混合的家庭，公民参与意识也相对更高。

（二）非选举性政治参与

除了选举性政治参与，通过合法的方式表达政治观点和政治诉求并希望影响决策的非选举性政治参与，包括集会、请愿、发表言论等，也是美国华人群体最为常见的政治参与方式。在遭遇社会不公时，华人往往会就特定问题举行集会或游行活动。从历史上看，无论是挺梁彼得事件还是推翻特朗普的微信禁令，都是华人族群通过非选举性政治参与维护华裔族群利益的成功案例。

社团积极推动一直是华人参政较为明显的特点之一。诸如美国百人会这样的华人组织，一直以来在推动美国华人政治参与、维护华人利益、代表华

---

① 《纽约华社举办座谈会 呼吁华人积极参与选举投票》，https：//www.chinanews.com.cn/hr/2022/03-10/9698068.shtml，2022年8月6日访问。

② 《多侨团联办筹款会 支持寇顿竞选连任》，https：//www.uschinapress.com/static/content/HS/2022-10-10/1029000023205359616.html，2022年9月5日访问。

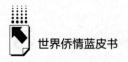

人发声，为促进华人全面参与美国社会生活方面发挥着重要作用。新冠疫情发生以来，百人会等华人组织一直在谴责美国社会针对亚裔的暴力行径，呼吁美国社会各界团结一致，共同采取行动遏制对亚裔的仇恨。其他非政治性华人组织和机构也积极行动起来，通过演讲、举办座谈等方式为当地亚裔排忧解难。美国华裔民权联盟（CACRC）还因美国前总统特朗普 2020 年将新冠称为"中国病毒"而提起联邦诉讼。2021～2022 年，华人的反抗活动也取得了一定的成果。例如，美国纽约布鲁克林宾臣墟华社反对建立游民收容所的抵制活动就迎来重大胜利，巴斯大道 2147 号的游民收容所开发项目确认已宣告停止。如果不是华人社区团结一致的行动和决心，就不可能取得这样的胜利。

近年来，随着新媒体的发展，社交媒体逐渐成为美国华人政治参与的平台。随着微信逐渐融入美国华人生活的方方面面，华人也加入了大大小小的微信群，在其中分享自己对政治事件的看法，通过微信发声、签名请愿、政治募捐等。例如，2022 年 7 月"福建人在美国"微信群举行了庆祝成立 11 周年活动，积极支持竞选第 10 选区国会众议员的闽籍参选人李江华。

联合其他少数族裔群体共同参与政治也是近年来亚裔参政的一大特点。2021～2022 年亚裔群体联合其他少数族裔共同参与社会事务的现象也比较常见。例如，鉴于占美国人口 2% 的犹太裔也是美国仇恨犯罪的对象，2022 年 4 月，美国法拉盛就举行了犹太裔和亚裔联合对抗仇恨犯罪的活动。两个少数族裔团结在一起，相互支持，共同对抗仇恨犯罪。又如，2022 年 7 月，首届亚太裔传统文化大游行在曼哈顿举办，受到各族裔的热烈欢迎与支持。逾 150 个团队、4000 名亚太裔参与游行，吸引了数万民众沿途观看。

在政治参与上，华人社区也越来越重视不同代际华人之间的交流和对话。2022 年 7 月，美国华人联合会（UCA）在华盛顿特区召开了美国华人联合会第三届大会暨第一届全国青年大会。这是在全球新冠疫情发生以及因疫情而持续发生的反亚裔仇恨攻击事件之后所举行的首次美国华人大聚会，也是首届全国青年大会。参会者包括来自全美各地的近 300 名华裔青年，大会还特别邀请了 20 多位各领域的杰出华裔青年代表，分享了他们对华裔身份认同和华裔青年参政议政等方面的体会和经历。两代人在一起，就华人社区关心的中美关系对华人的影响、反对亚裔仇恨、控枪与堕胎法案等进行深入交流；青年代表用青年人的思维方式、共通语言和交流方法讲解公民和政治参与以及身份认同等严肃的话题。

不难预见，美国华人参政的势头将会越来越猛。近十年来，华人移民人数持续增加，华人社区不断壮大，这为华人参政提供了更为坚实的基础和动力。受教育水平的不断提高，也将激励华人参政。而华人社区影响力的提升也会反过来让主流社会和民选官员更多地听到华人社区的需求。

四　华人积极融入主流社会

华人移民美国的历史悠久，近两个世纪以来，华人在经济、政治、文化和社会等各个方面都对美国做出了积极贡献。但作为一个少数族裔群体，他们至今仍面临美国主流社会的系统性偏见。人们似乎很容易忽视，实际上美国华人也是美国的一部分。2021~2022 年，美国华人在融入主流社会方面也做了大量努力。例如，华人精英组织"百人会"发布报告，详细梳理了美国华人对当地社会所做的贡献；通过庆祝"亚太裔传统月"活动，对当前种族歧视发声；等等。

（一）华人为美国社会做出巨大贡献

2021 年，美国华人精英组织"百人会"发布了一份长达 140 多页的报告，《从基础到前沿：美国华人对美国社会的贡献》（From Foundations to Frontiers：Chinese American Contributions to the Fabric of America），从美国华人早年在困难环境下辛苦打拼，到扎根成为美国社会中重要组成部分的经历，用切实可信的数据展示了华人对美国的巨大贡献，从历史及现实对在美

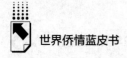

华人进行了全方位的研究。①

在人口方面，美国华人中75%是美国公民。2008~2018年，在美华人获得投票权的人数增长了57%，是同期全美平均增长数的5倍。虽然他们已经有了合法的公民身份，但仍然被视为"外来者"。

在经济方面，美国华人2019年消费为美国GDP贡献了3004亿美元的份额，相当于整个芬兰的经济规模；为劳工带来1750亿美元的收入；可以提供300万个就业岗位，几乎相当于丹麦的工作岗位总数。当前，有230万名华裔在工作岗位上，占美国工作人数的1.2%。2017年的资料显示，美国有16万家华裔企业，营业额2380亿美元，为美国社会创造了130万个就业机会，且这个数值仍然在持续增长。截至2016年，全美大约有4.5万家中餐馆，比美式连锁餐馆麦当劳、肯德基、必胜客、塔可贝尔（Taco Bell）和温蒂汉堡（Wendy's）的总和还要多。

华人对美国社会的人才贡献更是令人注目。截至2022年，共有35名华人入选美国国家科学院院士、48人入选美国国家工程院院士；每25名航空工程师中，就有1名是华人；一些高难度工作或者需要高学历、高技术的工作中，如医生、药剂师、设计师等，基本每20人中就有1人是华人。截至2018年，约有1.8万名华裔生物科学家、医学科学家和其他生命科学家在美国工作，占该领域工作人数的7%，其中的80%活跃于制药业、研发、医院、医疗服务及高等院校。

（二）通过庆祝"亚太裔传统月"抗议种族歧视

"亚裔美国人"（Asian American）一词最早出现于20世纪60年代末，作为一个组织的名称，旨在联合美国的华人、韩国人、日本人和菲律宾人等，为他们在政治及社会运动中争取权益。过去数十年来，在美国联邦政府及社运团体的分类里，亚裔通常与太平洋岛国族裔合并考虑（全美约有150万名

---

① 《百人会报告研究在美华人的历史与现状》，美国驻华大使馆微博，2021年5月19日，https://weibo.com/ttarticle/p/show? id=2309404638608471752926，2022年10月5日访问。

太平洋岛国族裔）。1978年，美国总统卡特签署国会联合决议，自每年5月的第一个周末开始，美国举办为期7天的"亚太裔传统周"。后来，庆祝活动延长至整个5月——"亚太裔传统月"。按照惯例，美国各界会在这个月举办庆祝活动，感谢亚太裔美国人在商业、文化和政治等方面做出的贡献，并通过活动，增进各族裔间的相互了解。2022年，在针对亚裔的种族歧视频发的环境下，美国旧金山、纽约等地纷纷举办了"亚太裔传统月"庆祝活动。活动期间，不少亚裔纷纷呼吁团结一致，共同对抗当前针对亚裔的攻击和种族歧视。①

（三）多地为排华法道歉

2021~2022年，反亚裔暴力和种族歧视事件的增加再次证明，虽然排华法案已经被废除多年，但种族歧视根深蒂固，仇外心理仍然深深植根于美国社会。历史上，中国移民为美国社会做出了重要贡献，但是，不仅这种贡献没有得到应有的认可，华人还遭到了严重的歧视和排斥。令人欣慰的是，2021~2022年，旧金山、圣何塞、洛杉矶、安提亚克和苏诺玛等城市的市政府为过去的种族主义政策和行为向华人社区道歉。

2021年5月，加利福尼亚州的安提亚克市最先为过去的歧视性政策向华人社区道歉。圣何塞市和洛杉矶市也紧随其后，分别于2021年的9月和10月为历史上针对华裔的歧视和伤害行为进行了正式道歉。2022年2月2日，美国旧金山市通过决议，承认该市曾经的歧视性政策对华人社区产生了重大影响。该决议代表监事会和市政府就针对华人社区的"系统性和结构性歧视"，以及针对性的暴力行为道歉。决议还承认监事会曾通过许多迫害华裔移民的法律。4月16日，美国科罗拉多州丹佛市正式为1880年当地发生的反华骚乱向华人社区道歉。这也是加利福尼亚州所属城市之外的第一个为排华法道歉的城市。5月19日，美国北湾苏诺玛市华裔市长丁骏辉签署政府公告，纪念"亚太裔传统月"，肯定亚太裔移民的贡献，同时代表苏诺

---

① 《今年，美国的亚太裔传统月怎么过？》，https://www.chinanews.com.cn/hr/2022/05-22/9760552.shtml，2022年8月5日访问。

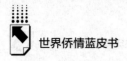
玛市，向受到不公正对待的在该市生活和工作的中国移民正式道歉。苏诺玛成为加利福尼亚州第五个为排华法案正式道歉的城市。

（四）注重华裔在华人族群融入中的作用

在与主流社会的沟通中，华裔由于出生在美国，并在美国接受教育，在美国的文化中长大，因而他们身上具有与美国主流社会沟通和交流的优势。近年来，他们的这种优势逐渐受到华人社会的重视。以亚美文化节为例，亚美文化节由亚美联谊会于2011年创建，其宗旨是"融和亚美族裔，美化社区家园"，以联谊为中心，以文化交流的方式，旨在给亚美裔以及中美之间提供一个沟通与交流的平台。2022年第12届亚美文化节最亮眼的特色就是注重并动员大波士顿地区华裔青少年积极投身于系列活动中。出于对华裔青少年的成长语言和文化背景的尊重，2022年的活动推广宣传手册还特地采用了英文版本，期望让他们成为这次亚美文化节的生力军，并通过他们与美国当地青少年的交流与沟通优势，去更好地理解和推广亚美文化节。可喜的是，通过华裔二代青年的积极推广和宣传，波士顿红袜队这一美国主流文化的标杆也积极参与到这次亚美文化节中来。这标志着亚美文化节可得到美国当地主流文化更多的认同。

小 结

2021~2022年，美国华侨华人经受了严峻考验。一方面，疫情对美国华侨华人的影响仍在持续，华人社会面临失业率飙升和种族歧视的双重挑战；另一方面，中美两国之间不信任加剧，也直接将在美华侨华人置于风口浪尖，许多华裔科学家、学者也受到无端调查甚至逮捕。但是，在美华侨华人一直在逆境中不断探索生存发展之道，在积极融入、为住在国社会做出贡献的同时，心系祖（籍）国，努力发挥桥梁与纽带的作用。近年来的种族歧视与不公正待遇也使得华侨华人更加深刻地认识到参政议政的作用，他们正在努力通过社会参与积极发声、争取族群权益，以赢得主流社会对华人族群的肯定和尊重。

B.20
2021~2022年加拿大侨情分析

蒋莉苹*

摘　要： 2021年加拿大人口普查数据显示，2016~2021年在家中主要说普通话的人口增长率远高于总人口增长率。2021年中国居加拿大国际学生来源国的第二位，加拿大多所高校认可中国高考成绩是中国留学生选择加拿大高校的重要原因之一，十年内中国留加学生转化为永久居民的比例高于五年内的累计转化率。华人为加拿大做出贡献的历史得到铭记，华侨华人在各领域都取得了可喜成绩，华埠影响逐渐扩大，促进中医获立法保护，华文报刊转型新媒体发展，华人竞选成绩亮眼，推动中华文化在加拿大传播，赢得了主流社会的认可和尊重。但华侨华人仍面临不少困难，还需要树立自信、积极参加社会活动、争取当地政府支持等。

关键词： 加拿大　华侨华人　人口普查　华埠振兴

2021~2022年，加拿大进行了五年一次的人口普查、举行了联邦大选。在加拿大的社会、经济、政治、文化、体育等各领域，华侨华人都有不俗表现，这一方面离不开中国与加拿大的双边互动，另一方面也离不开华人社会自身的努力，他们积极融入主流社会，赢得了当地的尊重和认可。

---

* 蒋莉苹，博士，中国华侨华人研究所助理研究员，主要研究方向为华侨华人、国际移民法、涉外投资仲裁等。

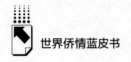

一 华侨华人概况

在加拿大，华人是历史最悠久的非欧洲移民，早在1856年就有华侨从美国加利福尼亚州到加拿大不列颠哥伦比亚省南部淘金。[①] 华人也是加拿大除白人外最大的族群，[②] 2021年加拿大人口普查数据显示，加拿大总人口为36991981人，相比2016年人口普查数据增长了5.2%，[③] 这主要是受移民增长拉动的，[④] 但在家中主要讲普通话的人增长速度更快，除英语和法语外，加拿大人在家中使用最多的语言是普通话，有531000人（见图1）。2016年到2021年，说普通话的人数增长了15%。此外，说粤语的有393430人。[⑤]

在15~69岁加拿大少数族裔群体中，华侨华人约占20%，超过80%的华侨华人居住在安大略省（632000人）和不列颠哥伦比亚省（443000人）。[⑥] 移民更倾向于选择在大城市中心居住。在多伦多和温哥华，超过25%的人在家中主要讲非官方语言，普通话是两地的主要非官方语言。[⑦] 如图2所示，在多伦多，13%的人讲普通话，11%的人讲粤语；在温哥华，21%的人讲普通话，18%的人讲粤语；在蒙特利尔，8%的人讲普通话。温

① 黄昆章、吴金平：《加拿大华侨华人史》，广东高等教育出版社，2001，第26页。

② 〔秘〕欧亨尼奥·陈-罗德里格斯：《美洲华人简史》，翁秒玮译，新世界出版社，2021，第112页。

③ Statistics Canada, https：//www12. statcan. gc. ca/census-recensement/2021/dp-pd/prof/details/page. cfm？Lang = E&DGUIDList = 2021A000011124&GENDERList = 1，2，3&STATISTICList = 1&HEADERList = 0&SearchText = Canada，2022年8月17日访问。

④ Statistics Canada, While English and French Are Still the Main Languages Spoken in Canada, the Country's Linguistic Diversity Continues to Grow, https：//www150. statcan. gc. ca/n1/daily - quotidien/220817/dq220817a-eng. pdf，2022年8月18日访问。

⑤ Statistics Canada, While English and French Are Still the Main Languages Spoken in Canada, the Country's Linguistic Diversity Continues to Grow, https：//www150. statcan. gc. ca/n1/daily - quotidien/220817/dq220817a-eng. pdf，2022年8月18日访问。

⑥ A Labour Market Snapshot of South Asian, Chinese and Filipino Canadians during the Pandemic, Statistics Canada, 2021.

⑦ Statistics Canada, While English and French Are Still the Main Languages Spoken in Canada, the Country's Linguistic Diversity Continues to Grow, https：//www150. statcan. gc. ca/n1/daily - quotidien/220817/dq220817a-eng. pdf，2022年8月18日访问。

哥华的列治文城区的华侨华人最为集中。为了吸引人才，一些省份推出各种计划，如2022年8月阿尔伯塔省启动大规模人才招聘计划，该省发布繁体和简体中文新闻稿，介绍教育、医疗、福利政策，旨在吸引华侨华人。①

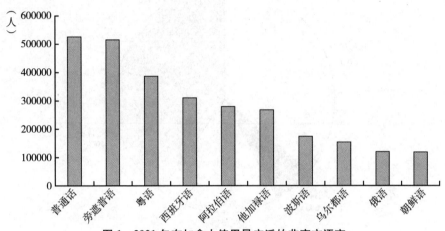

图1 2021年在加拿大使用最广泛的非官方语言

资料来源：2021年加拿大人口普查。

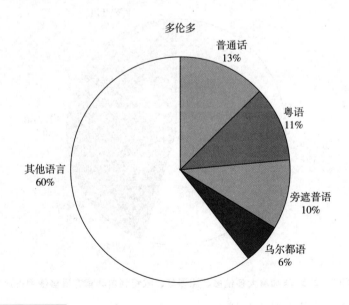

多伦多

其他语言 60%

普通话 13%

粤语 11%

旁遮普语 10%

乌尔都语 6%

---

① 《加拿大阿尔伯塔省启动招才计划 发中文稿吸引华裔》，http://www.chinaqw.com/hqhr/ 2022/08–23/338747.shtml，2022年9月8日访问。

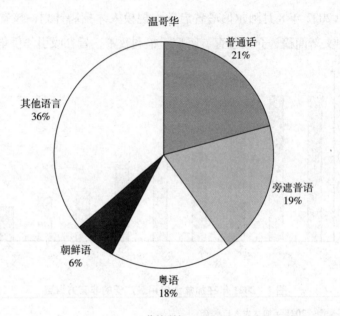

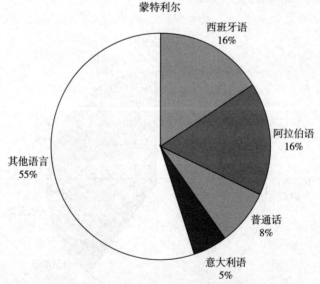

图 2 2021 年加拿大多伦多、温哥华、蒙特利尔非官方语言使用占比

资料来源：2021 年加拿大人口普查。

华侨华人在加拿大的平均收入高于其他少数族裔，因为华侨华人在科学、技术服务和金融、房地产这几个高收入行业的从业比例高于其他少数族裔。① 如图 3 所示，在加拿大中国男性移民的平均时薪是 33. 89 美元，中国女性移民的平均时薪是 29. 77 美元，略高于南亚移民的收入。2021 年 4 月的数据显示，15~24 岁加拿大华裔青年的就业率为 38. 4%，低于加拿大少数族裔青年的就业率（53. 3%）。②

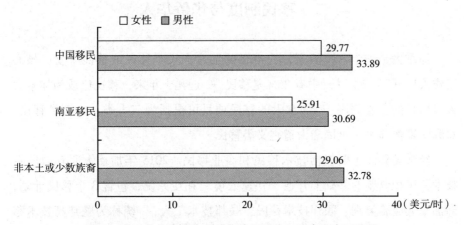

图 3　2021 年加拿大中国移民的平均收入略高于南亚移民

资料来源：加拿大劳动力补充调查，2021 年 4 月。

在加拿大的华侨华人，主要来自广东。③ 华侨在加拿大食品制造业从业者中占比较高，加拿大统计局及加拿大雇佣动态数据库数据显示，自 2005年起，中国籍工人数量稳居加拿大食品制造业的前四名。④ 2021 年的一项研究表明，加拿大华侨华人在各行业高层级领导中代表性严重不足，该调查覆盖了公共服务、司法、企业、核心医疗保健、教育、慈善、民意代表及公营

---

① A Labour Market Snapshot of South Asian, Chinese and Filipino Canadians during the Pandemic, Statistics Canada, 2021.

② A Labour Market Snapshot of South Asian, Chinese and Filipino Canadians during the Pandemic, Statistics Canada, 2021.

③ 黄昆章、吴金平：《加拿大华侨华人史》，广东高等教育出版社，2001，第 21 页。

④ Zhang Y., Ostrovsky Y., Arsenault A., Foreign Workers in the Canadian Food Manufacturing Industry, Economic and Social Reports, Statistics Canada, 2021.

机构八大行业。多伦多地区华侨华人在董事会和高级执行官中只占 2.17%，在四大会计师事务所、七大律师事务所、十个公立和天主教教育局的高层级领导中，华侨华人的占比近于零。加拿大华侨华人在法官中的比例仅为 0.74%；加拿大华侨华人在公共服务、司法和高等教育三个行业的第二梯队领导层的占比只有 1.9%，比在高级别领导中的占比还低，缺乏后继力量。①

二 移民制度与华侨华人

加拿大是一个移民国家，约 40% 的加拿大人是移民或移民子女，核心工作人口（25~54 岁）中有 25% 是移民。② 近几十年来，移民已成为加拿大人口增长的主要原因。③ 加拿大的移民项目可概括为三大类：经济类移民、家庭团聚类移民、难民和人道主义类移民。

经济类移民主要包括技术移民和商业移民。2015 年加拿大联邦政府在技术移民积分制的基础上开通"快速入境"在线系统，包含 3 个移民计划，即加拿大经验类别、联邦技术移民、联邦技术工人，④ 统称为联邦高技术移民类别。2022 年 11 月，加拿大移民、难民和公民部（IRCC）发布的《2023~2025 年移民数量计划》显示，"快速入境"系统计划 2023 年增加到 82880 人，2024 年增加到 109020 人，2025 年增加到 114000 人。⑤ 1978 年，加拿大联邦政府增设了商业移民项目，包括创业签证计划、自雇移民计划和

---

① 《最新研究指加拿大华裔在领导层中代表性严重不足》，"加拿大星星生活"微信公众号，2021 年 10 月 20 日。

② Government of Canada, 2021 Annual Report to Parliament on Immigration, https://www.canada.ca/en/immigration-refugees-citizenship/corporate/publications-manuals/annual-report-parliament-immigration-2021.html, 2022 年 9 月 7 日访问。

③ Statistics Canada, Canada's Population Estimates: Age and Sex, July 1, 2019, https://www150.statcan.gc.ca/n1/daily-quotidien/190930/dq190930a-eng.htm, 2022 年 9 月 7 日访问。

④ Government of Canada, How Express Entry Works, https://www.canada.ca/en/immigration-refugees-citizenship/services/immigrate-canada/express-entry/works.html, 2022 年 9 月 7 日访问。

⑤ 《2023~2025 年移民数量计划公布：2025 年加拿大将迎来 50 万新移民》，https://www.timezls.com/2022/11/2023-2025-immigration-levels-plan-2.html, 2023 年 9 月 11 日访问。

投资移民计划。近年来，加拿大也出台了一些新经济类移民政策，如乡村和北部移民试点计划、护理人员计划、农业食品试点计划、2021 年正式推出的大西洋省份移民计划等，旨在促进特定行业和特定地区的经济发展。一些新经济类移民项目也有向华侨华人倾斜的趋势，如 2022 年 8 月乡村和北部移民试点计划将安大略、卑诗等省份的部分地区划入试点范围，① 这些省份的华侨华人较为集中。中国人移民加拿大的通道主要有三种，即投资移民、经验移民和省提名移民，② 都属于经济类移民。经济类移民是加拿大永久居民的最大来源。③

在家庭团聚类移民计划中，2021 年担保配偶移民加拿大永久居留最多的国家是印度，中国是第四大来源国，共有 4265 人以担保配偶身份移居加拿大。④ 加拿大接收难民的移民类别包括难民安置和难民保护。54%的加拿大中国移民是经济类移民，42%的人来自家庭团聚，只有 4%的人是基于人道主义理由被接纳。中国经济类移民比例高于加拿大经济类移民的比例（38%），企业家移民和投资者移民在中国移民中的比例也很高，达到了19%，而加拿大移民中的比例是 7%。⑤

华侨华人在加拿大比较容易找到工作。持开放式工作许可证的外国人可以灵活选择在加拿大工作的地点，可以在加拿大全国职场自由流动，加拿大雇主无须进行劳动力市场影响评估，便可聘用持开放式工作许可证的外国工人。符合获得开放式工作许可证的人包括国际学生毕业生、国际学生、临时外国工人及加拿大国民的配偶。

---

① 《加拿大移民部扩展乡村移民试点 安省卑诗皆有城镇入列》，http：//www. chinaqw. com/ hqhr/2022/08-27/339136. shtml，2022 年 9 月 7 日访问。

② 夏欣怡：《华人在加拿大购房的五大基本问题》，《大众理财顾问》2019 年第 6 期。

③ Government of Canada, 2021 Annual Report to Parliament on Immigration, https：//www. canada. ca/ en/immigration-refugees-citizenship/corporate/publications-manuals/annual-report-parliament-immigration-2021. html，2022 年 9 月 7 日访问。

④ 《2021 年加拿大担保配偶移民：中国申请者人数排第四》，http：//www. chinaqw. com/hqhr/ 2022/06-06/331586. shtml，2022 年 9 月 7 日访问。

⑤ Wang S., Lo L., "Chinese Immigrants in Canada: Their Changing Composition and Economic Performance", *International Migration*, Vol. 43, No. 3 (2005), pp. 35-71.

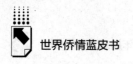

三 留学生政策与中国留学生

自 2005 年以来，加拿大的国际学生人数持续稳步增长，2019 年达到 63.83 万人。受新冠疫情影响，2020 年加拿大国际学生人数降至 52.82 万人，近 20 年来首次出现下滑，比 2019 年下降 17%。2021 年加拿大国际学生人数增长至 62.16 万人，增长了 18%。[①] 2022 年 1~8 月，加拿大移民部累计处理了 36 万件国际学生签证，较 2021 年同期增长 17%。[②] 国际学生对加拿大经济做出了重大贡献，据估计，国际学生每年为加拿大国内生产总值贡献超过 200 亿美元。[③]

国际学生选择加拿大的理由有可获得永久居留权、高质量教育、多元文化、安全因素等。2021 年在加拿大国际学生的来源国中，印度排名第一，约占 35.0%；中国留学生为 10.52 万人，居第二位，约占 16.9%（见表 2）。[④] 自 2000 年开始，中国一直排在加拿大国际学生来源国的前列，2015~2019 年，来自中国的本科留学生占加拿大本科国际学生的 19.5%，排名第二（见表 3）。[⑤] 加拿大多所高校认可中国高考成绩是中国留学生选择加拿大高校的重要原因之一，多伦多大学、不列颠哥伦比亚大学、滑铁卢大学、西安大略大学等院校要求中国（不含港澳台）高三毕业生（普高）尽量提供高考成绩，一般要求成绩达到一本线及以上。[⑥] 2020 年，安大略省、

---

① Crossman E., Choi Y., Lu Y., Hou F., International Students as a Source of Labour Supply: A Summary of Recent Trends, Economic and Social Reports, Statistics Canada, 2022.

② 《开学季临近留学签证仍延误 加拿大移民部考虑优先处理》，http://www.chinaqw.com/hqhr/2022/08-27/339125.shtml，2022 年 9 月 7 日访问。

③ Roslyn Kunin, Economic Impact of Education in Canada, https://www.international.gc.ca/education/strategy-summary-sommaire-strategie.aspx? lang＝eng，2022 年 9 月 8 日访问。

④ 《加拿大 2021 年接收 45 万国际生 中国留学生人数居第二》，〔加拿大〕《星岛日报》2022 年 4 月 1 日。

⑤ Crossman E., Choi Y., Hou F., International Students as a Source of Labour Supply: The Growing Number of International Students and Their Changing Sociodemographic Characteristics, Economic and Social Reports, Statistics Canada, 2021.

⑥ 《哪些海外院校接受高考成绩（留学服务站）》，《人民日报》（海外版）2022 年 7 月 1 日。

不列颠哥伦比亚省和魁北克省来自中国（不含港澳台）的新增留学生人数最多，这3个省份教育资源丰富，华侨华人聚集，毕业后工作机会相对较多。2020年申请到加拿大读本科的中国留学生中，选择理工科专业的学生占34.31%，选择商科的占30.51%，选择文科的占21.02%；计算机工程专业是在加拿大读硕士学位的中国留学生的首要选择。[①]

表2 2021年持学习许可证的加拿大国际学生主要来源地排名情况

单位：%

总体排名	国家	2021年
1	印度	35.0
2	中国	16.9
3	法国	4.3
4	韩国	2.5
5	美国	2.3
6	墨西哥	1.9

资料来源：加拿大统计局纵向移民数据库。

表3 2015~2019年持学习许可证的加拿大国际学生大学本科项目来源地排名情况

单位：%

大学本科项目排名	国家	2015~2019年
1	印度	21.3
2	中国	19.5
3	法国	10.1
4	美国	5.5
5	伊朗	4.1
6	孟加拉国	2.5
7	英国	2.0
8	巴基斯坦	1.6

资料来源：加拿大统计局纵向移民数据库。

---

① 《留学加拿大有何新变化：理工科本科申请人数超商科》，《人民日报》（海外版）2021年8月19日。

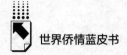
加拿大将留学生视为技能人才库及劳动力市场的重要组成部分，为了吸引留学生成为永久居民，加拿大政府制定政策为他们提供工作机会，并帮助他们过渡成为永久居民。国际学生和应届毕业生，包括那些已经在加拿大以临时工人身份工作的国际学生，都可以获得永久居留机会，加拿大的学历证书和工作经验可帮助临时居民获得加拿大永久居留权。2022 年 8 月 25 日，加拿大移民部宣布，境外网课措施将持续到 2023 年 8 月 31 日，国际学生在毕业后仍然有资格获得毕业后工作许可证。① 2022 年 4 月，加拿大移民部宣布，国际学生持有的毕业后工作许可证在 2022 年到期的，可以再获得最长 18 个月的开放式工作许可证。2021 年，15.7 万名国际学生成功申请永久居留权，其中 8.8 万人持有毕业后工作许可证。②

2008～2018 年，大部分毕业后工作许可证持有人来自印度和中国，两国获得的毕业后工作许可证合计占 2018 年加拿大发放的所有毕业后工作许可证的 66%。与同期印度的高增长率相反，来自中国的留学生持有毕业后工作许可证的份额从 2008 年的 41% 降至 2018 年的 20%，如表 4 所示。在首次获得学习许可证后的头五年内，相当比例的国际学生成为永久居民，2000～2004 年为 13%，2010～2014 年为 8%。③ 中国留学生在首次获得学习许可证后，十年内选择成为永久居民的比例较大，但五年内向永久居民的累计过渡率则持续下降，如表 5 所示。2018 财年持有毕业后工作许可证的中国留学生的收入中位数排名第十，且 2008 财年到 2018 财年间收入增长较为缓慢，如表 6 所示。

---

① "加拿大家园论坛"微信公众号，2022 年 8 月 27 日。
② 《加拿大"联邦高技术移民"快速入境抽签将于 7 月重开》，〔加拿大〕《星岛日报》2022 年 4 月 24 日。
③ Choi Y., Crossman E., Hou F., International Students as a Source of Labour Supply: Transition to Permanent Residency, Economic and Social Reports, Statistics Canada, 2021.

表 4　2008~2018 年加拿大毕业后工作许可证持有者主要来源国占比

单位：%

来源国	2008 年	2009 年	2010 年	2011 年	2012 年	2013 年	2014 年	2015 年	2016 年	2017 年	2018 年
印度	10	10	16	25	32	32	32	28	23	32	46
中国	41	36	33	29	27	30	30	33	33	27	20
法国	3	5	5	4	4	4	4	4	5	4	3
韩国	4	4	4	3	3	3	3	3	3	3	3
巴西	0	1	1	1	0	0	0	1	1	2	2
尼日利亚	1	2	2	2	2	2	2	3	3	2	2
伊朗	1	1	1	2	2	2	2	2	2	1	1
越南	1	1	1	1	1	1	1	1	1	1	1
美国	5	5	4	4	3	3	2	2	2	2	1
巴基斯坦	2	2	2	2	2	2	2	2	2	1	1

资料来源：加拿大统计局纵向移民数据库。

表 5　2000~2014 年加拿大国际学生及其向永久居民的累计过渡率

来源国	首次获得学习许可证人数（人）			五年累计过渡率（%）			十年累计过渡率（%）	
	2000~2004 年	2005~2009 年	2010~2014 年	2000~2004 年	2005~2009 年	2010~2014 年	2000~2004 年	2005~2009 年
尼日利亚	2340	3650	10550	52	38	30	72	67
印度	9710	17520	69950	39	42	46	58	66
越南	2450	2040	5520	41	23	21	60	53
中国	47750	55420	119950	22	17	13	49	43
法国	18900	22130	33510	14	12	9	20	23
美国	23890	19950	18880	12	11	11	17	19
巴西	6270	8050	23650	11	12	8	15	17
墨西哥	17580	12800	15270	9	10	11	12	16
韩国	64270	66220	41420	11	9	10	15	14
日本	28890	21170	19670	4	5	4	7	8

资料来源：加拿大统计局纵向移民数据库。

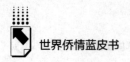

表6　2008 财年～2018 财年加拿大毕业后工作许可证持有者收入中位数情况

来源国	2008 财年（美元）	2010 财年（美元）	2012 财年（美元）	2014 财年（美元）	2016 财年（美元）	2018 财年（美元）
伊朗	22000	18800	24000	22700	26900	32100
尼日利亚	19600	22300	25200	24700	27900	31900
巴基斯坦	17300	28100	28900	27800	32400	31300
巴西	17600	21600	26600	25000	25300	28800
印度	16100	18100	22100	26300	31600	27500
法国	13800	18400	23600	22400	22600	27100
韩国	13500	18700	21400	20600	24500	25700
越南	17400	23700	25000	21000	23900	25300
美国	11500	17400	18500	19800	21800	24200
中国	13800	17400	18200	18900	21900	23100

资料来源：加拿大统计局纵向移民数据库。

四　华侨华人与文化融入

（一）铭记华人历史，融入在地多元文化

1. "铁路华工纪念碑"被评为安省杰出建筑

"铁路华工纪念碑"于 1989 年 9 月建成，位于多伦多市中心，是为了纪念 17000 多名铁路华工开发加拿大西部所做的贡献和牺牲，当时有 4000 多名华工在施工期间丧生。华工参与修建的这条铁路成为 1871 年卑诗省加入加拿大联邦的重要条件，连通了加拿大东西部，为帮助加拿大完成地理和政治上的统一做出了重大贡献。2021 年 10 月，由安省华裔议员柯文彬提名的"铁路华工纪念碑"被第六届世界建筑日安省建筑师协会评为 2021 年安省九大杰出建筑之一。[①] "铁路华工纪念碑"成为安省标志性建筑，既是对

---

① 《"铁路华工纪念碑"成功当选安省标志性建筑》，"加拿大星星生活"微信公众号，2021 年 10 月 9 日。

加拿大华人历史的纪念，也是华人赢得加拿大社会尊重，成为加拿大国家建设和发展史不可分割一部分的写照。

2. "国殇纪念日"缅怀捐躯华裔军人

2021年11月11日，温哥华、多伦多的多个华裔军人组织、侨团在加拿大"国殇纪念日"组织纪念活动，缅怀在一战和二战中为加拿大捐躯的华裔军人。纪念仪式在温哥华唐人街的华人先侨纪念碑前举行，加拿大三级政府代表、军方代表、华裔退伍军人、当地侨团负责人、市民代表，以及中国驻温哥华总领事出席活动并向纪念碑敬献花圈。这次纪念活动增加了华社对加拿大华人及侨社历史的了解，并促进华侨华人融入在地社会。2017年10月，安省议会通过华人省议员黄素梅的提议，将每年的12月13日设为南京大屠杀纪念日，安省成为首个设立南京大屠杀纪念日的西方城市，① 这一结果离不开华社的努力。

3. 华人博物馆迎来新机遇

2022年2月，卑诗省宣布拨款2750万加元为加拿大第一座华人博物馆购入永久馆址，新馆址位于永生号大楼，这是温哥华唐人街最古老的建筑，19世纪末由华商叶生建造。在加拿大华人遭受巨大偏见的时候，永生大厦是当地华人经常光顾的地方，人们聚集在此聊天、向国内汇款、购买来往船票、给孩子注册中文学校等。叶生在民间被称为"唐人街的非官方市长"，在当时非常有影响力。新博物馆于2023年7月1日正式向公众开放。2020年7月，该博物馆由卑诗省拨款1000万加元设立，原计划在温哥华唐人街设立全省总馆，在卑诗省各地设立区主馆和分馆，并建立网上平台。建立华人博物馆是温哥华华埠申报联合国教科文组织世界文化遗产名录的主要承诺之一。建立华人博物馆的资金，除加拿大政府拨款外，华侨华人、华人社团及社会各界的捐助也是重要来源。卑诗省华人博物馆新馆址永生号大楼的前

---

① 《加拿大华人社团"国殇纪念日"缅怀捐躯华裔军人》，https://www.chinanews.com.cn/hr/2021/11-12/9607917.shtml，2022年9月16日访问。

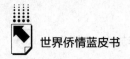

业主承诺将通过家族基金会向卑诗省华人博物馆协会捐赠 750 万加元。①

2022 年 3 月，加拿大华人义工爱心协会在加拿大华人社团联席会的支持下，向卑诗省利顿华人历史博物馆馆长洛娜·范德里奇捐款 51500 加元，用于重建被山火烧毁的利顿华人历史博物馆。利顿华人历史博物馆于 2017 年开设，纪念华工的贡献及生活历史，收录了 1858~1930 年约 1600 件与华侨华人有关的展览品。2021 年 5 月，该馆获得加华历史协会颁发的加拿大社区档案奖。② 2021 年 7 月，加拿大卑诗省南部内陆的利顿村发生严重火灾，利顿华人历史博物馆在火灾中被损毁。19 世纪中叶，利顿是华侨华人淘金的地方之一，加拿大太平洋铁路和横加公路也从这里经过，华侨华人在这里留下了宝贵的历史，该博物馆的藏品为华人移民历史研究提供了宝贵的资料。新馆重建将重点打造成数字博物馆，善用原始数据库，③ 避免损失再次发生。

（二）扩大华埠影响，推广中华文化

近年来，加拿大华埠面临的商户减少、涂鸦盛行、治安堪忧等问题日益突出。华埠是加拿大华侨华人美好记忆和历史文化的载体，同时也记录着华侨华人对加拿大的重要贡献。为了避免昔日辉煌的华埠日渐衰落，华社及当地政府均对华埠振兴发挥了作用，并助力中华传统文化走向国际舞台。

1. 蒙特利尔唐人街将被列为历史遗产区

蒙特利尔是魁北克省第一大城市，同时也是加拿大第二大城市，华侨华人占比较高。魁北克省政府和蒙特利尔市政府都认为，蒙特利尔唐人街是魁

---

① 《加拿大华裔博物馆在温哥华华唐人街购入永久馆址》，https://www.chinanews.com.cn/hr/2022/02-12/9674614.shtml，2022 年 9 月 16 日访问。
② 《加拿大华人捐款助力利顿华人历史博物馆重建》，https://www.chinaqw.com/hqhr/2022/03-27/325640.shtml，2022 年 9 月 18 日访问。
③ 《加拿大利顿华人历史博物馆计划重建 将善用原数据库》，〔加拿大〕《星岛日报》2021 年 10 月 9 日。

北克省最后一个拥有重要历史意义的华埠。① 蒙特利尔唐人街遭到过度开发的破坏，在华社的努力下，2022 年 1 月，魁北克省政府同意将唐人街的核心街区和两座历史建筑列入省级历史遗产，包括 1826 年的英如学校旧址和 1884 年的烟草厂旧址；蒙特利尔市政府也计划完善城市规划，通过限制建筑高度和密度等措施加强对唐人街的保护。加拿大各级政府保护唐人街的举措，既是保护历史遗产，也是对华人建设和发展城市所做贡献的认可。

2. 温哥华市政府设"温哥华华埠千禧门日"

2022 年 7 月，温哥华市政府将 7 月 30 日定为"温哥华华埠千禧门日"。② 2002 年，温哥华华埠千禧门委员会、华社及加拿大三级政府共同支持，成功建立了千禧门。千禧门是北美规模较大的唐人街牌坊，象征着华人移民加拿大的历史，是温哥华市的重要地标，落成之日时任总理克雷蒂安出席了启动仪式。千禧门建成后吸引了很多游客到访，对推动当地经济发展做出了不小的贡献。

3. 华人社团积极维护华埠良好形象

2022 年 5 月 14 日，温哥华市华埠商业促进会和华埠商会联合发起 2022 年"华埠清洁运动"。有 200 多人参加清洁义工队，不少义工是非华裔居民和华人社团的长者会员。他们冒雨清除墙上的涂鸦和街道上的垃圾，希望恢复华埠的良好形象。卑诗省政府为了振兴华埠经济，改善华埠的治安问题，拨款 50 亿加元，为受疫情影响的中小企业提供协助，并向中山公园拨款 100 万加元，以支持其运营。③

温哥华"华埠广场"位于奇华街 180 号，于 20 世纪 90 年代初建成，是当时华侨华人首选的购物中心，但近年这栋建筑几乎空置，只剩 5 户商家。温哥华华埠商业促进会计划将"华埠广场"改造成烹饪美食中心，已于

---

① 《加拿大蒙特利尔唐人街将被列为历史遗产区》，https：//www.chinanews.com.cn/hr/2022/ 01-25/9661218.shtml，2022 年 9 月 19 日访问。

② 《温哥华市府定 7 月 30 日为"温哥华华埠千禧门日"》，〔加拿大〕《星岛日报》2022 年 7 月 30 日。

③ 《温哥华华埠清洁运动揭序幕 逾 200 义工冒雨清扫垃圾》，〔加拿大〕《星岛日报》2022 年 5 月 16 日。

2020 年 5 月向温哥华市政府提交了改建"华埠广场"的初步建议。2021 年 6 月，温哥华华埠基金会出资 1.15 亿加元，将喜士定西街 58 号改建为一栋 10 层大楼，为低收入者提供住房和医疗服务。卑诗省政府和温哥华市政府及社区均对该项目出资资助，卑诗房屋局、加拿大按揭及房屋公司和温哥华沿岸卫生局均参与合作。

4. 中华传统文化激活华人社区

举办中华传统文化活动是华人社区吸引游客，与加拿大主流社会、其他族裔互动交流的主要方式，尤其是在传统节日期间，华埠举行的各项庆典活动成为唐人街的名片。2015 年以来，在春节、中秋节、端午节等中华传统节日，加拿大总理特鲁多都会向华人发来祝贺，并对华人为加拿大所做的贡献表示感谢。各地华埠也会举办华埠节，弘扬中华文化，吸引各界游客。2022 年 8 月，多伦多中区唐人街举办"华埠同乐日"，该活动每年都可吸引超过 25 万名游客及居民参与，得到了加拿大各级政府的资助。① 2022 年 7 月，温哥华迎来华埠节 20 周年，各种传统节目吸引了不少居民观看。华埠节活动既能弘扬中华文化，也能吸引游客，促进当地经济发展，并推动解决华埠面临的挑战和困难。

除华埠节外，各地也会举办各种主题活动。2022 年 9 月，第三届多伦多龙文化节在多伦多市政厅前的广场拉开帷幕，巨型龙灯、中国歌舞和中华美食吸引了大批各族居民。2022 年 6 月，第四届加拿大国际端午文化艺术节在蒙特利尔举办，艺术节的开幕式由五大城市联动。2022 年 8 月，温哥华汉服学社在中山公园举行汉服体验活动，推广中华审美。

五 中医获立法保护

2022 年 10 月，安大略省中医师及针灸师管理局首次允许考生选择中

---

① 《多伦多中区华埠同乐日举办多项活动 吸引市民参与》，〔加拿大〕《星岛日报》2022 年 8 月 22 日。

文进行资格考试，这是安省 26 个受监管的卫生专业中，第一个获准使用除英法官方语言外其他语言的资格考试。在安省之前，已有卑诗省提供中医师及针灸师注册资格中文考试，安省主要参考了卑诗省的中文考试方式，也提供繁体中文和简体中文两个版本的试卷。目前，安省管理的注册中医师和针灸师有近 2000 名，其中约 60% 使用中文作为执业语言。① 安省《受监管卫生专业法》规定，医疗从业人员须使用英语或法语。中医师及针灸师能使用中文执业并获得中文考试资格，得益于华侨华人的不懈努力和争取。安省原本计划废除《传统中医法》，并解散监管机构中医师及针灸师管理局。此举引起中医界及华社的广泛关注，中医界组织"反对废除中医法案大联盟"，发起网络请愿反对废法，累计获得 3.8 万个在线签名。②

卑诗省是加拿大第一个立法监管中医和针灸的省份，安省于 2006 年颁布《传统中医法》，单独对针灸立法监管的省份有阿尔伯塔、魁北克、纽芬兰和拉布拉多。对中医及针灸进行监管立法，意味着中医及针灸获得当地政府的认可并被主流社会接纳。但中医及针灸在加拿大的发展还有很长的路要走，截至 2022 年加拿大对中医及针灸立法的省份及地区还未过半，现行立法对中医师及针灸师的保护也还不够全面，除卑诗省对中医师给予"医生"职称外，其他省份还未实现"医生"职称制。

目前，中医在加拿大面临的主要困境有未被纳入医疗保险体系、很难进入大型综合医院、中医药典无英法译文难获官方认可、无中医针灸学士学位等。在华社的努力下，中医在加拿大得到了一定的保护和发展。2003 年，阿尔伯塔、魁北克、卑诗、安大略、纽芬兰和拉布拉多五省成立了加拿大中医师及针灸师管理局联盟，2013 年该联盟在五省推行统一的中医师及针灸师注册考试，各省互认注册针灸师资格。受此影响，其他地区也成立了自己

---

① 《加拿大安省中医师及针灸师资格考试将设中文考试》，〔加拿大〕《星岛日报》2022 年 7 月 7 日。

② 《加拿大安大略省将放宽对中医针灸执业考试的语言要求》，https：//www.chinanews. com.cn/hr/2022/03-08/9695938.shtml，2022 年 9 月 20 日访问。

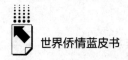

的中医协会，卑诗省的很多城市还设有"中医针灸日"。① 一些大学也开始设立中医针灸专业，如2016年安省乔治亚学院开设中医针灸专业，毕业生可获高等大专文凭。2021年11月，蒙特利尔中华医院获魁北克省政府颁授的"魁省国民议会奖"，以奖励中华医院在抗击新冠疫情中的突出表现。②

六 华文教育与华文媒体

（一）协力提升中文学习环境，发挥线上教学优势

加拿大的一项调查显示，华裔第二代移民中能熟练掌握中文的比例只有40%，③ 很多华裔青少年只能听中文，读写说都比较困难。海外华文学校学生学习中文的最大困难就是缺乏语言环境，华侨华人家庭大都不能满足孩子的学习需求，有的孩子移民加拿大两三年后读写能力明显下降。除家庭环境外，社会环境也对学生提升中文能力具有一定的影响力。加拿大华文报刊《星星生活》开辟专栏发表华文学校学生的中文文章，极大提升了华文学校学生学习中文的信心，同时也激励他们提升中文写作水平。华侨华人坚持让孩子学习中文，就是希望通过学习中文留住中华文化在孩子心中的根，使他们始终保持与祖（籍）国的文化联系。

海外学生学习中文的另一大困难就是缺少优质的华文教师和华文学校。新冠疫情发生后，加拿大中文教师协会、加拿大华文教育学会等华社拓展了线上教学模式，其认为加拿大地广人稀、华人居住分散的客观条件，能充分发挥线上教学的跨空间优势。加拿大中文教师协会通过与北京师范大学、北京语言大学等高校合作，通过线上教学的模式引进优秀师资参与海外华文教学。

---

① 《（东西问）贾葆蘅：中医在加拿大有没有"水土不服"？》，https：//www.chinanews.com.cn/hr/2022/05-05/9747209.shtml，2022年9月20日访问。
② 《蒙特利尔中华医院获魁省议会奖》，"加拿大七天传媒"微信公众号，2021年11月9日。
③ 《加拿大华人妈妈：留住中华文化之根》，《人民日报》（海外版）2021年8月27日。

（二）《星岛日报》宣布停印，华文报刊转型新媒体发展

办刊 44 年的加拿大《星岛日报》宣布于 2022 年 8 月 28 日停刊，虽然结束了印刷版，但《星岛日报》电子版会继续发行。加拿大有约 60 种华文报刊，《星岛日报》曾与《世界日报》《明报》《环球华报》并称为加拿大四大全国性华文报刊。[①] 随着《星岛日报》宣布停刊，《明报》成为加拿大唯一的全国性华文日报。[②] 1978 年 8 月 1 日，《星岛日报》进入加拿大，首先在多伦多创刊，也叫《星岛日报》加东版，是香港《星岛日报》的海外版之一。1983 年《星岛日报》加西版在温哥华创办，1988 年《星岛日报》卡尔加里版也走进了阿尔伯塔省的华侨华人家庭。加拿大《星岛日报》是由加拿大星岛传媒集团与多伦多星报集团联合发行的，发行范围覆盖多伦多、温哥华、卡尔加里、渥太华、蒙特利尔等华侨华人聚居的主要城市。

加拿大星岛传媒集团行政总裁表示，报纸停刊是大势所趋，未来会侧重新媒体发展布局，星岛在网络和广播电台上会更加努力，2022 年 9 月推出新杂志《星岛头条周刊》，星岛将会走融合发展的道路。[③]

（三）积极拓展电子商务，新创传统文化体验店

受新冠疫情影响，唐人街的实体店销售额大幅下滑，尤其是餐饮业、旅游业处境艰难。但华商并没有退却，而是积极寻找商机，拓宽转型路线。一是积极拓展电子商务。唐人街的很多华人老板英语能力较弱，无法建立商店网页，几乎一半的华人店铺没有在网上建立商业档案，错过了不少网络消费者。多伦多华埠商业促进区聘请了两名大学生帮助店家建立网站，转型电子商务。电子商务不仅能帮助华人店铺吸引更多的年轻消费者，还能参与安省

① 糜晓昕：《中国网络媒体影响下加拿大华文媒体的融合——浅析〈环球华报〉应对策略》，《新闻传播》2013 年第 2 期。

② 《〈星岛日报〉停印〈明报〉成全加唯一中文日报》，https：//www.torontonewsnet.com/2022/08/27/11790/，2022 年 9 月 20 日访问。

③ 《加拿大〈星岛〉8 月 28 日停刊 行政总裁谈未来发展》，https：//easyca.ca/archives/313509，2022 年 9 月 20 日访问。

设立的帮助小型商业的贷款计划，转型电子商务的店铺可以获得 2500 加元的贷款。[1] 二是华人旅行社开发新路线，吸引本地居民。2021 年的高温、干旱、山火及新冠疫情对加拿大旅游业复苏造成冲击，华人旅行社改变主要迎接国际游客的路线，缩小旅游团规模，设计个性化和灵活度高的行程，开发出适合本地居民的主题和路线，如酒庄之旅、原住民文化景点等。[2] 三是开设中国传统文化体验店。中华传统文化在加拿大很受欢迎，但其他族裔的居民更多的是观看和欣赏，很少有亲身体验的机会。中国移民在北美开设了第一家活字印刷手工体验店，店铺位于加拿大万锦市朗豪坊，在店内除了可以体验活字印刷，也可以体验造纸、制作永生花、穿汉服等，有的顾客把结婚誓言用活字印刷出来送给另一半，很有纪念价值。[3] 华商与中华传统文化相结合，开拓了新的商机，既能促进中华文化融入当地市场，也赋予了传统文化新的意义，使传统文化焕发出新的生机。

七　华侨华人在各领域大放异彩

（一）华人竞选成绩亮眼，团结协作发挥华社力量

2021 年 9 月 20 日是加拿大第 44 届联邦选举投票日，受新冠疫情、亚裔仇恨等各种因素影响，参加此次联邦竞选的华人候选人创近十年来最低纪录。据统计，此次联邦主要政党中有 20 名华人候选人，自 2011 年以来的历届联邦大选中的华人候选人都超过了这个数字，2011 年共有 23 人，7 人当选；2015 年共有 25 人，6 人当选，2019 年共有 40 人，8 人当选。[4] 尽管此

---

[1] 《多伦多中区唐人街商店获助拓展电子商务》，〔加拿大〕《明报》2021 年 1 月 20 日。

[2] 《加拿大卑诗观光业疫情中求存 华裔业者开发新线路》，〔加拿大〕《星岛日报》2021 年 8 月 30 日。

[3] 《中国移民在加拿大设店推广中国造纸术和活字印刷》，〔加拿大〕《星岛日报》2022 年 8 月 1 日。

[4] 《盘点本届加拿大联邦大选那些走在进军国会山路上的华人》，"加拿大七天传媒"微信公众号，2021 年 9 月 5 日。

届参加联邦竞选的华人不多，但选举结果很亮眼，共有 9 名华人胜出当选国会议员。安省共有 7 名华人议员参与竞选，其中 5 人赢得连任；卑诗省有 2 名华人议员参与竞选，1 人赢得连任。[①]

加拿大选举共有三级，分别是市政选举、省级选举和联邦选举。一直以来，加拿大华人社区的投票率低于 20%，[②] 华人在加拿大的政治和社会影响力远低于华人在经济发展中的影响力，也与华侨华人在加拿大总人口中的占比不匹配。在此次大选过程中，侨团呼吁华人积极投票，帮助华人社区了解各政党的政纲，协助候选人参与选举，在各级选举中都发挥了重要作用。在 2021 年魁北克省市政选举中，华人议员共获得了 3 个席位，[③] 满城李西西的成功当选，创造了魁北克省中国（不含港澳台）籍华人当选市政议员的历史。2022 年安省也迎来了省级选举和市政选举，6 月 2 日是省级选举日，10 月 24 日是市级选举日，华人省议员柯文彬、彭锦威、韦邱佩芳均赢得连任，数十名华人登记参选市长、市议员、学务委员等职务。[④] 卑诗省的市政选举日设在 2022 年 10 月 15 日，沈观健成为温哥华首位华裔市长。

华人参政后，能够积极为华人发声，推动华埠发展，带动主流社会关注华社。2021 年 8 月，联邦小型企业、出口推广及国际贸易部部长伍凤仪在参观温哥华华埠掌故馆时，与华埠的一些企业家见面，肯定了华人对加拿大的历史贡献，她表示联邦非常重视针对亚裔的种族歧视事件，联邦将拨款 1100 万加元以应对种族主义问题，还将资助建立反对歧视亚裔联盟。[⑤]

---

① 《2021 加拿大大选 9 名华裔胜选！温哥华、多伦多等华人区翻红！》，"加拿大超级话题"微信公众号，2021 年 9 月 24 日。

② 《魁北克华人参政实践：李西西竞选市议员成功的背后》，"加拿大七天传媒"微信公众号，2021 年 11 月 7 日。

③ 《魁省市政选举，这几位华裔议员脱颖而出》，"加拿大七天传媒"微信公众号，2021 年 11 月 9 日。

④ 《加拿大人口第一大省安大略省数十名华人参加市政选举》，https://www.chinaqw.com/hqhr/2022/ 08-22/338666.shtml，2022 年 9 月 22 日访问。

⑤ 《加拿大华人部长现身华埠 表示联邦重视歧视亚裔现象》，〔加拿大〕《星岛日报》2021 年 8 月 10 日。

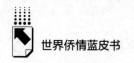

（二）华侨华人大放异彩，赢得主流社会认可

1. 华侨华人荣获国际或加拿大重要奖项

华侨华人在加拿大赢得了当地主流社会的尊重，获得国际及加拿大重要奖项。2021 年 7 月，2000 年出生于中国的麦克尼尔为加拿大夺得加拿大在东京奥运会上的首枚金牌，她在 100 米蝶泳中游出 55.59 秒的成绩，并打破了加拿大的纪录。麦克尼尔在 1 岁时被安省伦敦市的一个家庭收养，在养父母的培养下，她刷新了美国和加拿大该项目的纪录，也是美国全国大学体育协会的纪录保持者。① 2021 年 10 月，加拿大华人钢琴家刘晓禹获得第 18 届肖邦国际钢琴比赛冠军。2021 年 11 月，两名华人获得 2021 年度"加拿大25 位杰出移民奖"，该奖的评选由《加拿大移民》杂志主办，已连续举办13 届。② 2021 年 8 月，温哥华华埠基金会主席李佩珍荣获 2021 年卑诗勋章，她是 2021 年唯一获奖的华人，她的父亲于 1990 年获得该荣誉并获得加拿大勋章。③

2. 华人专家及企业获得业界肯定

2022 年 8 月，华人专家刘菲菲被加拿大卫生研究院任命为卫生研究院癌症研究所主任。同时她也是多伦多大学放射肿瘤系、医学生物物理系、耳鼻喉系和医学科学研究所教授以及放射肿瘤学系主任，她是加拿大顶尖的癌症研究者和临床研究专家之一。④ 2022 年 5 月，由华人创立和管理的生物制药科技公司 PBG BioPharma 获联邦政府创新基金约 540 万加元投资，用来进行生物制药和新型健康产品的研发和生产。这项计划由加拿大草原经济发展部推进，PBG BioPharma 获得的投资约占联邦投资总额的 1/3。加拿大政府

① 《加拿大华裔女孩获 100 米蝶泳奥运金牌》，〔加拿大〕《星岛日报》2021 年 7 月 26 日。
② 《两名华人获 2021 年度"加拿大 25 位杰出移民奖"》，https：//www.chinaqw.com/m/hqhr/2021/11-29/315125.shtml，2022 年 9 月 23 日访问。
③ 《加拿大华裔追随父亲脚步 成为卑诗勋章获得者》，〔加拿大〕《星岛日报》2021 年 8 月3 日。
④ 《加拿大华人医学专家出任加拿大癌症研究所主任》，https：//www.chinanews.com.cn/hr/2022/08-05/9820519.shtml，2022 年 9 月 26 日访问。

估计，这项投资资助计划可以创造 880 多个工作岗位，能够极大地推动当地经济发展。①

（三）华人健儿取得骄人成绩，侨界人士支持北京冬奥会

2021 年和 2022 年是奥运年，加拿大华侨华人在 2021 年举行的东京奥运会及 2022 年召开的北京冬奥会上都取得了不俗的成绩。加拿大华人女孩麦克尼尔为加拿大赢得该国在东京奥运会上的首枚金牌，加拿大侨界为之鼓舞。在 2022 年北京冬奥会期间，加拿大华媒、华社、侨团、华人议员等各界人士积极参加北京冬奥会庆祝活动。2022 年 1 月，加拿大渥太华华人社团联合会、加拿大华人联合总会（温哥华）、PEI 华人协会共同倡议成立"加拿大奥运健儿华人后援会"，联邦参议员、国会议员、安省省议员等代表各级政府发来贺信、贺词或亲自在线参加，寄语北京冬奥会、冬残奥会取得圆满成功。2022 年 1 月，蒙特利尔华商会主办的"2022 年蒙特利尔全侨支持北京冬奥会"线上活动举行，当地近百家侨团代表参加。2022 年 2 月，加拿大《光华报》主办的阿尔伯塔省北京冬奥会和冬残奥会主题绘画活动，表达了华侨华人对北京冬奥会的支持和美好祝愿。加拿大各地华侨华人及各界人士的鼎力支持，为北京冬奥会圆满举办营造了良好氛围。

小　结

2021~2022 年，加拿大华侨华人在各领域都取得了可喜的成绩，推动了中华文化在加拿大的传播，赢得了主流社会的认可和尊重，华侨华人在经济、政治、文化、社会等方面的地位进一步提升。这一切都离不开华社、侨团、华媒等组织及个人的团结协作、积极参与和创新进取。但华社仍面临亚

---

① 《加拿大华人企业领导创立的生物药企获逾 500 万加元联邦资金支持》，https：//www. china news. com. cn/hr/2022/05-13/9753791. shtml，2022 年 9 月 26 日访问。

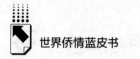

裔仇恨犯罪率居高不下、华埠发展艰难、华人形象被误解等问题。为此，加拿大华侨华人应在以下方面加以努力。

（一）树立历史地位自信，积极参加社会活动

华人对加拿大的建国和发展都做出了积极贡献，17000 名华工是加拿大太平洋铁路的主要修筑者，在加拿大建国之前唐人街就已经存在，卑诗省的创建也有华人的贡献。① 华侨华人要认识到自己历史地位的重要性，积极争取各方面的合法权益。一是积极推动建立华人历史博物馆，通过博物馆的教育功能消解种族歧视；二是积极参与选举投票，提升华人社区的投票率，积极履行加拿大国民的责任和义务；三是年轻一代积极参加竞选，提升华人社会的影响力；四是积极在社会服务领域任职，如出任消防员、警察等，提升社会捐助、医院捐款等方面的贡献率；五是积极参与社区服务，处理好不同族裔间的邻里关系，加深与其他族裔间的交流和互动。

（二）助力华埠振兴，保护华人历史文物

唐人街是华侨华人生活和工作的中心，为当地的经济发展做出了贡献，也是华侨华人历史的载体。但近年来的唐人街建筑老旧、治安卫生状况堪忧、商户减少，成为很多城市市政改造的重点。一是建议促请加拿大各级政府重视并解决唐人街治安问题。2022 年 4 月，卑诗省议员屈洁冰帮助递交近 900 名市民的"反涂鸦"联名请愿信，促请省政府解决了温哥华华埠《八仙过海》壁画遭人肆意涂鸦的问题。二是建议积极争取将唐人街建筑等文物列入历史保护清单，以获得政府的保护。2021 年 6 月，卡尔加里城区一间有着 107 年历史的华人洗衣店被拆除，这座洗衣店建于 1914 年，最初是为太平洋铁路工提供洗衣服务，后被改建成公寓。该建筑由于未被列入卡尔加里市的历史资源清单，且空置多年，被

---

① 《加拿大唐人街的兴衰：一段鲜为人知颠沛流离的秘史，或颠覆你对华人移民史的认知》，"加拿大星星生活"微信公众号，2022 年 5 月 27 日。

政府认为没有历史保护意义而被拆除。在蒙特利尔，华社推动政府将唐人街列为首个省级历史遗产保护区，以免受房地产开发的威胁。三是建议积极参与政府的唐人街改造计划，设立绿化、体育、文化等设施，丰富唐人街功能，维护唐人街卫生环境。

（三）华人社会守望相助，积极争取政府支持

华侨华人在融入主流社会的同时，也要团结互助，珍惜中华文化传统，珍视对华埠的感情，侨团、华媒、华商等机构和组织在发展过程中，要积极寻求当地政府的支持和帮助。一是建议成立互助组织，助力唐人街发展。唐人街成立相关组织，围绕唐人街的保护和发展开展行动，充分吸收社区意见，积极争取政府资助。二是建议华人社团加强沟通，协调合作。各地社团签订互助合作协议，在应对突发事件、商务往来、文化交流、反对种族歧视等方面达成共识。三是建议新生代华人坚守华埠文化阵地，积极参政议政，争取获得当地政府的支持，推动华埠融入当地主流社会。

皮 书

智库成果出版与传播平台

❖ 皮书定义 ❖

皮书是对中国与世界发展状况和热点问题进行年度监测，以专业的角度、专家的视野和实证研究方法，针对某一领域或区域现状与发展态势展开分析和预测，具备前沿性、原创性、实证性、连续性、时效性等特点的公开出版物，由一系列权威研究报告组成。

❖ 皮书作者 ❖

皮书系列报告作者以国内外一流研究机构、知名高校等重点智库的研究人员为主，多为相关领域一流专家学者，他们的观点代表了当下学界对中国与世界的现实和未来最高水平的解读与分析。截至2022年底，皮书研创机构逾千家，报告作者累计超过10万人。

❖ 皮书荣誉 ❖

皮书作为中国社会科学院基础理论研究与应用对策研究融合发展的代表性成果，不仅是哲学社会科学工作者服务中国特色社会主义现代化建设的重要成果，更是助力中国特色新型智库建设、构建中国特色哲学社会科学"三大体系"的重要平台。皮书系列先后被列入"十二五""十三五""十四五"时期国家重点出版物出版专项规划项目；2013~2023年，重点皮书列入中国社会科学院国家哲学社会科学创新工程项目。

权威报告·连续出版·独家资源

皮书数据库
ANNUAL REPORT(YEARBOOK)
DATABASE

分析解读当下中国发展变迁的高端智库平台

所获荣誉

- 2020年，入选全国新闻出版深度融合发展创新案例
- 2019年，入选国家新闻出版署数字出版精品遴选推荐计划
- 2016年，入选"十三五"国家重点电子出版物出版规划骨干工程
- 2013年，荣获"中国出版政府奖·网络出版物奖"提名奖
- 连续多年荣获中国数字出版博览会"数字出版·优秀品牌"奖

皮书数据库

"社科数托邦"
微信公众号

成为用户

登录网址www.pishu.com.cn访问皮书数据库网站或下载皮书数据库APP，通过手机号码验证或邮箱验证即可成为皮书数据库用户。

用户福利

- 已注册用户购书后可免费获赠100元皮书数据库充值卡。刮开充值卡涂层获取充值密码，登录并进入"会员中心"—"在线充值"—"充值卡充值"，充值成功即可购买和查看数据库内容。
- 用户福利最终解释权归社会科学文献出版社所有。

数据库服务热线：400-008-6695
数据库服务QQ：2475522410
数据库服务邮箱：database@ssap.cn
图书销售热线：010-59367070/7028
图书服务QQ：1265056568
图书服务邮箱：duzhe@ssap.cn

社会科学文献出版社 皮书系列
SOCIAL SCIENCES ACADEMIC PRESS (CHINA)

卡号：945175813527
密码：

法律声明

"皮书系列"（含蓝皮书、绿皮书、黄皮书）之品牌由社会科学文献出版社最早使用并持续至今，现已被中国图书行业所熟知。"皮书系列"的相关商标已在国家商标管理部门商标局注册，包括但不限于LOGO（ ▧ ）、皮书、Pishu、经济蓝皮书、社会蓝皮书等。"皮书系列"图书的注册商标专用权及封面设计、版式设计的著作权均为社会科学文献出版社所有。未经社会科学文献出版社书面授权许可，任何使用与"皮书系列"图书注册商标、封面设计、版式设计相同或者近似的文字、图形或其组合的行为均系侵权行为。

经作者授权，本书的专有出版权及信息网络传播权等为社会科学文献出版社享有。未经社会科学文献出版社书面授权许可，任何就本书内容的复制、发行或以数字形式进行网络传播的行为均系侵权行为。

社会科学文献出版社将通过法律途径追究上述侵权行为的法律责任，维护自身合法权益。

欢迎社会各界人士对侵犯社会科学文献出版社上述权利的侵权行为进行举报。电话：010-59367121，电子邮箱：fawubu@ssap.cn。

社会科学文献出版社